2025
제28회 시험대비 전면개정판

박문각
주택관리사

합격예상문제 **1차**
민 법

설신재 외 박문각 주택관리연구소 편

브랜드만족
1위
박문각

수상내역
후면표기

동영상강의
www.pmg.co.kr

합격까지 박문각
합격 노하우가 다르다!

박문각

박문각
주택관리사

합격예상문제

이 책의 머리말

안녕하세요.
박문각 주택관리사(보) 수험생 여러분!

제27회 주택관리사(보) 시험이 지난 지 얼마 되지 않은 것 같은데, 벌써 제28회 주택관리사(보) 시험을 준비하고 있습니다.

주택관리사(보) 시험 중 2차 시험이 상대평가로 전환된 후, 문제가 갈수록 어렵게 출제되고 있는 것이 현실입니다.

따라서 본서는 이러한 현실에 맞추어 본 문제집을 구성하였습니다.

첫째 시중에 나와 있는 문제집 중 가장 많은 판례를 담았습니다.

둘째 사례형 문제를 많이 담았습니다. 예년에 비해 단답식 문제보다 사례형 문제가 비중 있게 출제되는 추세에 맞추어 사례형 문제를 보다 많이 수록할 수 있도록 하였습니다.

셋째 물권법과 채권법의 출제범위가 고정화됨으로 인하여, 이 부분 또한 최신 경향에 맞추어 철저하게 문제를 준비하였습니다.

본 문제집이 제28회 주택관리사(보) 1차 시험을 준비하시는 수험생의 합격에 초석이 되길 바랍니다.

편저자 설신재 배상

자격안내

자격개요

주택관리사보는 공동주택의 운영·관리·유지·보수 등을 실시하고 이에 필요한 경비를 관리하며, 공동주택의 공용부분과 공동소유인 부대시설 및 복리시설의 유지·관리 및 안전관리 업무를 수행하기 위해 주택관리사보 자격시험에 합격한 자를 말한다.

변천과정

1990년	주택관리사보 제1회 자격시험 실시
1997년	자격증 소지자의 채용을 의무화(시행일 1997. 1. 1.)
2006년	2005년까지 격년제로 시행되던 자격시험을 매년 1회 시행으로 변경
2008년	주택관리사보 자격시험의 시행에 관한 업무를 한국산업인력공단에 위탁(시행일 2008. 1. 1.)

주택관리사제도

❶ 주택관리사 등의 자격

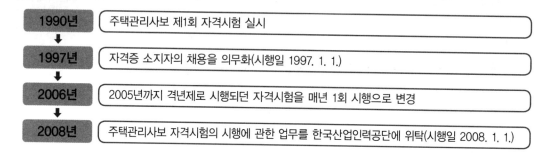

주택관리사보　주택관리사보가 되려는 자는 국토교통부장관이 시행하는 자격시험에 합격한 후 시·도 지사로부터 합격증서를 발급받아야 한다.

주택관리사　주택관리사는 주택관리사보 합격증서를 발급받고 대통령령으로 정하는 주택관련 실무 경력이 있는 자로서 시·도지사로부터 주택관리사 자격증을 발급받은 자로 한다.

❷ 주택관리사 인정경력

시·도지사는 주택관리사보 자격시험에 합격하기 전이나 합격한 후 다음의 어느 하나에 해당하는 경력을 갖춘 자에 대하여 주택관리사 자격증을 발급한다.

- 사업계획승인을 받아 건설한 50세대 이상 500세대 미만의 공동주택의 관리사무소장으로 근무한 경력 3년 이상
- 사업계획승인을 받아 건설한 50세대 이상의 공동주택의 관리사무소의 직원(경비원, 청소원, 소독원 제외) 또는 주택관리업자의 직원으로 주택관리업무에 종사한 경력 5년 이상
- 한국토지주택공사 또는 지방공사의 직원으로 주택관리업무에 종사한 경력 5년 이상
- 공무원으로 주택관련 지도·감독 및 인·허가 업무 등에 종사한 경력 5년 이상
- 주택관리사단체와 국토교통부장관이 정하여 고시하는 공동주택관리와 관련된 단체의 임직원으로 주택관련 업무에 종사한 경력 5년 이상
- 위의 경력들을 합산한 기간 5년 이상

법적 배치근거

공동주택을 관리하는 주택관리업자·입주자대표회의(자치관리의 경우에 한함) 또는 임대사업자 (「민간임대주택에 관한 특별법」에 의한 임대사업자를 말함) 등은 공동주택의 관리사무소장으로 주택관리사 또는 주택관리사보를 다음의 기준에 따라 배치하여야 한다.
- 500세대 미만의 **공동주택**: 주택관리사 또는 주택관리사보
- 500세대 이상의 **공동주택**: 주택관리사

주요업무

공동주택을 안전하고 효율적으로 관리하여 공동주택의 입주자 및 사용자의 권익을 보호하기 위하여 입주자대표회의에서 의결하는 공동주택의 운영·관리·유지·보수·교체·개량과 리모델링에 관한 업무 및 이와 같은 업무를 집행하기 위한 관리비·장기수선충당금이나 그 밖의 경비의 청구·수령·지출 업무, 장기수선계획의 조정, 시설물 안전관리계획의 수립 및 건축물의 안전점검에 관한 업무(단, 비용지출을 수반하는 사항에 대하여는 입주자대표회의의 의결을 거쳐야 함) 등 주택관리서비스를 수행한다.

진로 및 전망

주택관리사는 주택관리의 시장이 계속 확대되고 주택관리사의 지위가 제도적으로 발전하면서 공동주택의 효율적인 관리와 입주자의 편안한 주거생활을 위한 전문지식과 기술을 겸비한 전문가집단으로 자리매김하고 있다.

주택관리사의 업무는 주택관리서비스업으로서, 자격증 취득 후 아파트 단지나 빌딩의 관리소장, 공사 및 건설업체·전문용역업체, 공동주택의 운영·관리·유지·보수 책임자 등으로 취업이 가능하다. 과거 주택건설 및 공급 위주의 주택정책이 국가경제적인 측면에서 문제가 되었다는 점에서 지금은 공동주택의 수명연장 및 쾌적한 주거환경 조성을 우선으로 하는 주택관리의 시대가 되었다. 이러한 시대적 변화에 맞추어 전문자격자로서 주택관리사의 역할이 어느 때보다 중요해지고 있으며, 공동주택의 리모델링의 활성화로 주택관리사들이 전문기법을 연구·발전시켜 국가경제발전에도 크게 기여하게 될 것이다.

자격시험안내

시험기관

| 소관부처 | 국토교통부 주택건설공급과 | 실시기관 | 한국산업인력공단(http://www.Q-net.or.kr) |

응시자격

❶ **개관:** 응시자격에는 제한이 없으며 연령, 학력, 경력, 성별, 지역 등에 제한을 두지 않는다. 다만, 시험시행일 현재 주택관리사 등의 결격사유에 해당하는 자와 부정행위를 한 자로서 당해 시험시행일로부터 5년이 경과되지 아니한 자는 응시가 불가능하다.

❷ **주택관리사보 결격사유자**(공동주택관리법 제67조 제4항)
  1. 피성년후견인 또는 피한정후견인
  2. 파산선고를 받은 사람으로서 복권되지 아니한 사람
  3. 금고 이상의 실형의 선고를 받고 그 집행이 끝나거나(집행이 끝난 것으로 보는 경우를 포함한다) 집행이 면제된 날부터 2년이 지나지 아니한 사람
  4. 금고 이상의 형의 집행유예를 선고받고 그 집행유예기간 중에 있는 사람
  5. 주택관리사 등의 자격이 취소된 후 3년이 지나지 아니한 사람(제1호 및 제2호에 해당하여 주택관리사 등의 자격이 취소된 경우는 제외한다)

❸ **시험 부정행위자에 대한 제재:** 주택관리사보 자격시험에 있어서 부정한 행위를 한 응시자에 대하여는 그 시험을 무효로 하고, 당해 시험시행일부터 5년간 시험응시자격을 정지한다.

시험방법

❶ 주택관리사보 자격시험은 제1차 시험 및 제2차 시험으로 구분하여 시행한다.
❷ 제1차 시험문제는 객관식 5지 선택형으로 하고 과목당 40문항을 출제한다.
❸ 제2차 시험문제는 객관식 5지 선택형을 원칙으로 하되, 과목별 16문항은 주관식(단답형 또는 기입형)을 가미하여 과목당 40문항을 출제한다.
❹ 객관식 및 주관식 문항의 배점은 동일하며, 주관식 문항은 부분점수가 있다.

문항수		주관식 16문항
배 점		각 2.5점(기존과 동일)
단답형 부분점수	3괄호	3개 정답(2.5점), 2개 정답(1.5점), 1개 정답(0.5점)
	2괄호	2개 정답(2.5점), 1개 정답(1점)
	1괄호	1개 정답(2.5점)

※ 법률 등을 적용하여 정답을 구하여야 하는 문제는 법에 명시된 정확한 용어를 사용하는 경우에만 정답으로 인정

❺ 제2차 시험은 제1차 시험에 합격한 자에 대하여 실시한다.
❻ 제1차 시험에 합격한 자에 대하여는 다음 회의 시험에 한하여 제1차 시험을 면제한다.

합격기준

❶ 1차 시험 절대평가, 2차 시험 상대평가

국토교통부장관은 선발예정인원의 범위에서 대통령령으로 정하는 합격자 결정 점수 이상을 얻은 사람으로서 전과목 총득점의 고득점자 순으로 주택관리사보 자격시험 합격자를 결정한다(공동주택관리법 제67조 제5항).

❷ 시험합격자의 결정(공동주택관리법 시행령 제75조)

1. **제1차 시험**
   과목당 100점을 만점으로 하여 모든 과목 40점 이상이고 전 과목 평균 60점 이상의 득점을 한 사람
2. **제2차 시험**
   ① 과목당 100점을 만점으로 하여 모든 과목 40점 이상이고 전 과목 평균 60점 이상의 득점을 한 사람. 다만, 모든 과목 40점 이상이고 전 과목 평균 60점 이상의 득점을 한 사람의 수가 법 제67조 제5항 전단에 따른 선발예정인원(이하 "선발예정인원"이라 한다)에 미달하는 경우에는 모든 과목 40점 이상을 득점한 사람을 말한다.
   ② 법 제67조 제5항 후단에 따라 제2차시험 합격자를 결정하는 경우 동점자로 인하여 선발예정인원을 초과하는 경우에는 그 동점자 모두를 합격자로 결정한다. 이 경우 동점자의 점수는 소수점 이하 둘째자리까지만 계산하며, 반올림은 하지 아니한다.

시험과목

(2024. 03. 29. 제27회 시험 시행계획 공고 기준)

시험구분		시험과목	시험범위	시험시간
제1차 (3과목)	1교시	회계원리	세부 과목 구분 없이 출제	100분
		공동주택 시설개론	• 목구조·특수구조를 제외한 일반건축구조와 철골구조 • 장기수선계획 수립 등을 위한 건축적산 • 홈네트워크를 포함한 건축설비개론	
	2교시	민 법	• 총칙 • 물권 • 채권 중 총칙·계약총칙·매매·임대차·도급·위임·부당이득·불법행위	50분
제2차 (2과목)		주택관리 관계법규	「주택법」·「공동주택관리법」·「민간임대주택에 관한 특별법」·「공공주택 특별법」·「건축법」·「소방기본법」·「화재의 예방 및 안전관리에 관한 법률」·「소방시설 설치 및 관리에 관한 법률」·「승강기 안전관리법」·「전기사업법」·「시설물의 안전 및 유지관리에 관한 특별법」·「도시 및 주거환경정비법」·「도시재정비 촉진을 위한 특별법」·「집합건물의 소유 및 관리에 관한 법률」 중 주택관리에 관련되는 규정	100분
		공동주택 관리실무	• 공동주거관리이론 • 공동주택회계관리·입주자관리, 대외업무, 사무·인사관리 • 시설관리, 환경관리, 안전·방재관리 및 리모델링, 공동주택 하자관리 (보수공사 포함) 등	

※ 1. 시험과 관련하여 법률·회계처리기준 등을 적용하여 답을 구하여야 하는 문제는 시험시행일 현재 시행 중인 법령 등을 적용하여 정답을 구하여야 한다.
2. 회계처리 등과 관련된 시험문제는 「한국채택국제회계기준(K–IFRS)」을 적용하여 출제된다.
3. 기활용된 문제, 기출문제 등도 변형·활용되어 출제될 수 있다.

2024년 제27회 주택관리사(보) 1차 시험 과목별 총평

회계원리

제27회 시험은 예년처럼 재무회계 32문제(80%), 원가·관리회계 8문제(20%)가 출제되었습니다. 재무회계는 간단한 암기형 문제가 5~6문항 정도이고 나머지는 평이하나 계산문제는 다소 어려울 수 있지만, 문제를 충분히 이해하고 준비한 경우 해결할 수 있었습니다. 원가·관리회계는 8문제 모두 계산문제로, 전 범위에서 핵심 내용이 고루 출제되었으며, 지난해보다 다소 어려운 편이었습니다.

원가·관리회계의 8문제를 포함하여 전체 문제 중 계산문제가 26문제(65%)이었는데 3~4문제를 제외하고는 평이하였습니다. 나머지 이론문제도 평이하였는데 최근에 타 시험처럼 옳은 것은?, ~해당하는 것은? 이러한 형태로 많이 출제되어 난이도는 평년과 비슷하거나 다소 낮게 출제되었고 일부문제를 제외하고는 간단한 암기문제로 쉽게 출제되었습니다. 계산문제는 재무회계에서는 여전히 재고자산 취득원가 및 기말재고액 계산, 은행계정조정표, 금융자산의 손상차손 및 손실충당금관련, 현금 및 현금성자산, 영업활동현금흐름, 당기손익–공정가치 측정 금융자산의 처분손익 및 평가손익, 유형자산의 취득원가 및 무형자산의 영업권의 평가, 투자부동산의 평가손익, 사채상환손익, 진행률을 추정하여 용역계약이익 계산 등 각 단원에서 다양하게 출제되었으며 원가·관리회계 부분은 제품원가계산의 기말재공품 계산, 매입으로 인한 현금지출예산, 표준원가계산에서 제조간접원가 능률차이, 부문별원가계산에서 보조부문 배분 후의 제조부문의 원가총액, 종합원가계산의 기말재공품평가액, 직접 또는 전부원가계산의 고정제조간접원가 계산, 손익분기점을 이용한 영업이익 계산 등에서 고루 출제되었습니다.

공동주택 시설개론

문제 출제 유형을 분류하자면 난이도 상급의 7문제, 중급 26문제, 하급 7문제. 옳은 것을 선택하는 14문제, 괄호넣기식 선택 2문제, 숫자가 지문에 포함된 11문제, 계산문제 총 3문제로 적산 1문제와 설비 2문제 정도 출제되었습니다.

제27회 시험문제는 제26회보다 그동안 본 시험에서 다루지 않았던 새로운 지문들이 많이 출제되어, 좁은 영역을 단순 암기식으로 대응하신 수험생분들은 많이 당황했을 것입니다. 제26회와 비교해서 난이도가 올라갔으며, 점차 문제의 난이도가 점차 상승하는 추세로 수험생분들에게 쉽지 않은 시험이 되어가고 있습니다.

숫자가 지문에 포함된 문제는 제26회 8개에서 제27회 11개 정도로 비중이 높아져 시험을 보다 어렵게 느끼게 하였습니다. 제24회에서 제26회 시험까지는 숫자가 차지하는 비중은 점차 낮아졌지만, 제27회에 갑자기 증가하여 향후 예측을 어렵게 합니다. 강의 중에 강조하는 중요 숫자를 암기하는 것이 꼭 필요하리라 생각됩니다.

보통은 난이도 하의 짧은 시간 내에 풀 수 있는 단문형 지문 출제 비중은 제25회 이후로 낮아지고 있습니다. 그런 면에선 시험의 난이도가 점점 높아지는 측면이라고 할 수 있겠습니다. 난이도 중상정도의 난이도가 되는 문제와 난이도 상급의 문제를 합한다면 16문제 이상으로 중요 내용에 대한 이해도가 깊지 않고 암기식으로 대응하신 수험생 분들은 상당히 까다롭게 느꼈을 것으로 생각됩니다.

민법

제27회 주택관리사(보) 민법 시험은 최근에 치러진 이전의 시험과 비교해보면 가장 어렵게 출제되었다고 해도 과언이 아닙니다. 그만큼 예전의 기출문제 형식을 벗어나서 새로운 형식 또는 그동안 출제되지 않았던 부분에서 출제되어서 수험생 입장에서는 역대 최고난도를 자랑하는 시험이었습니다.

제27회 주택관리사(보) '민법'의 출제경향은 다음과 같습니다.

첫째, 민법총칙은 총 24문항이 출제되었습니다. 다만 난이도를 상, 중, 하로 구분하여 분석하여 보면 '하' 문제가 18문항으로 예년의 시험 정도 또는 그 이하의 난이도를 보였습니다. 다만 소멸시효 문항이 3문항이 출제되어 예년의 2문항 또는 1문항보다 많이 출제되어서 수험생 입장에서는 어렵게 보일 수 있었습니다.

둘째, 물권법은 총 8문항이 출제되었습니다. 예년에는 물권법 총 8문항에서 6문항 정도는 쉽게 출제되었고 2문항 정도는 어렵게 출제되었던 관행에서 벗어나 6문항이 생각을 요하는 단순한 지문이 아니라 창의적으로 복합적인 문항이 출제되어서 수험생 입장에서는 4문항을 맞히는 것이 어려울 정도인 역대급 난도로 출제되었습니다.

셋째, 채권법은 총 8문항이 출제되었습니다. 최근 경향을 보면 채권법은 어렵게 출제되는 관행이었는데 역시 올해 시험에서도 어렵게 출제되었습니다. 수험생이 전혀 예상하지 못한 문항이 2문항 정도 출제되어서 수험생 입장에서 역대급으로 어려웠을 것으로 생각됩니다.

주택관리사(보) 자격시험 5개년 합격률

▷ **제1차 시험** (단위: 명)

구 분	접수자(A)	응시자(B)	합격자(C)	합격률(C/B)
제23회(2020)	17,277	13,876	1,529	11.02%
제24회(2021)	17,011	13,827	1,760	12.73%
제25회(2022)	18,084	14,410	3,137	21.76%
제26회(2023)	18,982	15,225	1,877	12.33%
제27회(2024)	20,809	17,023	2,017	11.84%

▷ **제2차 시험** (단위: 명)

구 분	접수자(A)	응시자(B)	합격자(C)	합격률(C/B)
제23회(2020)	2,305	2,238	1,710	76.4%
제24회(2021)	2,087	2,050	1,610	78.5%
제25회(2022)	3,494	3,408	1,632	47.88%
제26회(2023)	3,502	3,439	1,610	46.81%
제27회(2024)	2,992	2,913	1,612	55.33%

출제경향 분석 및 수험대책

📖 출제경향 분석

분 야	구 분	제23회	제24회	제25회	제26회	제27회	총 계	비율(%)
민법총칙	민법통칙	3	3	3	2	3	14	7.0
	자연인	3	3	3	4	3	16	8.0
	법 인	4	4	4	3	4	19	9.5
	물 건	2	2	2	2	2	10	5.0
	법률행위	2	4	3	3	2	14	7.0
	의사표시	2	2	3	4	3	14	7.0
	대 리	4	2	2	3	2	13	6.5
	무효와 취소	1	1	1	1	1	5	2.5
	부관, 기간	1	1	1	1	1	5	2.5
	소멸시효	2	2	2	1	3	10	5.0
물권법	물권법 총론	2	2	2	2	2	10	5.0
	점유권	0	0	1	1	1	3	1.5
	소유권	1	1	2	2	1	7	3.5
	지상권	1	1	0	1	1	4	2.0
	지역권	0	0	0	0	0	0	0.0
	전세권	1	1	1	0	1	4	2.0
	유치권	1	1	1	1	1	5	2.5
	질 권	0	1	0	0	0	1	0.5
	저당권	2	1	1	2	1	7	3.5
채권법	채권법 총론	2	3	2	2	2	11	5.5
	계약총론	3	2	1	1	1	8	4.0
	매 매	1	1	1	1	1	5	2.5
	임대차	0	0	1	0	1	2	1.0
	도 급	0	1	1	1	1	4	2.0
	위 임	0	0	0	0	0	0	0.0
	부당이득	1	0	1	1	1	4	2.0
	불법행위	1	1	1	1	1	5	2.5
총 계		40	40	40	40	40	200	100

예년의 민법 시험문제는 다른 과목에 비하여 고득점 할 수 있는 상대적으로 수월한 과목 중에 하나였다. 그러나 이러한 추세에서 27회 민법 시험은 1차 세 과목 중 가장 높은 과락률을 기록할 정도로 가장 어렵게 출제되었다. 누가 얼마나 실수를 줄였느냐에 따라서 합격 여부가 달라졌을 것으로 보인다.

민법은 민법총칙에서 60%, 물권법과 채권법에서 40% 비율로 출제되고 있다. 27회 시험과 같이 물권법과 채권법이 회차를 거듭할수록 어렵게 출제되고 있는 경향이 있다. 이런 점에 비추어 볼 때 단순한 암기보다는 이해 위주, 응용 위주의 학습 전략이 필요하다.

🖋 수험대책

민법이라는 과목은 그 양이 방대하고 내용 또한 추상적이어서 수험생 입장에서는 단시간에 정복할 수 있는 과목이 아니다. 또한 주택관리사(보) 시험이 시작될 때와 다르게 최근에는 그 출제범위가 민법총칙에 한정되지 않고 물권법과 채권법까지 확대되어 정착되고 있는 모습이다. 다만 현재까지 출제비율은 민법총칙이 60%인 24문제, 물권법이 20%인 8문제, 채권법이 20%인 8문제가 출제되고 있다.

민법이라는 과목을 단시간에 가장 효과적이고 효율적으로 학습하는 방법은,
첫째로 부지런히 용어(用語)를 이해하는 것이다. 법(法)의 특징은 법률의 용어가 함축적이고 추상적이다 보니 용어를 정리하고 이해하는 데 시간을 할애하여야 한다. 무작정 암기하는 것은 비효율적이므로 용어를 정리하고 이해하는 것이 민법 공부의 시작점이다.

둘째로 처음에는 어렵더라도 기본서를 정독하는 것이 중요하다. 그 의미가 대단히 함축적이다 보니 여느 책처럼 한 번 읽고 그 의미를 파악하는 것은 대단히 어렵다. 따라서 여러 번 정독하여 그 의미를 이해하여야 한다.

마지막으로 자주 출제되는 부분을 자신만의 노트에 작성하여 철저하게 암기하여야 한다. 시험은 매년 새로운 문제가 출제되는 것이 아니라 기존에 출제되었던 기출문제가 상당수 출제되므로, 최소한 자주 출제되고 중요한 부분을 자신만의 노트에 정리하여 학습하는 것이 민법의 고득점을 위한 전략이다.

단계별 학습전략 Process 4

STEP 1
시험준비 단계

시험출제 수준 및 경향 파악

사전준비 없이 막연한 판단으로 공부를 시작하면 비효율적이고 시험에 실패할 위험도 크다. 따라서 기출문제의 꼼꼼한 분석을 통해 출제범위를 명확히 하고, 출제 빈도 및 경향을 정확히 가늠하여 효율적인 학습방법을 찾는 것이 합격을 위한 첫 걸음이다.

최적의 수험대책 수립 및 교재 선택

시험출제 수준 및 경향을 정확하게 파악하였다면, 수험생 본인에게 적합한 수험방법을 선택해야 한다. 본인에게 맞지 않는 수험방법은 동일한 결과를 얻기 위해 몇 배의 시간과 노력을 들여야 한다. 따라서 본인의 학습태도를 파악하여 자신에게 맞는 학습량과 시간 배분 및 학습 장소, 학원강의 등을 적절하게 선택해야 한다. 그리고 내용이 충실하고 본인에게 맞는 교재를 선택하는 것도 합격을 앞당기는 지름길이 된다.

STEP 2
실력쌓기 단계

과목별 학습시간의 적절한 배분

주택관리사보 자격시험을 단기간에 준비하기에는 내용도 방대하고 난도도 쉽지 않다. 따라서 과목별 학습목표량과 학습시간을 적절히 배분하는 것이 중요한데, 취약과목에는 시간을 좀 더 배분하도록 한다. 전체 일정은 기본서, 객관식 문제집, 모의고사 순으로 학습하여 빠른 시일 내에 시험 감각을 키우는 것을 우선으로 해야 한다.

전문 학원 강사의 강의 수강

학습량도 많고 난도도 높아 독학으로 주택관리사보 자격시험을 공략하기란 쉽지 않다. 더욱이 법률 과목은 기본개념을 파악하는 것 자체가 쉽지 않고, 해당 과목의 전체적인 흐름을 이해하고 핵심을 파악하기보다는 평면적·단순 암기식 학습에 치우칠 우려가 있어 학습의 효율성을 떨어뜨리고 시험기간을 장기화하는 원인이 될 수 있다. 이러한 독학의 결점이나 미비점을 보완하기 위한 방안으로 전문학원 강사의 강의를 적절히 활용하도록 한다.

수험생 스스로 사전 평가를 통하여 고득점을 목표로 집중학습할 전략과목을 정하도록 한다.
그러나 그보다 더 중요한 것은 취약과목을 어느 수준까지 끌어올리느냐 하는 것이다.

STEP 3

실력점검 단계

취약과목을 집중 공략

개인차가 있겠지만 어느 정도 공부를 하고 나면 전략과목과 취약과목의 구분
이 생기기 마련이다. 고득점을 보장하는 전략과목 다지기와 함께 취약과목을
일정 수준까지 끌어올리려는 노력이 무엇보다 필요하다. 어느 한 과목의 점수
라도 과락이 되면 전체 평균점수가 아무리 높다고 해도 합격할 수 없기 때문
에 취약과목을 어느 수준까지 끌어올리느냐가 중요하다고 하겠다.

문제 해결력 기르기

각 과목별 특성을 파악하고 전체적인 흐름을 이해했다면 습득한 지식의 정확
도를 높이고, 심화단계의 문제풀이를 통해 실력을 높일 필요가 있다. 지금까
지 학습해 온 내용의 점검과 함께 자신의 실력으로 굳히는 과정을 어떻게 거
치느냐에 따라 시험의 성패가 결정될 것이다.

STEP 4

최종 마무리 단계

합격을 좌우하는 마지막 1개월

시험 1개월 전은 수험생들이 스트레스를 가장 많이 받는 시점이자 수험생활
에 있어 마지막 승부가 가능되는 지점이다. 이 시기의 학습효과는 몇 개월 동
안의 학습효과와 비견된다 할 수 있으므로 최대한 집중력을 발휘하고 혼신의
힘을 기울여야 한다. 이때부터는 그 동안 공부해 온 것을 시험장에서 충분히
발휘할 수 있도록 암기가 필요한 사항은 외우고 틀린 문제들은 점검하면서 마
무리 교재를 이용하여 실전감각을 배양하도록 한다.

시험 당일 최고의 컨디션 유지

시험 당일 최고의 컨디션으로 실전에 임할 수 있어야 공부한 모든 것들을 제대
로 쏟아 낼 수 있다. 특히 시험 전날의 충분한 수면은 시험 당일에 명석한 분
석 및 판단력을 발휘하는 데 큰 도움이 됨을 잊지 말아야 한다.

이 책의 활용방법

01 실전에 강한 기출·예상문제

❶ 실전예상문제

철저한 최신출제경향 분석을 통해 출제가능성이 높은 문제를 수록함으로써 실전능력을 기를 수 있도록 하였다.

❷ 대표문제

단원 내에서 키워드가 유사한 문제를 모아 테마를 만들고, 그 테마를 대표하는 문제를 통해 시험에 자주 출제되는 문제의 유형을 제시하였다.

❸ 난이도 표시

난이도를 3단계로 표시하여 수험생 스스로 셀프테스트가 가능하도록 구성하였다.

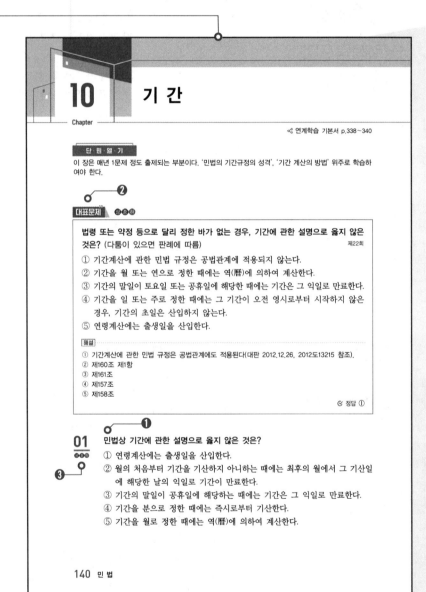

10 기 간
Chapter

≪ 연계학습 기본서 p.338~340

단·원·열·기

이 장은 매년 1문제 정도 출제되는 부분이다. '민법의 기간규정의 성격', '기간 계산의 방법' 위주로 학습하여야 한다.

대표문제 상⭘하

법령 또는 약정 등으로 달리 정한 바가 없는 경우, 기간에 관한 설명으로 옳지 않은 것은? (다툼이 있으면 판례에 따름)   제22회

① 기간계산에 관한 민법 규정은 공법관계에 적용되지 않는다.
② 기간을 월 또는 연으로 정한 때에는 역(曆)에 의하여 계산한다.
③ 기간의 말일이 토요일 또는 공휴일에 해당한 때에는 기간은 그 익일로 만료한다.
④ 기간을 일 또는 주로 정한 때에는 그 기간이 오전 영시로부터 시작하지 않은 경우, 기간의 초일은 산입하지 않는다.
⑤ 연령계산에는 출생일을 산입한다.

해설

① 기간계산에 관한 민법 규정은 공법관계에도 적용된다(대판 2012.12.26, 2012도13215 참조).
② 제160조 제1항
③ 제161조
④ 제157조
⑤ 제158조

☑ 정답 ①

01 민법상 기간에 관한 설명으로 옳지 않은 것은?
상⭘하

① 연령계산에는 출생일을 산입한다.
② 월의 처음부터 기간을 기산하지 아니하는 때에는 최후의 월에서 그 기산일에 해당한 날의 익일로 기간이 만료한다.
③ 기간의 말일이 공휴일에 해당하는 때에는 기간은 그 익일로 만료한다.
④ 기간을 분으로 정한 때에는 즉시로부터 기산한다.
⑤ 기간을 월로 정한 때에는 역(曆)에 의하여 계산한다.

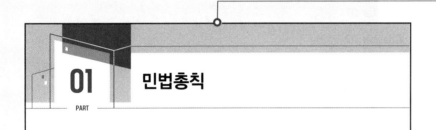

02 정확하고 명쾌한 정답 및 해설

01 PART 민법총칙

01 통 칙

Answer

01 ④	02 ①	03 ②	04 ⑤	05 ②	06 ②	07 ④	08 ③	09 ③	10 ④
11 ①	12 ④	13 ②	14 ④	15 ①					

❶ 효율적 지면 구성
문제풀이에 방해되지 않도록 문제와 해설·정답을 분리하여 수록하였다.

❷ 상세한 해설
문제의 핵심을 찌르는 정확하고 명쾌한 해설은 물론, 문제와 관련하여 더 알아두어야 할 내용을 제시함으로써 문제풀이의 효과를 극대화하고자 하였다.

01 ④ 가족의례준칙 제13조의 규정과 배치되는 관습법의 효력을 인정하는 것은 관습법의 제정법에 대한 열후적, 보충적 성격에 비추어 민법 제1조의 취지에 어긋나므로(대판 1983.6.14, 80다3231), 관습법이 제정법(성문법)과 배치되는 경우에는 법률이 우선한다.

02 ① 사회의 거듭된 관행으로 생성된 사회생활규범이 관습법으로 승인되었다고 하더라도 사회구성원들이 그러한 관행의 법적 구속력에 대하여 확신을 갖지 않게 되었다거나, 사회를 지배하는 기본적 이념이나 사회질서의 변화로 인하여 그러한 관습법을 적용하여야 할 시점에 있어서의 전체 법질서에 부합하지 않게 되었다면 그러한 관습법은 법적 규범으로서의 효력이 부정될 수밖에 없다(대판 전합 2005.7.21, 2002다1178).
② 법령과 같은 효력을 갖는 관습법은 당사자의 주장 입증을 기다림이 없이 법원이 직권으로 이를 확정하여야 한다(대판 1983.6.14, 80다3231).
③ 관습법은 바로 법원으로서 법령과 같은 효력을 갖는 관습으로서 법령에 저촉되지 않는 한 법칙으로서의 효력이 있다(대판 1983.6.14, 80다3231).
④ 물권은 법률 또는 관습법에 의하는 외에는 임의로 창설하지 못한다(제185조).
⑤ 사실인 관습은 사적 자치가 인정되는 분야, 즉 그 분야의 제정법이 주로 임의규정일 경우에는 법률행위의 해석기준으로서 또는 의사를 보충하는 기능으로서 이를 재판의 자료로 할 수 있을 것이나 이 이외의, 즉 그 분야의 제정법이 주로 강행규정일 경우에는 그 강행규정 자체에 결함이 있거나 강행규정 스스로가 관습에 따르도록 위임한 경우 등 이외에는 법적 효력을 부여할 수 없다(대판 1983.6.14, 80다3231).

이 책의 차례

PART **1**

민법총칙

PART **2**

물권법

PART 3

채권법

정답 및
해설

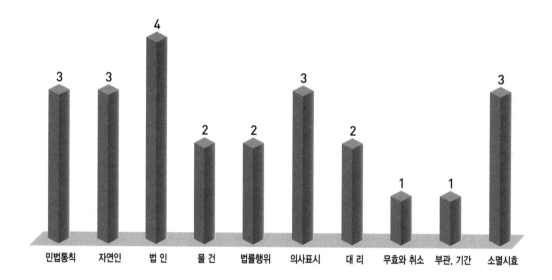

🔍 **제27회 기출문제 분석**

제27회 주택관리사(보) 민법총칙은 평이하게 출제되었다. 다만 소멸시효 부분이 3문항이 출제된 점이 예년과 다르다. 민법총칙 부분은 가장 많이 출제되는 부분이므로 지엽적이고 세부적인 사항까지 정리하는 학습전략이 필요하다.

민법총칙

통칙

Chapter

◁ 연계학습 기본서 p.22~57

단·원·열·기

이 단원은 민법 학습의 가장 기초가 되는 부분으로 특히 법원, 권리의 종류, 신의성실의 원칙과 권리남용금지의 원칙이 자주 출제된다.

01 법 원

대표문제 상종하

> **관습법과 사실인 관습에 관한 설명으로 옳은 것은?** (다툼이 있으면 판례에 따름) 제26회
>
> ① 물권은 관습법에 의하여 창설될 수 없다.
> ② 사실인 관습은 법령에 저촉되지 않는 한 법칙으로서의 효력을 갖는다.
> ③ 사실인 관습은 당사자의 주장·증명이 없더라도 법원이 직권으로 확정하여야 한다.
> ④ 관습법이 사회질서의 변화로 인하여 적용 시점의 전체 법질서에 반하게 되면 법적 규범으로서의 효력이 부정된다.
> ⑤ 사실인 관습은 사회생활규범이 사회의 법적 확신에 의하여 법적 규범으로 승인된 것을 말한다.
>
> **해설**
>
> ④ 사회의 거듭된 관행으로 생성된 사회생활규범이 관습법으로 승인되었다고 하더라도 사회 구성원들이 그러한 관행의 법적 구속력에 대하여 확신을 갖지 않게 되었다거나, 사회를 지배하는 기본적 이념이나 사회질서의 변화로 인하여 그러한 관습법을 적용하여야 할 시점에 있어서의 전체 법질서에 부합하지 않게 되었다면 그러한 관습법은 법적 규범으로서의 효력이 부정될 수밖에 없다 (대판 전합 2005.7.21, 2002다13850).
> ① 관습법에 의해서도 물권은 창설될 수 있다(제185조 참조).
> ② 사실인 관습은 법령으로서의 효력이 없는 단순한 관행으로서 법률행위의 당사자의 의사를 보충함에 그치는 것이다(대판 1983.6.14, 80다3231).
> ③ 법령과 같은 효력을 갖는 관습법은 당사자의 주장 입증을 기다림이 없이 법원이 직권으로 이를 확정하여야 하고 사실인 관습은 그 존재를 당사자가 주장 입증하여야 한다(대판 1983.6.14, 80다3230).
> ⑤ 관습법이란 사회의 거듭된 관행으로 생성한 사회생활규범이 사회의 법적 확신과 인식에 의하여 법적 규범으로 승인·강행되기에 이르른 것을 말하고, 사실인 관습은 사회의 관행에 의하여 발생한 사회생활규범인 점에서 관습법과 같으나 사회의 법적 확신이나 인식에 의하여 법적 규범으로서 승인된 정도에 이르지 않은 것을 말한다(대판 1983.6.14, 80다3230).
>
> ✓ 정답 ④

01 민법의 법원(法源)에 관한 설명으로 옳지 않은 것은? (다툼이 있으면 판례에 따름)

① 민사에 관한 헌법재판소의 결정은 민법의 법원이 될 수 있다.

② 사적자치가 인정되는 분야의 제정법이 주로 임의규정인 경우, 사실인 관습은 법률행위 해석기준이 될 수 있다.

③ 법원(法院)은 판례변경을 통해 기존 관습법의 효력을 부정할 수 있다.

④ 관습법은 사회 구성원의 법적 확신으로 성립된 것이므로 제정법과 배치되는 경우에는 관습법이 우선한다.

⑤ 법원(法院)은 관습법에 관한 당사자의 주장이 없더라도 직권으로 그 존재를 확정할 수 있다.

02 법원(法源)에 관한 설명으로 옳지 않은 것은? (다툼이 있으면 판례에 따름)

① 사회생활규범이 관습법으로 승인되었다면 그것을 적용하여야 할 시점에서의 전체 법질서에 부합하지 않아도, 그 관습법은 법적 규범으로서의 효력이 인정된다.

② 법원은 관습법의 존부를 알 수 없는 경우를 제외하고 당사자의 주장·증명이 없어도 관습법을 직권으로 확정하여야 한다.

③ 관습법은 법령과 같은 효력을 가지는 것으로서 법령에 저촉되지 않는 한 법칙으로서의 효력이 있다.

④ 물권은 법률 또는 관습법에 의하는 외에는 임의로 창설하지 못한다.

⑤ 강행규정 자체에 결함이 있거나 강행규정 자체가 관습에 따르도록 위임한 경우에는 사실인 관습에 법적 효력을 부여할 수 있다.

03 법원(法源)에 관한 설명으로 옳지 않은 것은? (다툼이 있으면 판례에 따름)
① 사회구성원이 관습법으로 승인된 관행의 법적 구속력을 확신하지 않게 된 때에는 그 관습법은 효력을 잃는다.
② 헌법의 기본권은 특별한 사정이 없으면 사법관계에 직접 적용된다.
③ 법원은 당사자의 주장·증명을 기다림이 없이 관습법을 직권으로 조사·확정하여야 한다.
④ 우리나라가 가입한 국제조약은 일반적으로 민법이나 상법 또는 국제사법보다 우선적으로 적용된다.
⑤ 관습법은 법령에 저촉되지 아니하는 한 법칙으로서 효력이 있다.

04 관습법과 사실인 관습에 관한 설명으로 옳지 않은 것은? (다툼이 있으면 판례에 따름)
① 관습법은 성문법에 대하여 보충적 효력을 갖는다.
② 공동선조와 성과 본을 같이하는 미성년자인 후손은 종중의 구성원이 될 수 없다.
③ 관습법이 성립한 후 사회구성원들이 그러한 관행의 법적 구속력에 더 이상 법적 확신을 갖지 않게 된 경우, 그 관습법은 법적 규범으로서의 효력이 없다.
④ 사실인 관습은 법령으로서의 효력이 없고, 법률행위 당사자의 의사를 보충함에 그친다.
⑤ 미등기 무허가건물의 매수인은 그 소유권이전등기를 마치지 않아도 소유권에 준하는 관습법상의 물권을 취득한다.

05 관습법에 관한 설명으로 옳지 않은 것은? (다툼이 있으면 판례에 따름)　제23회
① 물권은 관습법에 의해서도 창설할 수 있다.
② 미등기 무허가건물의 양수인에게는 소유권에 준하는 관습법상의 물권이 인정된다.
③ 사실인 관습은 관습법과는 달리 법령의 효력이 없는 단순한 관행으로서 법률행위 당사자의 의사를 보충함에 그친다.
④ 민사에 관하여 법률에 규정이 없으면 관습법에 의하고 관습법이 없으면 조리에 의한다.
⑤ 관습법으로 승인되었던 관행이 그러한 관습법을 적용해야 할 시점에서의 전체 법질서에 부합하지 않게 되었다면, 그 관습법은 법적 규범으로서의 효력이 부정된다.

02 권 리

대표문제 상중하

권리와 의무에 관한 설명으로 옳은 것은? (다툼이 있으면 판례에 따름) 제26회

① 매매예약 완결권의 법적 성질은 청구권이다.
② 주된 권리가 시효로 소멸하면 종된 권리도 소멸한다.
③ 채권자취소권은 권리자의 의사표시만으로 그 효과가 발생한다.
④ 연기적 항변권의 행사는 상대방의 청구권을 소멸시킨다.
⑤ 임대인의 임대차계약 해지권은 행사상의 일신전속권이다.

해설

② 주된 권리의 소멸시효가 완성한 때에는 종속된 권리에 그 효력이 미친다(제183조).
① 매매예약 완결권의 법적 성질은 형성권이다.
③ 채권자취소권은 권리자의 의사표시만으로 그 효과가 발생하는 것이 아니라 반드시 재판상 행사하여 판결에 의하여 효과가 발생한다.
④ 연기적 항변권의 행사는 상대방의 청구권을 소멸시키는 것이 아니라 상대방의 청구권을 거절할 수 있는 권리이다.
⑤ 임대인의 임대차계약 해지권은 오로지 임대인의 의사에 행사의 자유가 맡겨져 있는 행사상의 일신전속권에 해당하는 것으로 볼 수 없다(대판 2007.5.10, 2006다82700).

☑ 정답 ②

06
상중하

형성권에 관한 설명으로 옳은 것을 모두 고른 것은? (다툼이 있으면 판례에 따름)

> ㉠ 형성권의 행사는 상대방에 대한 일방적 의사표시로 한다.
> ㉡ 다른 사정이 없으면, 형성권의 행사에 조건 또는 기한을 붙이지 못한다.
> ㉢ 다른 사정이 없으면, 형성권은 그 일부를 행사할 수 있다.
> ㉣ 다른 사정이 없으면, 형성권은 제척기간의 적용을 받는다.

① ㉠, ㉡, ㉢   ② ㉠, ㉡, ㉣
③ ㉠, ㉢, ㉣   ④ ㉡, ㉢, ㉣
⑤ ㉠, ㉡, ㉢, ㉣

07
상중하

사권(私權)에 관한 설명으로 옳지 않은 것은? (다툼이 있으면 판례에 따름) 제20회

① 토지 임차인의 지상물매수청구권은 형성권이다.
② 채권자취소권은 소로써만 행사할 수 있다.
③ 청구권은 채권뿐만 아니라 물권으로부터도 생긴다.
④ 하자담보책임에 기한 토지 매수인의 손해배상청구권은 제척기간에 걸리므로, 소멸시효 규정의 적용이 배제된다.
⑤ 항변권은 상대방의 청구권 자체를 소멸시키는 권리가 아니라 그 작용을 저지할 수 있는 권리이다.

08 형성권이 아닌 것은? (다툼이 있으면 판례에 따름) 제27회

① 계약의 해제권
② 법률행위의 취소권
③ 점유자의 유익비상환청구권
④ 매매의 일방예약완결권
⑤ 토지임차인의 지상물매수청구권

09 형성권으로만 모두 연결된 것은?

① 저당권 - 취소권 - 동의권
② 상계권 - 준물권 - 예약완결권
③ 해제권 - 취소권 - 지상물매수청구권
④ 추인권 - 해지권 - 물권적 청구권
⑤ 해지권 - 부양청구권 - 부속물매수청구권

10 권리 상호간의 관계에 관한 설명으로 옳은 것을 모두 고른 것은? (다툼이 있으면
판례에 따름) 제25회

> ㉠ 당사자 일방의 잘못으로 인해 상대방 당사자가 계약을 취소하거나 불법행
>   위로 인한 손해배상을 청구할 수 있는 경우, 계약 취소로 인한 부당이득반
>   환청구권과 불법행위로 인한 손해배상청구권은 경합하여 병존한다.
> ㉡ 공무권이 공권력의 행사로 그 직무를 행함에 있어 고의 또는 과실로 위법하
>   게 타인에게 손해를 가한 경우, 국가가 부담하는 민법상 불법행위책임과 국
>   가배상법상 배상책임은 경합하여 병존한다.
> ㉢ 매매의 목적물에 물건의 하자가 있는 경우, 매도인의 하자담보책임과 채무
>   불이행책임은 별개의 권원에 의하여 경합하여 병존할 수 있다.

① ㉡ ② ㉢
③ ㉠, ㉡ ④ ㉠, ㉢
⑤ ㉠, ㉡, ㉢

03 신의성실의 원칙

대표문제 상중하

신의성실의 원칙과 그 파생원칙에 관한 설명으로 옳은 것은? (다툼이 있으면 판례에 따름)
제27회

① 권리의 행사와 의무의 이행은 신의에 좇아 성실히 하여야 한다.
② 권리를 남용한 경우 그 권리는 언제나 소멸한다.
③ 신의성실의 원칙에 반하는지의 여부는 법원이 직권으로 판단할 수 없다.
④ 신의성실의 원칙은 사법관계에만 적용되고, 공법관계에는 적용될 여지가 없다.
⑤ 사정변경의 원칙에서 사정은 계약의 기초가 된 일방당사자의 주관적 사정을 의미한다.

해설

① 권리의 행사와 의무의 이행은 신의에 좇아 성실히 하여야 한다(제2조 제1항).
② 권리를 남용한 경우 원칙적으로 권리행사의 효과가 발생하지 않을 뿐, 권리 그 자체가 소멸하는 것은 아니다. 다만 예외적으로 친권의 남용인 경우에는 권리 그 자체가 부정되거나 소멸하는 경우도 있다.
③ 신의성실 또는 권리남용금지 원칙의 적용은 강행규정에 관한 것으로서 당사자의 주장이 없더라도 법원이 그 위반 여부를 직권으로 판단할 수 있다(대판 2023.5.11, 2017다35588 전합).
④ 신의성실의 원칙은 사법관계뿐만 아니라 공법관계에서도 적용된다.
⑤ 사정이라 함은 계약의 기초가 되었던 객관적인 사정으로서, 일방당사자의 주관적 또는 개인적인 사정을 의미하는 것은 아니다(대판 2007.3.29, 2004다31302).

✔ 정답 ①

11 신의성실의 원칙(이하 '신의칙')에 관한 설명으로 옳지 않은 것은? (다툼이 있으면 판례에 따름)

① 사적자치의 영역을 넘어 공공질서를 위하여 공익적 요구를 선행시켜야 할 경우에도 특별한 사정이 없는 한 신의칙이 합법성의 원칙보다 우월하다.
② 신의칙이란 "법률관계의 당사자는 상대방의 이익을 고려하여 형평에 어긋나거나 신의를 져버리는 내용 또는 방법으로 권리를 행사하거나 의무를 이행하여서는 안 된다."는 추상적 규범을 말한다.
③ 숙박업자는 신의칙상 부수적 의무로서 고객의 안전을 배려할 보호의무를 부담한다.
④ 인치청구권에는 실효의 법리가 적용되지 않는다.
⑤ 이사가 회사 재직 중에 채무액과 변제기가 특정되어 있는 회사채무를 보증한 훈 사임한 경우, 그 이사는 사정변경을 이유로 그 보증계약을 일방적으로 해지할 수 없다.

12 권리남용금지의 원칙에 관한 설명으로 옳은 것을 모두 고른 것은? (다툼이 있으면 판례에 따름)

> ㉠ 채무자가 소멸시효완성 전에 채권자의 권리행사를 현저하게 곤란하게 하여 시효가 완성된 경우, 채무자가 시효의 완성을 주장하는 것은 권리남용이 된다.
> ㉡ 권리남용은 당사자의 주장이 없더라도 법원은 직권으로 판단할 수 있다.
> ㉢ 거래당사자가 유치권을 자신의 이익을 위하여 고의적으로 작출하여 유치권의 최우선순위담보권으로서의 지위를 부당하게 이용함으로써 신의성실의 원칙에 반한다고 평가되는 경우에는 유치권의 남용이 된다.
> ㉣ 권리남용으로 인정되는 경우, 남용의 구체적 효과는 권리의 종류와 남용의 결과에 관계없이 권리의 박탈이라는 점에서는 동일하다.

① ㉠, ㉡   ② ㉡, ㉢
③ ㉢, ㉣   ④ ㉠, ㉡, ㉢
⑤ ㉡, ㉢, ㉣

13 신의성실의 원칙에 관한 설명으로 옳지 않은 것은? (다툼이 있으면 판례에 따름)
상중하
① 신의칙 위반 여부는 당사자의 주장이 없더라도 법원이 직권으로 판단할 수 있다.
② 사정변경의 원칙에서의 사정이란 계약을 체결하게 된 일방 당사자의 주관적·개인적 사정을 의미한다.
③ 실효의 원칙은 공법관계인 권력관계에도 적용될 수 있다.
④ 여행계약상 기획여행업자는 여행자의 안전을 확보하기 위한 합리적 조치를 할 신의칙상 안전배려의무가 있다.
⑤ 주로 자기의 채무 이행만을 회피하기 위한 수단으로 동시이행항변권을 행사하는 경우, 그 항변권의 행사는 권리남용이 될 수 있다.

14 신의성실의 원칙에 관한 설명으로 옳지 않은 것은? (다툼이 있으면 판례에 따름)
상중하
① 채권자가 유효하게 성립한 계약에 따른 급부의 이행을 청구하는 때에 법원이 급부의 일부를 감축하는 것은 원칙적으로 허용되지 않는다.
② 아파트 분양자는 아파트 단지 인근에 공동묘지가 조성되어 있는 사실을 분양계약자에게 고지할 신의칙상의 의무를 부담한다.
③ 경제상황의 변동으로 당사자에게 손해가 생기더라도 합리적인 사람의 입장에서 사정변경을 예견할 수 있었다면 사정변경을 이유로 계약을 해제할 수 없다.
④ 법령에 위반되어 무효임을 알면서도 법률행위를 한 자가 강행법규 위반을 이유로 그 무효를 주장하는 것은 신의칙에 반한다.
⑤ 취득시효완성 사실을 모르고 해당 토지에 관하여 어떠한 권리도 주장하지 않기로 약속한 후, 이에 반하여 취득시효주장을 하는 것은 특별한 사정이 없는 한 신의칙상 허용되지 않는다.

15 신의성실의 원칙에 관한 설명으로 옳지 않은 것은? (다툼이 있으면 판례에 따름)

상중하

① 채권자는 물상보증인이 되려는 자에게 주채무자의 신용상태를 조사해서 고지할 신의칙상 의무를 부담한다.

② 병원은 입원환자의 휴대품 등의 도난을 방지함에 필요한 적절한 조치를 강구하여 줄 신의칙상 보호의무를 부담한다.

③ 숙박업자는 투숙고객에게 객실을 사용·수익하게 할 의무를 넘어서 고객의 안전을 배려하여야 할 신의칙상 보호의무를 부담한다.

④ 사적 자치의 영역을 넘어 공공질서를 위하여 공익적 요구를 선행시켜야 할 경우, 신의칙은 합법성의 원칙을 희생하여서라도 구체적 신뢰보호의 필요성이 인정되는 경우에 한하여 예외적으로 적용된다.

⑤ 어떤 법률행위가 신의칙에 위반되는지의 여부는 법원의 직권조사사항이다.

자연인

❮ **연계학습** 기본서 p.58~103

단·원·열·기

이 장은 매년 2~3문제 정도 출제되는 부분이다. '능력의 종류', '제한능력자와 제한능력자의 상대방 보호', '부재와 실종' 위주로 학습하여야 한다.

01 능 력

대표문제 상중하

민법상 자연인의 능력에 관한 설명으로 옳지 않은 것은? (다툼이 있으면 판례에 따름) 제27회

① 법원은 인정사망이나 실종선고에 의하지 않고 경험칙에 의거하여 사람의 사망 사실을 인정할 수 없다.

② 의사능력의 유무는 구체적인 법률행위와 관련하여 개별적으로 판단되어야 한다.

③ 의사무능력을 이유로 법률행위의 무효를 주장하는 자는 의사무능력에 대하여 증명책임을 부담한다.

④ 의사무능력을 이유로 법률행위가 무효로 된 경우, 의사무능력자는 그 행위로 인해 받은 이익이 현존하는 한도에서 상환할 책임이 있다.

⑤ 태아가 불법행위로 인해 사산된 경우, 태아는 가해자에 대하여 자신의 생명침해로 인한 손해배상을 청구할 수 없다.

해설

① 수난, 전란, 화재 기타 사변에 편승하여 타인의 불법행위로 사망한 경우에 있어서는 확정적인 증거의 포착이 손쉽지 않음을 예상하여 법은 인정사망, 위난실종선고 등의 제도와 그밖에도 보통실종선고제도도 마련해 놓고 있으나 그렇다고 하여 위와 같은 자료나 제도에 의함이 없는 사망사실의 인정을 수소법원이 절대로 할 수 없다는 법리는 없다(대판 1989.1.31, 87다카2954).

② 의사능력 유무는 구체적인 법률행위와 관련하여 개별적으로 판단해야 한다(대판 2022.5.26, 2019다213344).

③ 의사능력이란 자기 행위의 의미나 결과를 정상적인 인식력과 예기력을 바탕으로 합리적으로 판단할 수 있는 정신적 능력이나 지능을 말하고, 의사무능력을 이유로 법률행위의 무효를 주장하는 측은 그에 대하여 증명책임을 부담한다(대판 2022.12.1, 2022다261237).

④ 무능력자의 책임을 제한하는 민법 제141조 단서는 부당이득에 있어 수익자의 반환범위를 정한 민법 제748조의 특칙으로서 무능력자의 보호를 위해 그 선의·악의를 묻지 아니하고 반환범위를 현존 이익에 한정시키려는 데 그 취지가 있으므로, 의사능력의 흠결을 이유로 법률행위가 무효가 되는 경우에도 유추적용되어야 한다(대판 2009.1.15, 2008다58367).

⑤ 태아가 사산된 경우에는 어떠한 경우에도 권리능력이 인정되지 않는다.

❮ 정답 ①

01 권리능력에 관한 설명으로 옳은 것은? (다툼이 있으면 판례에 따름) 제26회
상중하
① 태아는 법정대리인에 의한 수증행위를 할 수 있다.
② 실종선고가 있더라도 당사자가 생존하는 한 권리능력이 상실되는 것은 아니다.
③ 인정사망 후 그에 대한 반증만으로 사망의 추정력이 상실되는 것은 아니다.
④ 출생 후 그 사실이 가족관계등록부에 기재되어야 권리능력이 인정된다.
⑤ 2인 이상이 동일한 위난으로 사망한 경우에는 동시에 사망한 것으로 간주된다.

02 권리주체에 관한 설명으로 옳지 않은 것은? (다툼이 있으면 판례에 따름)
상중하
① 의사능력은 자신의 행위의 의미와 결과를 합리적으로 판단할 수 있는 정신적 능력으로 구체적인 법률행위와 관련하여 개별적으로 판단되어야 한다.
② 어떤 법률행위가 일상적인 의미만으로 알기 어려운 특별한 법률적 의미나 효과를 가진 경우, 이를 이해할 수 있을 때 의사능력이 인정된다.
③ 현행 민법은 태아의 권리능력에 관하여 일반적 보호주의를 취한다.
④ 태아의 상태에서는 법정대리인이 있을 수 없고, 법정대리인에 의한 수증행위도 할 수 없다.
⑤ 피상속인과 그의 직계비속 또는 형제자매가 동시에 사망한 것으로 추정되는 경우에도 대습상속이 인정된다.

03 의사무능력자 甲은 乙로부터 금전을 차용하는 소비대차계약을 乙과 체결하고 차용
상중하 금을 전부 수령하였다. 이에 관한 설명으로 옳지 않은 것을 모두 고른 것은? (다툼이 있으면 판례에 따름)

> ㉠ 甲의 특별대리인 丙이 甲의 의사무능력을 이유로 계약의 무효를 주장하는 것은 특별한 사정이 없는 한 신의칙에 반한다.
> ㉡ 甲의 의사무능력을 이유로 계약이 무효가 된 경우, 甲은 그 선의·악의를 불문하고 乙에게 그 현존이익을 반환할 책임이 있다.
> ㉢ 甲이 수령한 차용금을 모두 소비한 경우, 乙은 甲에게 그 이익이 현존한다는 사실에 대한 증명책임을 부담한다.

① ㉡   ② ㉢   ③ ㉠, ㉡
④ ㉠, ㉢   ⑤ ㉠, ㉡, ㉢

04
상중하

부부 사이인 甲과 그의 아이 丙을 임신한 乙은 A의 과실로 교통사고를 당했다. 이에 관한 설명으로 옳은 것을 모두 고른 것은? (다툼이 있으면 판례에 따름)

> ㉠ 이 사고로 丙이 출생 전 乙과 함께 사망하였더라도 丙은 A에 대하여 불법행위로 인한 손해배상청구권을 가진다.
> ㉡ 사고 후 살아서 출생한 丙은 A에 대하여 甲이 부상으로 입게 될 자신의 정신적 고통에 대한 위자료를 청구할 수 있다.
> ㉢ 甲이 사고로 사망한 후 살아서 출생한 丙은 甲의 A에 대한 불법행위로 인한 손해배상청구권을 상속받지 못한다.

① ㉠   ② ㉡
③ ㉢   ④ ㉠, ㉡
⑤ ㉡, ㉢

05
상중하

태아의 권리능력에 관한 설명으로 옳은 것은? (다툼이 있으면 판례에 따름) 제22회
① 태아는 유류분권에 관하여 이미 출생한 것으로 본다.
② 태아인 동안에는 모(母)가 법정대리인으로서 법률행위를 할 수 있다.
③ 태아가 타인의 불법행위로 인하여 사산된 경우, 태아의 손해배상청구권은 그 법정상속인에게 상속된다.
④ 태아를 피보험자로 하는 상해보험계약은 그 효력이 인정되지 않는다.
⑤ 태아에 대한 유증이 그 방식을 갖추지 못하여 무효이더라도 증여로서의 효력은 인정된다.

02 제한능력자

대표문제 상 중 하

행위능력에 관한 설명으로 옳지 않은 것은? (다툼이 있으면 판례에 따름) 제27회

① 가정법원은 성년후견 개시의 심판을 할 때 본인의 의사를 고려하여야 한다.
② 가정법원은 성년후견 개시의 청구가 있더라도 필요하다면 한정후견을 개시할 수 있다.
③ 가정법원은 피한정후견인이 한정후견인의 동의를 받아야 하는 행위의 범위를 정할 수 있다.
④ 가정법원은 특정후견의 심판을 하는 경우에는 특정후견의 기간 또는 사무의 범위를 정하여야 한다.
⑤ 가정법원은 본인의 의사에 반하더라도 특정사무에 관한 후원의 필요가 있으면 특정후견심판을 할 수 있다.

해설

⑤ 특정후견은 본인의 의사에 반하여 할 수 없다(제14조의2 제2항).
① 가정법원은 성년후견개시의 심판을 할 때 본인의 의사를 고려하여야 한다(제9조 제2항).
② 성년후견이나 한정후견 개시의 청구가 있는 경우 가정법원은 청구 취지와 원인, 본인의 의사, 성년후견 제도와 한정후견 제도의 목적 등을 고려하여 어느 쪽의 보호를 주는 것이 적절한지를 결정하고, 그에 따라 필요하다고 판단하는 절차를 결정해야 한다. 따라서 한정후견의 개시를 청구한 사건에서 의사의 감정 결과 등에 비추어 성년후견 개시의 요건을 충족하고 본인도 성년후견의 개시를 희망한다면 법원이 성년후견을 개시할 수 있고, 성년후견 개시를 청구하고 있더라도 필요하다면 한정후견을 개시할 수 있다고 보아야 한다(대결 2021.6.10, 2020스596).
③ 가정법원은 피한정후견인이 한정후견인의 동의를 받아야 하는 행위의 범위를 정할 수 있다(제13조 제1항).
④ 특정후견의 심판을 하는 경우에는 특정후견의 기간 또는 사무의 범위를 정하여야 한다(제14조의2 제3항).

◎ 정답 ⑤

06
상중하

미혼인 18세인 甲은 친권자인 모(母) 乙과 생계를 같이 하고 있으며, 이웃의 丙을 친아버지처럼 의지하며 살고 있다. 이에 관한 설명으로 옳은 것은? (다툼이 있으면 판례에 따름)   제22회

① 丙의 甲에 대한 수권행위가 있더라도 甲의 丙의 대리인으로 행한 법률행위는 미성년임을 이유로 취소할 수 있다.

② 甲은 자신의 재산을 丙에게 준다는 유언을 할 수 없다.

③ 乙이 甲에게 특정한 영업을 허락하였다면, 乙은 그 영업에 관한 법정대리권을 상실하므로 더 이상 그 영업에 대한 허락을 취소할 수 없다.

④ 甲이 법정대리인의 동의를 요하는 법률행위를 乙의 동의 없이 하였다면, 甲은 乙의 동의 없음을 이유로 그 행위를 취소할 수 없다.

⑤ 甲이 법정대리인의 동의를 요하는 법률행위를 하면서 상대방에게 단순히 자신이 능력자라고 사언(詐言)한 경우라면, 乙의 동의 없음을 이유로 그 행위를 취소할 수 있다.

07
상중하

미성년자가 단독으로 행한 행위 중 제한능력자의 행위임을 이유로 취소할 수 있는 것은?   제24회

① 만 17세 5개월 된 자의 유언행위

② 대리권을 수여받고 행한 대리행위

③ 법정대리인의 허락을 얻은 특정한 영업행위

④ 시가 300만원 상당의 물품을 100만원에 매수한 행위

⑤ 미성년자가 속임수를 써서 자신을 능력자로 상대방이 오신하게 하여 이루어진 법률행위

08 ❘상❘중❘하❘ 미성년자 甲과 그의 유일한 법정대리인인 乙에 관한 설명으로 옳은 것은? (다툼이 있으면 판례에 따름)

① 甲이 그 소유 물건에 대한 매매계약을 체결한 후에 미성년인 상태에서 매매 대금의 이행을 청구하여 대금을 모두 지급받았다면 乙은 그 매매계약을 취소할 수 없다.

② 乙이 甲에게 특정한 영업에 관한 허락을 한 경우에도 乙은 그 영업에 관하여 여전히 甲을 대리할 수 있다.

③ 甲이 乙의 동의 없이 타인의 적법한 대리인으로서 법률행위를 했더라도 乙은 甲의 제한능력을 이유로 그 법률행위를 취소할 수 있다.

④ 甲이 乙의 동의 없이 신용구매계약을 체결한 이후에 乙의 동의 없음을 이유로 그 계약을 취소하는 것은 신의칙에 반한다.

⑤ 乙이 재산의 범위를 정하여 甲에게 처분을 허락한 경우, 甲이 그에 관한 법률행위를 하기 전에는 乙은 그 허락을 취소할 수 있다.

09 ❘상❘중❘하❘ 만 15세의 미성년자 甲은 친권자 丙의 동의를 얻어 자신의 소유인 X토지를 乙에게 매도하는 경우, 다음 설명 중 옳은 것을 모두 고른 것은? (다툼이 있으면 판례에 의함)

> ㉠ 丙의 동의는 명시적으로 뿐만 아니라 묵시적으로도 가능하다.
> ㉡ 丙이 동의를 할 때에는 후견감독인의 동의라는 특별한 절차를 필요로 한다.
> ㉢ 丙의 동의는 甲의 법률행위 이전에 하여야 하고 이후에 하는 동의는 효력이 없다.
> ㉣ 甲이 丙의 동의가 있는 것처럼 보이기 위하여 소극적인 속임수를 쓴 것만으로도 취소권이 배제된다.
> ㉤ X토지가 甲명의의 매매계약서에 근거하여 乙에게 소유권이전등기가 경료되었다면, 丙의 동의 여부와 관계없이 적법한 등기로 추정된다.

① ㉠, ㉣   ② ㉠, ㉤   ③ ㉡, ㉢
④ ㉡, ㉣   ⑤ ㉢, ㉤

10
상중하

성년인 甲은 질병으로 인한 정신적 제약으로 사무를 처리할 능력이 부족한 상태이다. 이에 관한 설명으로 옳지 않은 것은? (다툼이 있으면 판례에 따름)

① 甲은 스스로 한정후견개시의 심판을 청구할 수 있다.

② 가정법원은 甲에 대한 한정후견개시의 심판을 할 때 甲의 의사를 고려해야 한다.

③ 甲의 배우자가 甲에 대한 성년후견개시의 심판을 청구한 경우에도 가정법원은 필요하다면 한정후견개시의 심판을 할 수 있다.

④ 가정법원은 甲에 대한 한정후견개시의 심판을 할 때 취소할 수 없는 甲의 법률행위의 범위를 정할 수 있다.

⑤ 甲에 대한 한정후견개시의 심판이 있는 후 한정후견개시의 원인이 소멸된 경우, 甲은 한정후견종료의 심판을 청구할 수 있다.

11
상중하

제한능력에 관한 설명으로 옳지 않은 것은? (다툼이 있으면 판례에 따름)

① 성년후견인은 여러 명을 둘 수 있다.

② 가정법원은 본인의 청구에 의하여 취소할 수 없는 피성년후견인의 법률행위의 범위를 변경할 수 있다.

③ 가정법원이 피성년후견인에 대하여 한정후견개시의 심판을 할 때에는 종전의 성년후견의 종료 심판을 하여야 한다.

④ 한정후견의 개시를 청구한 사건에서 의사의 감정 결과 성년후견 개시의 요건을 충족하고 있다면 법원은 본인의 의사를 고려하지 않고 성년후견을 개시할 수 있다.

⑤ 특정후견의 심판이 있는 후에 피특정후견인이 특정후견인의 동의 없이 재산상의 법률행위를 하더라도 이는 취소의 대상이 되지 않는다.

12 제한능력자에 관한 설명으로 옳지 않은 것은?

상중하

① 제한능력자의 단독행위에 대한 거절의 의사표시는 제한능력자에게도 할 수 있다.
② 가정법원은 취소할 수 없는 피성년후견인의 법률행위의 범위를 정할 수 있다.
③ 가정법원은 한정후견개시심판을 할 때 본인의 의사를 고려해야 한다.
④ 제한능력자와 계약을 맺은 상대방은 계약 당시에 제한능력자임을 알았을 경우에는 그 의사표시를 철회할 수 없다.
⑤ 피성년후견인이 적극적으로 속임수를 써서 자기를 능력자로 믿게 한 경우에도 그 행위를 취소할 수 있다.

13 세한능력사에 관한 설명으로 옳은 것은?

상중하

① 미성년자가 친권자의 동의를 얻어 법률행위를 한 후에도 친권자는 그 동의를 취소할 수 있다.
② 법정대리인이 미성년자에게 특정한 영업을 허락한 경우, 그 영업 관련 행위에 대한 법정대리인의 대리권은 소멸한다.
③ 상대방이 계약 당시에 제한능력자와 계약을 체결하였음을 알았더라도 제한능력자 측의 추인이 있을 때까지는 자신의 의사표시를 철회할 수 있다.
④ 피성년후견인이 속임수로써 상대방으로 하여금 성년후견인의 동의가 있는 것으로 믿게 하여 체결한 토지매매계약은 특별한 사정이 없는 한 제한능력을 이유로 취소할 수 없다.
⑤ 법정대리인이 제한능력을 이유로 법률행위를 취소한 경우, 제한능력자의 부당이득 반환범위는 법정대리인의 선의 또는 악의에 따라 달라진다.

03 제한능력자의 상대방 보호

대표문제 상중하

17세인 甲은 법정대리인 乙의 동의 없이 丙으로부터 고가의 자전거를 구입하는 계약을 체결하였다. 이에 관한 설명으로 옳은 것은?   제26회

① 甲이 성년자가 되더라도 丙은 甲에게 계약의 추인 여부에 대한 확답을 촉구할 수 없다.

② 甲은 乙의 동의 없이는 자신이 미성년자임을 이유로 계약을 취소할 수 없다.

③ 乙은 甲이 미성년자인 동안에는 계약을 추인할 수 없다.

④ 丙이 계약체결 당시 甲이 미성년자임을 알았다면, 丙은 乙에게 추인 여부의 확답을 촉구할 수 없다.

⑤ 丙이 계약체결 당시 甲이 미성년자임을 몰랐다면, 丙은 추인이 있기 전에 甲에게 철회의 의사표시를 할 수 있다.

[해설]

⑤ 계약 체결 당시 제한능력자임을 몰랐다면, 선의의 상대방은 제한능력자에게도 철회할 수 있다(제16조 제1항 참조).

① 제한능력자의 상대방은 제한능력자가 능력자가 된 후에 그에게 1개월 이상의 기간을 정하여 그 취소할 수 있는 행위를 추인할 것인지 여부의 확답을 촉구할 수 있다(제15조 제1항 참조).

② 미성년자도 법정대리인의 동의 없이 자신이 체결한 계약을 취소할 수 있다(제140조 참조).

③ 법정대리인은 취소의 원인이 종료하기 전에도 추인할 수 있다(제144조 제2항 참조).

④ 계약 당시 제한능력자임을 알았던 상대방도 최고할 수 있다(제15조 제1항 참조).

♨ 정답 ⑤

14 상중하

甲이 한정후견인 乙의 동의 없이 丙과 거래행위를 한 경우, 그 추인 전에 丙이 할 수 없는 것은? (甲은 행위능력을 회복하지 못한 상태이고, 丙의 선의와 악의는 甲의 제한능력에 관한 것임)

① 선의인 丙의 甲에 대한 확답촉구권 행사

② 악의인 丙의 乙에 대한 확답촉구권 행사

③ 선의인 丙의 甲에 대한 단독행위의 거절권 행사

④ 선의인 丙의 乙에 대한 단독행위의 거절권 행사

⑤ 선의인 丙의 甲에 대한 계약의 철회권 행사

15 제한능력자에 관한 설명으로 옳은 것만을 모두 고른 것은? (다툼이 있으면 판례에 따름)

ㄱ 만 18세의 미성년자가 자기의 월 근로소득범위 내에서 신용구매계약을 체결한 경우, 그 신용구매계약은 처분허락 받은 재산범위 내의 처분행위에 해당한다.

ㄴ 한정후견인의 동의가 필요한 법률행위를 피한정후견인이 한정후견인의 동의 없이 하였을 때에는 그것이 일상생활에 필요하고 그 대가가 과도하지 아니한 법률행위가 아닌 경우 그 법률행위를 취소할 수 있다.

ㄷ 제한능력자가 아직 능력자가 되지 못한 경우에도 그 상대방은 그에게 1개월 이상의 기간을 정하여 추인 여부의 확답을 촉구할 수 있다.

ㄹ 제한능력자와 계약을 맺은 선의의 상대방은 추인이 있기 전까지 의사표시를 거절할 수 있다.

① ㄱ, ㄴ ② ㄱ, ㄷ ③ ㄴ, ㄷ
④ ㄴ, ㄹ ⑤ ㄷ, ㄹ

16 甲은 취소할 수 없는 법률행위의 범위를 정함이 없이 성년후견개시심판을 받았다. 그 후 甲은 법정대리인 乙의 동의서를 위조하는 방법으로 乙의 동의가 있는 것처럼 믿게 하여 자기 소유 건물을 丙에게 매각하는 계약을 체결하였다. 이에 관한 설명으로 옳지 않은 것을 모두 고른 것은? (다툼이 있으면 판례에 따름)

ㄱ 乙은 丙을 상대로 계약을 취소할 수 있다.

ㄴ 丙은 甲을 상대로 계약의 추인 여부에 대한 확답을 촉구할 수 있다.

ㄷ 계약 당시 甲이 제한능력자임을 丙이 알았더라도 그 추인이 있기 전까지 丙은 乙을 상대로 자기의 의사표시를 철회할 수 있다.

① ㄱ ② ㄷ ③ ㄱ, ㄴ
④ ㄴ, ㄷ ⑤ ㄱ, ㄴ, ㄷ

17 甲은 친구 乙이 미성년자임을 모른 채 그에게 1천만원을 빌려주었다. 다음 설명 중
틀린 것은?

① 甲은 자신의 의사표시를 철회할 수 있다.

② 법정대리인의 동의를 얻어 乙이 甲으로부터 금전을 빌린 경우 乙은 그 법률
행위를 취소할 수 없다.

③ 甲은 乙이 아직 능력자로 되지 못한 때에는 乙의 법정대리인에게 그 법률행
위의 추인 여부의 확답을 최고할 수 있다.

④ 법률행위 당시 乙이 의사무능력 상태에 있었다면, 乙의 법률행위에는 취소
사유와 무효사유가 동시에 존재한다.

⑤ 甲은 이 경우 악의라도 거절할 수 있다.

18 미성년자 甲은 친권자 乙의 동의 없이 丙으로부터 고가(高價)의 컴퓨터를 구입하는
계약을 체결한 후 대금을 지급하지 않고 있다. 이에 관한 설명으로 옳은 것은?
(다툼이 있으면 판례에 의함) 제12회

① 甲은 乙의 동의 없이 단독으로 매매계약을 취소할 수 없다.

② 丙은 甲이 어려 보여 "미성년자 아니냐?"라고 묻자 甲은 "아닙니다."라고 단
순히 말한 경우, 甲은 속임수를 썼으므로 취소권이 배제된다.

③ 丙이 성년이 되지 않은 甲에게 1월 이상의 기간을 정하여 추인 여부의 확답
을 최고하였으나 甲이 그 기간 내에 확답을 발하지 않았다면 매매계약을 추
인한 것으로 본다.

④ 甲이 매매계약을 취소하는 데 대하여 乙은 동의권을 가지지만 스스로 계약
을 취소할 수 없다.

⑤ 丙이 1월 이상의 기간을 정하여 乙에게 추인 여부의 확답을 최고하였으나,
乙이 그 기간 내에 확답을 발하지 않았다면 그 매매계약을 추인한 것으로
본다.

04 주소, 부재와 실종

대표문제 상중하

부재와 실종에 관한 설명으로 옳은 것은? (다툼이 있으면 판례에 따름)　　　제25회

① 법원이 선임한 재산관리인은 법원의 허가 없이도 민법 제118조에서 정한 권한을 넘는 행위를 할 수 있다.

② 법원이 선임한 재산관리인에 대하여 법원은 부재자의 재산을 보존하기 위하여 필요한 처분을 명할 수 없다.

③ 부재자의 제1순위 상속인이 있는 경우에 제4순위의 상속인은 그 부재자에 대한 실종선고를 청구할 수 없다.

④ 실종선고가 확정되면 실종선고를 받은 자는 실종선고시에 사망한 것으로 본다.

⑤ 보통실종의 실종기간은 3년이다.

해설

③ 실종선고를 청구할 수 있는 이해관계인이라 함은 법률상 뿐만 아니라 경제적, 신분적 이해관계인이어야 할 것이므로 부재자의 제1순위 재산상속인이 있는 경우에 제4순위의 재산상속인은 위 부재자에 대한 실종선고를 청구할 이해관계인이 될 수 없다(대결 1980.9.8, 80스27).

① 법원이 선임한 재산관리인은 제118조에 규정한 권한을 넘는 행위를 함에는 법원의 허가를 얻어야 한다(제25조 본문).

② 법원이 그 선임한 재산관리인에 대하여 부재자의 재산을 보존하기 위하여 필요한 처분을 명할 수 있다(제24조 제2항).

④ 실종선고를 받은 자는 실종기간이 만료한 때에 사망한 것으로 본다(제28조).

⑤ 보통실종의 실종기간은 5년이다(제27조 제1항 참조).

　　　　　　　　　　　　　　　　　　　　　　　　　　　　　　　　　　Ⓒ 정답 ③

19 부재자의 재산관리에 관한 설명으로 옳지 않은 것은? (다툼이 있으면 판례에 따름)
상중하　　　　　　　　　　　　　　　　　　　　　　　　　　　　　　　　제27회

① 법원이 선임한 재산관리인은 법정대리인이다.

② 부재자는 성질상 자연인에 한하고 법인은 해당하지 않는다.

③ 법원이 선임한 재산관리인의 권한초과행위에 대한 법원의 허가는 사후적으로 그 행위를 추인하는 방법으로는 할 수 없다.

④ 재산관리인을 정한 부재자의 생사가 분명하지 아니한 경우, 그 재산관리인이 권한을 넘는 행위를 할 때에는 법원의 허가를 얻어야 한다.

⑤ 법원의 부재자 재산관리인 선임 결정이 취소된 경우, 그 취소의 효력은 장래에 향하여서만 생긴다.

20 부재자의 재산관리에 관한 설명으로 옳지 않은 것은? (다툼이 있으면 판례에 따름)

상중하

① 부재자가 스스로 위임한 재산관리인에게 재산처분권까지 준 경우에도 그 재산관리인은 재산처분에 법원의 허가를 얻어야 한다.

② 재산관리인의 권한초과행위에 대한 법원의 허가결정은 기왕의 처분행위를 추인하는 방법으로도 할 수 있다.

③ 재산관리인이 소송절차를 진행하던 중 부재자에 대한 실종선고가 확정되면 그 재산관리인의 지위도 종료한다.

④ 생사불명의 부재자를 위하여 법원이 선임한 재산관리인은 그가 부재자의 사망을 확인한 때에도 선임결정이 취소되지 않으면 계속 권한을 행사할 수 있다.

⑤ 생사불명의 부재자에 대하여 실종이 선고되더라도 법원이 선임한 재산관리인의 처분행위에 근거한 등기는 그 선임결정이 취소되지 않으면 적법하게 마친 것으로 추정된다.

21 부재자의 재산관리인에 관한 설명으로 옳은 것은? (다툼이 있으면 판례에 의함)

상중하

① 법원에 의하여 선임된 재산관리인은 보수를 청구할 수 없다.

② 부재자가 정한 재산관리인은 재산의 관리 및 반환에 관한 담보제공의무를 지지 않는다.

③ 법원은 재산관리인이 허가 없이 한 처분행위를 추인하기 위해서는 사후에 이를 허가할 수는 없다.

④ 법원이 선임한 재산관리인은 부재자의 사망을 확인하였더라도 그 선임결정이 취소되지 않는 한 계속해서 권한을 행사할 수 있다.

⑤ 재산관리인이 부재자의 재산매각처분에 대한 법원의 허가를 받았으면, 통상의 경우 부재자와 무관한 제3자의 채무담보만을 위하여 부재자의 재산에 근저당권을 설정하는 것도 유효하다.

22 부재자의 재산관리인에 관한 설명으로 옳지 않은 것은? (다툼이 있으면 판례에 따름)
제26회

① 법원은 그가 선임한 재산관리인에 대하여 부재자의 재산으로 보수를 지급할 수 있다.

② 법원이 선임한 재산관리인은 언제든지 사임할 수 있다.

③ 법원이 선임한 재산관리인이 부재자의 사망을 확인하였다면, 그 선임결정이 취소되지 않아도 재산관리인은 권한을 행사할 수 없다.

④ 재산관리인을 둔 부재자의 생사가 분명하지 않은 경우, 법원은 재산관리인의 청구에 의하여 재산관리인을 개임할 수 있다.

⑤ 법원이 선임한 재산관리인이 법원의 허가 없이 부재자 소유의 부동산을 매각한 후 법원의 허가를 얻어 소유권이전등기를 마쳤다면 그 매각행위는 추인된 것으로 본다.

23 부재와 실종에 관한 설명으로 옳은 것은? (다툼이 있으면 판례에 따름)

① 부재자 재산관리인의 권한초과행위에 대한 법원의 허가는 과거의 처분행위를 추인하는 방법으로는 할 수 없다.

② 법원은 선임한 재산관리인에 대하여 부재자의 재산으로 상당한 보수를 지급할 수 있다.

③ 후순위 상속인도 실종선고를 청구할 수 있는 이해관계인에 포함된다.

④ 동일인에 대하여 2차례의 실종선고가 내려져 있는 경우, 뒤에 내려진 실종선고를 기초로 상속관계가 인정된다.

⑤ 실종선고를 받은 자가 실종기간 동안 생존했던 사실이 확인된 경우, 실종선고의 취소 없이도 이미 개시된 상속은 부정된다.

24
상종해

실종선고에 관한 설명으로 옳지 않은 것은? (다툼이 있으면 판례에 따름)

① 사망의 원인이 될 위난을 당한 자의 실종기간은 위난종료시로부터 1년이다.

② 실종선고를 받은 자는 사망한 것으로 의제되며, 실종선고 그 자체가 법원에 의해 취소되지 않는 한 이 사망의 효과는 계속된다.

③ 가족관계등록부상 사망한 것으로 기재되어 있는 자는 그 사망기재의 추정력을 뒤집을 수 있는 자료가 없는 한 실종선고를 할 수 없다.

④ 제1순위 상속인이 있어도 제2순위 상속인은 실종선고를 청구할 수 있는 이해관계인에 해당한다.

⑤ 피상속인의 사망 후에 피상속인의 딸에 대한 실종선고가 이루어졌으나 실종기간이 피상속인의 사망 전에 만료되었다면 그 딸은 상속인이 될 수 없다.

25
상종해

부재자 甲은 2020.5.1. 최후 소식이 있는 후부터 생사가 분명하지 않다. 이에 관한 설명으로 옳지 않은 것은? (다툼이 있으면 판례에 따름)

① 甲이 단순히 가출하여 2020.5.1.부터 생사가 분명하지 않다면, 2024.5.3. 현재 이해관계인은 甲의 실종선고를 청구할 수 없다.

② 甲이 2020.5.1. 발생한 항공기추락사고로 인해 생사가 분명하지 않다면, 2024.5.3. 현재 이해관계인은 甲의 실종선고를 청구할 수 있다.

③ 甲의 실종선고에 관하여 甲의 제1순위 재산상속인이 있는 경우, 제2순위의 재산상속인은 특별한 사정이 없는 한 甲에 대한 실종선고를 청구할 수 없다.

④ 甲에 대한 실종선고가 확정되면 甲은 2020.5.2. 오전 0시에 사망한 것으로 간주된다.

⑤ 甲에 대한 실종선고가 확정되면 비록 甲이 생환하더라도 실종선고의 효과를 번복하기 위해서는 실종선고를 취소하여야 한다.

26 甲은 2014. 5. 20. 항공기 추락으로 실종된 후, 2015. 12. 20. 실종선고가 청구되
어 2016. 7. 20. 실종선고가 되었다. 甲에게는 가족으로 배우자 乙 외에 어머니 丙,
아들 丁이 있었고, 유산으로 X건물을 남겼다. 이에 관한 설명으로 옳지 않은 것을
모두 고른 것은? (다툼이 있으면 판례에 따름)

> ㉠ 특별한 사정이 없는 한 乙, 丙, 丁은 모두 甲의 실종선고에 대하여 이해관계
>   가 있는 자로서 실종선고를 청구할 수 있다.
> ㉡ 乙의 甲에 대한 이혼판결이 2016. 5. 10. 확정되었더라도, 그 후 甲에 대한
>   실종선고로 사망 간주시점이 소급되면, 이혼판결은 사망자를 상대로 한 것
>   이므로 무효가 된다.
> ㉢ 甲에 대한 실종선고로 X건물은 이미 상속되었는데, 2015. 6. 10. 甲의 생존
>   사실이 밝혀진 경우, 실종선고가 취소되기 전에는 위 상속은 효력이 있다.

① ㉠   ② ㉡   ③ ㉠, ㉡
④ ㉡, ㉢   ⑤ ㉠, ㉡, ㉢

27 가상화폐 투자에 실패한 甲은 부인 乙을 볼 면목이 없어 2015. 9. 15. 지리산으로
들어가 누구와도 연락을 하지 않았다. 甲의 생사를 알지 못한 乙은 2021. 9. 7. 법
원에 실종선고를 청구하여 2022. 3. 10. 실종선고가 되었다. 甲의 실종선고로 甲에
대한 사망보험금 5억원을 수령한 乙은 주식에 투자하여 큰 손실을 보았다. 지리산
에서 삶의 새로운 목표를 찾은 甲은 2023. 2. 5. 집으로 돌아왔다. 이에 관한 설명
으로 옳은 것은? (다툼이 있으면 판례에 따름)

① 실종선고로 甲의 사망이 의제된 시점은 2022. 3. 10.이다.
② 甲의 실종선고가 취소되지 않더라도 甲이 살아 있는 것이 증명되었으므로,
   보험회사는 乙을 상대로 한 사망보험금 반환소송에서 승소할 수 있다.
③ 甲에 대한 실종선고가 취소되면, 선의의 乙은 현존이익 한도에서 보험금을
   반환하면 된다.
④ 실종선고를 취소하지 않는 한, 甲은 공직선거권이 없다.
⑤ 법원에 의해 甲의 실종선고가 취소되면, 그 때부터 장래를 향하여 甲에 대한
   실종선고의 효력이 부정된다.

🔗 **연계학습** 기본서 p.104~154

단·원·열·기

이 장은 매년 3~4문제 정도 출제되는 부분이다. '법인의 종류', '법인의 불법행위능력', '법인의 기관', '법인의 소멸', '법인 아닌 사단' 위주로 학습하여야 한다.

01 법인의 설립

대표문제 상중하

민법상 법인에 관한 설명으로 옳은 것은? (다툼이 있으면 판례에 따름)   제24회

① 재단법인은 항상 비영리법인이다.

② 사단법인 설립행위는 법률행위이므로 특별한 방식이 요구되지 않는다.

③ 사단법인은 주무관청의 허가 없이 자유롭게 설립할 수 있다.

④ 재단법인 설립행위는 단독행위이므로 출연자라 하더라도 착오를 이유로 출연의 의사표시를 취소할 수 없다.

⑤ 법인이 목적 이외의 사업을 하더라도 주무관청은 설립허가 자체를 취소할 수 없다.

해설

① 재단법인은 성질상 항상 비영리법인일 수밖에 없다. 영리재단법인은 민법상 인정되지 않는다.

② 사단법인의 설립행위는 법률행위 중에서 일정한 방식을 요구하는 요식행위에 해당한다.

③ 민법상 비영리사단법인은 주무관청의 허가를 얻어 설립할 수 있다(제32조 참조).

④ 서면에 의한 출연이더라도 민법 총칙규정에 따라 출연자가 착오에 기한 의사표시라는 이유로 출연의 의사표시를 취소할 수 있고, 상대방 없는 단독행위인 재단법인에 대한 출연행위라고 하여 달리 볼 것은 아니다(대판 1999.7.9, 98다9045).

⑤ 법인이 목적 이외의 사업을 하거나 설립허가의 조건에 위반하거나 기타 공익을 해하는 행위를 한 때에는 주무관청은 그 허가를 취소할 수 있다(제38조).

    ✅ 정답 ①

01 민법상 법인의 설립에 관한 설명으로 옳은 것은?

① 법인은 법률의 규정에 의함이 아니면 성립하지 못한다.
② 법인설립등기는 주무관청의 설립허가가 있은 때로부터 4주 내에 주된 사무소 소재지에서 하여야 한다.
③ 유언으로 재단법인을 설립하는 경우에는 증여에 관한 규정이 준용된다.
④ 법인이 설립허가의 조건에 위반하더라도 주무관청은 그 설립허가를 취소할 수 없다.
⑤ 사단법인의 설립행위는 불요식행위이다.

02 민법상 법인의 설립에 관한 설명으로 옳지 않은 것은? (다툼이 있으면 판례에 따름)

제26회

① 법인은 법률의 규정에 의하지 않으면 성립하지 못한다.
② 사단법인 설립행위는 2인 이상의 설립자가 정관을 작성하여 기명날인하여야 하는 요식행위이다.
③ 사단법인의 정관변경은 총사원 3분의 2 이상의 동의가 있으면 주무관청의 허가가 없더라도 그 효력이 생긴다.
④ 법인의 설립등기는 특별한 사정이 없는 한 주된 사무소 소재지에서 하여야 한다.
⑤ 사단법인의 사원들이 정관의 규범적인 의미 내용과 다른 해석을 사원총회의 결의라는 방법으로 표명하였다 하더라도 그 결의에 의한 해석은 그 사단법인의 사원을 구속하는 효력이 없다.

03 민법상 사단법인 설립시 정관의 필요적 기재사항이 아닌 것은?

① 목적
② 명칭
③ 사무소의 소재지
④ 자산에 관한 규정
⑤ 이사자격의 득실에 관한 규정

04 민법상 비영리법인에 관한 설명으로 옳은 것은?   제22회

상종하
① 법인의 설립은 법원의 허가를 요한다.
② 법인은 주무관청의 설립허가를 받음으로써 성립한다.
③ 법인의 해산 및 청산은 주무관청이 검사, 감독한다.
④ 사단법인의 사원의 지위는 특별한 사정이 없는 한, 양도 또는 상속할 수 없다.
⑤ 사단법인의 정관은 특별한 사정이 없는 한, 총사원 4분의 3 이상의 동의가 있는 때에 한하여 이를 변경할 수 있다.

05 민법상 법인에 관한 설명으로 옳지 않은 것은?

상종하
① 생전처분으로 재단법인을 설립하는 때에는 증여에 관한 규정을 준용한다.
② 유언으로 재단법인을 설립하는 때에는 출연재산(지명채권)은 유언의 효력이 발생한 때로부터 법인에 귀속한 것으로 본다.
③ 이사의 대표권에 대한 제한은 이를 등기하지 아니하면 그 효력이 없다.
④ 재단법인의 목적을 달성할 수 없는 때에는 설립자나 이사는 주무관청의 허가를 얻어 설립의 취지를 참작하여 그 목적 기타 정관의 규정을 변경할 수 있다.
⑤ 재단법인의 설립지가 그 명칭, 사무소소재지 또는 이사임면의 방법을 정하지 아니하고 사망한 때에는 이해관계인 또는 검사의 청구에 의하여 법원이 이를 정한다.

06 甲이 생전처분으로 재산을 출연하여, 乙재단법인이 성립되었다. 이에 관한 설명으로 옳지 않은 것은? (다툼이 있으면 판례에 의함)

상종하
① 甲의 출연재산이 지명채권인 경우, 채무자에게 통지한 때에 乙법인에게 귀속된다.
② 甲의 출연재산이 동산인 경우, 법인설립등기를 마친 때에 乙법인에게 귀속된다.
③ 甲의 출연행위가 민법상의 착오에 해당하는 경우, 출연재산이 乙법인의 기본재산이더라도 甲은 출연의 의사표시를 취소할 수 있다.
④ 甲의 출연재산이 부동산이고, 乙법인 앞으로 소유권이전등기를 하기 전에 甲의 사망으로 丙에게 상속등기가 된 경우라도 그 부동산은 乙법인의 소유이다.
⑤ 위 ④의 경우, 상속인 丙이 부동산을 丁에게 처분하여 소유권이전등기를 마쳤다면, 그 부동산은 丁의 소유이다.

02 법인의 불법행위능력

대표문제 상 중 하

민법상 법인의 불법행위능력에 관한 설명으로 옳지 않은 것은? (다툼이 있으면 판례에 따름)
제21회

① 청산인은 법인의 대표기관이 아니므로 그 직무에 관하여는 법인의 불법행위가 성립하지 않는다.
② 법인의 대표자가 직무에 관하여 타인에게 불법행위를 한 경우, 사용자책임에 관한 민법규정이 적용되지 않는다.
③ 법인의 대표자가 직무에 관하여 타인에게 불법행위를 한 경우, 그 법인은 불법행위로 인한 손해를 배상할 책임을 진다.
④ 비법인사단 대표자의 행위가 직무에 관한 행위에 해당하지 않음을 피해자가 중대한 과실로 알지 못한 경우에는 비법인사단에게 손해배상책임을 물을 수 없다.
⑤ 법인의 목적범위 외의 행위로 인하여 타인에게 손해를 가한 때에는 그 사항의 의결에 찬성하거나 그 의결을 집행한 사원, 이사 기타 대표자가 연대하여 배상해야 한다.

[해설]
① 청산인도 법인의 대표기관이므로, 청산인이 직무에 관하여 타인에게 손해를 가한 경우 법인의 불법행위가 성립한다.
② 법인에 있어서 그 대표자가 직무에 관하여 불법행위를 한 경우에는 민법 제35조 제1항에 의하여, 법인의 피용자가 사무집행에 관하여 불법행위를 한 경우에는 민법 제756조 제1항에 의하여 각기 손해배상책임을 부담한다(대판 2009.11.26, 2009다57033).
③ 제35조
④ 비법인사단의 경우 대표자의 행위가 직무에 관한 행위에 해당하지 아니함을 피해자 자신이 알았거나 또는 중대한 과실로 인하여 알지 못한 경우에는 비법인사단에게 손해배상책임을 물을 수 없다(대판 2003.7.25, 2002다27088).
⑤ 제35조 제2항

✓ 정답 ①

07 민법상 법인의 불법행위능력에 관한 설명으로 옳지 않은 것은? (다툼이 있으면 판
례에 따름) 제19회

① 법인의 불법행위책임이 성립하여 법인이 피해자에게 손해를 배상한 경우,
법인은 불법행위를 한 대표기관 개인에게 구상권을 행사할 수 있다.
② 법인의 대표자가 직무에 관하여 불법행위를 한 경우, 사용자책임에 관한 민
법규정이 적용되지 않는다.
③ 대표기관의 불법행위가 외형상으로만 직무관련성을 보이는 경우, 실제 직무
관련성에 대한 피해자의 악의·과실 유무와 상관없이 법인은 불법행위책임
을 진다.
④ 법인의 불법행위책임과 대표기관 개인의 책임은 과실상계와 관련하여 그
범위가 달라질 수 있다.
⑤ 법인의 사원이 법인 대표자의 직무집행과 관련하여 대표자와 공동으로 불
법행위를 한 경우, 피해자에 대한 법인, 법인 대표자 및 그 사원의 손해배상
책임은 모두 부진정연대관계에 있다.

08 사단법인 甲의 대표자 乙이 직무에 관한 불법행위로 丙에게 손해를 가하였다. 甲의
불법행위능력(민법 제35조)에 관한 설명으로 옳지 않은 것은? (다툼이 있으면 판
례에 따름)

① 甲의 불법행위가 성립하여 甲이 丙에게 손해를 배상하면 甲은 乙에게 구상
할 수 있다.
② 乙이 법인을 실질적으로 운영하면서 사실상 대표하여 사무를 집행하더라도
대표자로 등기되지 않았다면 민법 제35조에서 정한 '대표자'에 해당하지 않
는다.
③ 甲의 불법행위책임은 그가 乙의 선임·감독에 주의를 다하였음을 이유로
면책되지 않는다.
④ 乙의 행위가 외형상 대표자의 직무행위로 인정되는 경우라도 그것이 乙 개
인의 이익만을 도모하기 위한 것이라도 직무에 관한 행위에 해당한다.
⑤ 乙이 청산인인 경우에도 甲의 불법행위책임이 성립할 수 있다.

09 법인의 불법행위책임에 관한 설명으로 옳은 것은? (다툼이 있으면 판례에 따름)

① 외형상 직무행위로 인정되는 대표자의 권한 남용행위에 대해서도 법인의 불법행위책임이 인정될 수 있다.

② 등기된 대표자의 행위로 인하여 타인에게 손해를 가한 경우에만 법인의 불법행위책임이 성립할 수 있다.

③ 대표자의 행위가 직무에 관한 행위에 해당하지 않음을 피해자 자신이 중대한 과실로 알지 못한 경우, 법인의 불법행위책임이 인정된다.

④ 대표권 없는 이사가 그 직무와 관련하여 타인에게 손해를 가한 경우, 법인의 불법행위책임이 성립한다.

⑤ 법인의 불법행위책임이 성립하는 경우 그 대표기관은 손해배상책임이 없다.

10 甲사단법인의 대표이사 乙이 외관상 그 직무에 관한 행위로 丙에게 불법행위를 한 경우에 관한 설명으로 옳지 않은 것은? (다툼이 있으면 판례에 따름)

① 乙의 불법행위로 인해 甲이 丙에 대해 손해배상책임을 지는 경우에도 乙은 丙에 대한 자기의 손해배상책임을 면하지 못한다.

② 甲의 손해배상책임 원인이 乙의 고의적인 불법행위인 경우에는 丙에게 과실이 있더라도 과실상계의 법리가 적용될 수 없다.

③ 丙이 乙의 행위가 실제로는 직무에 관한 행위에 해당하지 않는다는 사실을 알았거나 중대한 과실로 알지 못한 경우에는 甲에게 손해배상책임을 물을 수 없다.

④ 甲의 사원 丁이 乙의 불법행위에 가담한 경우, 丁도 乙과 연대하여 丙에 대하여 손해배상책임을 진다.

⑤ 甲이 비법인사단인 경우라 하더라도 甲은 乙의 불법행위로 인한 丙의 손해를 배상할 책임이 있다.

03 법인의 기관

민법상 비영리법인에 관한 설명으로 옳지 않은 것은? (다툼이 있으면 판례에 따름) 제27회

① 법인은 법률의 규정에 의함이 아니면 성립하지 못한다.
② 감사의 임면에 관한 규정은 정관의 필요적 기재사항이므로 감사의 성명과 주소는 법인의 등기사항이다.
③ 법인과 이사의 이익이 상반하는 사항에 관하여는 그 이사는 대표권이 없다.
④ 사단법인의 사원의 지위는 정관에 별도의 정함이 있으면 상속될 수 있다.
⑤ 재단법인의 목적을 달성할 수 없는 경우, 설립자는 주무관청의 허가를 얻어 설립의 취지를 참작하여 그 목적에 관한 정관규정을 변경할 수 있다.

해설
② 감사의 임면에 관한 규정은 정관의 필요적 기재사항에 해당하지 아니고, 감사의 성명과 주소 역시 등기사항에 해당하지 않는다(제40조 또는 49조 참조).
① 법인은 법률의 규정에 의함이 아니면 성립하지 못한다(제31조).
③ 법인과 이사의 이익이 상반하는 사항에 관하여는 이사는 대표권이 없다(제64조 본문).
④ 사단법인의 사원의 지위는 양도 또는 상속할 수 없다고 규정한 민법 제56조의 규정은 강행규정이라고 할 수 없으므로, 비법인사단에서도 사원의 지위는 규약이나 관행에 의하여 양도 또는 상속될 수 있다(대판 1997.9.26, 95다6205).
⑤ 재단법인의 목적을 달성할 수 없는 때에는 설립자나 이사는 주무관청의 허가를 얻어 설립의 취지를 참작하여 그 목적 기타 정관의 규정을 변경할 수 있다(제46조).

정답 ②

11 법인에 관한 설명으로 옳은 것을 모두 고른 것은?
상중하

㉠ 임시이사는 법인과 이사의 이익이 상반하는 사항에 관하여 선임되는 법인의 기관이다.
㉡ 법인의 이사가 여러 명인 경우에는 정관에 다른 규정이 없으면 법인의 사무집행은 이사의 과반수로써 결정한다.
㉢ 법인의 대표에 관하여는 대리에 관한 규정을 준용한다.
㉣ 이사는 정관 또는 총회의 결의로 금지하지 아니한 사항에 한하여 타인으로 하여금 특정한 행위를 대리하게 할 수 있다.

① ㉠, ㉡
② ㉢, ㉣
③ ㉠, ㉡, ㉢
④ ㉡, ㉢, ㉣
⑤ ㉠, ㉡, ㉢, ㉣

12 민법상 법인의 이사에 관한 설명으로 옳은 것은? (다툼이 있으면 판례에 따름)

제23회

① 이사가 없거나 결원이 있는 경우에 이로 인하여 손해가 생길 염려 있는 때에는 법원은 특별대리인을 선임해야 한다.

② 이사가 여럿인 경우에는 정관에 다른 규정이 없으면 법인의 사무집행은 이사가 각자 결정한다.

③ 정관에 이사의 해임사유에 관한 규정이 있는 경우, 특별한 사정이 없는 한 정관에서 정하지 아니한 사유로 이사를 해임할 수 없다.

④ 법원의 직무대행자가 가처분결정으로 대표권이 정지된 대표이사가 그 정지기간 중에 체결한 계약은 후에 그 가처분신청이 취하되면 유효하게 된다.

⑤ 법인의 이사회 결의에 무효 등 하자가 있는 경우, 법률에 별도의 규정이 없으므로 이해관계인은 그 무효를 주장할 수 없다.

13 민법상 법인 등에 관한 설명으로 옳지 않은 것은? (다툼이 있으면 판례에 따름)

제25회

① 대표권이 없는 이사는 법인의 대표기관이 아니므로 그의 행위로 인하여 법인의 불법행위가 성립하지 않는다.

② 법인의 정관에 규정된 대표권제한을 등기하지 않았더라도 그 제한으로 악의의 제3자에게 대항할 수 있다.

③ 비법인사단의 정관에 대표자의 대표권이 제한되어 있어도 그 거래 상대방이 대표권제한에 대해 선의·무과실이면 그 거래행위는 유효하다.

④ 이사는 정관 또는 사원총회의 결의로 금지하지 않은 사항에 한하여 타인으로 하여금 특정한 행위를 대리하게 할 수 있다.

⑤ 이사는 특별한 사정이 없는 한 법인의 사무에 관하여 각자 법인을 대표한다.

14 법인의 기관에 관한 설명으로 옳은 것을 모두 고른 것은? (다툼이 있으면 판례에 따름)

상중하

⊙ 법인의 정관에 이사의 해임사유에 관한 규정이 있는 경우, 법인으로서는 이사의 중 대한 의무위반 등의 특별한 사정이 없는 이상 정관에서 정하지 아니한 사유로 이사를 해임할 수 없다.

ⓒ 이사와 감사의 성명·주소는 등기사항이다.

ⓒ 법인과 이사의 이익이 상반되는 경우, 법원이 선임한 특별대리인은 그 사항에 대하여 법인을 대표한다.

ⓒ 이사의 대표권 제한이 정관에 기재된 경우, 이를 등기하지 않아도 악의의 제3자에게 대항할 수 있다.

---

① ⊙, ⓒ

② ⓒ, ⓒ

③ ⊙, ⓒ, ⓒ

④ ⊙, ⓒ, ⓒ

⑤ ⓒ, ⓒ, ⓒ

15 민법상 법인의 기관에 관한 설명으로 옳은 것은? (다툼이 있으면 판례에 따름)

상중하

① 이사의 변경등기는 대항요건이 아니라 효력발생요건이다.

② 이사가 수인인 경우, 특별한 사정이 없는 한 법인의 사무에 관하여 이사는 공동으로 법인을 대표한다.

③ 사단법인의 정관 변경에 관한 사원총회의 권한은 정관에 의해 박탈할 수 있다.

④ 이사회에서 법인과 어느 이사와의 관계사항을 의결하는 경우, 그 이사는 의사정족수 산정에 기초가 되는 이사의 수에 포함된다.

⑤ 법인의 대표권 제한에 관한 사항이 등기되지 않았더라도 법인의 대표권 제한에 대해 악의의 제3자에게 대항할 수 있다.

16 사원법인의 사원총회에 관한 설명으로 옳지 않은 것은?

상종하

① 사원총회에는 대외적인 대표권이나 대내적인 업무집행권이 없다.
② 각 사원은 평등한 결의권을 가지며, 정관으로도 달리 정할 수 없다.
③ 정관에 다른 규정이 없는 한, 총사원의 5분의 1 이상이 회의의 목적사항을 제시하여 총회 소집을 청구한 경우에 이사는 임시총회를 소집하여야 한다.
④ 총회는 정관에 규정이 있으면, 소집 통지에 기재한 목적사항 이외에 대해서도 결의할 수 있다.
⑤ 정관에 다른 규정이 없는 한, 정관변경을 위해서는 총사원의 3분의 2 이상의 동의가 있어야 한다.

17 사원총회에 관한 설명으로 옳은 것은?

상종하

① 사원총회는 사단법인 및 재단법인의 필수기관이다.
② 정관에 다른 규정이 없는 경우, 사원은 서면이나 대리인으로 결의권을 행사할 수 있다.
③ 사원총회는 소집통지에 의해 통지한 사항에 대해서만 결의할 수 있으나, 총회의 결의로 이와 달리 정할 수 있다.
④ 사원총회를 소집하려고 하는 경우, 1주간 전에 그 회의의 목적사항을 기재한 통지가 도달해야 한다.
⑤ 임시총회의 소집을 요구할 수 있는 사원의 수는 정관으로 증감할 수 없다.

18 민법상 법인의 정관에 관한 설명으로 옳지 않은 것은? (다툼이 있으면 판례에 따름)

상종하

① 이사의 대표권에 대한 제한은 이를 정관에 기재하지 아니하면 그 효력이 없다.
② 정관의 변경사항을 등기해야 하는 경우, 이를 등기하지 않으면 제3자에게 대항할 수 없다.
③ 재단법인의 재산보전을 위하여 적당한 때에는 명칭이나 사무소의 소재지를 변경할 수 있다.
④ 정관의 변경을 초래하는 재단법인의 기본재산 변경은 기존의 기본재산을 처분하는 행위를 포함하지만, 새로이 기본재산으로 편입하는 행위를 포함하지 않는다.
⑤ 정관에서 대표이사의 해임사유를 정한 경우, 대표이사의 중대한 의무위반 등 특별한 사정이 없는 한 법인은 정관에서 정하지 아니한 사유로 대표이사를 해임할 수 없다.

19 민법상 법인의 정관에 관한 설명으로 옳은 것은? (다툼이 있으면 판례에 따름)
상중하
① 감사의 임면에 관한 사항은 정관의 필요적 기재사항이다.
② 정관의 임의적 기재사항은 정관에 기재되더라도 정관의 변경절차 없이 변경할 수 있다.
③ 정관변경의 의결정족수가 충족되면 주무관청의 허가가 없어도 정관변경의 효력이 생긴다.
④ 재단법인이 기본재산을 편입하는 행위는 주무관청의 허가를 받지 않아도 유효하다.
⑤ 재단법인의 기본재산에 관한 저당권 설정행위는 특별한 사정이 없는 한 주무관청의 허가를 얻을 필요가 없다.

20 사단법인 A의 대표이사 甲이 A를 대표하여 乙과 금전소비대차계약을 체결하였다.
상중하 이에 관한 설명으로 옳지 않은 것은? (다툼이 있으면 판례에 따름)
① 甲이 A를 위하여 적법한 대표권 범위 내에서 계약을 체결한 경우, 그 계약의 효력은 A에게 미친다.
② 甲이 자신의 이익을 도모할 목적으로 대표권 범위 내에서 계약을 체결한 경우, 乙이 이 사실에 대해 알았다면 계약은 A에 대하여 효력이 없다.
③ A의 정관에 甲이 금전소비대차계약을 체결할 수 없다는 규정이 있었지만 이를 등기하지 않은 경우, 乙이 이 사실에 대해 알았다면 A는 그 정관 규정으로 乙에게 대항할 수 있다.
④ A의 乙에 대한 계약상 채무불이행책임 여부를 판단하는 경우, 원칙적으로 A의 고의·과실은 甲을 기준으로 결정한다.
⑤ 만약 계약의 체결이 甲과 A의 이해가 상반하는 사항인 경우, 甲은 계약체결에 대해 대표권이 없다.

04 | 법인의 소멸

대표문제 상중하

민법상 비영리법인의 해산 및 청산에 관한 설명으로 옳은 것은? 제27회

① 재단법인은 사원이 없게 되거나 총회의 결의로도 해산한다.
② 해산한 법인의 재산은 정관으로 지정한 자에게 귀속하고, 정관에 정함이 없으면 출연자에게 귀속한다.
③ 해산한 법인은 청산의 목적범위 내에서만 권리가 있고 의무를 부담한다.
④ 청산인은 현존사무의 종결, 채권의 추심 및 채무의 변제, 잔여재산의 인도만 할 수 있다.
⑤ 청산인은 알고 있는 채권자에게 채권신고를 최고하여야 하고, 최고를 받은 그 채권자가 채권신고를 하지 않으면 청산으로부터 제외하여야 한다.

해설 ┊
③ 해산한 법인은 청산의 목적범위 내에서만 권리가 있고 의무를 부담한다(제81조).
① 재단법인은 사원 또는 사원총회가 존재하지 않으므로 사원이 없게 되거나 총회의 결의로 해산하지 못한다(제77조 참조).
② 정관으로 귀속권리자를 지정하지 아니하거나 이를 지정한 방법을 정하지 아니한 때에는 이사 또는 청산인은 주무관청의 허가를 얻어 그 법인의 목적에 유사한 목적을 위하여 그 재산을 처분할 수 있다(제80조 제2항, 제3항 참조).
④ 청산인은 현존사무의 종결, 채권의 추심 및 채무의 변제, 잔여재산의 인도 뿐만 아니라(제87조) 임시총회의 소집 등도(제96조 참조)할 수 있다.
⑤ 청산인은 알고 있는 채권자에 대하여는 각각 그 채권신고를 최고하여야 한다. 알고 있는 채권자는 청산으로부터 제외하지 못한다(제89조).

✓ 정답 ③

21 사단법인과 재단법인의 공통적 해산사유를 모두 고른 것은?
상중하

> ㉠ 총회의 결의
> ㉡ 법인의 목적달성
> ㉢ 설립허가의 취소
> ㉣ 대표이사에 대한 직무집행정지처분

① ㉠, ㉡ ② ㉠, ㉢ ③ ㉠, ㉣
④ ㉡, ㉢ ⑤ ㉢, ㉣

22
생중하

민법상 법인의 해산 및 청산에 관한 설명으로 옳은 것은? (다툼이 있으면 판례에 따름)

제26회

① 재단법인의 목적 달성은 해산사유가 될 수 없다.
② 청산절차에 관한 규정에 반하는 잔여재산의 처분행위는 특별한 사정이 없는 한 무효이다.
③ 청산 중인 법인은 변제기에 이르지 않은 채권에 대하여 변제할 수 없다.
④ 재단법인의 해산사유는 정관의 필요적 기재사항이다.
⑤ 법인의 청산사무가 종결되지 않았더라도 법인에 대한 청산종결등기가 마쳐지면 법인은 소멸한다.

23
상중하

사단법인의 해산에 관한 설명 중 옳은 것은?

① 사단법인은 그 정관에 정한 존립기간이 만료하여도 주무관청의 해산허가가 없으면 해산할 수 없다.
② 사단법인은 그의 채무를 완제할 수 없는 경우에는 당연히 해산된다.
③ 사단법인은 그의 목적을 달성한 경우에는 당연히 해산된다.
④ 사단법인은 그의 정관에 해산하지 않는다는 취지의 규정이 있으면 주무관청의 해산허가가 없으면 해산할 수 없다.
⑤ 사단법인은 그의 사원이 1인으로 된 경우에는 당연히 해산된다.

24
상중하

민법상 법인의 소멸에 관한 설명으로 옳지 않은 것은? (다툼이 있으면 판례에 따름)

① 법인이 목적 이외의 사업을 하거나 설립허가의 조건에 위반하거나 기타 공익을 해하는 행위를 한 경우, 주무관청은 법인의 설립허가를 취소할 수 있다.
② 청산이 종결한 때에는 청산인은 3주간 내에 이를 등기하고 주무관청에 신고하여야 한다.
③ 청산 중의 법인은 채권신고기간이 경과하더라도 변제기에 이르지 않은 채권에 대해서는 변제할 수 없다.
④ 청산절차에 관한 규정은 모두 제3자의 이해관계에 중대한 영향을 미치는 것으로서 강행규정이다.
⑤ 법인에 대한 청산종결등기가 마쳐졌더라도 청산사무가 종결되지 않는 한 그 범위 내에서 청산법인으로 존속한다.

25 민법상 법인에 관한 설명으로 옳지 않은 것은? (다툼이 있으면 판례에 따름)

① 재단법인의 정관변경은 그 정관에서 정한 방법에 따른 경우에도 주무관청의 허가를 얻지 않으면 효력이 없다.

② 사단법인과 어느 사원과의 관계사항을 의결하는 경우에는 원칙적으로 그 사원은 결의권이 없다.

③ 사단법인의 사원자격의 득실에 관한 규정은 정관의 필요적 기재사항이다.

④ 민법상 법인의 청산절차에 관한 규정에 반하는 합의에 의한 잔여재산처분행위는 특별한 사정이 없는 한 무효이다.

⑤ 청산 중 법인의 청산인은 채권신고기간 내에는 채권자에 대하여 변제할 수 없으므로 법인은 그 기간 동안 지연배상 책임을 면한다.

26 법인의 소멸에 관한 설명으로 옳지 않은 것은? (다툼이 있으면 판례에 따름)

① 법인의 청산에 관한 규정은 강행규정이다.

② 청산법인이 청산의 목적범위 외의 행위를 하면 이는 무효이다.

③ 파산으로 인하여 법인이 해산된 경우, 파산선고 당시의 이사가 청산인이 된다.

④ 법인에 대한 청산종결등기 후에도 청산사무가 종결되지 않으면 그 한도에서 청산법인은 존속한다.

⑤ 정관에서 청산법인의 잔여재산에 대한 귀속권리자를 직접 지정하지 않고 이사회의 결의로 정하도록 하여도 무방하다.

05 법인 아닌 사단

대표문제 상 중 하

법인 아닌 사단 및 재단에 관한 설명으로 옳은 것을 모두 고른 것은? (다툼이 있으면 판례에 따름)

제27회

⊙ 총유물에 관한 보존행위는 특별한 사정이 없는 한 법인 아닌 사단의 사원 각자가 할 수 있다.
ⓒ 법인 아닌 재단은 법인격이 인정되지 않지만, 대표자 또는 관리인이 있는 경우에는 민사소송의 당사자능력은 인정된다.
ⓒ 공동주택의 입주자대표회의는 동별 세대수에 비례하여 선출되는 동별대표자를 구성원으로 하는 법인 아닌 사단에 해당한다.
ⓔ 민법은 법인 아닌 재단의 재산 소유로 규정하고 있으므로, 법인 아닌 재단 자체의 명의로 부동산등기를 할 수 있다.

① ⊙, ⓒ
② ⊙, ⓔ
③ ⓒ, ⓒ
④ ⊙, ⓒ, ⓔ
⑤ ⓒ, ⓒ, ⓔ

해설

⊙ (×) 총유재산에 관한 소송은 법인 아닌 사단이 그 명의로 사원총회의 결의를 거쳐 하거나 또는 그 구성원 전원이 당사자가 되어 필수적 공동소송의 형태로 할 수 있을 뿐 그 사단의 구성원은 설령 그가 사단의 대표자라거나 사원총회의 결의를 거쳤다 하더라도 그 소송의 당사자가 될 수 없고, 이러한 법리는 총유재산의 보존행위로서 소를 제기하는 경우에도 마찬가지라 할 것이다(대판 2005.9.15, 2004다44971).
ⓒ (○) 법인이 아닌 사단이나 재단은 대표자 또는 관리인이 있는 경우에는 그 사단이나 재단의 이름으로 당사자가 될 수 있다(민사소송법 제52조).
ⓒ (○) 공동주택의 입주자대표회의는 동별세대수에 비례하여 선출되는 동별대표자를 구성원으로 하는 법인 아닌 사단이다(대판 2007.6.15, 2007다6307).
ⓔ (×) 민법은 법인 아닌 재단에 대해서는 규정하고 있지 않다. 다만 법인 아닌 재단도 그 명의로 등기할 수 있다(부동산등기법 제26조 참조).

✅ 정답 ③

27 법인 아닌 사단에 관한 설명으로 옳지 않은 것은? (다툼이 있으면 판례에 따름)
제26회

① 법인 아닌 사단이 타인 간의 금전채무를 보증하는 행위는 총유물의 관리·처분행위에 해당한다.
② 고유한 의미의 종중의 경우에는 종중원이 종중을 임의로 탈퇴할 수 없다.
③ 법인 아닌 사단의 사원이 집합체로서 물건을 소유할 때에는 총유로 한다.
④ 구성원 개인은 특별한 사정이 없는 한 총유재산의 보존을 위한 소를 단독으로 제기할 수 없다.
⑤ 이사의 대표권 제한에 관한 민법 제60조는 법인 아닌 사단에 유추적용될 수 없다.

28 법인 아닌 사단에 관한 설명으로 옳지 않은 것은? (다툼이 있으면 판례에 따름)
제20회

① 종중의 대표가 종중명의로 타인의 금전채무를 보증하는 행위는 총유물의 처분행위에 해당하므로 종중총회의 결의가 필요하다.
② 종중의 토지에 대한 수용보상금의 분배는 총유물의 처분에 해당한다.
③ 구성원 개인은 총유재산의 보존을 위한 소를 제기할 수 없다.
④ 법인 아닌 사단의 채무에 대해 각 구성원은 개인재산으로 책임을 지지 않는다.
⑤ 대표자가 직무에 관하여 타인에게 불법행위를 한 경우, 법인 아닌 사단은 손해배상책임이 있다.

29
상중하

비법인사단에 관한 설명으로 옳지 않은 것은? (다툼이 있으면 판례에 따름)

① 비법인사단의 대표자는 자신의 업무를 타인에게 포괄적으로 위임할 수 있다.

② 정관이나 규약에 달리 정함이 없는 한, 사원총회의 결의를 거치지 않은 총유물의 관리행위는 무효이다.

③ 고유한 의미의 종중은 종중원의 신분이나 지위를 박탈할 수 없고, 종중원도 종중을 탈퇴할 수 없다.

④ 고유한 의미의 종중은 자연발생적 종족단체이므로 특별한 조직행위나 성문의 규약을 필요로 하지 않는다.

⑤ 비법인사단의 사원이 집합체로서 물건을 소유할 때에는 총유로 한다.

30
상중하

권리능력 없는 사단 A와 그 대표자 甲에 관한 설명으로 옳지 않은 것은? (다툼이 있으면 판례에 따름)

① 甲의 외형상 직무에 관한 행위로 乙에게 손해를 가한 경우, 甲의 행위가 직무범위에 포함되지 아니함을 乙이 중대한 과실로 알지 못하였더라도 A는 乙에게 손해배상책임을 진다.

② 甲의 대표권에 관하여 정관에 제한이 있는 경우, 그러한 제한을 위반한 甲의 대표행위에 대하여 상대방 乙이 대표권 제한 사실을 알았다면 甲의 대표행위는 A에게 효력이 없다.

③ 甲이 丙을 대리인으로 선임하여 A와 관련된 제반 업무처리를 포괄적으로 위임한 경우, 丙이 행한 대행행위는 A에 대하여 효력이 미치지 않는다.

④ 甲이 자격을 상실하여 법원이 임시이사 丁을 선임한 경우, 丁은 원칙적으로 정식이사와 동일한 권한을 가진다.

⑤ A의 사원총회 결의는 법률 또는 정관에 다른 규정이 없으면 사원 과반수의 출석과 출석사원 의결권의 과반수로써 한다.

31 비법인사단 A의 유일한 이사인 대표이사 甲이 대표자로서의 모든 권한을 乙에게
포괄적으로 위임하여 乙이 실질적으로 A의 대표자로서 행위한 경우에 관한 설명으
로 옳은 것을 모두 고른 것은? (다툼이 있으면 판례에 따름)

> ㉠ 乙이 포괄적 수임인으로서 행한 대행행위의 효력은 원칙적으로 A에게 미친다.
> ㉡ 乙이 A의 사무집행과 관련한 불법행위로 丙에게 손해를 입힌 경우, 丙은
>   A에게 법인의 불법행위책임에 따른 손해배상을 청구할 수 있다.
> ㉢ 乙이 자신의 사익을 도모하기 위하여 A의 사무를 처리하다가 丁에게 손해
>   를 입힌 경우에는 법인의 불법행위책임에 있어서 직무관련성이 부정된다.
> ㉣ 甲이 乙에게 대표자로서의 권한을 포괄적으로 위임하고 대표이사로서의 직
>   무를 전혀 집행하지 않은 것은 그 자체로 이사의 선관주의의무에 위반하는
>   행위이다.

① ㉠, ㉡   ② ㉠, ㉢   ③ ㉡, ㉣
④ ㉢, ㉣   ⑤ ㉠, ㉡, ㉢, ㉣

32 민법상 비법인사단에 관한 설명으로 옳은 것은? (다툼이 있으면 판례에 따름)

① 비법인사단에는 대표권제한의 등기에 관한 규정이 적용되지 않는다.
② 비법인사단이 총유물에 관한 매매계약을 체결하는 행위는 총유물의 처분행
   위가 아니다.
③ 교회가 의결권을 가진 교인 2/3 이상의 찬성으로 소속 교단을 탈퇴한 경우,
   종전 교회의 재산은 탈퇴한 교회 소속 교인들의 총유로 귀속되지 않는다.
④ 비법인사단의 구성원은 지분권에 기하여 총유물의 보존행위를 할 수 있다.
⑤ 비법인사단이 타인 간의 금전채무를 보증하는 행위는 총유물의 관리·처분
   행위로 볼 수 있다.

33 비법인사단에 관한 설명으로 옳지 않은 것을 모두 고른 것은? (다툼이 있으면 판례에 따름)

ㄱ 비법인사단의 대표자가 직무에 관하여 타인에게 손해를 가한 경우에 비법인사단은 불법행위책임을 부담한다.

ㄴ 비법인사단에 이사의 결원이 생긴 경우에는 임시이사 선임에 관한 민법규정이 유추적용되지 않는다.

ㄷ 비법인사단에는 대표권 제한 등기에 관한 규정이 적용되지 않는다.

ㄹ 비법인사단이 타인 간의 금전채무를 보증하는 행위는 총유물의 관리·처분행위라고 볼 수 있다.

ㅁ 비법인사단이 성립되기 전에 이전에 설립 주체인 개인이 취득한 권리의무는 설립 후의 비법인사단에 귀속될 수 있다.

---

① ㄱ, ㄴ, ㄹ   ② ㄱ, ㄷ, ㅁ   ③ ㄴ, ㄷ, ㄹ

④ ㄴ, ㄷ, ㅁ   ⑤ ㄴ, ㄹ, ㅁ

04 Chapter 물 건

단·원·열·기

이 장은 매년 2문제 정도 출제되는 부분이다. '물건의 의의', '주물과 종물', '과실' 위주로 학습하여야 한다.

01 물건의 의의

대표문제 상중하

동산과 부동산에 관한 설명으로 옳은 것은? (다툼이 있으면 판례에 따름) 제27회

① 건물은 토지와 별개의 독립한 동산이며, 이는 민법이 명문으로 규정하고 있다.
② 지하에 매장되어 있는 미채굴 광물인 금(金)에는 토지의 소유권이 미치지 않는다.
③ 토지에 식재된 「입목에 관한 법률」상의 입목은 토시와 별개의 농산이다.
④ 지하수의 일종인 온천수는 토지와 별개의 부동산이다.
⑤ 토지는 질권의 객체가 될 수 있다.

해설
② 지하에 매장된 미채굴의 광물에는 토지 소유권이 미치지 아니한다.
① 건물은 토지와 별개의 독립한 부동산이다.
③ 토지에 식재된 입목은 토지와 별개의 부동산이다.
④ 지하수의 일종인 온천수는 토지의 구성부분에 해당하지, 토지와 별개의 부동산은 아니다.
⑤ 질권의 객체는 부동산이 될 수 없으므로, 토지는 질권의 객체가 될 수 없다.

정답 ②

01 상중하 물건에 관한 설명으로 옳지 않은 것은? (다툼이 있으면 판례에 따름) 제27회

① 권리의 객체는 물건에 한정된다.
② 사람은 재산권의 객체가 될 수 없으나, 사람의 일정한 행위는 재산권의 객체가 될 수 있다.
③ 사람의 유체·유골은 매장·관리·제사·공양의 대상이 될 수 있는 유체물로서, 분묘에 안치되어 있는 선조의 유체·유골은 그 제사주재자에게 승계된다.
④ 반려동물은 민법 규정의 해석상 물건에 해당한다.
⑤ 자연력도 물건이 될 수 있으나, 배타적 지배를 할 수 있는 등 관리할 수 있어야 한다.

02 물건에 관한 설명으로 옳지 않은 것은? (다툼이 있으면 판례에 따름)   제23회
상중하
① 부동산의 일부는 용익물권의 객체가 될 수 있다.
② 사람의 유체·유골은 매장·제사·공양의 대상이 될 수 있는 유체물이다.
③ 토지의 소유권은 정당한 이익이 있는 범위 내에서 토지의 상하에 미친다.
④ 최소한 기둥과 지붕 그리고 주벽이 이루어지면 사회통념상 독립한 건물로 인정될 수 있다.
⑤ 건물의 신축공사를 도급받은 수급인이 사회통념상 독립한 건물이라고 볼 수 없는 정착물을 토지에 설치한 상태에서 공사가 중단된 경우, 그 정착물은 토지의 종물이 된다.

03 물건에 관한 설명으로 옳지 않은 것은? (다툼이 있으면 판례에 따름)   제26회
상중하
① 물건의 용법에 의하여 수취하는 산출물은 천연과실이다.
② 다른 물건과 구별되고 특정되어 있는 집합동산에 대하여 양도담보권을 설정할 수 있다.
③ 1필의 토지의 일부에 대하여 분필절차 없이도 독립하여 시효로 그 소유권을 취득할 수 있다.
④ 미분리 천연과실은 명인방법에 의해 소유권의 객체가 될 수 있다.
⑤ 최소한의 기둥과 지붕 그리고 주벽이 이루어지면 사회통념상 독립된 부동산으로서 건물로 인정될 수 있다.

04 권리의 객체에 관한 설명으로 옳지 않은 것은? (다툼이 있으면 판례에 따름)
상중하
① 토지의 개수는 「공간정보의 구축 및 관리 등에 관한 법률」에 정한 지적공부상 토지의 필수(筆數)를 표준으로 결정된다.
② 1필의 토지의 일부가 「공간정보의 구축 및 관리에 관한 법률」상 분할절차 없이 분필 등기가 된 경우, 그 분필등기가 표상하는 부분에 대한 등기부취득시효가 인정될 수 있다.
③ 주물에 대한 점유취득시효의 효력은 점유하지 않은 종물에 미치지 않는다.
④ 주물의 상용에 제공된 X동산이 타인 소유이더라도 주물에 대한 경매의 매수인이 선의취득 요건을 구비하는 경우, 그 매수인은 X의 소유권을 취득할 수 있다.
⑤ 명인방법을 갖춘 미분리과실은 독립한 물건으로서 거래의 객체가 될 수 있다.

02 주물과 종물

대표문제 상중하

주물과 종물에 관한 설명으로 옳지 않은 것은? (다툼이 있으면 판례에 따름) 제26회

① 부동산은 종물이 될 수 있다.

② 주물을 처분하면서 특약으로 종물을 제외할 수 있다.

③ 주물에 저당권이 설정된 경우, 특별한 사정이 없는 한 저당권의 효력은 그 설정 후의 종물에도 미친다.

④ 점유에 의하여 주물을 시효취득하면 종물을 점유하지 않아도 그 효력이 종물에 미친다.

⑤ 주유소건물의 소유자가 설치한 주유기는 주유소 건물의 종물이다.

해설 ┈┈┈

④ 취득시효는 점유를 요건으로 하므로, 주물을 점유하여 취득시효 하더라도 점유하지 않는 종물을 취득시효할 수는 없다.

① 독립성이 인정되면 부동산도 종물이 될 수 있다.

② 종물은 주물의 처분에 수반된다는 민법 제100조 제2항은 임의규정이므로, 당사자는 주물을 처분할 때에 특약으로 종물을 제외할 수 있고 종물만을 별도로 처분할 수도 있다(대판 2012.1.26, 2009다76546).

③ 저당권의 효력은 저당권 설정 전의 종물뿐만 아니라 저당권 설정 후의 종물에도 미친다(제358조 참조).

⑤ 주유소 건물의 주유기는 주유소 건물의 종물이다(대판 1995.6.29, 94다6345).

◎ 정답 ④

04 물건에 관한 설명으로 옳지 않은 것은? (다툼이 있으면 판례에 따름)
상종하
① 종물은 주물소유자의 상용에 공여된 물건을 말한다.
② 주물과 다른 사람의 소유에 속하는 물건은 종물이 될 수 없다.
③ 주물과 종물의 관계에 관한 법리는 권리 상호간에도 적용된다.
④ 저당권의 효력이 종물에 미친다는 규정은 종물은 주물의 처분에 따른다는 것과 이론적 기초를 같이 한다.
⑤ 토지의 개수는 지적공부의 등록단위가 되는 필(筆)을 표준으로 한다.

05 주물과 종물에 관한 설명으로 옳지 않은 것은? (다툼이 있으면 판례에 따름) 제23회
상종하
① 주물 그 자체의 효용과 직접 관계가 없는 물건은 종물이 아니다.
② 원본채권이 양도되면 특별한 사정이 없는 한 이미 변제기에 도달한 이자채권도 함께 양도된다.
③ 당사자가 주물을 처분하는 경우, 특약으로 종물을 제외할 수 있고 종물만을 별도로 처분할 수도 있다.
④ 저당부동산의 상용에 이바지하는 물건이 다른 사람의 소유에 속하는 경우, 그 물건에는 원칙적으로 부동산에 대한 저당권의 효력이 미치지 않는다.
⑤ 토지임차인 소유의 건물에 대한 저당권이 실행되어 매수인이 그 소유권을 취득한 경우, 특별한 사정이 없는 한 건물의 소유를 목적으로 한 토지임차권도 건물의 소유권과 함께 매수인에게 이전된다.

06 물건에 관한 설명으로 옳지 않은 것은? (다툼이 있으면 판례에 따름)

① 토지의 정착물은 부동산이다.

② 일정한 토지가 지적공부에 1필의 토지로 등록된 경우, 그 토지의 지적 및 경계는 일응 그 등록으로써 특정된다.

③ 건물의 경계는 사회통념상 독립한 건물로 인정되는 건물 사이의 현실적 경계에 의하여 특정된다.

④ 주물 그 자체의 효용과 직접 관계가 없는 물건이라도 주물 소유자의 사용에 공여되고 있으면 종물에 해당한다.

⑤ 특별한 사정이 없는 한 법정과실은 수취할 권리의 존속기간일수의 비율로 취득한다.

07 물건에 관한 설명으로 옳지 않은 것은? (다툼이 있으면 판례에 따름)

① 주물에 대한 압류의 효력은 특별한 사정이 없는 한 종물에는 미치지 않는다.

② 사람의 유골은 매장·관리의 대상이 될 수 있는 유체물이다.

③ 전기 기타 관리할 수 있는 자연력은 물건이다.

④ 법정과실은 수취할 권리의 존속기간 일수의 비율로 취득함이 원칙이다.

⑤ 주물만 처분하고 종물은 처분하지 않기로 하는 특약은 유효하다.

08 주물과 종물에 관한 설명으로 옳은 것은? (다툼이 있으면 판례에 따름)
상중하
① 저당권의 효력은 저당부동산의 종물에 미치지 않는다.
② 주물 자체의 효용과 직접 관계가 없더라도 주물 소유자의 상용에 공여된 물건은 종물이다.
③ 주물의 소유자가 아닌 사람의 소유인 물건도 원칙적으로 종물이 될 수 있다.
④ 당사자는 주물을 처분할 때에 특약으로 종물을 제외할 수 있고 종물만을 별도로 처분할 수 있다.
⑤ 주물과 종물의 관계에 관한 법리는 물건이 아닌 권리 상호간에는 적용되지 않는다.

09 물건에 관한 설명으로 옳은 것은? (다툼이 있으면 판례에 따름)
상중하
① 부동산에 부속된 동산을 분리하면 그 동산의 경제적 가치가 없는 경우에는 타인이 권원에 의하여 동산을 부속시킨 경우라도 그 동산은 부동산소유자에게 귀속된다.
② 집합물에 대한 양도담보권자가 점유개정의 방법으로 양도담보권설정계약 당시 존재하는 집합물의 점유를 취득한 후 양도담보권설정자가 자기 소유의 집합물을 이루는 물건을 반입한 경우, 나중에 반입된 물건에는 양도담보권의 효력이 미치지 않는다.
③ 적법한 경작권 없이 타인의 토지를 경작하였다면 그 경작한 입도(立稻)가 성숙한 경우에도 경작자는 그 입도의 소유권을 갖지 못한다.
④ 종물은 주물의 처분에 따르므로, 당사자의 특약으로 종물만을 별도로 처분할 수 없다.
⑤ 입목에 관한 법률에 의하여 소유권보존등기가 마쳐진 입목은 토지와 분리하여 양도될 수 있으나, 저당권의 객체는 될 수 없다.

03 과 실

대표문제 상중하

과실(果實)에 관한 설명으로 옳은 것을 모두 고른 것은? (다툼이 있으면 판례에 따름)
제19회

> ㉠ 물건의 사용대가로 받은 물건도 법정과실이다.
> ㉡ 국립공원의 입장료는 토지의 사용대가로서 민법상 과실에 해당한다.
> ㉢ 천연과실은 그 원물로부터 분리하는 때에 이를 수취할 권리자에게 속한다.
> ㉣ 법정과실은 수취할 권리의 존속기간일수의 비율로 취득한다.

① ㉠, ㉡ ② ㉠, ㉣
③ ㉡, ㉢ ④ ㉠, ㉢, ㉣
⑤ ㉡, ㉢, ㉣

해설 ┄┄
㉠ (○) 물건의 사용대가로 받은 금전 기타의 물건은 법정과실로 한다(제101조 제1항).
㉢ (○) 천연과실은 그 원물로부터 분리하는 때에 이를 수취할 권리자에게 속한다(제102조 제1항).
㉣ (○) 법정과실은 수취할 권리의 존속기간일수의 비율로 취득한다(제102조 제2항).
㉡ (×) 국립공원의 입장료는 토지의 사용대가라는 민법상 과실이 아니라 수익자 부담의 원칙에 따라
국립공원의 유지·관리비용의 일부를 국립공원 입장객에게 부담시키고자 하는 것이어서 토지의
소유권이나 그에 기한 과실수취권과는 아무런 관련이 없다(대판 2001.12.28, 2000다27749).
✓ 정답 ④

10 물건에 관한 설명으로 옳지 않은 것은? (다툼이 있으면 판례에 따름)
상중하
① 법률상 공시방법이 인정되지 않은 집합물이라도 특정성이 있으면 이를 양
도담보의 목적으로 할 수 있다.
② 법정과실은 원칙적으로 수취할 권리의 존속기간일수의 비율로 취득한다.
③ 수목에 달려있는 미분리의 과실에 대해 명인방법을 갖추면 그 과실은 독립
한 물건으로 거래의 목적으로 할 수 있다.
④ 천연과실은 다른 특약이 있더라도 그 원물로부터 분리하는 때에 이를 수취
할 권리자에게 속한다.
⑤ 권원 없이 타인의 토지에서 경작한 농작물도 성숙하여 독립한 물건으로 인
정되면 그 소유권은 명인방법을 갖출 필요 없이 경작자에게 있다.

11 원물과 과실에 관한 설명으로 옳지 않은 것은?
상중하
① 소유권이전의 대가, 노동의 대가는 법정과실이다.
② 물건의 용법에 의하여 수취하는 산출물은 천연과실이다.
③ 천연과실은 그 원물로부터 분리하는 때에 이를 수취할 권리자에게 속한다.
④ 미분리의 과실은 독립한 물건이 아니지만, 명인방법을 갖춘 경우에는 타인 소유권의 객체가 될 수 있다.
⑤ 법정과실은 수취할 권리의 존속기간일수의 비율로 취득할 수 있는 것이지만, 당사자가 그와 다르게 약정할 수도 있다.

12 과실수취권에 관한 설명으로 가장 틀린 것은? (다툼이 있으면 판례에 따름)
상중하
① 유치권자는 유치물의 과실로부터 우선변제에 충당할 수 있다.
② 천연과실은 그 원물로부터 분리하는 때에 이를 수취한 자에게 속한다.
③ 저당권의 효력은 목적물의 과실에는 미치지 않으나, 저당부동산의 압류가 있은 후에는 저당권의 효력이 미친다.
④ 특별한 사정이 없는 한 매매계약이 있은 후에도 인도하지 아니한 목적물로부터 생긴 과실은 매도인에게 속하나, 매매목적물의 인도 전이라도 매수인이 매매대금을 완납한 때에는 그 이후의 과실수취권은 매수인에게 귀속된다.
⑤ 선의의 점유자에게는 과실취득권이 인정되고 과실수취로 인해 타인에게 손실을 입혔다고 하더라도 선의의 점유자는 이를 반환할 의무가 없다.

05
Chapter

권리의 변동

⌗ **연계학습** 기본서 p.174~213

단·원·열·기

이 장은 매년 2~3문제 정도 출제되는 부분이다. '권리변동의 모습', '법률행위의 의의와 요건', '반사회질서 법률행위', '불공정한 법률행위', '법률행위의 해석'을 위주로 학습하여야 한다.

---

01 권리변동

대표문제 상중하

권리의 원시취득에 해당하는 것을 모두 고른 것은? (다툼이 있으면 판례에 따름) 제26회

> ㉠ 유실물을 습득하여 적법하게 소유권을 취득한 경우
> ㉡ 금원을 대여하면서 채무자 소유의 건물에 저당권을 설정 받은 경우
> ㉢ 점유취득시효가 완성되어 점유자 명의로 소유권이전등기가 마쳐진 경우

① ㉠
② ㉡
③ ㉠, ㉡
④ ㉠, ㉢
⑤ ㉡, ㉢

해설
④ 유실물 습득에 의한 소유권의 취득, 점유취득시효완성에 따른 소유권의 취득은 원시취득에 해당한다. 그러나 채무자 소유의 건물에 저당권을 취득하는 것은 승계취득에 해당한다.

☑ 정답 ④

---

01 준법률행위에 해당하는 것을 모두 고른 것은?

상 중 하

> ㉠ 기한의 정함이 없는 채무에 대한 이행의 최고
> ㉡ 시효중단을 위한 채무의 승인
> ㉢ 채권양도의 통지
> ㉣ 무주물의 선점
> ㉤ 유실물의 습득

① ㉠, ㉡, ㉢   ② ㉢, ㉣, ㉤
③ ㉠, ㉡, ㉣, ㉤   ④ ㉡, ㉢, ㉣, ㉤
⑤ ㉠, ㉡, ㉢, ㉣, ㉤

02 다음 중 법률행위로 인한 권리변동 사유가 아닌 것을 모두 고른 것은?

상 중 하

> ㉠ 전세권의 설정   ㉡ 소멸시효의 완성
> ㉢ 유치권의 취득   ㉣ 신축건물의 소유권 취득
> ㉤ 증여로 인한 소유권 취득

① ㉠, ㉡, ㉣   ② ㉠, ㉢, ㉤   ③ ㉡, ㉢, ㉣
④ ㉡, ㉢, ㉤   ⑤ ㉢, ㉣, ㉤

03 권리의 원시취득에 해당하지 않는 것은? (다툼이 있으면 판례에 따름)

상 중 하

① 건물의 신축에 의한 소유권취득
② 유실물의 습득에 의한 소유권취득
③ 무주물의 선점에 의한 소유권취득
④ 부동산점유취득시효에 의한 소유권취득
⑤ 근저당권 실행을 위한 경매에 의한 소유권취득

04 권리변동의 예시와 모습을 연결한 것으로 옳지 않은 것은? (다툼이 있으면 판례에 따름)

① 건물의 신축에 의한 소유권의 취득 - 원시취득
② 취득시효에 의한 소유권의 취득 - 승계취득
③ 상속 - 포괄승계
④ 목적물 인도청구권의 목적물 멸실로 인한 손해배상청구권으로의 전환 - 권리내용의 변경
⑤ 주택의 전소(全燒)에 의한 소유권의 상실 - 절대적 소멸

05 甲은 X부동산을 乙에게 매도하고 소유권이전등기를 해 주었다. 乙은 丙으로부터 금전을 차용하면서 X부동산에 丙을 위한 저당권을 설정하였다. 이에 관한 설명으로 옳은 것은? (다툼이 있으면 판례에 의함) 제15회

① 甲과 乙 사이의 매매계약은 법률요건이고, 그로 인한 乙의 소유권이전등기청구권은 법률효과에 해당한다.
② 乙의 소유권 취득은 포괄승계에 해당한다.
③ 丙의 저당권 취득은 이전적 승계에 해당한다.
④ 乙의 저당권설정은 준법률행위에 해당한다.
⑤ 乙의 저당권설정은 소유권의 질적 변경에 해당한다.

02 법률행위

대표문제 상 중 하

상대방 없는 단독행위에 해당하는 것을 모두 고른 것은? (다툼이 있으면 판례에 따름)

제25회

> ㉠ 1인의 설립자에 의한 재단법인 설립행위
> ㉡ 공유지분의 포기
> ㉢ 법인의 이사를 사임하는 행위
> ㉣ 계약의 해지

① ㉠

② ㉠, ㉡

③ ㉢, ㉣

④ ㉠, ㉡, ㉢

⑤ ㉡, ㉢, ㉣

해설

㉠ 1인의 설립자에 의한 재단법인 설립행위는 상대방 없는 단독행위에 속한다.

㉡㉢㉣ 공유지분의 포기, 법인의 이사를 사임하는 행위, 계약의 해지는 상대방 있는 단독행위에 속한다.

✓ 정답 ①

06 다음 중 행위 그 자체로 법률행위가 아닌 것을 모두 고른 것은?

상 중 하

> ㉠ 점유의 취득　　　　　㉡ 유실물의 습득
> ㉢ 매장물의 발견　　　　　㉣ 소유권의 포기
> ㉤ 무주물의 선점

① ㉠, ㉡

② ㉠, ㉣, ㉤

③ ㉡, ㉢, ㉣

④ ㉢, ㉣, ㉤

⑤ ㉠, ㉡, ㉢, ㉤

07 권리변동의 원인과 그 성질이 올바르게 연결된 것을 모두 고른 것은? (다툼이 있으면 판례에 따름) 제22회

> ㉠ 지명채권의 양도 － 준물권행위
> ㉡ 해약금(민법 제564조)으로서의 계약금계약 － 요물계약
> ㉢ 무권대리행위의 추인 － 단독행위
> ㉣ 점유취득시효에 의한 소유권취득 － 승계취득

① ㉠
② ㉠, ㉡
③ ㉢, ㉣
④ ㉠, ㉡, ㉢
⑤ ㉡, ㉢, ㉣

08 법률행위에 관한 설명 중 틀린 것은?
① 의무부담행위는 이행의 문제가 남게 된다.
② 저당권을 설정하는 것은 의무부담행위이다.
③ 자기의 소유물이 아닌 물건에 관하여도 의무부담행위인 매매계약을 유효하게 체결할 수 있다.
④ 채무면제는 처분행위이다.
⑤ 처분행위가 유효하기 위해서는 처분권한과 처분능력이 있어야 한다.

09 상대방 없는 단독행위에 해당하는 것을 모두 고른 것은? (다툼이 있으면 판례에
상중하 따름)
제20회

> ㉠ 계약의 해지
> ㉡ 1인의 설립자에 의한 재단법인의 설립행위
> ㉢ 상속받은 골동품 소유권의 포기
> ㉣ 유언

① ㉠, ㉡   ② ㉡, ㉢   ③ ㉢, ㉣
④ ㉠, ㉡, ㉢   ⑤ ㉡, ㉢, ㉣

10 불능에 대한 설명으로 옳지 않은 것은?
상중하
① 불능은 물리적 불능에 한정할 것이 아니고 사회통념에 따라 결정되어야 한다.
② 원시적 불능의 경우에는 신뢰이익의 손해배상청구권이 발생할 수 있다.
③ 법률행위의 성립 후 조건성취 전에 법률행위의 목적이 불능으로 되면 그 법률행위는 무효로 된다.
④ 동산에 관하여 저당권을 설정하는 것은 법률적 불능이다.
⑤ 후발적 불능이 있으면 이행불능, 위험부담 등의 문제가 생긴다.

11 다음 중 법률행위와 그 효력요건의 연결이 알맞지 않은 것은?
상중하
① 유언과 유언자의 사망
② 정지조건부 법률행위와 정지조건의 성취
③ 기한부 법률행위와 기한의 도래
④ 유증의 효력발생과 수증자의 생존
⑤ 질권설정계약에서 질물의 인도

12 **법률행위의 효력이 유효하기 위한 요건 중에서 특별효력요건에 해당하지 않는 것은?** (다툼이 있으면 판례에 따름)

① 미성년자의 법률행위에 대한 법정대리인의 동의
② 대리행위에서의 대리권의 존재
③ 시기(始期) 있는 법률행위에서의 기한의 도래
④ 재단법인의 기본재산 처분에 대한 주무관청의 허가
⑤ 법률행위에서 표의자의 의사능력의 존재

13 **강행규정에 관한 설명으로 옳은 것은?** (다툼이 있으면 판례에 따름)

① 신의칙에 반하는 것은 강행규정에 위배되는 것이지만, 법원은 당사자의 주장이 있는 경우에 한하여 이를 판단할 수 있다.
② 강행규정에 위반한 자가 스스로 그 약정의 무효를 주장하는 것은 특별한 사정이 없는 한 신의칙에 반하는 행위로 허용될 수 없다.
③ 강행규정의 위반으로 인한 무효는 선의의 제3자에게 대항할 수 없다.
④ 강행규정의 위반으로 인한 무효는 추인에 의하여 유효로 될 수 없다.
⑤ 강행규정 위반으로 무효인 경우 급부자는 언제나 그 급부한 것의 반환을 청구할 수 있다.

14 **강행규정에 위반되어 그 효력이 인정되지 않는 것을 모두 고른 것은?** (다툼이 있으면 판례에 따름)

> ㉠ 제3자가 타인의 동의를 받지 않고 타인을 보험계약자 및 피보험자로 하여 체결한 생명보험계약
> ㉡ 건물의 임차인이 비용을 지출하여 개조한 부분에 대한 원상회복의무를 면하는 대신 그 개조비용의 상환청구권을 포기하기로 하는 약정
> ㉢ 사단법인의 사원의 지위를 양도·상속할 수 있다는 규약
> ㉣ 승소를 시켜주면 소송물의 일부를 양도하겠다는 민사소송의 당사자와 변호사 아닌 자 사이의 약정

① ㉠, ㉡　　　　　　　② ㉠, ㉢　　　　　　　③ ㉠, ㉣
④ ㉡, ㉢　　　　　　　⑤ ㉢, ㉣

03 반사회질서 법률행위

대표문제 상중하

사회질서에 반하는 법률행위에 해당하는 것을 모두 고른 것은? (다툼이 있으면 판례에 따름)
제27회

> ㉠ 양도소득세의 회피 및 투기의 목적으로 자신 앞으로 소유권이전등기를 하지 아니하고 미등기인 채로 매매계약을 체결한 경우
> ㉡ 보험계약자가 다수의 보험계약을 통하여 보험금을 부정취득할 목적으로 보험계약을 체결한 경우
> ㉢ 전통사찰의 주지직을 거액의 금품을 대가로 양도·양수하기로 하는 약정이 있음을 알고도 이를 방조한 상태에서 한 종교법인의 주지임명행위

① ㉠   ② ㉡
③ ㉠, ㉢   ④ ㉡, ㉢
⑤ ㉠, ㉡, ㉢

해설

㉠ 양도소득세의 회피 및 투기의 목적으로 자신 앞으로 소유권이전등기를 하지 아니하고 미등기인 채로 매매계약을 체결하였다 하여 그것만으로 그 매매계약이 사회질서에 반하는 법률행위로서 무효로 된다고 할 수 없다(대판 1993.5.25, 93다296).

㉡ 보험계약자가 다수의 보험계약을 통하여 보험금을 부정취득할 목적으로 보험계약을 체결한 경우, 이러한 목적으로 체결된 보험계약에 의하여 보험금을 지급하게 하는 것은 보험계약을 악용하여 부정한 이득을 얻고자 하는 사행심을 조장함으로써 사회적 상당성을 일탈하게 될 뿐만 아니라, 또한 합리적인 위험의 분산이라는 보험제도의 목적을 해치고 위험발생의 우발성을 파괴하며 다수의 선량한 보험가입자들의 희생을 초래하여 보험제도의 근간을 해치게 되므로, 이와 같은 보험계약은 민법 제103조 소정의 선량한 풍속 기타 사회질서에 반하여 무효이다(대판 2005.7.28, 2005다23858).

㉢ 전통○○사의 주지직을 거액의 금품을 대가로 양도·양수하기로 하는 약정이 있음을 알고도 이를 묵인 혹은 방조한 상태에서 한 종교법인의 주지임명행위가 민법 제103조 소정의 반사회질서의 법률행위에 해당하지 않는다(대판 2001.2.9, 99다38613).

정답 ②

15 반사회질서의 **법률행위에 해당하는 것은?** (다툼이 있으면 판례에 따름)   제24회
상중하

① 양도세 회피를 목적으로 한 부동산에 관한 명의신탁약정
② 강제집행을 면할 목적으로 부동산에 허위의 근저당권설정등기를 경료하는 행위
③ 전통사찰의 주지직을 거액의 금품을 대가로 양도·양수하기로 하는 약정이 있음을 알고도 이를 묵인한 상태에서 이루어진 종교법인의 양수인에 대한 주지임명행위
④ 변호사 아닌 자가 승소 조건의 대가로 소송당사자로부터 소송목적물 일부를 양도받기로 한 약정
⑤ 도박채무의 변제를 위하여 채무자가 그 소유의 부동산 처분에 관하여 도박 채권자에게 대리권을 수여한 행위

16 반사회질서 **법률행위로서 무효가 아닌 것은?** (다툼이 있으면 판례에 따름)
상중하

① 변호사가 민사소송의 승소대가로 성공보수를 받기로 한 약정
② 도박자금에 제공할 목적으로 금전을 대여하는 행위
③ 수증자가 부동산 매도인의 배임행위에 적극 가담하여 체결한 부동산 증여 계약
④ 마약대금채무의 변제로서 토지를 양도하기로 한 계약
⑤ 처음부터 보험사고를 가장하여 오로지 보험금을 취득할 목적으로 체결한 생명보험계약

17 반사회질서의 법률행위에 관한 설명으로 옳지 않은 것은? (다툼이 있으면 판례에
따름)

① 과도한 위약벌 약정은 법원의 직권감액이 가능하므로 선량한 풍속 기타 사
회질서에 반할 여지가 없다.

② 부동산 매매계약에서 계약금을 수수한 후 당사자가 매매계약의 이행에 착
수하기 전에 제3자가 매도인을 적극 유인하여 해당 부동산을 매수하였다면
매도인과 제3자 사이의 그 매매계약은 반사회질서의 법률행위가 아니다.

③ 보험사고를 가장하여 보험금을 부정취득할 목적으로 체결된 다수의 생명보
험계약은 그 목적에 대한 보험자의 인식 여부를 불문하고 무효이다.

④ 부첩(夫妾)관계의 종료를 해제조건으로 하는 증여계약은 반사회질서의 법
률행위로서 무효이다.

⑤ 선량한 풍속 기타 사회질서에 반하는 법률행위의 무효는 그 법률행위를 기초
로 하여 새로운 이해관계를 맺은 선의의 제3자에 대해서도 주장할 수 있다.

18 사회질서의 법률행위에 해당하여 무효로 되는 것을 모두 고른 것은? (다툼이 있으
면 판례에 따름)

> ㉠ 성립과정에서 강박이라는 불법적 방법이 사용된 데 불과한 법률행위
> ㉡ 강제집행을 면할 목적으로 허위의 근저당권을 설정하는 행위
> ㉢ 양도소득세를 회피할 목적으로 실제로 거래한 매매대금보다 낮은 금액으로
> 매매계약을 체결한 행위
> ㉣ 이미 매도된 부동산임을 알면서도 매도인의 배임행위에 적극 가담하여 이
> 루어진 저당권설정행위

① ㉢   ② ㉣   ③ ㉠, ㉡
④ ㉠, ㉢   ⑤ ㉡, ㉣

19 반사회적 법률행위에 관한 설명으로 옳지 않은 것은? (다툼이 있으면 판례에 따름)

① 형사사건의 변호사 성공보수약정은 반사회적 법률행위이다.

② 아버지 소유의 부동산이 이미 제3자에게 매도되어 제3자로부터 등기독촉을 받고 있는 사정을 잘 알고 있는 아들이 그 아버지로부터 그 부동산을 증여받은 경우, 그 증여는 반사회적 법률행위이다.

③ 살인을 포기할 것을 조건으로 한 증여는 반사회적 법률행위가 아니다.

④ 부부간에 어떠한 일이 있어도 이혼하지 않겠다는 합의는 반사회적 법률행위이다.

⑤ 수사기관에서 참고인으로 허위진술하는 대가로 돈을 받기로 한 약정은 반사회적 법률행위이다.

20 반사회적 법률행위에 관한 설명으로 옳지 않은 것은? (다툼이 있으면 판례에 따름)

① 어느 법률행위가 사회질서에 반하는지 여부는 특별한 사정이 없는 한 법률행위 당시를 기준으로 판단해야 한다.

② 강제집행을 면할 목적으로 부동산에 허위의 근저당권을 설정하는 행위는 특별한 사정이 없는 한 반사회적 법률행위라고 볼 수 없다.

③ 대리인이 매도인의 배임행위에 적극 가담하여 이루어진 부동산의 이중매매의 경우, 본인인 매수인이 그러한 사정을 몰랐다면 반사회적 법률행위가 되지 않는다.

④ 법률행위의 성립과정에서 단지 강박이라는 불법적 방법이 사용된 것에 불과한 때에는 반사회적 법률행위로 볼 수 없다.

⑤ 반사회적 법률행위임을 이유로 하는 무효는 선의의 제3자에게 대항할 수 있다.

21
상중하

甲男은 乙女와 부첩(夫妾)관계를 맺고, 그 대가로 자신이 소유하는 주택을 乙에게 증여하여 乙 앞으로 소유권이전등기를 해주었다. 현재 乙은 위 주택에서 거주하고 있다. 다음 보기 중 옳은 설명을 모두 고른 것은? (다툼이 있으면 판례에 따름)

> ㉠ 甲과 乙의 증여계약은 무효이다.
> ㉡ 甲은 乙 명의의 이전등기의 말소를 청구할 수 있다.
> ㉢ 甲은 乙을 상대로 주택의 명도를 청구할 수 없다.
> ㉣ 만약 乙이 丙에게 주택을 양도하고 이전등기를 해준 경우, 甲은 丙 명의의 이전등기의 말소를 청구할 수 없다.

① ㉠, ㉡　　　　　　② ㉠, ㉢　　　　　　③ ㉡, ㉣
④ ㉠, ㉢, ㉣　　　　⑤ ㉡, ㉢, ㉣

22
상중하

甲은 乙과 도박을 하던 중 乙에게 1억원의 도박채무를 지게 되었고, 그 도박장소에서 장소료를 징수하거나 고리로 돈을 빌려주던 丙으로부터 도박자금으로 3억원을 차용하였다. 다음 설명 중 옳지 못한 것은?

① 甲은 丙에 대하여 도박자금으로 빌린 금 3억원을 변제하지 않아도 된다.
② 甲은 乙에 대하여 도박채무의 변제를 위한 담보의 방법으로 가등기와 소유권이전의 본등기가 경료된 경우 그 등기는 무효이다.
③ 도박채무의 변제를 위하여 甲으로부터 부동산의 처분을 위임받은 乙이 그 부동산을 제3자 丁에게 매도한 경우 사정을 알지 못하는 거래상대방인 丁이 甲으로부터 그 대리인인 乙을 통하여 부동산을 매수한 행위는 무효가 아니다.
④ 甲이 乙에 대한 도박채무의 변제를 위하여 부동산을 대물변제한 경우 乙의 불법성의 정도가 甲의 불법성보다 현저히 큰 때에는 甲은 乙에 대하여 대물변제한 부동산의 반환청구를 할 수 있다.
⑤ 甲이 丙에 대한 도박자금채무의 담보를 위하여 근저당권설정등기를 경료한 경우 근저당권설정등기는 불법원인급여에 해당하여 甲은 그 말소를 청구할 수 없다.

23 법률행위의 효력에 관한 설명으로 옳은 것을 모두 고른 것은? (다툼이 있으면 판례
에 따름)

> ㉠ 매매계약을 체결하면서 양도소득세를 면탈할 의도로 소유권이전등기를 일
>   정기간 유보하는 약정은 반사회질서행위로 볼 수 없다.
> ㉡ 경매목적물과 매각대금이 현저하게 공정을 잃은 경우에도 그 경매는 불공
>   정한 법률행위에 해당하지 않는다.
> ㉢ 도박에 쓸 것을 알면서 빌려준 금전을 담보하기 위하여 저당권을 설정한
>   사람은 저당권설정등기의 말소를 청구할 수 있다.

① ㉠   ② ㉡   ③ ㉠, ㉢
④ ㉡, ㉢   ⑤ ㉠, ㉡, ㉢

24 甲이 자신의 X건물을 乙에게 매도하는 계약을 체결하고 계약금 및 중도금을 수령
하였으나 아직 소유권이전등기를 마쳐주지 않았다. 이러한 사실을 알고 있는 丙이
甲의 배임행위에 적극적으로 가담하여 甲으로부터 X건물을 매수하고 소유권이전
등기를 경료받았다. 이에 관한 설명으로 옳은 것을 모두 고른 것은? (다툼이 있으
면 판례에 따름)

> ㉠ 甲과 丙이 체결한 매매계약은 반사회적 법률행위로서 무효이다.
> ㉡ 乙은 甲을 대위함이 없이 직접 丙에 대하여 그 소유권이전등기의 말소를 청
>   구할 수 있다.
> ㉢ 乙은 甲에 대한 소유권이전등기청구권을 보전하기 위하여 甲과 丙 사이의
>   매매계약에 대하여 채권자취소권을 행사할 수 있다.
> ㉣ 丁이 丙을 소유권자로 믿고 丙으로부터 X건물을 매수하여 소유권이전등기
>   를 마친 경우, 丁은 甲과 丙 사이의 매매계약의 유효를 주장할 수 있다.

① ㉠   ② ㉠, ㉢   ③ ㉡, ㉣
④ ㉠, ㉡, ㉣   ⑤ ㉠, ㉡, ㉢, ㉣

04 불공정한 법률행위

대표문제 상중하

불공정한 법률행위에 관한 설명으로 옳지 않은 것을 모두 고른 것은? (다툼이 있으면 판례에 따름)   제27회

⊙ 공경매에 있어서도 불공정한 법률행위에 관한 민법 제104조가 적용된다.
ⓒ 급부와 반대급부가 현저히 균형을 잃은 법률행위는 궁박, 경솔 또는 무경험으로 인해 이루어진 것으로 추정된다.
ⓒ 대리인이 한 법률행위에 관하여 불공정한 법률행위가 문제되는 경우에 무경험은 대리인을 기준으로 판단하여야 한다.
ⓔ 대물변제예약의 경우, 대차의 목적물가격과 대물변제의 목적물가격이 불균형한지 여부는 원칙적으로 대물변제 예약 당시를 표준으로 결정한다.

① ⊙, ⓒ   ② ⓒ, ⓒ
③ ⊙, ⓒ, ⓔ   ④ ⊙, ⓒ, ⓔ
⑤ ⓒ, ⓒ, ⓔ

해설

⊙ (×) 경매에 있어서는 불공정한 법률행위 또는 채무자에게 불리한 약정에 관한 것으로서 효력이 없다는 민법 제104조, 제608조는 적용될 여지가 없다(대결 1980.3.21, 80마77).

ⓒ (×) 불공정한 법률행위를 주장하는 자는 스스로 궁박, 경솔, 무경험으로 인하였음을 증명하여야 하고, 그 법률행위가 현저하게 공정을 잃었다 하여 곧 그것이 경솔하게 이루어졌다고 추정하거나 궁박한 사정이 인정되는 것이 아니다(대판 1969.7.8, 69다594).

ⓒ (○) 대리인에 의하여 법률행위가 이루어진 경우 그 법률행위가 민법 제104조의 불공정한 법률행위에 해당하는지 여부를 판단함에 있어서 경솔과 무경험은 대리인을 기준으로 하여 판단하고, 궁박은 본인의 입장에서 판단하여야 한다(대판 2002.10.22, 2002다38927).

ⓔ (×) 대물변제예약이 불공정한 법률행위가 되는 요건의 하나인 대차의 목적물가격과 대물변제의 목적물가격에 있어서의 불균형이 있느냐 여부를 결정할 시점은 대물변제의 효력이 발생할 변제기 당시를 표준으로 하여야 할 것임이 원칙이므로 채권액수도 역시 변제기까지의 원리액을 기준으로 하여야 할 것이다(대판 1965.6.15, 65다610).

✓ 정답 ③

25 민법 제104조의 불공정한 법률행위에 관한 설명으로 옳은 것은? (다툼이 있으면 판례에 따름)
상중하

① 행정기관에 진정서를 제출하여 상대방을 궁지에 빠뜨린 다음 이를 취하하는 조건으로 거액의 급부를 제공받기로 약정한 것은 불공정한 법률행위에 해당한다.

② 법률행위의 성립시에는 존재하지 않았던 급부간의 현저한 불균형이 그 이후 외부적 사정의 급격한 변화로 인하여 발생하였다면 다른 요건이 충족되는 한 그때부터 불공정한 법률행위가 인정된다.

③ 불공정한 법률행위의 성립요건으로 요구되는 무경험이란 일반적인 생활체험의 부족이 아니라 해당 법률행위가 행해진 바로 그 영역에서의 경험 부족을 의미한다.

④ 법률행위가 현저히 공정을 잃었고, 어느 한 당사자에게 궁박의 사정이 존재한다고 하여도 그 상대방에게 이러한 사정을 이용하려는 폭리행위의 악의가 없었다면 불공정한 법률행위는 인정되지 않는다.

⑤ 불공정한 법률행위를 할 때 당사자간에 그 법률행위의 불공정성을 이유로 하여 법률행위의 효력을 다툴 수 없다는 합의가 함께 행해졌다면 그러한 합의는 유효하다.

26 불공정한 법률행위에 관한 설명으로 옳지 않은 것은? (다툼이 있으면 판례에 따름)
상중하
제25회

① 무상증여에는 불공정한 법률행위에 관한 규정이 적용되지 않는다.

② 급부와 반대급부 사이의 '현저한 불균형' 여부의 판단은 당사자의 주관적 가치에 의해야 한다.

③ 불공정한 법률행위에 해당하여 무효인 경우에도 무효행위의 전환에 관한 민법 제138조가 적용될 수 있다.

④ 대리행위가 불공정한 법률행위에 해당하는지를 판단함에 있어서 '무경험'은 대리인을 기준으로 한다.

⑤ 불공정한 법률행위에서의 '궁박'에는 정신적 · 심리적 원인에 의한 것도 포함될 수 있다.

27
상중하

불공정한 법률행위(민법 제104조)에 관한 설명으로 옳지 않은 것은? (다툼이 있으면 판례에 따름)

제26회

① 무상계약에는 제104조가 적용되지 않는다.
② 대가관계를 상정할 수 있는 한 단독행위의 경우에도 제104조가 적용될 수 있다.
③ 경매절차에서 경매부동산의 매각대금이 시가에 비해 현저히 저렴한 경우에는 제104조가 적용될 수 있다.
④ 불공정한 법률행위에서 궁박, 경솔, 무경험은 법률행위 당시를 기준으로 판단하여야 한다.
⑤ 불공정한 법률행위는 추인에 의해서도 유효로 될 수 없다.

28
상중하

불공정한 법률행위에 관한 설명으로 옳지 않은 것은? (다툼이 있으면 판례에 따름)

① 불공정한 법률행위에 해당하는지는 원칙적으로 법률행위 시를 기준으로 판단한다.
② 대리인에 의한 법률행위의 경우, 궁박 상태의 여부는 본인을 기준으로 판단한다.
③ 경매에는 불공정한 법률행위에 관한 민법 제104조가 적용되지 않는다.
④ 불공정한 법률행위는 추인으로 유효로 될 수 없지만 법정추인은 인정된다.
⑤ 불공정한 법률행위는 이를 기초로 새로운 이해관계를 맺은 선의의 제3자에 대해서도 무효이다.

29
상중하

민법 제104조의 불공정한 법률행위에 관한 설명으로 옳지 않은 것은? (다툼이 있으면 판례에 따름)

① 제104조는 기부행위에는 적용될 수 없으나, 경매의 경우에는 적용될 수 있다.
② 법률행위가 대리인에 의하여 이루어진 경우에 경솔, 무경험은 대리인을 기준으로 판단해야 하나, 궁박 상태는 본인을 기준으로 판단해야 한다.
③ 불공정한 법률행위에 대한 증명책임은 그 무효를 주장하는 자에게 있다.
④ 법률행위가 현저하게 공정을 잃었다 하여 그것이 경솔하게 이루어졌다고 추정되는 것은 아니다.
⑤ 불공정한 법률행위는 추인에 의해서도 그 법률행위가 유효로 될 수 없다.

05 법률행위의 해석

대표문제 상 중 하

甲은 자신의 X토지를 乙에게 매도하기로 약정하였다. 甲과 乙은 계약서를 작성하면서 지번을 착각하여 매매목적물을 甲소유의 Y토지로 표시하였다. 그 후 甲은 Y토지에 관하여 위 매매계약을 원인으로 하여 乙명의로 소유권이전등기를 마쳐주었다. 이에 관한 설명으로 옳은 것은? (다툼이 있으면 판례에 따름)　제21회

① 甲과 乙 사이의 매매계약은 무효이다.
② Y토지에 관한 소유권이전등기는 유효이다.
③ 甲은 착오를 이유로 乙과의 매매계약을 취소할 수 있다.
④ 乙은 甲에게 X토지의 소유권이전등기를 청구할 수 있다.
⑤ 甲은 乙의 채무불이행을 이유로 Y토지에 대한 매매계약을 해제할 수 있다.

[해설]
④ 매수인 乙은 매도인 甲에게 X토지에 대한 소유권이전등기를 청구할 수 있다.
① 甲과 乙 사이의 X토지에 대한 매매계약은 유효이다.
② 매수인 乙 명의의 Y토지에 대한 소유권이전등기는 무효이다.
③ 甲과 乙 사이의 X토지에 대한 매매계약은 유효하게 성립하였으므로, 甲은 착오를 이유로 乙과의 매매계약을 취소할 수 없다.
⑤ 甲과 乙 사이에 Y토지에 대한 매매계약은 그 자체가 성립하지 않았으므로, 해제의 대상이 되지 않는다.

◎ 정답 ④

30 상 중 하

법률행위의 해석에 관한 설명으로 옳은 것은? (다툼이 있으면 판례에 따름) 제24회

① 사실인 관습은 법률행위의 당사자의 의사를 보충할 뿐만 아니라 법칙으로서의 효력을 갖는다.
② 유언의 경우 우선적으로 규범적 해석이 이루어져야 한다.
③ 법률행위의 성립이 인정되는 경우에만 보충적 해석이 가능하다.
④ 처분문서가 존재한다면 처분문서의 기재내용과 다른 묵시적 약정이 있는 사실이 인정되더라도 그 기재내용을 달리 인정할 수는 없다.
⑤ 계약당사자 쌍방이 X토지를 계약목적물로 삼았으나, 계약서에는 착오로 Y토지를 기재하였다면, Y토지에 관하여 계약이 성립한 것이다.

31 甲은 乙소유의 X토지를 임차하여 사용하던 중 이를 매수하기로 乙과 합의하였으
나, 계약서에는 Y토지로 잘못 기재하였다. 다음 설명 중 옳은 것은? (다툼이 있으
면 판례에 따름)

① 매매계약은 X토지에 대하여 유효하게 성립한다.

② 매매계약은 Y토지에 대하여 유효하게 성립한다.

③ X토지에 대하여 매매계약이 성립하지만, 당사자는 착오를 이유로 취소할
수 있다.

④ Y토지에 대하여 매매계약이 성립하지만, 당사자는 착오를 이유로 취소할
수 있다.

⑤ X와 Y 어느 토지에 대해서도 매매계약이 성립하지 않는다.

32 법률행위의 해석에 관한 설명으로 옳은 것은? (다툼이 있으면 판례에 따름)

① 법률행위의 해석은 문구에 구애받지 않고 어디까지나 당사자가 그 표시행
위에 부여한 내심적 의사에 따라야 한다.

② 당사자가 모두 X토지를 매매하기로 합의하였으나 그 지번을 착각하여 계약
서에 Y토지로 표시한 경우 Y토지에 대한 매매계약이 성립한다.

③ 매매계약서상의 "계약서상에 대한 이의가 생겼을 때에는 매도인의 해석에
따른다."라는 조항은 법원의 법률행위의 해석권을 구속하지 않는다.

④ 당사자의 의사가 명확한 경우에도 사실인 관습이 우선하여 법률행위 내용
을 확정하는 기준이 된다.

⑤ 관습법은 법령으로서의 효력이 없는 단순한 관행으로서 법률행위 당사자의
의사를 보충함에 그친다.

33 법률행위의 해석에 관한 설명으로 옳지 않은 것은? (다툼이 있으면 판례에 따름)

상중하

① 오표시무해(誤表示無害)의 원칙은 법률행위 해석 중 자연적 해석에 따른 것이다.

② 비전형의 혼합계약을 해석함에는 사용된 문언의 내용에 의하여 당사자가 그 표시행위에 부여한 객관적 의미를 있는 그대로 확정하는 것이 필요하다.

③ 당사자가 특정 토지를 계약목적물로 합의하였으나 그 지번의 표시에 관한 착오로 인하여 계약서에 그 토지와 다른 토지로 표시한 경우, 계약서에 표시된 토지에 대하여 계약이 성립한다.

④ 사실인 관습은 당사자가 주장·입증하여야 한다.

⑤ 계약을 체결한 자가 타인의 이름으로 법률행위를 한 경우, 계약당사자의 확정에 관한 행위자와 상대방의 의사가 일치하면 그 일치한 의사대로 행위자 또는 명의인을 계약의 당사자로 확정해야 한다.

06 의사표시

Chapter

🔗 **연계학습** 기본서 p.214~253

단·원·열·기

이 장은 매년 2~3문제 정도 출제되는 부분이다. '진의 아닌 의사표시', '통정허위표시', '착오에 의한 의사표시', '사기 또는 강박에 의한 의사표시', '의사표시의 효력발생' 등을 위주로 학습하여야 한다.

01 진의 아닌 의사표시

대표문제 상 중 하

진의 아닌 의사표시에 관한 설명으로 옳은 것을 모두 고른 것은? (다툼이 있으면 판례에 따름)
제25회

> ㉠ 진의는 표의자가 진정으로 마음속에서 바라는 사항을 말한다.
> ㉡ 진의와 표시가 일치하지 않음을 표의자가 과실로 알지 못하고 한 의사표시는 진의 아닌 의사표시에 해당하지 않는다.
> ㉢ 어떠한 의사표시가 진의 아닌 의사표시로서 무효라고 주장하는 경우에 그 증명책임은 그 주장자에게 있다.

① ㉠   ② ㉡
③ ㉠, ㉢   ④ ㉡, ㉢
⑤ ㉠, ㉡, ㉢

해설

㉡ (○) 진의 아닌 의사표시는 표의자가 진의와 표시의 불일치를 반드시 알면서 하여야 한다. 따라서 그 불일치는 과실로 알지 못한 경우에는 진의 아닌 의사표시에 해당하지 않는다.

㉢ (○) 어떠한 의사표시가 비진의 의사표시로서 무효라고 주장하는 경우에 그 입증책임은 그 주장자에게 있다(대판 1992.5.22, 92다2295).

㉠ (×) 진의 아닌 의사표시에 있어서의 '진의'란 특정한 내용의 의사표시를 하고자 하는 표의자의 생각을 말하는 것이지 표의자가 진정으로 마음속에서 바라는 사항을 뜻하는 것은 아니다(대판 2001.1.19, 2009다51919).

✓ 정답 ④

01 진의 아닌 의사표시에 관한 설명으로 틀린 것은? (다툼이 있으면 판례에 따름)

① 진의란 특정한 내용의 의사표시를 하고자 하는 표의자의 생각을 말하는 것이지 표의자가 진정으로 마음속에서 바라는 사항을 뜻하는 것은 아니다.

② 상대방이 표의자의 진의 아님을 알았을 경우, 표의자는 진의 아닌 의사표시를 취소할 수 있다.

③ 대리행위에 있어서 진의 아닌 의사표시인지 여부는 대리인을 표준으로 결정한다.

④ 진의 아닌 의사표시의 효력이 없는 경우, 법률행위의 당사자는 진의 아닌 의사표시를 기초로 새로운 이해관계를 맺은 선의의 제3에게 대항하지 못한다.

⑤ 진의 아닌 의사표시는 상대방과 통정이 없다는 점에서 통정허위표시와 구별된다.

02 비진의표시에 관한 설명으로 옳은 것은? (다툼이 있으면 판례에 따름)

① 비진의표시에서 '진의'는 표의자가 진정으로 마음속에서 바라는 사항을 뜻한다.

② 비진의표시에서 '진의'는 특정한 내용의 의사표시를 하고자 하는 표의자의 생각을 의미하는 것은 아니다.

③ 표의자가 진정 마음에서 바라지는 아니하였더라도 당시의 상황에서는 최선이라고 판단하여 의사표시를 하였다면 비진의표시는 아니다.

④ 표의자가 강박에 의하여 증여를 하기로 하고 그에 따른 증여의 의사표시를 하였더라도, 재산을 강제로 뺏긴다는 본심이 잠재되어 있다면 그 증여는 비진의표시에 해당한다.

⑤ 공무원의 사직의 의사표시와 같은 공법행위에도 비진의표시에 관한 민법의 규정이 적용된다.

03 진의 아닌 의사표시에 관한 설명으로 옳지 않은 것은? (다툼이 있으면 판례에 따름)
상중하

① 사인의 공법행위에는 진의 아닌 의사표시의 무효에 관한 규정이 적용되지 않는다.

② 진의 아닌 의사표시로서 무효가 되는 경우에 그 무효는 선의의 제3자에게 대항하지 못한다.

③ 표의자가 의사표시의 내용을 진정으로 바라지는 않았더라도, 당시 상황에서는 최선이라고 판단하여 의사표시를 하였다면, 진의 아닌 의사표시라고 할 수 없다.

④ 재산을 강제로 빼앗긴다는 것이 표의자의 본심에 잠재되어 있었다 하여도 표의자가 강박에 의하여 증여의 의사표시를 한 이상, 그 의사표시는 진의 아닌 의사표시라고 할 수 없다.

⑤ 진의 아닌 의사표시에서 진의는 표의자가 진정으로 마음속에서 바라는 사항을 말한다.

04 진의 아닌 의사표시에 관한 설명으로 옳지 않은 것은? (다툼이 있으면 판례에 따름)
상중하

① 사인의 공법행위에는 적용되지 않으므로 공무원의 사직 의사가 외부에 표시된 이상 그 의사는 표시된 대로 효력을 발생한다.

② 진의는 특정한 내용의 의사표시를 하려는 생각을 말하는 것이지 표의자가 진정으로 마음에서 바라는 사항을 뜻하는 것은 아니다.

③ 표의자가 강박에 의하여 어쩔 수 없이 증여의 의사표시를 하였다면 이는 비진의표시에 해당하지 않는다.

④ 표의자가 비진의표시임을 이유로 의사표시의 무효를 주장하는 경우, 비진의표시에 해당한다는 사실은 표의자가 증명해야 한다.

⑤ 표의자가 비진의표시임을 이유로 의사표시의 무효를 주장하는 경우, 상대방이 자신의 선의·무과실을 증명해야 한다.

02 통정허위표시

대표문제 상 중 하

> 통정허위표시에 기초하여 새로운 법률상 이해관계를 맺은 제3자에 해당하는 경우를
> 모두 고른 것은? (다툼이 있으면 판례에 따름)　　　　　　　　　　　　제27회
>
> ㉠ 가장소비대차에서 대주의 계약상 지위를 이전받은 자
> ㉡ 가장채권을 보유하고 있는 자가 파산선고를 받은 경우의 파산관재인
> ㉢ 가장전세권설정계약에 의하여 형성된 법률관계로 생긴 전세금반환채권을 가압
> 　 류한 채권자

① ㉠　　　　　　　　　　　　　　② ㉡
③ ㉠, ㉢　　　　　　　　　　　　④ ㉡, ㉢
⑤ ㉠, ㉡, ㉢

해설

㉠ 구 상호신용금고법 소정의 계약이전은 금융거래에서 발생한 계약상의 지위가 이전되는 사법상의 법률효과를 가져오는 것이므로, 계약이전을 받은 금융기관은 계약이전을 요구받은 금융기관과 대출채무자 사이의 통정허위표시에 따라 형성된 법률관계를 기초로 하여 새로운 법률상 이해관계를 가지게 된 민법 제108조 제2항의 제3자에 해당하지 않는다(대판 2004.1.15, 2002다31537).

㉡ 파산관재인이 민법 제108조 제2항의 경우 등에 있어 제3자에 해당하는 것은 파산관재인은 파산채권자 전체의 공동의 이익을 위하여 선량한 관리자의 주의로써 그 직무를 행하여야 하는 지위에 있기 때문이므로, 그 선의·악의도 파산관재인 개인의 선의·악의를 기준으로 할 수는 없고 총파산채권자를 기준으로 하여 파산채권자 모두가 악의로 되지 않는 한 파산관재인은 선의의 제3자라고 할 수밖에 없다(대판 2006.11.10, 2004다10299).

㉢ 통정한 허위표시에 의하여 외형상 형성된 법률관계로 생긴 채권을 가압류한 경우, 그 가압류권자는 허위표시에 기초하여 새로운 법률상 이해관계를 가지게 되므로 민법 제108조 제2항의 제3자에 해당한다(대판 2004.5.28, 2003다70041).

◎ 정답 ④

05 통정허위표시에 관한 설명으로 옳은 것은? (다툼이 있으면 판례에 따름)

(상)(중)(하)

① 통정허위표시에 관한 급부는 특별한 사정이 없는 한 불법원인급여이다.

② 대리인이 대리권의 범위 안에서 현명하여 상대방과 통정허위표시를 한 경우, 본인이 선의라면 특별한 사정이 없는 한 그는 허위표시의 유효를 주장할 수 있다.

③ 가장행위인 매매계약이 무효라면 은닉행위인 증여계약도 당연히 무효이다.

④ 통정허위표시의 무효로부터 보호되는 선의의 제3자는 통정허위표시를 알지 못한 것에 대해 과실이 없어야 한다.

⑤ 가장매매계약의 매수인과 직접 이해관계를 맺은 제3자가 악의라 하더라도 그와 다시 법률상 이해관계를 맺은 전득자가 선의라면 가장매매계약의 무효로써 전득자에게 대항할 수 없다.

06 甲은 乙과 통모하여 자기소유의 토지에 대한 허위의 매매계약을 체결하고 乙에게 소유권이전등기를 해주었다. 이에 관한 설명으로 옳은 것을 모두 고른 것은? (다툼이 있으면 판례에 의함)

(상)(중)(하)

> ㉠ 甲과 乙 사이의 매매계약은 무효이다.
> ㉡ 甲은 乙명의의 소유권이전등기말소를 청구할 수 없다.
> ㉢ 乙이 선의의 丙에게 토지를 매각하고 丙명의로 소유권이전등기를 해준 경우, 丙은 그 소유권을 취득한다.
> ㉣ 위 ㉢의 경우, 선의의 丙이 악의의 丁에게 토지를 매각하고 丁명의로 소유권이전등기를 해주었다면 丁은 그 소유권을 취득한다.

① ㉠, ㉡   ② ㉠, ㉢   ③ ㉡, ㉣

④ ㉠, ㉢, ㉣   ⑤ ㉡, ㉢, ㉣

07 통정허위표시에 관한 설명으로 옳지 않은 것은? (다툼이 있으면 판례에 따름)

① 통정허위표시에 의한 법률행위도 채권자취소권의 대상인 사해행위가 될 수 있다.

② 임대차보증금반환채권을 담보할 목적으로 임대인과 임차인이 체결한 전세권설정계약은 특별한 사정이 없는 한 임대차계약의 내용과 양립할 수 없는 범위에서만 통정허위표시로 인정된다.

③ 차명(借名)으로 대출받으면서 명의대여자에게는 법률효과를 귀속시키지 않기로 하는 합의가 대출기관과 실제 차주 사이에 있었다면 명의대여자의 명의로 작성된 대출계약은 통정허위표시이다.

④ 통정허위표시에 따른 선급금 반환채무 부담행위에 기하여 선의로 그채무를 보증한 자는 보증채무의 이행 여부와 상관없이 허위표시의 무효로부터 보호받는 제3자에 해당한다.

⑤ 파산관재인은 그가 비록 통정허위표시에 대해 악의였다고 하더라도 파산채권자 모두가 악의로 되지 않는 한 선의의 제3자로 인정된다.

08 甲이 乙에게 X부동산을 허위표시로 매도하고 이전등기를 해 주었다. 이에 관한 설명으로 옳지 않은 것은? (다툼이 있으면 판례에 따름)

① 甲은 乙을 상대로 매매대금의 지급을 청구할 수 없다.

② 甲은 乙을 상대로 X부동산의 반환을 구할 수 있다.

③ 만약 乙과 X부동산에 대해 저당권설정계약을 체결하고 저당권설정등기를 한 丙이 허위표시에 대해 선의인 경우, 甲은 그 저당권등기의 말소를 구할 수 없다.

④ 만약 乙 명의로 등기된 X부동산을 가압류한 丙이 허위표시에 대해 선의이지만 과실이 있는 경우, 甲은 丙에 대하여 가압류의 무효를 주장할 수 없다.

⑤ 만약 X부동산이 乙로부터 丙, 丙으로부터 丁에게 차례로 매도되어 각기 그 명의로 이전등기까지 된 경우, 허위표시에 대해 丙이 악의이면 丁이 선의이더라도 甲은 丁 명의이전등기의 말소를 구할 수 있다.

09
(상)(중)(하)

통정허위표시에 의하여 외형상 형성된 법률관계를 기초로 하여 '새로운 법률상 이해관계를 맺은 제3자'에 해당하지 않는 자는? (다툼이 있으면 판례에 따름)

① 가장전세권에 관하여 저당권을 취득한 자
② 가장소비대차에 기한 대여금채권을 양수한 자
③ 가장저당권 설정행위에 기한 저당권의 실행에 의하여 목적부동산을 경락받은 자
④ 가장의 채권양도 후 채무가 변제되지 않고 있는 동안 채권양도가 허위임이 밝혀진 경에 있어서의 채무자
⑤ 가장소비대차의 대주(貸主)가 파산한 경우, 파산자와 독립한 지위에서 파산채권자 전체의 이익을 위하여 직무를 행하게 된 파산관재인

10
(상)(중)(하)

통정허위표시에 기초하여 새로운 법률상 이해관계를 맺은 '제3자'에 해당하지 않는 것은? (다툼이 있으면 판례에 따름)   제26회

① 채권의 가장양수인으로부터 추심을 위하여 채권을 양수한 자
② 가장의 근저당설정계약이 유효하다고 믿고 그 피담보채권을 가압류한 자
③ 허위표시인 전세권설정계약에 기하여 등기까지 마친 전세권에 관하여 저당권을 취득한 자
④ 가장매매의 매수인으로부터 매매예약에 기하여 소유권이전등기청구권 보전을 위한 가등기권을 취득한 자
⑤ 임대차보증금 반환채권을 가장 양수한 자의 채권자가 그 채권에 대하여 압류 및 추심명령을 받은 경우, 그 채권자

11
(상)(중)(하)

甲은 자신의 부동산에 관하여 乙과 통정한 허위의 매매계약에 따라 소유권이전등기를 乙에게 해주었다. 그 후 乙은 이러한 사정을 모르는 丙과 위 부동산에 대한 매매계약을 체결하고 그에게 소유권이전등기를 해주었다. 다음 설명 중 틀린 것은? (다툼이 있으면 판례에 따름)

① 甲과 乙은 매매계약에 따른 채무를 이행할 필요가 없다.
② 甲은 丙을 상대로 이전등기를 청구할 수 없다.
③ 丙은 부동산의 소유권을 취득한다.
④ 甲이 자신의 소유권을 주장하려면 丙의 악의를 증명해야 한다.
⑤ 丙이 선의이더라도 과실이 있으면 소유권을 취득하지 못한다.

12 통정허위표시를 기초로 새로운 법률상의 이해관계를 맺은 제3자를 모두 고른 것
상중하 은? (다툼이 있으면 판례에 따름)

> ㉠ 가장매매의 매수인으로부터 그와의 매매계약에 의한 소유권이전등기청구
> 권 보전을 위한 가등기를 마친 자
> ㉡ 허위의 선급금 반환채무 부담행위에 기하여 그 채무를 보증하고 이행까지
> 하여 구상권을 취득한 자
> ㉢ 가장소비대차에 있어 대주의 계약상의 지위를 이전받은 자

① ㉠   ② ㉢
③ ㉠, ㉡   ④ ㉠, ㉢
⑤ ㉡, ㉢

13 채무초과 상태에 있는 乙은 채권자 甲에 의한 강제집행을 면하기 위하여 丙과 짜고
상중하 자기소유인 부동산을 丙에게 가장매매한 후 소유권이전등기를 마쳐 주었다. 다음
설명 중 옳지 않은 것은? (다툼이 있으면 판례에 따름)

① 乙과 丙 사이의 매매계약은 무효이다.
② 丙 앞으로 소유권이전등기가 경료된 후 5년이 지났다면, 甲은 채권자취소의
  소를 제기할 수 없다.
③ 乙이 丙에 대하여 소유권이전등기의 무효를 주장하는 것은 신의칙에 반하
  지 않는다.
④ 甲은 乙이 丙에 대하여 가지는 위 부동산의 이전등기말소청구권을 대위행
  사할 수 없다.
⑤ 丙이 위 부동산을 다시 선의의 丁에게 매도하고 丁 앞으로 소유권이전등기
  를 경료해 주었다면, 甲은 통정허위표시를 이유로 丁명의의 이전등기말소를
  청구할 수 없다.

03 착오에 의한 의사표시

대표문제 상중하

> 甲은 乙 소유의 X토지에 관하여 乙과 매매계약을 체결하였다. 이에 관한 설명으로 옳은 것은? (다툼이 있으면 판례에 따름) 제27회
>
> ① 甲이 乙에 의하여 유발된 동기의 착오로 매매계약을 체결한 경우, 甲은 체결 당시 그 동기를 표시한 경우에 한하여 그 계약을 취소할 수 있다.
> ② 甲이 착오를 이유로 매매계약을 취소하려는 경우, 乙이 이를 저지하려면 甲의 중대한 과실을 증명하여야 한다.
> ③ X의 시가에 대한 甲의 착오는 특별한 사정이 없는 한 법률행위의 중요부분에 대한 착오에 해당한다.
> ④ 乙이 甲의 중도금 지급채무 불이행을 이유로 매매계약을 적법하게 해제한 경우, 甲은 그 계약내용에 착오가 있었더라도 이를 이유로 취소권을 행사할 여지가 없다.
> ⑤ 법률행위 내용의 중요부분의 착오가 되기 위해서는 특별한 사정이 없는 한 착오에 빠진 甲이 그로 인하여 경제적 불이익을 입어야 하는 것이 아니다.

해설

② 착오한 표의자의 중대한 과실 유무에 관한 주장과 입증책임은 착오자가 아니라 의사표시를 취소하게 하지 않으려는 상대방에게 있다(대판 2005.5.12, 2005다6228).
① 상대방으로부터 유발된 동기의 착오는 상대방에게 표시하지 않더라도 착오를 이유로 취소할 수 있다(대판 1978.7.11, 78다719 참조).
③ 토지매매에 있어서 시가에 관한 착오는 토지를 매수하려는 의사를 결정함에 있어 그 동기의 착오에 불과할 뿐 법률행위의 중요부분에 관한 착오라 할 수 없다(대판 1985.4.23, 84다카890).
④ 매도인이 매수인의 중도금 지급채무불이행을 이유로 매매계약을 적법하게 해제한 후라도 매수인으로서는 상대방이 한 계약해제의 효과로서 발생하는 손해배상책임을 지거나 매매계약에 따른 계약금의 반환을 받을 수 없는 불이익을 면하기 위하여 착오를 이유로 한 취소권을 행사하여 위 매매계약 전체를 무효로 돌리게 할 수 있다(대판 1991.8.27, 91다11308).
⑤ 만일 그 착오로 인하여 표의자가 무슨 경제적인 불이익을 입은 것이 아니라고 한다면 이를 법률행위 내용의 중요 부분의 착오라고 할 수 없다(대판 1999.2.23, 98다47924).

정답 ②

14 착오에 의한 의사표시에 관한 설명으로 옳지 않은 것은? (다툼이 있으면 판례에 따름)

① 매도인이 매매계약을 적법하게 해제한 경우, 매수인은 착오를 이유로 그 계약을 취소할 수 없다.

② 착오로 인하여 표의자가 경제적인 불이익을 입은 것이 아니라면 이를 법률행위 내용의 중요부분의 착오라고 할 수 없다.

③ 상대방이 표의자의 착오를 알면서 이를 이용한 경우, 표의자는 자신에게 중대한 과실이 있더라도 그 의사표시를 취소할 수 있다.

④ 출연재산이 재단법인의 기본재산인지 여부는 착오에 의한 출연행위의 취소에 영향을 주지 않는다.

⑤ 표의자에게 중대한 과실이 있는지 여부에 관한 증명책임은 그 의사표시를 취소하게 하지 않으려는 상대방에게 있다.

15 착오에 관한 의사표시에 관한 설명으로 옳지 않은 것은? (다툼이 있으면 판례에 따름)

① 매도인이 매수인의 채무불이행을 이유로 매매계약을 적법하게 해제한 후에도 매수인은 착오를 이유로 그 매매계약을 취소할 수 있다.

② 물건의 하자로 매도인의 하자담보책임이 성립하는 경우, 매수인은 매매계약 내용의 중요부분에 착오가 있더라도 그 계약을 취소할 수 없다.

③ 부동산 매매계약에서 시가에 관한 착오는 원칙적으로 법률행위의 중요부분에 관한 착오가 아니다.

④ 상대방이 표의자의 착오를 알고 이용한 경우에는 착오가 표의자의 중대한 과실로 인한 것이라도 표의자는 그 의사표시를 취소할 수 있다.

⑤ 계약당사자의 합의로 착오로 인한 의사표시 취소에 관한 민법 제109조 제1항의 적용을 배제할 수 있다.

16 ⚫⚫⚫ 착오로 인한 의사표시에 관한 설명으로 옳은 것은? (다툼이 있으면 판례에 따름)

① 착오로 인한 불이익이 법령의 개정 등 사정의 변경으로 소멸하였다면 그 착오를 이유로 한 취소권의 행사는 신의칙에 의해 제한될 수 있다.

② 과실로 착오에 빠져 의사표시를 한 후 착오를 이유로 이를 취소한 자는 상대방에게 신뢰이익을 배상하여야 한다.

③ 착오를 이유로 의사표시를 취소하려는 자는 자신의 착오가 중과실로 인한 것임이 아님을 증명하여야 한다.

④ 법률에 관해 경과실로 착오를 한 경우, 표의자는 그것이 법률행위의 중요부분에 관한 것이더라도 그 착오를 이유로 취소할 수 없다.

⑤ 전문가의 진품감정서를 믿고 이를 첨부하여 서화 매매계약을 체결한 후에 그 서화가 위작임이 밝혀진 경우, 매수인은 하자담보책임을 묻는 외에 착오를 이유로 하여 매매계약을 취소할 수 없다.

17 ⚫⚫⚫ 착오로 인한 의사표시에 관한 설명으로 옳지 않은 것은? (다툼이 있으면 판례에 따름)

① 매도인의 하자담보책임이 성립하더라도 착오를 이유로 한 매수인의 취소권은 배제되지 않는다.

② 계약 당시를 기준으로 장래의 미필적 사실의 발생에 대한 기대나 예상이 빗나간 경우, 착오취소는 인정되지 않는다.

③ 동기의 착오는 동기가 표시되어 해석상 법률행위의 내용으로 된 경우에 한해서만 유일하게 고려된다.

④ 매매계약에서 매수인이 목적물의 시가에 관해 착오를 하였더라도 이는 원칙적으로 중요부분의 착오에 해당하지 않는다.

⑤ 상대방이 표의자의 착오를 알면서 이용하였다면 표의자의 착오에 중대한 과실이 있더라도 착오취소가 인정된다.

18 착오로 인한 의사표시에 관한 설명으로 옳은 것은? (다툼이 있으면 판례에 따름)

상중하

① 상대방이 표의자의 착오를 알고 이를 이용한 경우, 표의자에게 중과실이 있으면 그 의사표시를 취소할 수 없다.

② 착오의 존재와 그 착오가 법률행위의 중요부분에 관한 것이라는 점은 표의자의 상대방이 증명하여야 한다.

③ 신원보증서류에 서명날인 한다는 착각에 빠진 상태로 연대보증서면에 서명날인한 것은 동기의 착오이다.

④ 재단법인설립을 위한 출연행위는 상대방 없는 단독행위이므로 착오를 이유로 취소할 수 없다.

⑤ 표시상의 착오가 제3자의 기망행위에 의하여 일어난 경우, 표의자는 제3자의 기망행위를 상대방이 알았는지 여부를 불문하고 착오를 이유로 의사표시를 취소할 수 있다.

19 甲은 자신의 부동산을 乙에게 매도하였다. 이에 관한 설명으로 옳지 않은 것은?

상중하

(다툼이 있으면 판례에 따름) 　　　　　　　　　　　　　　　　제21회

① 착오로 인한 의사표시 취소에 관한 민법규정의 적용을 배제하는 甲과 乙의 약정은 유효하다.

② 甲이 착오에 빠졌으나 경제적인 불이익을 입지 않았다면 이는 중요부분의 착오라고 할 수 없다.

③ 甲과 乙 사이의 계약이 반사회적 법률행위에 해당하는 경우, 추인에 의해서도 계약이 유효로 될 수 없다.

④ 甲과 乙 사이의 계약이 통정허위표시인 경우, 乙은 甲에게 채무불이행으로 인한 손해배상을 청구할 수 있다.

⑤ 乙의 대리인 丙이 甲을 기망하여 甲과 계약을 체결한 경우, 乙이 丙의 기망사실을 알 수 없었더라도 甲은 사기를 이유로 계약을 취소할 수 있다.

04 사기 또는 강박에 의한 의사표시

대표문제 상중하

사기·강박의 의사표시에 관한 설명으로 옳지 않은 것은? (다툼이 있으면 판례에 따름) 제27회

① 교환계약의 당사자가 자기 소유 목적물의 시가를 묵비한 것은 특별한 사정이 없는 한 기망행위가 아니다.

② 매수인의 대리인이 매도인을 기망하여 매도인과 매매계약을 체결한 경우, 매수인이 그 대리인의 기망사실을 알 수 없었더라도 매도인은 사기를 이유로 의사표시를 취소할 수 있다.

③ 양수인의 사기로 의사표시를 한 부동산의 양도인이 제3자에 대하여 사기에 의한 의사표시의 취소를 주장하는 경우, 제3자는 특별한 사정이 없는 한 자신의 선의를 증명해야 한다.

④ 매매계약에 있어서 사기에 기한 취소권과 매도인의 담보책임이 경합하는 경우, 매도인으로부터 기망당한 매수인은 사기를 이유로 취소할 수 있다.

⑤ 강박에 의하여 의사결정의 자유가 완전히 박탈된 상태에서 이루어진 의사표시는 무효이다.

[해설]

③ 사기의 의사표시로 인한 매수인으로부터 부동산의 권리를 취득한 제3자는 특별한 사정이 없는 한 선의로 추정할 것이므로 사기로 인하여 의사표시를 한 부동산의 양도인이 제3자에 대하여 사기에 의한 의사표시의 취소를 주장하려면 제3자의 악의를 입증할 필요가 있다(대판 1970.11.24, 70다2155).

① 일반적으로 교환계약을 체결하려는 당사자는 서로 자기가 소유하는 교환 목적물은 고가로 평가하고, 상대방이 소유하는 목적물은 염가로 평가하여, 보다 유리한 조건으로 교환계약을 체결하기를 희망하는 이해상반의 지위에 있고, 각자가 자신의 지식과 경험을 이용하여 최대한으로 자신의 이익을 도모할 것이 예상되기 때문에, 당사자 일방이 알고 있는 정보를 상대방에게 사실대로 고지하여야 할 신의칙상의 주의의무가 인정된다고 볼만한 특별한 사정이 없는 한, 일방 당사자가 자기가 소유하는 목적물의 시가를 묵비하여 상대방에게 고지하지 아니하거나, 혹은 허위로 시가보다 높은 가액을 시가라고 고지하였다 하더라도, 이는 상대방의 의사결정에 불법적인 간섭을 한 것이라고 볼 수 없으므로 불법행위가 성립한다고 볼 수 없다(대판 2001.7.13, 99다38583).

② 상대방의 대리인 등 상대방과 동일시할 수 있는 자의 사기나 강박은 여기서 말하는 제3자의 사기·강박에 해당하지 아니하므로(대판 1999.2.23, 98다60828), 매수인이 대리인의 기망사실을 알았던 몰랐던 관계없이 언제든지 기망을 당한 매도인은 사기를 이유로 취소할 수 있다.

④ 기망에 의하여 하자 있는 권리나 물건에 관한 매매가 성립한 경우에 담보책임규정과 사기에 의한 취소권이 경합한다. 따라서 담보책임과 사기에 의한 취소권을 선택적으로 행사할 수 있다(대판 1973.10.23, 73다268).

⑤ 강박에 의한 법률행위가 하자 있는 의사표시로서 취소되는 것에 그치지 않고 나아가 무효로 되기 위하여는, 강박의 정도가 단순한 불법적 해악의 고지로 상대방으로 하여금 공포를 느끼도록 하는 정도가 아니고, 의사표시자로 하여금 의사결정을 스스로 할 수 있는 여지를 완전히 박탈한 상태에서 의사표시가 이루어져 단지 법률행위의 외형만이 만들어진 것에 불과한 정도이어야 한다(대판 2002.12.10, 2002다56031).

✓ 정답 ③

20 사기 또는 강박에 의한 의사표시에 관한 설명으로 옳지 않은 것은? (다툼이 있으면 판례에 따름)
상중하   제25회

① 강박에 의하여 의사결정의 자유가 완전히 박탈된 상태에서 이루어진 의사표시는 무효이다.

② 교환계약의 당사자가 자기가 소유하는 목적물의 시가를 묵비하여 상대방에게 고지하지 않은 것은 특별한 사정이 없는 한 기망행위에 해당하지 않는다.

③ 어떤 해악의 고지가 없이 단지 각서에 서명·날인할 것을 강력히 요구한 것만으로도 강박에 해당한다.

④ 제3자의 사기행위로 체결한 계약에서 그 사기행위 자체가 불법행위를 구성하는 경우, 피해자가 제3자에게 불법행위로 인한 손해배상을 청구하기 위하여 그 계약을 취소할 필요는 없다.

⑤ 상대방 있는 의사표시에 있어서 상대방과 동일시할 수 있는 자의 사기는 제3자의 사기에 해당하지 않는다.

21 사기·강박에 의한 의사표시에 관한 설명으로 옳지 않은 것은? (다툼이 있으면 판례에 따름)
상중하   제26회

① 매매계약의 일방 당사자가 목적물의 시가를 묵비하여 상대방에게 고지하지 않은 것은 특별한 사정이 없는 한 기망행위에 해당하지 않는다.

② 상대방의 피용자는 제3자에 의한 사기에 관한 민법 제110조 제2항에서 정한 제3자에 해당하지 않는다.

③ 제3자의 사기행위로 체결한 계약에서 그 사기행위 자체가 불법행위를 구성하는 경우, 피해자가 제3자에게 불법행위로 인한 손해배상을 청구하기 위해서는 그 계약을 취소할 필요는 없다.

④ 타인의 기망행위에 의해 동기의 착오가 발생한 경우에는 사기와 착오의 경합이 인정될 수 있다.

⑤ 강박에 의한 의사표시가 취소된 동시에 불법행위의 성립요건을 갖춘 경우, 그 취소로 인한 부당이득반환청구권과 불법행위로 인한 손해배상청구권은 경합하여 병존한다.

22 사기에 의한 의사표시에 관한 설명으로 틀린 것은? (다툼이 있으면 판례에 따름)
상중하
① 아파트분양자가 아파트단지 인근에 공동묘지가 조성되어 있다는 사실을 분양계약자에게 고지하지 않은 경우에는 기망행위에 해당한다.
② 아파트분양자에게 기망행위가 인정되려면, 분양계약자는 기망을 이유로 분양계약을 취소하거나 취소를 원하지 않을 경우 손해배상만을 청구할 수도 있다.
③ 분양회사가 상가를 분양하면서 그 곳에 첨단 오락타운을 조성하여 수익을 보장한다는 다소 과장된 선전광고를 하는 것은 기망행위에 해당한다.
④ 제3자의 사기에 의해 의사표시를 한 표의자는 상대방이 그 사실을 알았거나 알 수 있었을 경우에 그 의사표시를 취소할 수 있다.
⑤ 대리인의 기망행위에 의해 계약이 체결된 경우, 계약의 상대방은 본인이 선의이더라도 계약을 취소할 수 있다.

23 사기에 의한 의사표시에 관한 설명으로 옳지 않은 것은? (다툼이 있으면 판례에 따름)
상중하
① 사기에 의한 의사표시에는 의사와 표시의 불일치가 있을 수 없고, 단지 의사표시의 동기에 착오가 있을 뿐이다.
② 상대방의 대리인 등 상대방과 동일시할 수 있는 자의 사기는 제3자의 사기에 해당하지 않는다.
③ 상품의 선전·광고에 있어서 중요한 사항에 관하여 구체적 사실을 신의성실의 의무에 비추어 비난받을 정도의 방법으로 허위로 고지하는 것은 기망행위에 해당한다.
④ 사기에 의한 법률행위가 동시에 불법행위를 구성하는 때에는, 취소의 효과로 생기는 부당이득반환청구권과 불법행위로 인한 손해배상청구권은 경합하여 병존한다.
⑤ 사기에 의한 의사표시의 취소로써 대항하지 못하는 선의의 제3자란 취소 전부터 취소를 주장하는 자와 양립되지 않는 법률관계를 가졌던 제3자에 한한다.

24 사기 · 강박에 의한 의사표시에 관한 설명으로 옳은 것은? (다툼이 있으면 판례에 따름)

① 피기망자에게 손해를 가할 의사는 사기에 의한 의사표시의 성립요건이다.

② 상대방이 불법으로 어떤 해악을 고지하였다면, 표의자가 이로 말미암아 공포심을 느끼지 않았더라도 강박에 의한 의사표시에 해당한다.

③ 상대방의 대리인이 한 사기는 제3자의 사기에 해당한다.

④ 단순히 상대방의 피용자에 지나지 않은 사람이 한 강박은 제3자의 강박에 해당하지 않는다.

⑤ 매도인을 기망하여 부동산을 매수한 자로부터 그 부동산을 다시 매수한 제3자는 특별한 사정이 없는 한 선의로 추정된다.

25 사기 · 강박에 의한 의사표시에 관한 설명으로 옳지 않은 것은? (다툼이 있으면 판례에 따름)

① 항거할 수 없는 절대적 폭력에 의해 의사결정을 스스로 할 수 있는 여지를 완전히 박탈당한 상태에서 행해진 의사표시는 무효이다.

② 사기로 인한 의사표시의 취소는 기망행위의 위법성을 요건으로 한다.

③ 강박으로 인한 의사표시의 취소는 강박의 고의를 요건으로 한다.

④ 계약당사자 일방의 대리인이 계약을 하면서 상대방을 기망한 경우, 본인이 그 사실을 몰랐거나 알 수 없었다면 계약의 상대방은 그 기망을 이유로 의사표시를 취소할 수 없다.

⑤ 근로자가 허위의 이력서를 제출하여 근로계약이 체결되어 실제로 노무제공이 행해졌다면 사용자가 후에 사기를 이유로 하여 근로계약을 취소하더라도 그 취소에는 소급효가 인정되지 않는다.

26 사기에 의한 의사표시에 관한 설명으로 옳지 않은 것은? (다툼이 있으면 판례에 따름)

① 상대방이 기망하였으나 표의자가 기망되지 않고 의사표시를 하였다면 기망을 이유로 그 의사표시를 취소할 수 없다.

② 제3자가 행한 사기로 계약을 체결한 경우 상대방이 그 사실을 알았거나 알수 있었을 경우에 한하여 그 계약을 취소할 수 있다.

③ 상대방의 대리인이 사기를 행하여 계약을 체결한 경우 그 대리인은 '제3자에 의한 사기'에서의 '제3자'에 해당되지 않는다.

④ 상대방이 사용자책임을 져야 할 관계에 있는 피용자가 사기를 행하여 계약을 체결한 경우 그 피용자는 '제3자에 의한 사기'에서의 '제3자'에 해당한다.

⑤ '제3자에 의한 사기'로 계약을 체결한 피기망자는 그 계약을 취소하지 않은상태에서 그 제3자에 대하여 불법행위로 인한 손해배상청구를 할 수 없다.

05 의사표시의 효력발생시기

대표문제 상중하

의사표시의 효력발생에 관한 설명으로 옳은 것은? (다툼이 있으면 판례에 따름) 제26회

① 격지자 간의 계약은 승낙의 통지가 도달한 때 성립한다.

② 사원총회의 소집은 특별한 사정이 없는 한 1주간 전에 그 통지가 도달하여야 한다.

③ 표의자가 의사표시를 발신한 후 사망하더라도 그 의사표시의 효력에는 영향을 미치지 아니한다.

④ 의사표시를 보통우편으로 발송한 경우, 그 우편이 반송되지 않는 한 의사표시는 도달된 것으로 추정된다.

⑤ 의사표시가 상대방에게 도달한 후에도 상대방이 이를 알기 전이라면 특별한 사정이 없는 한 그 의사표시를 철회할 수 있다.

[해설]

③ 의사표시자가 그 통지를 발송한 후 사망하거나 제한능력자가 되어도 의사표시의 효력에 영향을 미치지 아니한다(제111조 제2항).

① 격지자 간의 계약은 승낙의 통지를 발송한 때 성립한다(제531조).

② 총회의 소집은 1주간 전에 그 회의의 목적사항을 기재한 통지를 발하고 기타 정관에 정한 방법에 의하여야 한다(제71조).

④ 내용증명우편이나 등기우편과는 달리, 보통우편의 방법으로 발송되었다는 사실만으로는 그 우편물이 상당기간 내에 도달하였다고 추정할 수 없고 송달의 효력을 주장하는 측에서 증거에 의하여 도달사실을 입증하여야 한다(대판 2002.7.26, 2000다25002).

⑤ 상대방에게 의사표시가 도달하면 효력을 발생하므로(제111조 제1항), 상대방이 이를 알기 전이라도 그 의사표시를 철회할 수 없다.

✓ 정답 ③

27 의사표시의 효력발생에 관한 설명으로 옳지 않은 것은? (다툼이 있으면 판례에 따름)
상중하

① 도달주의의 원칙은 채권양도의 통지와 같은 준법률행위에도 유추적용 될 수 있다.

② 의사표시의 부도달 또는 연착으로 인한 불이익은 특별한 사정이 없는 한 표의자가 이를 부담한다.

③ 의사표시자가 그 통지를 발송한 후 제한능력자가 되었다면 특별한 사정이 없는 한 그 의사표시는 취소할 수 있다.

④ 수령무능력자에게 의사표시를 한 경우, 특별한 사정이 없는 한 표의자는 그 의사표시로써 수령무능력자에게 대항할 수 없다.

⑤ 상대방이 정당한 사유 없이 의사표시 통지의 수령을 거절한 경우, 상대방이 그 통지의 내용을 알 수 있는 객관적 상태에 놓여 있을 때에 의사표시의 효력이 생기는 것으로 보아야 한다.

28 의사표시의 효력발생에 관한 설명으로 옳은 것은? (다툼이 있으면 판례에 따름)
상중하
제23회

① 의사표시자가 그 통지를 발송한 후 제한능력자가 된 경우, 그 의사표시는 효력이 없다.

② 보통우편의 방법으로 발송되었다는 사실만으로 그 우편물은 상당기간 내에 도달한 것으로 추정된다.

③ 의사표시가 상대방에게 도달하더라도 상대방이 그 내용을 알기 전에는 그 효력이 발생하지 않는다.

④ 의사표시의 상대방이 의사표시를 받은 때에 피특정후견인인 경우에는 의사표시자는 그 의사표시로써 대항할 수 있다.

⑤ 이사의 사임 의사표시가 법인의 대표자에게 도달한 때에는 정관에 따라 사임의 효력이 발생하지 않았더라도 그 사임의사를 철회할 수 없다.

29 의사표시의 효력발생에 관한 설명으로 옳지 않은 것은? (다툼이 있으면 판례에 따름)

① 의사표시의 발신 후 표의자가 사망하였다면, 그 의사표시는 상대방에게 도달하더라도 무효이다.

② 의사표시의 효력발생시기에 관해 도달주의를 규정하고 있는 민법 제111조는 임의규정이다.

③ 상대방이 정당한 사유 없이 의사표시의 수령을 거절하더라도 상대방이 그 의사표시의 내용을 알 수 있는 객관적 상태에 놓여 있다면 그 의사표시는 효력이 있다.

④ 재단법인 설립행위의 효력발생을 위해서는 의사표시의 도달이 요구되지 않는다.

⑤ 미성년자는 그 행위능력이 제한되고 있는 범위에서 수령무능력자이다.

30 상대방 있는 의사표시의 효력발생에 관한 설명으로 옳은 것은? (다툼이 있으면 판례에 따름)

① 의사표시의 도달은 표의자의 상대방이 이를 현실적으로 수령하거나 그 통지의 내용을 알았을 것을 요한다.

② 제한능력자는 원칙적으로 의사표시의 수령무능력자이다.

③ 보통우편의 방법으로 발송된 의사표시는 상당기간 내에 도달하였다고 추정된다.

④ 표의자가 의사표시를 발송한 후 사망한 경우, 그 의사표시는 효력을 잃는다.

⑤ 표의자가 과실로 상대방을 알지 못하는 경우에는 민사소송법 공시송달의 규정에 의하여 의사표시의 효력을 발생시킬 수 있다.

07 대 리

Chapter

✎ 연계학습 기본서 p.254~299

단·원·열·기

이 장은 매년 3문제 정도 출제되는 부분이다. '대리권의 종류와 범위', '복대리', '표현대리', '무권대리' 위주로 학습하여야 한다.

01 대리의 의의와 대리권의 범위

대표문제 상중하

법률행위의 대리에 관한 설명으로 옳지 않은 것은? (다툼이 있으면 판례에 따름)

① 무권대리인의 상대방에 대한 책임은 대리권의 흠결에 관하여 대리인에게 귀책사유가 있는 경우에만 인정된다.

② 민법 제124조에서 금지하는 자기계약이 행해졌다면 그 계약은 유동적 무효이다.

③ 행위능력자인 임의대리인이 성년후견개시 심판을 받아 제한능력자가 되면 그의 대리권은 소멸한다.

④ 대리인이 수인인 경우, 법률 또는 수권행위에서 다른 정함이 없으면 각자가 본인을 대리한다.

⑤ 상대방 없는 단독행위의 무권대리는 특별한 사정이 없는 한 확정적 무효이다.

해설

① 민법 제135조 제1항은 "타인의 대리인으로 계약을 한 자가 그 대리권을 증명하지 못하고 또 본인의 추인을 얻지 못한 때에는 상대방의 선택에 좇아 계약의 이행 또는 손해배상의 책임이 있다."고 규정하고 있다. 위 규정에 따른 무권대리인의 상대방에 대한 책임은 무과실책임으로서 대리권의 흠결에 관하여 대리인에게 과실 등의 귀책사유가 있어야만 인정되는 것이 아니고, 무권대리행위가 제3자의 기망이나 문서위조 등 위법행위로 야기되었다고 하더라도 책임은 부정되지 아니한다(대판 2014.2.27, 2013다213038).

② 대리인이 본인의 허락이 없이 또는 채무의 이행이 아님에도 불구하고 자기계약을 한 경우에는 무권대리에 해당하므로 유동적 무효이다.

③ 대리인이 성년후견개시의 심판을 받아 피성년후견인이 된 경우 대리권은 소멸한다(제127조 제2호).

④ 대리인이 수인인 때에는 각자가 본인을 대리한다(제119조 본문).

⑤ 상대방 없는 단독행위를 무권대리한 경우 확정적 무효이다.

✔ 정답 ①

01 대리에 관한 설명으로 옳지 않은 것은? (다툼이 있으면 판례에 따름)
상중하
① 혼인에 대해서는 대리가 허용되지 않는다.
② 대리인이 사망하면 원칙적으로 대리권이 소멸한다.
③ 대리인이 행한 불법행위에 대하여도 대리가 성립한다.
④ 대리행위에 따른 법률효과가 본인에게 귀속되기 위해서는 본인에게 권리능력이 있어야 한다.
⑤ 매수인이 대리인을 통하여 매매계약을 체결한 경우, 대리행위의 하자의 유무는 대리인을 표준으로 판단하여야 한다.

02 대리에 관한 설명으로 옳지 않은 것은? (다툼이 있으면 판례에 따름) 　　제27회
상중하
① 민법상 조합은 법인격이 없으므로 조합대리의 경우에는 반드시 조합원 전원의 성명을 표시하여 대리행위를 하여야 한다.
② 매매계약을 체결할 대리권을 수여받은 대리인이 상대방으로부터 매매대금을 지급받은 경우, 특별한 사정이 없는 한 이를 본인에게 전달하지 않더라도 상대방의 대금지급의무는 소멸한다.
③ 임의대리의 경우, 대리권 수여의 원인이 된 법률관계가 기간만료로 종료되었다면 원칙적으로 그 시점에 대리권도 소멸한다.
④ 매매계약의 체결과 이행에 관하여 포괄적으로 대리권을 수여받은 대리인은 특별한 사정이 없는 한 상대방에 대하여 약정된 매매대금지급기일을 연기하여 줄 권한도 가진다.
⑤ 대여금의 영수권한만을 위임받은 대리인이 그 대여금 채무의 일부를 면제하기 위하여는 본인의 특별수권이 필요하다.

03 임의대리인의 권한에 관한 설명으로 옳지 않은 것을 모두 고른 것은? (다툼이 있으면 판례에 따름)

> ㉠ 부동산 매도의 대리권을 수여받은 자는 그 부동산의 매도 후 해당 매매계약을 합의해제할 권한이 있다.
> ㉡ 자동차 매도의 대리권을 수여받은 자가 본인의 허락 없이 본인의 자동차를 스스로 시가보다 저렴하게 매수하는 계약을 체결한 경우, 그 매매계약은 유동적 무효이다.
> ㉢ 통상의 오피스텔 분양에 관해 대리권을 수여받은 자는 본인의 명시적 승낙이 없더라도 부득이한 사유없이 복대리인을 선임할 수 있다.
> ㉣ 원인된 계약관계가 종료되더라도 수권행위가 철회되지 않았다면 대리권은 소멸하지 않는다.

① ㉠, ㉡ ② ㉡, ㉢ ③ ㉢, ㉣
④ ㉠, ㉡, ㉣ ⑤ ㉠, ㉢, ㉣

04 甲은 자신의 X토지를 매도할 것을 미성년자 乙에게 위임하고 대리권을 수여하였다. 乙은 甲을 대리하여 丙과 X토지의 매매계약을 체결하였는데, 계약체결 당시 丙의 위법한 기망행위가 있었다. 이에 관한 설명으로 옳은 것은? (다툼이 있으면 판례에 따름) 제23회

① 乙이 사기를 당했는지 여부는 甲을 표준으로 하여 결정한다.
② 甲이 아니라 乙이 사기를 이유로 丙과의 매매계약을 취소할 수 있다.
③ 甲은 乙이 제한능력자라는 이유로 乙이 체결한 매매계약을 취소할 수 없다.
④ 甲은 특별한 사정이 없는 한 乙과의 위임계약을 일방적으로 해지할 수 없다.
⑤ 乙이 丙의 사기에 의해 착오를 일으켜 계약을 체결한 경우, 착오에 관한 법리는 적용되지 않고 사기에 관한 법리만 적용된다.

05 甲이 乙에게 X토지를 매도 후 등기 전에 丁이 丙의 임의대리인으로서 甲의 배임행
상중하 위에 적극 가담하여 甲으로부터 X토지를 매수하고 丙 명의로 소유권이전등기를 마
쳤다. 이에 관한 설명으로 옳지 않은 것은? (다툼이 있으면 판례에 따름) 제24회

① 수권행위의 하자유무는 丙을 기준으로 판단한다.

② 대리행위의 하자유무는 특별한 사정이 없는 한 丁을 기준으로 판단한다.

③ 대리행위의 하자로 인하여 발생한 효과는 특별한 사정이 없는 한 丙에게 귀
속된다.

④ 乙은 반사회질서의 법률행위임을 이유로 甲과 丙 사이의 계약이 무효임을
주장할 수 있다.

⑤ 丁이 甲의 배임행위에 적극 가담한 사정을 丙이 모른다면, 丙 명의로 경료된
소유권이전등기는 유효하다.

02 대리권과 복대리

대표문제 상중하

甲의 임의대리인 乙은 甲의 승낙을 얻어 복대리인 丙을 선임하였다. 이에 관한 설명으로 옳은 것은? (다툼이 있으면 판례에 따름)   제26회

① 丙은 乙의 대리인이 아니라 甲의 대리인이다.
② 乙의 대리권은 丙의 선임으로 소멸한다.
③ 丙의 대리권은 특별한 사정이 없는 한 乙이 사망하더라도 소멸하지 않는다.
④ 丙은 甲의 지명이나 승낙 기타 부득이한 사유가 없더라도 복대리인을 선임할 수 있다.
⑤ 만약 甲의 지명에 따라 丙을 선임한 경우, 乙은 甲에게 그 부적임을 알고 통지나 해임을 하지 않더라도 책임이 없다.

해설
① 복대리인 丙은 대리인의 대리인이 아니라 본인 甲의 대리인이다(제123조 제1항).
② 대리인이 복대리인을 선임하더라도 대리인의 대리권은 소멸하지 않는다.
③ 대리인이 사망하면 대리권이 소멸하고, 대리인의 대리권이 소멸하면 복대리권도 소멸한다.
④ 임의대리인은 원칙적으로 복임권이 없다. 다만 예외적으로 본인의 승낙 또는 부득이한 사유, 본인의 지명에 의하여 복대리인을 선임할 수 있다.
⑤ 임의대리인이 본인의 지명에 의하여 복대리인을 선임한 경우에는 그 부적임 또는 불성실함을 알고 본인에게 대한 통지나 그 해임을 태만한 때가 아니면 책임이 없다(제121조 제2항).

정답 ①

06 상중하 복대리에 관한 설명으로 옳은 것은? (다툼이 있으면 판례에 따름)
① 복대리인은 제3자에 대하여 대리인과 동일한 권리의무가 있다.
② 본인의 묵시적 승낙에 기초한 임의대리인의 복임권행사는 허용되지 않는다.
③ 임의대리인이 본인의 명시적 승낙을 얻어 복대리인을 선임한 때에는 본인에 대하여 그 선임감독에 관한 책임이 없다.
④ 법정대리인이 그 자신의 이름으로 선임한 복대리인은 법정대리인의 대리인이다.
⑤ 복대리인의 대리행위에 대해서는 표현대리가 성립할 수 없다.

07 대리에 관한 설명으로 옳은 것을 모두 고른 것은? (다툼이 있으면 판례에 따름)

> ㉠ 복대리인은 본인이나 제3자에 대하여 대리인과 동일한 권리의무가 있다.
> ㉡ 대리행위가 강행법규에 위반하는 경우에는 표현대리의 법리가 적용되지 않는다.
> ㉢ 친권자가 자신의 부동산을 미성년 자녀에게 증여하는 행위는 자기계약이지만 유효하다.
> ㉣ 대리인이 그 권한 내에서 본인을 위한 것임을 표시한 의사표시는 직접 본인에게 대하여 효력이 생긴다.

① ㉠, ㉡
② ㉢, ㉣
③ ㉠, ㉡, ㉢
④ ㉡, ㉢, ㉣
⑤ ㉠, ㉡, ㉢, ㉣

08 민법상 대리에 관한 설명으로 옳은 것은? (다툼이 있으면 판례에 따름)

① 임의대리인이 수인(數人)인 경우, 대리인은 원칙적으로 공동으로 대리해야 한다.
② 대리행위의 하자로 인한 취소권은 원칙적으로 대리인에게 귀속된다.
③ 대리인을 통한 부동산거래에서 상대방 앞으로 소유권이전등기가 마쳐진 경우, 대리권 유무에 관한 증명책임은 대리행위의 유효를 주장하는 상대방에게 있다.
④ 복대리인은 대리인이 자신의 이름으로 선임한 대리인의 대리인이다.
⑤ 법정대리인은 특별한 사정이 없는 한 그 책임으로 복대리인을 선임할 수 있다.

09 복대리에 관한 설명으로 옳은 것은? (다툼이 있으면 판례에 따름)

① 복대리인은 대리인의 대리인이다.
② 복대리인은 본인에 대해 어떠한 권리·의무도 부담하지 않는다.
③ 복대리인이 선임되면 복대리인의 대리권 범위 내에서 대리인의 대리권은 잠정적으로 소멸한다.
④ 대리인이 복대리인을 선임한 후 사망하더라도 특별한 사정이 없는 한 그 복대리권은 소멸하지 않는다.
⑤ 복임권 없는 대리인에 의해 선임된 복대리인의 대리행위에 대해서도 권한을 넘은 표현대리에 관한 규정이 적용될 수 있다.

10 복대리에 관한 설명으로 옳지 않은 것은? (다툼이 있으면 판례에 따름)
상중하

① 법정대리인은 원칙적으로 부득이한 사유가 있는 때에 한하여 복임권이 있다.
② 법정대리인이 부득이한 사유로 복대리인을 선임한 경우, 법정대리인은 그 선임감독에 관한 책임이 있다.
③ 임의대리인에게는 원칙적으로 복대리인을 선임할 권한이 없다.
④ 임의대리인이 본인의 승낙을 얻어 복대리인을 선임한 경우, 임의대리인은 그 선임감독에 관한 책임이 있다.
⑤ 임의대리의 목적인 법률행위의 성질상 대리인 자신에 의한 처리가 필요하지 아니한 경우, 본인이 복대리 금지의 의사를 명시하지 아니하는 한 복대리인의 선임에 관하여 묵시적인 승낙이 있는 것으로 보는 것이 타당하다.

11 복대리에 관한 설명으로 옳지 않은 것은? (다툼이 있으면 판례에 따름)
상중하

① 대리권이 소멸하면 특별한 사정이 없는 한 복대리권도 소멸한다.
② 복대리인의 대리권은 대리인의 대리권의 범위보다 넓을 수 없다.
③ 복대리인의 대리행위에 대해서는 표현대리가 성립할 수 없다.
④ 법정대리인은 그 책임으로 복대리인을 선임할 수 있다.
⑤ 임의대리인은 본인의 승낙이 있거나 부득이한 사유있는 때가 아니면 복대리인을 선임하지 못한다.

12 민법상 복대리권의 소멸사유가 아닌 것은?   제25회
상중하

① 본인의 사망   ② 대리인의 성년후견의 개시
③ 본인의 특정후견의 개시   ④ 복대리인의 파산
⑤ 복대리인의 사망

03 표현대리

표현대리에 관한 설명으로 옳은 것을 모두 고른 것은? (다툼이 있으면 판례에 따름)

제27회

⊙ 표현대리가 성립하여 본인이 이행책임을 지는 경우, 상대방에게 과실이 있더라도 과실상계의 법리가 유추적용되지 않는다.
© 권한을 넘는 표현대리규정은 법정대리의 경우에도 적용된다.
© 대리인의 권한을 넘는 행위가 범죄를 구성하는 경우에는 권한을 넘는 표현대리의 법리는 적용될 여지가 없다.

① ⊙
② ©
③ ⊙, ©
④ ©, ©
⑤ ⊙, ©, ©

해설 ......

⊙ (○) 표현대리행위가 성립하는 경우에 그 본인은 표현대리행위에 의하여 전적인 책임을 져야 하고, 상대방에게 과실이 있다고 하더라도 과실상계의 법리를 유추적용하여 본인의 책임을 경감할 수 없다(대판 1996.7.12, 95다49554).

© (○) 민법 제126조 소정의 권한을 넘는 표현대리 규정은 거래의 안전을 도모하여 거래상대방의 이익을 보호하려는 데에 그 취지가 있으므로 법정대리라고 하여 임의대리와는 달리 그 적용이 없다고 할 수 없다(대판 1997.6.27, 97다3828).

© (×) 대리인의 권한유월이 범죄를 구성한다 하더라도 표현대리의 법리를 적용하는 데 지장이 없다(대판 1963.8.31, 63다326).

✓ 정답 ③

13 대리권수여의 표시에 의한 표현대리(제125조)의 성립요건에 관한 다음 기술 중 틀린 것은?
상중하

① 본인이 제3자에 대하여 어떤 자에게 대리권을 수여하였음을 표시하여야 한다.
② 대리권수여의 표시는 불특정 다수에게 하여도 무방하다.
③ 대리인으로 표시된 자가 표시된 대리권의 범위 내에서 그 상대방과 대리행위를 하여야 한다.
④ 상대방은 선의·무과실이어야 한다.
⑤ 위 규정은 임의대리뿐만 아니라 법정대리에도 그 적용이 있다.

14 표현대리에 관한 설명으로 옳지 않은 것을 모두 고른 것은? (다툼이 있으면 판례에 따름)
상중하

> ㉠ 대리권 소멸 후의 표현대리에 관한 규정은 임의대리에만 적용된다.
> ㉡ 표현대리를 주장할 때에는 무권대리인과 표현대리에 해당하는 무권대리행위를 특정하여 주장하여야 한다.
> ㉢ 강행법규를 위반하여 무효인 법률행위라 하더라도 표현대리의 법리가 준용될 수 있다.
> ㉣ 표현대리가 성립하는 경우에도 상대방에게 과실이 있다면 과실상계의 법리를 유추적용하여 본인의 책임을 경감할 수 있다.

① ㉠, ㉡   ② ㉡, ㉢   ③ ㉠, ㉡, ㉢
④ ㉠, ㉢, ㉣   ⑤ ㉡, ㉢, ㉣

15 권한을 넘은 표현대리(민법 제126조)에 관한 설명으로 옳지 않은 것은? (다툼이 있으면 판례에 따름)
상중하

① 권한을 넘은 대리행위와 기본대리권이 반드시 동종의 것이어야 하는 것은 아니다.
② 대리인이 사술을 써서 대리행위의 표시를 하지 아니하고 단지 본인의 성명을 모용하여 자기가 본인인 것처럼 기망하여 본인 명의로 직접 법률행위를 한 경우에는 특별한 사정이 없는 한 권한을 넘은 표현대리는 성립할 수 없다.
③ 권한을 넘은 표현대리에 관한 규정에서의 제3자는 당해 표현대리행위의 직접 상대방이 된 자 외에 전득자도 포함된다.
④ 권한을 넘은 표현대리에 있어서 정당한 이유의 유무는 대리행위 당시를 기준으로 하여 판단한다.
⑤ 복임권이 없는 대리인이 선임한 복대리인의 대리권도 권한을 넘은 표현대리에서의 기본대리권이 될 수 있다.

16 표현대리에 관한 설명으로 옳지 않은 것은? (다툼이 있으면 판례에 따름)
(상)(중)(하)
① 표현대리행위가 성립하는 경우, 상대방에게 과실이 있더라도 과실상계의 법리를 유추적용하여 본인의 책임을 경감할 수 없다.
② 상대방의 유권대리 주장에는 표현대리의 주장이 포함되는 것은 아니므로 이 경우 법원은 표현대리의 성립여부까지 판단해야 하는 것은 아니다.
③ 민법 제126조의 권한을 넘은 표현대리 규정은 법정대리에도 적용된다.
④ 복대리인의 대리행위에 대해서는 표현대리가 성립할 수 없다.
⑤ 수권행위가 무효인 경우, 민법 제129조의 대리권 소멸 후의 표현대리가 적용되지 않는다.

17 표현대리에 관한 설명으로 옳지 않은 것은? (다툼이 있으면 판례에 따름) 제23회
(상)(중)(하)
① 대리권수여의 표시에 의한 표현대리가 성립하기 위해서는 대리권이 없다는 사실에 대해 상대방은 선의·무과실이어야 한다.
② 사실혼 관계에 있는 부부간에도 일상가사에 관한 대리권이 인정되므로, 이를 기본대리권으로 하는 권한을 넘은 표현대리가 성립할 수 있다.
③ 대리인이 사자(使者)를 통해 권한 외의 대리행위를 한 경우, 그 사자에게는 기본대리권이 없으므로 권한을 넘은 표현대리가 성립할 수 없다.
④ 권한을 넘은 표현대리의 경우, 권한이 있다고 믿을 만한 정당한 이유가 있는지 여부는 대리행위 당시를 기준으로 해야 한다.
⑤ 대리인이 대리권 소멸 후 복대리인을 선임하여 복대리인으로 하여금 상대방과 대리행위를 하도록 한 경우에도 대리권 소멸 후의 표현대리가 성립할 수 있다.

18 甲의 대리인 乙은 본인을 위한 것임을 표시하고 그 권한 내에서 丙과 甲소유의 건물에 대한 매매계약을 체결하였다. 다음 중 甲과 丙 사이에 매매계약의 효력이 발생하는 경우는? (다툼이 있으면 판례에 따름) 제21회
(상)(중)(하)
① 乙이 의사무능력 상태에서 丙과 계약을 체결한 경우
② 乙과 丙이 통정한 허위의 의사표시로 계약을 체결한 경우
③ 乙이 대리권을 남용하여 계약을 체결하고 丙이 이를 안 경우
④ 甲이 乙과 丁으로 하여금 공동대리를 하도록 했는데, 乙이 단독의 의사결정으로 계약하였고 丙이 이러한 제한을 안 경우
⑤ 乙의 대리권이 소멸하였으나 이를 과실 없이 알지 못한 채 계약을 체결한 丙이 甲에게 건물의 소유권이전등기를 청구한 경우

04 무권대리

대표문제 상중하

甲의 무권대리인 乙이 甲을 대리하여 丙과 매매계약을 체결하였고, 그 당시 丙은 제한능력자가 아닌 乙이 무권대리인임을 과실 없이 알지 못하였다. 이에 관한 설명으로 옳지 않은 것은? (표현대리는 성립하지 않으며, 다툼이 있으면 판례에 따름) 제26회

① 乙과 丙 사이에 체결된 매매계약은 甲이 추인하지 않는 한 甲에 대하여 효력이 없다.

② 甲이 乙에게 추인의 의사표시를 하였으나 丙이 그 사실을 알지 못한 경우, 丙은 매매계약을 철회할 수 있다.

③ 甲을 단독 상속한 乙이 丙에게 추인거절권을 행사하는 것은 신의칙에 반하여 허용될 수 없다.

④ 乙의 무권대리행위가 제3자의 위법행위로 야기된 경우, 乙은 과실이 없으므로 丙에게 무권대리행위로 인한 책임을 지지 않는다.

⑤ 丙이 乙에게 가지는 계약의 이행 또는 손해배상청구권의 소멸시효는 丙이 이를 선택할 수 있는 때부터 진행한다.

해설

④ 무권대리인의 상대방에 대한 책임은 무과실책임으로서 대리권의 흠결에 관하여 대리인에게 과실 등의 귀책사유가 있어야만 인정되는 것이 아니고, 무권대리행위가 제3자의 기망이나 문서위조 등 위법행위로 야기되었다고 하더라도 책임은 부정되지 아니한다(대판 2014.2.27, 2013다213038).

① 대리권 없는 자가 타인의 대리인으로 한 계약은 본인이 이를 추인하지 아니하면 본인에 대하여 효력이 없다(제130조).

② 선의의 상대방 丙은 매매계약을 철회할 수 있다(제134조 참조).

③ 대리권한 없이 타인의 부동산을 매도한 자가 그 부동산을 상속한 후 소유자의 지위에서 자신의 대리행위가 무권대리로 무효임을 주장하여 등기말소 등을 구하는 것이 금반언원칙이나 신의칙상 허용될 수 없다(대판 1994.9.27, 94다20617).

⑤ 상대방이 가지는 계약이행 또는 손해배상청구권의 소멸시효는 그 선택권을 행사할 수 있는 때로부터 진행한다 할 것이고 또 선택권을 행사할 수 있는 때라고 함은 대리권의 증명 또는 본인의 추인을 얻지 못한 때라고 할 것이다(대판 1965.8.24, 64다1156).

⊘ 정답 ④

19 협의의 무권대리에 관한 설명으로 옳지 않은 것은? (다툼이 있으면 판례에 따름)
상중하
제23회

① 무권대리행위의 추인은 원칙적으로 의사표시의 전부에 대하여 해야 한다.
② 무권대리행위에 대한 본인의 추인 또는 추인거절이 없는 경우, 상대방은 최고권을 행사할 수 있다.
③ 추인의 상대방은 무권대리행위의 직접 상대방뿐만 아니라 그 무권대리행위로 인한 권리의 승계인도 포함한다.
④ 무권대리행위가 제3자의 기망 등 위법행위로 야기된 경우, 무권대리인의 상대방에 대한 책임은 부정된다.
⑤ 무권대리행위의 내용을 변경하여 추인한 경우, 상대방의 동의를 얻지 못하면 그 추인은 효력이 없다.

20 대리에 관한 설명으로 옳지 않은 것은? (다툼이 있으면 판례에 따름)   제25회
상중하

① 대리권수여의 표시에 의한 표현대리는 어떤 자가 본인을 대리하여 제3자와 법률행위를 함에 있어서 본인이 그 자에게 대리권을 수여하였다는 표시를 그 제3자에게 한 경우에 성립할 수 있다.
② 대리인이 대리권 소멸 후 복대리인을 선임하여 복대리인으로 하여금 상대방과 대리행위를 하도록 한 경우에도 대리권 소멸 후의 표현대리가 성립할 수 있다.
③ 등기신청의 대리권도 권한을 넘은 표현대리의 기본대리권이 될 수 있다.
④ 매매계약을 체결할 권한을 수여받은 대리인이라도 특별한 사정이 없는 한 그 계약을 해제할 권한은 없다.
⑤ 무권대리행위가 제3자의 위법행위로 야기된 경우에는 무권대리인에게 귀책사유가 있어야 민법 제135조에 따른 무권대리인의 상대방에 대한 책임이 인정된다.

21 민법상 무권대리와 표현대리에 관한 설명으로 옳은 것은? (다툼이 있으면 판례에
상중하 따름)

① 표현대리행위가 성립하는 경우에 상대방에게 과실이 있다면 과실상계의 법
리가 유추적용되어 본인의 책임이 경감될 수 있다.

② 권한을 넘은 표현대리에 관한 제126조의 제3자는 당해 표현대리행위의 직
접 상대방만을 의미한다.

③ 무권대리행위의 상대방이 제134조의 철회권을 유효하게 행사한 후에도 본
인은 무권대리행위를 추인할 수 있다.

④ 계약체결 당시 대리인의 무권대리 사실을 알고 있었던 상대방은 최고권을
행사할 수 없다.

⑤ 대리인이 대리권 소멸 후 선임한 복대리인과 상대방 사이의 법률행위에는
대리권 소멸 후의 표현대리가 성립할 수 없다.

22 甲으로부터 대리권을 수여받지 못한 甲의 처(妻) 乙은, 자신의 오빠 A가 丙에게 부
상중하 담하는 고가의 외제자동차 할부대금채무에 대하여 甲의 대리인이라고 하면서 甲을
연대보증인으로 하는 계약을 丙과 체결하였다. 이에 관한 설명으로 옳은 것은? (다
툼이 있으면 판례에 따름)

① 甲이 乙의 무권대리행위를 추인하기 위해서는 乙의 동의를 얻어야 한다.

② 甲이 자동차할부대금 보증채무액 중 절반만 보증하겠다고 한 경우, 丙의 동
의가 없으면 원칙적으로 무권대리행위의 추인으로서 효력이 없다.

③ 乙의 대리행위는 일상가사대리권을 기본대리권으로 하는 권한을 넘은 표현
대리가 성립한다.

④ 계약 당시 乙이 무권대리인임을 알지 못하였던 丙이 할부대금보증계약을
철회한 후에도 甲은 乙의 무권대리행위를 추인할 수 있다.

⑤ 계약 당시 乙이 무권대리인임을 알았던 丙은 甲에게 乙의 무권대리행위의
추인 여부의 확답을 최고할 수 없다.

23 대리권 없는 乙은 甲을 대리하여 甲 소유 X건물에 대하여 丙과 매매계약을 체결하였다. 표현대리가 성립하지 않는 경우 이에 관한 설명으로 옳은 것은? (다툼이 있으면 판례에 따름)

① 계약체결 당시 乙이 무권대리인임을 丙이 알았다면 丙이 甲에게 추인 여부의 확답을 최고할 수 없다.

② 甲은 丙에 대하여 계약을 추인할 수 있으나 乙에 대해서는 이를 추인할 수 없다.

③ 계약체결 당시 乙이 무권대리인임을 丙이 알았더라도 甲이 추인하기 전이라면 丙은 乙을 상대로 의사표시를 철회할 수 있다.

④ 甲이 추인을 거절한 경우, 丙의 선택으로 乙에게 이행을 청구하였으나 이를 이행하지 않은 乙은 丙에 대하여 채무불이행에 따른 손해배상책임을 진다.

⑤ 甲이 사망으로 乙이 단독상속한 경우 乙은 본인의 지위에서 위 계약의 추인을 거절할 수 있다.

24 제한능력자가 아닌 甲이 乙의 대리인이라고 하면서 丙에게 乙의 부동산을 3억원에 매도하는 계약을 체결하고 丙으로부터 계약금 3천만원을 수령하였다. 그 계약에는 '쌍방이 계약을 불이행하는 경우 계약금을 손해배상금으로 한다'는 위약금 약정이 있었다. 그러나 乙은 甲에게 대리권을 수여한 바가 없다. 이에 관한 설명으로 옳지 않은 것은? (다툼이 있으면 판례에 따름)

① 乙이 위 계약을 적법하게 추인하면, 丙은 甲을 상대로 계약상의 책임이나 무권대리인의 책임을 일절 물을 수 없다.

② 乙이 甲에게 추인의 의사표시를 한 경우, 丙은 乙의 추인 사실을 몰랐다면 계약당시 乙의 무권대리사실에 관하여 선의인 때에 한하여 위 계약을 철회할 수 있다.

③ 乙이 추인을 거절한 경우, 丙은 무권대리사실에 관하여 선의·무과실이라면 甲에게 과실이 없더라도 甲을 상대로 무권대리인으로서의 책임을 추궁할 수 있다.

④ 甲이 무권대리인으로서 책임을 부담하는 경우, 丙은 위 계약에서의 위약금 조합의 효력을 주장할 수 있다.

⑤ 만일 丙이 丁에게 위 부동산을 매도한 경우, 乙이 丁에게만 추인의 의사를 표시하면 추인의 효력은 발생하지 아니한다.

08 무효와 취소

◈ **연계학습** 기본서 p.299~323

단·원·열·기

이 장은 매년 1~2문제 정도 출제되는 부분이다. '무효의 종류', '유동적 무효', '취소할 수 있는 법률행위의 추인', '법정추인' 위주로 학습하여야 한다.

01 무효의 종류와 의의

대표문제 상중하

법률행위의 무효에 관한 설명으로 옳지 않은 것은? (다툼이 있으면 판례에 따름)

제18회

① 법률행위의 일부분이 무효인 때에는 원칙적으로 그 전부가 무효이다.
② 무효인 법률행위는 그 법률행위가 성립한 때부터 효력이 발생하지 않는다.
③ 매매의 목적이 된 권리가 타인에게 속한 경우에는 특별한 사정이 없는 한 매매계약은 무효이다.
④ 불공정한 법률행위로서 무효인 경우, 추인에 의하여 유효로 될 수 없다.
⑤ 무효인 법률행위에 따른 법률효과를 침해하는 것처럼 보이는 위법행위가 있더라도 그 법률효과의 침해에 따른 손해배상을 청구할 수 없다.

해설

③ 매매의 목적이 된 권리가 타인에게 속한 경우에도 특별한 사정이 없는 한 그 매매계약은 유효이다(제569조).
① 법률행위의 일부분이 무효인 때에는 원칙적으로 그 전부가 무효이다(제137조).
② 무효인 법률행위는 그 법률행위가 성립한 때, 즉 처음부터 효력이 발생하지 않는다.
④ 불공정한 법률행위로서 무효인 경우에는 추인에 의하여 무효인 법률행위가 유효로 될 수 없다(대판 1994.6.24, 94다10900).
⑤ 무효인 법률행위는 그 법률행위가 성립한 당초부터 당연히 효력이 발생하지 않는 것이므로 무효인 법률행위에 따른 법률효과를 침해하는 것처럼 보이는 위법행위나 채무불이행이 있다고 하여도 법률효과의 침해에 따른 손해는 없는 것이므로 그 손해배상을 청구할 수는 없다(대판 2003.3.28, 2002다72125).

◈ 정답 ③

01 법률행위의 무효를 이유로 선의의 제3자에게 대항할 수 없는 경우는? (다툼이 있
상중하 으면 판례에 따름)

① 진의 아닌 의사표시에 의한 법률행위
② 강행규정을 직접적으로 위반하는 법률행위
③ 반사회질서의 법률행위
④ 불공정한 법률행위
⑤ 원시적·객관적으로 전부불능인 법률행위

02 다음 법률행위 중 그 효력이 상대적 무효인 것은?   제14회
상중하
① 의사무능력자의 법률행위
② 무권대리
③ 효력규정에 위반한 법률행위
④ 통정허위표시인 법률행위
⑤ 원시적 불능

03 원칙적으로 소급효가 있는 추인을 모두 고른 것은? (다툼이 있으면 판례에 따름)
상중하

> ㉠ 무권리자의 처분행위에 대한 권리자의 추인
> ㉡ 무효인 가장행위에 대한 당사자의 추인
> ㉢ 무권대리행위에 대한 본인의 추인

① ㉡   ② ㉢
③ ㉠, ㉡   ④ ㉠, ㉢
⑤ ㉠, ㉡, ㉢

04 甲은 토지거래허가구역에 있는 자신 소유의 X토지에 관하여 허가를 받을 것을 전
상 중 하 제로 乙과 매매계약을 체결한 후 계약금을 수령하였으나 아직 토지거래허가는 받
지 않았다. 이에 관한 설명으로 옳지 않은 것을 모두 고른 것은? (다툼이 있으면
판례에 따름)

> ㉠ 甲은 乙에게 계약금의 배액을 상환하면서 매매계약을 해제할 수 있다.
> ㉡ 甲이 허가신청절차에 협력하지 않는 경우, 乙은 甲의 채무불이행을 이유로
>   하여 매매계약을 해제할 수 있다.
> ㉢ 乙은 부당이득반환청구권을 행사하여 甲에게 계약금의 반환을 청구할 수
>   있다.
> ㉣ 매매계약 후 X에 대한 토지거래허가구역 지정이 해제되었다면 더 이상 토
>   지거래허가를 받을 필요 없이 매매계약은 확정적으로 유효로 된다.

① ㉠, ㉡   ② ㉡, ㉢   ③ ㉢, ㉣
④ ㉠, ㉡, ㉢   ⑤ ㉠, ㉢, ㉣

05 甲은 「부동산 거래신고 등에 관한 법률」상 토지거래허가 구역에 있는 자신 소유의
상 중 하 X토지를 乙에게 매도하는 매매계약을 체결하였다. 아직 토지거래허가(이하 '허가')를
받지 않아 유동적 무효 상태에 있는 법률관계에 관한 설명으로 옳지 않은 것은? (다
툼이 있으면 판례에 따름)

① 甲은 허가 전에 乙의 대금지급의무의 불이행을 이유로 매매계약을 해제할
   수 없다.
② 甲의 허가신청절차 협력의무와 乙의 대금지급의무는 동시이행관계에 있다.
③ 甲과 乙이 허가신청절차 협력의무 위반에 따른 손해배상액을 예정하는 약
   정은 유효하다.
④ 甲이 허가신청절차에 협력할 의무를 위반한 경우, 乙은 협력의무 위반을 이
   유로 매매계약을 해제할 수 없다.
⑤ 甲이 허가신청절차에 협력하지 않는 경우, 乙은 협력의무의 이행을 소구할
   수 있다.

06 무효행위에 관한 설명으로 옳지 않은 것은? (다툼이 있으면 판례에 따름)
상◉중◉하

① 취소할 수 있는 법률행위가 취소된 후에는 무효행위의 추인요건을 갖추더라도 다시 추인될 수 없다.

② 무효행위의 추인은 묵시적으로 이루어질 수 있다.

③ 무효행위의 추인이 있었다는 사실은 새로운 법률행위의 성립을 주장하는 자가 증명하여야 한다.

④ 법률행위의 일부분이 무효인 때에는 특별한 사정이 없는 한 그 전부를 무효로 한다.

⑤ 불공정한 법률행위에는 무효행위의 전환에 관한 민법 제138조가 적용될 수 있다.

07 법률행위의 무효에 관한 설명으로 옳지 않은 것은? (다툼이 있으면 판례에 따름)
상◉중◉하

① 무권대리행위에 대한 본인의 추인은 다른 의사표시가 없는 한 소급효를 가진다.

② 법률행위의 일부분이 무효일 때, 그 나머지 부분의 유효성을 판단함에 있어서 나머지 부분을 유효로 하려는 당사자의 가정적 의사를 고려하여야 한다.

③ 토지거래허가구역 내의 토지를 매매한 당사자가 계약체결시부터 허가를 잠탈할 의도였더라도, 그 후 해당 토지에 대한 허가구역 지정이 해제되었다면 위 매매계약은 유효하게 된다.

④ 무효인 법률행위를 추인에 의하여 새로운 법률행위로 보기 위해서는 당사자가 그 무효를 알고서 추인하여야 한다.

⑤ 처분권자는 명문의 규정이 없더라도 처분권 없는 자의 처분행위를 추인하여 이를 유효하게 할 수 있다.

08 법률행위의 무효에 관한 설명으로 옳지 않은 것은? (다툼이 있으면 판례에 의함)
상◉중◉하

① 무효인 법률행위의 내용에 따른 법률효과를 침해하는 것처럼 보이는 위법행위가 있다면 그로 인한 손해의 배상을 청구할 수 있다.

② 토지거래허가를 받지 않아 유동적 무효의 상태에 있는 토지매매계약의 당사자는 허가신청절차에 협력할 의무를 부담한다.

③ 법률행위의 일부가 무효인 때에는 원칙적으로 그 전부를 무효로 한다.

④ 약정된 매매대금의 과다로 말미암아 불공정한 법률행위에 해당하여 무효인 경우에도 무효행위의 전환에 관한 규정이 적용될 수 있다.

⑤ 무효행위의 추인은 묵시적인 방법으로도 할 수 있다.

02 취소할 수 있는 법률행위의 취소와 추인

대표문제 상중하

법률행위의 취소에 관한 설명으로 옳지 않은 것은? (다툼이 있으면 판례에 따름) 제24회

① 취소할 수 있는 법률행위에 관하여 법정추인 사유가 존재하더라도 이의를 보류했다면 추인의 효과가 발생하지 않는다.

② 취소할 수 있는 법률행위를 취소한 경우, 무효행위의 추인요건을 갖추더라도 다시 추인할 수 없다.

③ 계약체결에 관한 대리권을 수여받은 대리인이 취소권을 행사하려면 특별한 사정이 없는 한 취소권의 행사에 관한 본인의 수권행위가 있어야 한다.

④ 매도인이 매매계약을 적법하게 해제하였더라도 매수인은 해제로 인한 불이익을 면하기 위해 착오를 이유로 한 취소권을 행사할 수 있다.

⑤ 가분적인 법률행위의 일부에 취소사유가 존재하고 나머지 부분을 유지하려는 당사자의 가정적 의사가 있는 경우, 일부만의 취소도 가능하다.

해설

② 취소한 법률행위는 처음부터 무효인 것으로 간주되므로 취소할 수 있는 법률행위가 일단 취소된 이상 그 후에는 취소할 수 있는 법률행위의 추인에 의하여 이미 취소되어 무효인 것으로 간주된 당초의 의사표시를 다시 확정적으로 유효하게 할 수는 없고, 다만 무효인 법률행위의 추인의 요건과 효력으로서 추인할 수는 있다(대판 1997.12.12, 95다38240).

① 당사자가 이의를 보류한 경우에는 법정추인에 해당하지 않는다(제145조 단서 참조).

③ 임의대리인은 원칙적으로 취소권자에 해당하지 않으므로, 임의대리인이 본인의 취소권을 행사하려면 취소권 행사에 관한 본인의 수권행위가 있어야 한다.

④ 매도인이 매수인의 중도금 지급채무불이행을 이유로 매매계약을 적법하게 해제한 후라도 매수인으로서는 상대방이 한 계약해제의 효과로서 발생하는 손해배상책임을 지거나 매매계약에 따른 계약금의 반환을 받을 수 없는 불이익을 면하기 위하여 착오를 이유로 한 취소권을 행사하여 위 매매계약 전체를 무효로 돌리게 할 수 있다(대판 1991.8.27, 91다11308).

⑤ 하나의 법률행위의 일부분에만 취소사유가 있다고 하더라도 그 법률행위가 가분적이거나 그 목적물의 일부가 특정될 수 있다면, 그 나머지 부분이라도 이를 유지하려는 당사자의 가정적 의사가 인정되는 경우 그 일부만의 취소도 가능하다고 할 것이고, 그 일부의 취소는 법률행위의 일부에 관하여 효력이 생긴다(대판 2002.9.10, 2002다21509).

✔ 정답 ②

09 다음 중 소급효가 없는 것은?

> ㉠ 실종선고의 취소
> ㉡ 제한능력자의 법률행위의 취소
> ㉢ 무권대리행위의 추인
> ㉣ 착오에 의한 의사표시의 취소
> ㉤ 소멸시효의 완성
> ㉥ 상계
> ㉦ 계약의 해제
> ㉧ 상속재산의 분할
> ㉨ 기한부 법률행위의 효력
> ㉩ 미성년자에 대한 영업허락의 취소

① ㉠, ㉡   ② ㉢, ㉣   ③ ㉤, ㉥
④ ㉦, ㉧   ⑤ ㉨, ㉩

10 법률행위의 무효와 취소에 관한 설명으로 옳지 않은 것은? (다툼이 있으면 판례에 따름)

제26회

① 취소할 수 있는 법률행위를 취소한 경우, 무효행위 추인의 요건을 갖추면 이를 다시 추인할 수 있다.
② 토지거래허가구역 내의 토지에 대한 매매계약이 처음부터 허가를 배제하는 내용의 계약일 경우, 그 계약은 확정적 무효이다.
③ 집합채권의 양도가 양도금지특약을 위반하여 무효인 경우, 채무자는 일부 개별 채권을 특정하여 추인할 수 없다.
④ 무권리자의 처분행위에 대한 권리자의 추인의 의사표시는 무권리자나 그 상대방 어느 쪽에 하여도 무방하다.
⑤ 취소할 수 있는 법률행위의 추인은 추인권자가 그 행위가 취소할 수 있는 것임을 알고 하여야 한다.

11 무효와 취소에 관한 설명으로 옳지 않은 것은? (다툼이 있으면 판례에 따름) 제23회

① 취소할 수 있는 법률행위는 취소권을 행사하지 않더라도 처음부터 무효이다.
② 취소할 수 있는 법률행위의 상대방이 확정된 경우, 취소는 그 상대방에 대한 의사표시로 해야 한다.
③ 제한능력자가 제한능력을 이유로 법률행위를 취소한 경우, 그는 법률행위로 인하여 받은 이익이 현존하는 한도에서 상환할 책임이 있다.
④ 무효인 가등기를 유효한 등기로 전용하기로 한 약정은 그때부터 유효하고, 이로써 가등기가 소급하여 유효한 등기로 전환되지 않는다.
⑤ 무효인 법률행위에 따른 법률효과를 침해하는 것처럼 보이는 위법행위가 있다고 하여도 법률효과의 침해에 따른 손해는 없으므로 그 배상을 청구할 수 없다.

12 법률행위의 취소에 관한 설명으로 옳지 않은 것은? (다툼이 있으면 판례에 따름)

상중하

① 취소권자의 단기제척기간은 취소할 수 있는 날로부터 3년이다.

② 취소권의 행사시 반드시 취소원인의 진술이 함께 행해져야 하는 것은 아니다.

③ 취소할 수 있는 법률행위의 상대방이 그 행위로 취득한 특정의 권리를 양도 한 경우, 양수인이 아닌 원래의 상대방에게 취소의 의사표시를 하여야 한다.

④ 노무자의 노무가 일정 기간 제공된 후 행해진 고용계약의 취소에는 소급효 가 인정되지 않는다.

⑤ 매도인이 매매계약을 적법하게 해제한 후에도 매수인은 그 매매계약을 착 오를 이유로 취소할 수 있다.

13 민법상 법률행위의 무효 또는 취소에 관한 설명으로 옳은 것은? (다툼이 있으면 판례에 따름)

상중하

① 불공정한 법률행위에는 무효행위의 전환에 관한 제138조가 적용될 수 없다.

② 선량한 풍속 기타 사회질서에 위반한 사항을 내용으로 하는 법률행위의 무 효는 이를 주장할 이익이 있는 자라면 누구든지 무효를 주장할 수 있다.

③ 취소할 수 있는 법률행위를 취소한 후 그 취소 원인이 소멸하였다면, 취소할 수 있는 법률행위의 추인에 의하여 그 법률행위를 다시 확정적으로 유효하 게 할 수 있다.

④ 법률행위의 일부분이 무효인 경우 원칙적으로 그 일부분만 무효이다.

⑤ 甲이 乙의 기망행위로 자신의 X토지를 丙에게 매도한 경우, 甲은 매매계약 의 취소를 乙에 대한 의사표시로 하여야 한다.

14 법률행위의 취소에 관한 설명으로 틀린 것은? (다툼이 있으면 판례에 따름)

상중하

① 제한능력자가 제한능력을 이유로 자신의 법률행위를 취소하기 위해서는 법 정대리인의 동의를 받아야 한다.

② 취소권은 추인할 수 있는 날로부터 3년 내에, 법률행위를 한 날로부터 10년 내에 행사하여야 한다.

③ 취소된 법률행위는 특별한 사정이 없는 한 처음부터 무효인 것으로 본다.

④ 제한능력을 이유로 법률행위가 취소된 경우, 제한능력자는 그 법률행위에 의해 받은 급부를 이익이 현존하는 한도에서 상환할 책임이 있다.

⑤ 취소할 수 있는 법률행위에 대해 취소권자가 적법하게 추인하면 그의 취소 권은 소멸한다.

15 다음 중 법정추인에 해당하지 않는 경우는?

①상 ②중 ③하

① 취소권자가 취소할 수 있는 법률행위로 인하여 발생한 채무의 이행을 상대방에게 청구한 경우
② 취소할 수 있는 법률행위로 인하여 발생한 채무를 소멸시키고 그 대신 다른 채무를 성립시키기로 계약한 경우
③ 취소권자가 상대방으로부터 담보를 제공받은 경우
④ 취소권자의 상대방이 취소할 수 있는 법률행위로 취득한 권리의 일부를 제3자에게 양도한 경우
⑤ 취소권자가 취소할 수 있는 법률행위로 인하여 발생한 채무를 상대방에게 이행한 경우

16 법률행위의 무효와 취소에 관한 설명으로 옳지 않은 것은? (다툼이 있으면 판례에 따름)

①상 ②중 ③하   제25회

① 법률행위의 일부분이 무효인 경우, 특별한 사정이 없는 한 그 전부를 무효로 한다.
② 일부무효에 관한 민법 제137조는 당사자의 합의로 그 적용을 배제할 수 있다.
③ 무효인 가등기를 유효한 등기로 전용하기로 약정한 경우, 그 가등기는 등기시로 소급하여 유효한 등기로 된다.
④ 취소할 수 있는 법률행위의 상대방이 확정된 경우, 취소는 그 상대방에 대한 의사표시로 해야 한다.
⑤ 제한능력자의 법정대리인이 제한능력자의 법률행위를 추인한 후에는 제한능력을 이유로 그 법률행위를 취소하지 못한다.

09 법률행위의 부관

⚡ **연계학습** 기본서 p.323~337

단·원·열·기

이 장은 매년 1~2문제 정도 출제되는 부분이다. '조건의 종류와 조건의 효력', '기한의 효력' 위주로 학습하여야 한다.

01 조 건

대표문제 상중하

법률행위의 부관에 관한 설명으로 옳지 않은 것은? 　　　　　　　제27회

① 정지조건있는 법률행위는 특별한 사정이 없는 한 그 조건이 성취한 때로부터 그 효력이 생긴다.

② 해제조건있는 법률행위는 특별한 사정이 없는 한 그 조건이 성취한 때로부터 그 효력을 잃는다.

③ 법률행위의 조건이 선량한 풍속 기타 사회질서에 위반한 것인 때에는 그 법률행위는 무효로 한다.

④ 시기(始期)있는 법률행위는 그 기한이 도래한 때로부터 그 효력이 소멸한다.

⑤ 기한의 이익은 이를 포기할 수 있지만, 상대방의 이익을 해하지 못한다.

|해설|
④ 시기 있는 법률행위는 기한이 도래한 때로부터 그 효력이 생긴다(제152조 제1항).
① 정지조건 있는 법률행위는 조건이 성취한 때로부터 그 효력이 생긴다(제147조 제1항).
② 해제조건 있는 법률행위는 조건이 성취한 때로부터 그 효력을 잃는다(제147조 제2항).
③ 조건이 선량한 풍속 기타 사회질서에 위반한 것인 때에는 그 법률행위는 무효로 한다(제151조 제1항).
⑤ 기한의 이익은 이를 포기할 수 있다. 그러나 상대방의 이익은 해하지 못한다(제153조 제2항).

⚡ 정답 ④

---

01 조건과 기한에 관한 설명으로 옳은 것은? (다툼이 있으면 판례에 따름)   제25회

상중하

① 특별한 사정이 없는 한 기한의 이익은 이를 포기할 수 없다.

② 정지조건있는 법률행위는 조건이 성취한 때로부터 그 효력을 잃는다.

③ 조건의 성취가 미정한 권리는 일반규정에 의하여 담보로 할 수 없다.

④ 정지조건이 법률행위 당시에 이미 성취할 수 없는 것인 경우, 그 법률행위는 무효이다.

⑤ 법률행위에 어떤 조건이 붙어 있었는지 여부는 그 조건의 부존재를 주장하는 자가 이를 증명해야 한다.

02 법률행위의 부관에 관한 설명으로 옳지 않은 것은? (다툼이 있으면 판례에 따름)
   제26회

상중하

① 조건은 의사표시의 일반원칙에 따라 조건의사와 그 표시가 필요하다.

② 법률행위가 정지조건부 법률행위에 해당한다는 사실은 그 법률효과의 발생을 다투려는 자에게 증명책임이 있다.

③ 당사자 사이에 기한이익 상실의 특약이 있는 경우, 특별한 사정이 없는 한 이는 형성권적 기한이익 상실의 특약으로 추정된다.

④ 보증채무에서 주채무자의 기한이익의 포기는 보증인에게 효력이 미치지 아니한다.

⑤ 조건의 성취로 인하여 불이익을 받을 당사자가 신의칙에 반하여 조건의 성취를 방해한 경우, 그러한 행위가 있었던 시점에 조건은 성취된 것으로 의제된다.

03 법률행위의 부관인 조건에 관한 설명으로 옳지 않은 것은? (다툼이 있으면 판례에
상중하 따름)

① 물권행위에는 조건을 붙일 수 없다.
② 조건이 되기 위해서는 법률이 요구하는 것이 아니라 당사자가 임의로 부가
한 것이어야 한다.
③ 조건의 성취를 의제하는 효과를 발생시키는 조건성취 방해행위에는 과실에
의한 행위도 포함된다.
④ 부첩(夫妾)관계의 종료를 해제조건으로 하는 부동산 증여계약은 해제조건
뿐만 아니라 증여계약도 무효이다.
⑤ 당사자의 특별한 의사표시가 없는 한 정지조건이든 해제조건이든 그 성취
의 효력은 소급하지 않는다.

04 법률행위의 조건과 기한에 관한 설명으로 옳지 않은 것은? (다툼이 있으면 판례에 따름)
상중하
① 기한의 이익은 특약이나 법률행위의 성질로 분명하지 아니한 경우에는 채무
자를 위한 것으로 추정한다.
② 채무자가 담보를 손상하게 한 때에는 그는 기한의 이익을 주장하지 못한다.
③ 조건있는 법률행위의 당사자는 조건의 성부가 미정한 동안에는 조건의 성취
로 인하여 생길 상대방의 이익을 해하지 못한다.
④ 2025년 1월에 "2025년 제28회 주택관리사(보) 시험에 응시하여 최종 합격하
면 자동차를 사준다"는 법률행위를 한 경우, 이는 특별한 사정이 없는 한 정
지조건부 법률행위이다.
⑤ 불법조건이 붙은 법률행위는 그 조건만 무효이다.

05 법률행위의 부관에 관한 설명으로 옳은 것은? (다툼이 있으면 판례에 의함)
상중하
① 기성조건이 해제조건이면 조건 없는 법률행위로 한다.
② 불능조건이 정지조건이면 조건 없는 법률행위로 한다.
③ 불법조건이 붙어 있는 법률행위는 불법조건만 무효이며, 법률행위 자체는
무효로 되지 않는다.
④ 기한의 효력은 기한 도래시부터 생기며 당사자가 특약을 하더라도 소급효
가 없다.
⑤ 어느 법률행위에 어떤 조건이 붙어 있었는지 여부는 법률행위 해석의 문제
로서 당사자가 주장하지 않더라도 법원이 직권으로 판단한다.

02 기한

대표문제 상중하

기한의 이익을 갖는 자를 모두 고른 것은? 제18회

⊙ 사용대차에서 차주   ⓒ 임대차에서 임차인
ⓒ 무상임치에서 수치인   ⓔ 이자 없는 소비대차에서 차주
ⓜ 이자 있는 소비대차에서 차주

① ⊙, ⓜ   ② ⓒ, ⓔ
③ ⊙, ⓒ, ⓒ   ④ ⊙, ⓒ, ⓔ, ⓜ
⑤ ⓒ, ⓒ, ⓔ, ⓜ

해설
⊙ 사용대차에서 차주는 기한의 이익을 갖는다.
ⓒ 임대차에서 임차인은 기한의 이익을 갖는다.
ⓔ 이자 없는 소비대차에서 차주는 기한의 이익을 갖는다.
ⓜ 이자 있는 소비대차에서 차주는 기한의 이익을 갖는다.
ⓒ 무상임치에서 수치인은 기한의 이익을 갖지 못한다.

◎ 정답 ④

06 상중하

기한부 법률행위에 관한 설명으로 옳지 않은 것은? (다툼이 있으면 판례에 따름)
① 기한의 효력은 소급하지 않는다.
② 미리 지급한 중간 퇴직금은 회사가 기한의 이익을 포기하고 변제한 것으로 볼 수 있다.
③ 기한의 이익이 양당사자에게 있는 경우 기한의 이익을 포기할 수 없다.
④ 상계의 의사표시에는 기한을 붙이지 못한다.
⑤ 기한은 채무자의 이익을 위한 것을 추정한다.

07 법률행위의 조건과 기한에 관한 설명으로 옳은 것은? (다툼이 있으면 판례에 따름)

(상)(중)(하)

① 조건성취로 불이익을 받을 자가 고의가 아닌 과실로 신의성실에 반하여 조건의 성취를 방해한 경우, 상대방은 조건이 성취된 것으로 주장할 수 없다.

② 정지조건이 성취되면 법률효과는 그 성취된 때로부터 발생하며, 당사자의 의사로 이를 소급시킬 수 없다.

③ 조건이 선량한 풍속 기타 사회질서에 위반한 것인 때에는 그 조건은 무효로 되지만 그 조건이 붙은 법률행위가 무효로 되는 것은 아니다.

④ "3년 안에 甲이 사망하면 현재 甲이 사용 중인 乙소유의 자전거를 乙이 丙에게 증여한다."는 계약은 조건부 법률행위이다.

⑤ 조건의 성취가 미정한 권리는 일반규정에 의하여 처분할 수 없다.

08 조건과 기한에 관한 설명으로 옳지 않은 것은? (다툼이 있으면 판례에 따름)

(상)(중)(하)

① 이행지체의 경우 채권자는 채무자를 상대로 상당한 기간을 정하여 이행을 청구하면서 그 기간 내에 이행이 없으면 계약은 당연히 해제된 것으로 한다는 취지의 해제조건부 해제권을 행사할 수 있다.

② 동산에 대한 소유권유보부 매매의 경우 물권행위인 소유권이전의 합의가 매매대금의 완납을 정지조건으로 하여 성립한다.

③ 부첩(夫妾)관계의 종료를 해제조건으로 하는 증여계약은 무효이다.

④ 불확정기한의 경우 기한사실의 발생이 불가능한 것으로 확정되어도 기한은 도래한 것으로 본다.

⑤ 기한이익 상실의 특약은 특별한 사정이 없는 한 형성권적 기한이익 상실의 특약으로 추정된다.

09 기한의 이익에 관한 설명으로 옳은 것은? (다툼이 있으면 판례에 따름)
상중하

① 기한의 이익은 채권자를 위한 것으로 추정한다.

② 기한이익 상실특약에 있어서 그것이 정지조건부 기한이익 상실특약인지 형성권적 기한이익 상실특약인지 당사자의 의사가 불분명한 경우, 정지조건부 기한이익 상실특약으로 추정한다.

③ 정지조건부 기한이익 상실특약을 한 경우에는 그 특약에 정한 사유가 발생한 후 기한의 이익을 상실하게 하는 채권자의 의사표시가 있어야 이행기 도래의 효과가 발생한다.

④ 주채무자가 기한의 이익을 포기하면 보증인에게도 효력이 미친다.

⑤ 이자부 소비대차에서 기한의 이익이 채권자에게도 있는 경우, 채무자는 채권자의 손해를 배상하고 기한 전에도 변제할 수 있다.

10 기한에 관한 설명으로 옳지 않은 것은? (다툼이 있으면 판례에 의함)
상중하

① 기한은 채무자의 이익을 위한 것으로 추정되므로, 기한의 이익이 채권자에 있다는 것은 채권자가 증명하여야 한다.

② 기한의 이익을 가진 자는 이를 포기할 수 있지만 상대방의 이익을 해하지 못한다.

③ 당사자가 불확정한 사실이 발생한 때를 이행기한으로 정한 경우에는 그 사실이 발생한 때는 물론 그 사실의 발생이 불가능하게 된 때에도 이행기한은 도래한 것으로 보아야 한다.

④ 기한부 법률행위의 당사자는 기한의 도래로 인하여 생길 상대방의 이익을 해하지 못한다.

⑤ 형성권적 기한이익 상실의 특약이 있는 경우에는 그 기한이익 상실사유가 발생함과 동시에 기한의 이익을 상실케 하는 채권자의 의사표시가 없더라도 이행기 도래의 효과가 발생한다.

10 기간

Chapter

연계학습 기본서 p.338~340

단·원·열·기

이 장은 매년 1문제 정도 출제되는 부분이다. '민법의 기간규정의 성격', '기간 계산의 방법' 위주로 학습하여야 한다.

대표문제 상중하

법령 또는 약정 등으로 달리 정한 바가 없는 경우, 기간에 관한 설명으로 옳지 않은 것은? (다툼이 있으면 판례에 따름)   제22회

① 기간계산에 관한 민법 규정은 공법관계에 적용되지 않는다.
② 기간을 월 또는 연으로 정한 때에는 역(曆)에 의하여 계산한다.
③ 기간의 말일이 토요일 또는 공휴일에 해당한 때에는 기간은 그 익일로 만료한다.
④ 기간을 일 또는 주로 정한 때에는 그 기간이 오전 영시로부터 시작하지 않은 경우, 기간의 초일은 산입하지 않는다.
⑤ 연령계산에는 출생일을 산입한다.

해설
① 기간계산에 관한 민법 규정은 공법관계에도 적용된다(대판 2012.12.26, 2012도13215 참조).
② 제160조 제1항
③ 제161조
④ 제157조
⑤ 제158조

정답 ①

01 민법상 기간에 관한 설명으로 옳지 않은 것은?
상중하

① 연령계산에는 출생일을 산입한다.
② 월의 처음부터 기간을 기산하지 아니하는 때에는 최후의 월에서 그 기산일에 해당한 날의 익일로 기간이 만료한다.
③ 기간의 말일이 공휴일에 해당하는 때에는 기간은 그 익일로 만료한다.
④ 기간을 분으로 정한 때에는 즉시로부터 기산한다.
⑤ 기간을 월로 정한 때에는 역(曆)에 의하여 계산한다.

02 기간 계산에 관한 다음 설명 중 옳지 않은 것은?

① 기간 계산에 관한 민법규정은 사법관계뿐만 아니라 공법관계에도 적용된다.
② 민법의 기간에 관한 규정은 강행규정으로 당사자의 특약으로 달리 정할 수 없다.
③ 기간 계산의 방법은 일정한 기산일로부터 소급하여 역산하는 경우에도 유추적용된다.
④ 기간의 말일이 공휴일에 해당하는 때에는 기간은 그 다음 날로 만료하며, 이때의 공휴일에는 임시공휴일도 포함된다.
⑤ 기간의 초일이 공휴일이라도 기간의 기산점이 되는 데는 상관없다.

03 기간의 만료점이 빠른 시간 순서대로 나열한 것은? (다툼이 있으면 판례에 따름)

제23회

> ㉠ 2021년 6월 2일 오전 0시 정각부터 4일간
> ㉡ 2021년 5월 4일 오후 2시 정각부터 1개월간
> ㉢ 2021년 6월 10일 오전 10시 정각부터 1주일 전(前)

① ㉠ - ㉡ - ㉢
② ㉠ - ㉢ - ㉡
③ ㉡ - ㉠ - ㉢
④ ㉡ - ㉢ - ㉠
⑤ ㉢ - ㉡ - ㉠

04 민법상 기간에 관한 설명으로 옳지 않은 것은? (다툼이 있으면 판례에 따름)

① 내년 6월 1일부터 '4일 동안'이라고 하는 경우에 그 기산점은 내년 6월 1일이다.
② 기간을 시(時)로 정한 때에는 즉시로부터 기산한다.
③ 정년이 60세라고 하는 것은 특별한 사정이 없으면 만60세가 만료되는 날을 말한다.
④ 1세에 이른 사람의 나이는 출생일은 산입하고 만(滿) 나이로 계산하고 연수(年數)로 표시한다.
⑤ 어느 기간의 말일인 6월 4일이 토요일이고 6월 6일이 공휴일인 경우, 그 기간은 6월 7일에 만료한다.

05 민법상 기간에 관한 설명으로 옳지 않은 것은? (다툼이 있으면 판례에 따름)

① 기간의 기산점에 관한 제157조의 초일 불산입의 원칙은 당사자의 합의로 달리 정할 수 있다.

② 정관상 사원총회의 소집통지를 1주간 전에 발송하여야 하는 사단법인의 사원총회일이 2023년 6월 2일(금) 10시인 경우, 총회소집통지는 늦어도 2023년 5월 25일 중에는 발송하여야 한다.

③ 2023년 5월 27일(토) 13시부터 9시간의 만료점은 2023년 5월 27일 22시이다.

④ 2023년 5월 21일(일) 14시부터 7일간의 만료점은 2023년 5월 28일 24시이다.

⑤ 2017년 1월 13일(금) 17시에 출생한 사람은 2036년 1월 12일 24시에 성년자가 된다.

06 기간에 관한 설명으로 옳지 않은 것은?

① 기간을 일(日)로 정한 경우에는 기간의 초일을 산입하지 아니함이 원칙이다.

② 2010년 1월 1일 오후 3시에 출생한 자는 2029년 12월 31일 24시부터 성년이 된다.

③ 기간을 시, 분, 초로 정한 때에는 즉시로부터 기산한다.

④ 재판상의 처분으로 다른 정함이 있으면 민법의 기간에 관한 규정은 적용되지 아니한다.

⑤ 기간의 말일이 토요일 또는 공휴일에 해당한 때에는 기간은 그 익일로 만료한다.

07 1997년 6월 3일(화) 오후 2시에 태어난 사람이 성년이 되는 시기는?

① 2016년 6월 3일(금) 0시

② 2016년 6월 4일(토) 0시

③ 2017년 6월 3일(토) 0시

④ 2017년 6월 4일(일) 0시

⑤ 2017년 6월 6일(화) 0시

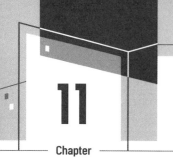

11 Chapter

소멸시효

◁ **연계학습** 기본서 p.341~380

단·원·열·기

이 장은 매년 1문제 정도 출제되는 부분이다. '민법의 기간규정의 성격', '기간 계산의 방법' 위주로 학습하여야 한다.

01 소멸시효의 대상

대표문제 상 중 하

소멸시효에 관한 설명으로 옳지 않은 것은? (다툼이 있으면 판례에 따름)   제27회

① 채권 및 소유권은 10년간 행사하지 아니하면 소멸시효가 완성한다.

② 지역권은 20년간 행사하지 아니하면 소멸시효가 완성한다.

③ 금전채무의 이행지체로 인하여 발생하는 지연손해금은 3년의 단기소멸시효가 적용되지 않는다.

④ 이자채권이라도 1년 이내의 정기로 지급하기로 한 것이 아니면 3년의 단기소멸시효가 적용되지 않는다.

⑤ 상행위로 인하여 발생한 상품 판매 대금채권은 3년의 단기소멸시효가 적용된다.

해설

① 소유권은 소멸시효에 걸리지 않는다.

② 지역권은 20년간 행사하지 아니하면 소멸시효가 완성한다(제162조 제2항 참조).

③ 금전채무의 이행지체로 인하여 발생하는 지연손해금은 그 성질이 손해배상금이지 이자가 아니며, 민법 제163조 제1호의 1년 이내의 기간으로 정한 채권도 아니므로 3년간의 단기소멸시효의 대상이 되지 아니한다(대판 1995.10.13, 94다57800).

④ 이자채권이라도 1년 이내의 기간으로 정한 경우에는 3년의 단기소멸시효에 걸리지만(제163조 제1호 참조), 1년 이내의 것이 아니라면 일반 채권처럼 10년의 소멸시효에 걸린다.

⑤ 생산자 및 상인이 판매한 생산물 및 상품의 대가는 3년의 단기소멸시효에 걸린다(제163조 제6호 참조).

◎ 정답 ①

01 소멸시효에 걸리는 권리는? (다툼이 있으면 판례에 따름) 제23회

상중하

① 점유권
② 유치권
③ 주위토지통행권
④ 소유권에 기한 방해제거청구권
⑤ 물상보증인의 채무자에 대한 구상권

02 다음 중 소멸시효에 걸리지 않는 권리는 모두 몇 개인가? (다툼이 있으면 판례에

상중하 따름)

> ㉠ 근로자의 임금청구권
> ㉡ 판결에 의하여 확정된 채권
> ㉢ 부동산 매수인이 부동산을 인도받아 스스로 계속 점유하는 경우의 소유권이
>   전등기청구권
> ㉣ 공유물분할청구권
> ㉤ 소유권에 기한 물권적 청구권
> ㉥ 저당권
> ㉦ 지상권
> ㉧ 환매권
> ㉨ 매매예약완결권
> ㉩ 할부금채권

① 3개   ② 4개   ③ 5개
④ 6개   ⑤ 7개

03 甲은 그 소유 부동산을 1980. 7. 16. 乙에게 매도하였다. 2016. 7. 16. 현재 乙의 甲에 대한 소유권이전등기청구권의 소멸시효가 완성된 경우를 모두 고른 것은? (다툼이 있으면 판례에 따름) 제19회

> ㉠ 乙이 매매와 동시에 부동산을 인도받아 현재까지 계속 점유·사용하고 있는 경우
> ㉡ 乙이 매매와 동시에 부동산을 인도받아 사용·수익하다가 2000년 丙에 의해 그 점유를 침탈당한 뒤 현재까지 점유를 회복하지 못한 경우
> ㉢ 乙이 매매와 동시에 부동산을 인도받아 사용·수익하다가 2005년 丁에게 전매하고 인도한 경우

① ㉡   ② ㉢   ③ ㉠, ㉡
④ ㉠, ㉢   ⑤ ㉡, ㉢

04 甲의 乙에 대한 채권의 소멸시효기간이 가장 긴 것은? (甲, 乙은 상인이 아님)

① 甲이 연예인 乙에게 물건을 공급한 경우, 甲의 물건공급대금채권
② 甲의 동산을 乙이 사용한 경우, 甲의 동산사용료채권
③ 甲교사의 강의를 乙학생이 수강한 경우, 甲의 수강료채권
④ 甲이 乙에게 부동산을 매도한 경우, 甲의 매매대금채권
⑤ 생산자 甲이 乙에게 생산물을 판매한 경우, 甲의 생산물대금채권

05 소멸시효에 관한 설명으로 옳은 것은? (다툼이 있으면 판례에 따름) 제25회

① 소멸시효의 이익은 미리 포기할 수 있다.
② 1개월 단위로 지급되는 집합건물의 관리비채권의 소멸시효기간은 3년이다.
③ 부작위를 목적으로 하는 채권의 소멸시효는 계약체결시부터 진행한다.
④ 근저당권설정계약에 의한 근저당권설정등기청구권은 그 피담보채권이 될 채권과 별개로 소멸시효에 걸리지 않는다.
⑤ 당사자가 본래의 소멸시효 기산일과 다른 기산일을 주장하는 경우, 법원은 원칙적으로 본래의 소멸시효 기산일을 기준으로 소멸시효를 계산해야 한다.

02 소멸시효의 기산점

대표문제 상중하

소멸시효에 관한 설명으로 옳은 것을 모두 고른 것은? (다툼이 있으면 판례에 따름)

제26회

㉠ 소유권에 기한 물권적 청구권은 소멸시효에 걸리지 않는다.
㉡ 하자담보책임에 기한 토지 매수인의 손해배상청구권은 제척기간에 걸리므로 소멸시효의 적용이 배제된다.
㉢ 사실상 권리의 존재나 권리행사 가능성을 알지 못하였다는 사유는 특별한 사정이 없는 한 소멸시효의 진행을 방해하지 않는다.

① ㉡   ② ㉠, ㉡
③ ㉠, ㉢   ④ ㉡, ㉢
⑤ ㉠, ㉡, ㉢

해설

㉠ (○) 소유권에 기한 물권적 청구권은 소멸시효에 걸리지 않는다.

㉢ (○) 소멸시효는 객관적으로 권리가 발생하여 그 권리를 행사할 수 있는 때로부터 진행하고 그 권리를 행사할 수 없는 동안만은 진행하지 않는바, '권리를 행사할 수 없는' 경우라 함은 그 권리행사에 법률상의 장애사유, 예컨대 기간의 미도래나 조건불성취 등이 있는 경우를 말하는 것이고, 사실상 권리의 존재나 권리행사 가능성을 알지 못하였고 알지 못함에 과실이 없다고 하여도 이러한 사유는 법률상 장애사유에 해당하지 않는다고 할 것이다(대판 2004.4.27, 2003두10763).

㉡ (×) 하자담보에 기한 매수인의 손해배상청구권은 권리의 내용·성질 및 취지에 비추어 민법 제162조 제1항의 채권 소멸시효의 규정이 적용되고, 민법 제582조의 제척기간 규정으로 인하여 소멸시효 규정의 적용이 배제된다고 볼 수 없다(대판 2011.10.13, 2011다10266).

✔ 정답 ③

06 소멸시효에 관한 설명으로 옳지 않은 것은? (다툼이 있으면 판례에 따름)

① 손해배상청구권에 대해 법률이 제척기간을 규정하고 있더라도 그 청구권은 소멸시효에 걸린다.

② 동시이행의 항변권이 붙어 있는 채권은 그 항변권이 소멸한 때로부터 소멸시효가 기산한다.

③ 채권양도 후 대항요건을 갖추지 못한 상태에서 양수인이 채무자를 상대로 소를 제기하면 양도된 채권의 소멸시효는 중단된다.

④ 비법인사단이 채무를 승인하여 소멸시효를 중단시키는 것은 사원총회의 결의를 요하는 총유물의 관리 · 처분행위가 아니다.

⑤ 채권의 소멸시효 완성 후 채무자가 채권자에게 그 담보를 위해 저당권을 설정해 줌으로써 소멸시효의 이익을 포기했다면 그 효력은 그 후 저당부동산을 취득한 제3자에게도 미친다.

07 소멸시효에 관한 설명으로 옳지 않은 것은? (다툼이 있으면 판례에 따름) 제22회

① 정지조건부 권리는 조건이 성취된 때부터 소멸시효가 진행한다.

② 당사자가 본래의 소멸시효 기산일과 다른 기산일을 주장하는 경우, 법원은 본래의 소멸시효 기산일을 기준으로 소멸시효를 계산하여야 한다.

③ 공동불법행위자 사이에 인정되는 구상권의 소멸시효는 구상권자가 공동면책행위를 한 때부터 진행한다.

④ 특정물 매도인의 하자담보책임에 기한 매수인의 손해배상청구권은 특별한 사정이 없는 한, 그 목적물을 인도받은 때부터 소멸시효가 진행한다.

⑤ 채권자가 선택권자인 선택채권은 선택권을 행사할 수 있는 때부터 소멸시효가 진행한다.

08 소멸시효기간의 기산점에 관한 설명으로 옳은 것은? (다툼이 있으면 판례에 의함)

상중하

① 불확정기한부 권리는 채권자가 기한 도래 사실을 안 때로부터 소멸시효가 진행한다.

② 동시이행항변권이 붙은 채권은 이행기가 도래하더라도 소멸시효가 진행하지 않는다.

③ 이행불능으로 인한 손해배상청구권은 이행불능이 된 때로부터 소멸시효가 진행한다.

④ 선택채권은 선택채권을 행사한 때로부터 소멸시효가 진행한다.

⑤ 부작위를 목적으로 하는 채권은 성립시부터 소멸시효가 진행한다.

09 소멸시효에 관한 설명으로 옳지 않은 것은? (다툼이 있으면 판례에 따름)

상중하

① 공유관계가 존속하는 한 공유물분할청구권은 소멸시효에 걸리지 않는다.

② 소멸시효는 그 기산일에 소급하여 효력이 생긴다.

③ 정지조건부채권의 소멸시효는 조건성취 시부터 진행된다.

④ 시효중단의 효력 있는 승인에는 상대방의 권리에 관한 처분의 능력이나 권한 있음을 요하지 아니한다.

⑤ 천재지변으로 인하여 소멸시효를 중단할 수 없을 경우, 그 사유가 종료한 때로부터 6월 내에는 시효가 완성되지 아니한다.

03 소멸시효의 중단

대표문제 상 중 하

소멸시효에 관한 설명으로 옳은 것은? (다툼이 있으면 판례에 따름) 　제27회

① 소멸시효 중단사유인 채무의 승인은 의사표시에 해당한다.

② 시효중단의 효력있는 승인에는 상대방의 권리에 관한 처분의 능력이나 권한있음을 요하지 아니한다.

③ 소멸시효 이익의 포기사유인 채무의 묵시적 승인은 관념의 통지에 해당한다.

④ 시효완성 전에 채무의 일부를 변제한 경우에는 그 수액에 관하여 다툼이 없는 한 채무 승인의 효력이 있어 채무 전부에 관하여 소멸시효 이익 포기의 효력이 발생한다.

⑤ 채무자가 담보 목적의 가등기를 설정하여 주는 것은 채무의 승인에 해당하므로, 그 가등기가 계속되고 있는 동안 그 피담보채권에 대한 소멸시효는 진행하지 않는다.

해설

② 시효중단의 효력 있는 승인에는 상대방의 권리에 관한 처분의 능력이나 권한 있음을 요하지 아니한다(제177조).

① 소멸시효 중단사유로서의 채무승인은 시효이익을 받는 당사자인 채무자가 소멸시효의 완성으로 채권을 상실하게 될 자에 대하여 상대방의 권리 또는 자신의 채무가 있음을 알고 있다는 뜻을 표시함으로써 성립하는 이른바 관념의 통지로 여기에 어떠한 효과의사가 필요하지 않다(대판 2017.7.11, 2014다32458).

③ 시효이익을 받을 채무자는 소멸시효가 완성된 후 시효이익을 포기할 수 있고, 이것은 시효의 완성으로 인한 법적인 이익을 받지 않겠다고 하는 효과의사를 필요로 하는 의사표시이다(대판 2017.7.11, 2014다32458).

④ 채무자가 소멸시효 완성 후 채무를 일부 변제한 때에는 액수에 관하여 다툼이 없는 한 채무 전체를 묵시적으로 승인한 것으로 보아야 하고, 이 경우 시효완성의 사실을 알고 이익을 포기한 것으로 추정된다(대판 2017.7.11, 2014다32458).

⑤ 채무자가 채권자에 대하여 자기 소유의 부동산에 담보 목적의 가등기를 설정하여 주는 것은 민법 제168조 소정의 채무의 승인에 해당한다고 볼 수 있다(대판 1997.12.26, 97다22676).

　　　　　　　　　　　　　　　　　　　　　　　　　　　　　　　　✅ 정답 ②

10 소멸시효의 중단에 관한 설명으로 옳지 않은 것은? (다툼이 있으면 판례에 따름)
제23회

① 재판상 청구는 그 소가 각하되더라도 최고의 효력은 있다.

② 응소행위로 인한 시효중단의 효력은 원고가 소를 제기한 때에 발생한다.

③ 소멸시효가 중단되면 중단사유가 종료된 때부터 새로 시효가 진행한다.

④ 시효중단의 효력 있는 승인에는 상대방의 권리에 관한 처분의 능력이나 권한 있음을 요하지 않는다.

⑤ 부진정연대채무자 1인에 대한 이행의 청구는 다른 부진정연대채무자에 대하여 시효중단의 효력이 없다.

11 소멸시효의 중단과 정지에 관한 설명으로 옳지 않은 것은? (다툼이 있으면 판례에 따름)
제24회

① 시효의 중단은 원칙적으로 당사자 및 그 승계인간에만 효력이 있다.

② 가압류에 의한 시효중단의 효력은 가압류의 집행보전의 효력이 존속하는 동안 계속된다.

③ 물상보증인 소유의 부동산에 대한 압류는 그 통지와 관계없이 주채무자에 대하여 시효중단의 효력이 생긴다.

④ 재산을 관리하는 후견인에 대한 제한능력자의 권리는 그가 능력자가 되거나 후임 법정대리인이 취임한 때부터 6개월 내에는 소멸시효가 완성되지 않는다.

⑤ 부부 중 한쪽이 다른 쪽에 대하여 가지는 권리는 혼인관계가 종료된 때부터 6개월 내에는 소멸시효가 완성되지 않는다.

12 甲은 乙에 대하여 2023.10.17.을 변제기로 하는 대여금채권을 갖고 있다. 이에 관한 설명으로 옳은 것을 모두 고른 것은? (다툼이 있으면 판례에 따름)

> ㉠ 甲이 乙을 상대로 2023.12.20. 대여금의 지급을 구하는 소를 제기하였으나 그 소가 취하된 경우, 甲의 재판상 청구는 재판 외의 최고의 효력을 갖는다.
> ㉡ 甲이 乙에 대한 대여금채권을 丙에게 양도한 경우, 채권양도의 대항요건을 갖추지 못한 상태에서 2023.12.20. 丙이 乙을 상대로 양수금의 지급을 구하는 소를 제기하였다면 양수금채권의 소멸시효가 중단되지 않는다.
> ㉢ 甲이 乙을 상대로 2023.12.20. 대여금의 지급을 구하는 소를 제기하여 2024. 4.20. 판결이 확정된 경우, 甲의 乙에 대한 대여금채권의 소멸시효는 2023. 10.17.부터 다시 진행된다.

① ㉠　　　　　　　　② ㉡　　　　　　　　③ ㉠, ㉢
④ ㉡, ㉢　　　　　　⑤ ㉠, ㉡, ㉢

13 소멸시효의 중단과 정지에 관한 설명으로 옳지 않은 것은?

① 시효의 중단은 원칙적으로 당사자 및 그 승계인 간에만 효력이 있다.
② 파산절차참가는 채권자가 이를 취소하거나 그 청구가 각하된 때에는 시효중단의 효력이 없다.
③ 부재자 재산관리인은 법원의 허가 없이 부재자를 대리하여 상대방의 채권의 소멸시효를 중단시키는 채무의 승인을 할 수 없다.
④ 천재 기타 사변으로 인하여 소멸시효를 중단할 수 없을 때에는 그 사유가 종료한 때로부터 1월 내에는 시효가 완성하지 아니한다.
⑤ 부부 중 한쪽이 다른 쪽에 대하여 가지는 권리는 혼인관계가 종료된 때부터 6개월 내에는 소멸시효가 완성되지 아니한다.

14 소멸시효의 중단에 관한 설명으로 옳지 않은 것은? (다툼이 있으면 판례에 따름)

상중하

① 3년의 소멸시효기간이 적용되는 채권이 지급명령에서 확정된 경우, 그 시효기간은 10년으로 한다.

② 채권자가 동일한 목적을 달성하기 위하여 복수의 채권을 가지고 있는 경우, 특별한 사정이 없으면 그 중 하나의 채권을 행사하는 것만으로는 다른 채권에 대한 시효중단의 효력은 없다.

③ 대항요건을 갖추지 못한 채권양도의 양수인이 채무자를 상대로 재판상 청구를 하여도 시효중단사유인 재판상 청구에 해당하지 아니한다.

④ 채권자가 최고를 여러 번 거듭하다가 재판상 청구를 한 경우, 시효중단의 효력은 재판상 청구를 한 시점을 기준으로 하여 이로부터 소급하여 6월 이내에 한 최고시에 발생한다.

⑤ 동일한 당사자 사이에 계속적 거래관계로 인한 수개의 금전채무가 있고, 채무자가 그 채무 전액을 변제하기에는 부족한 금액으로 채무의 일부를 변제하는 경우에는 그 수개의 채무전부에 관하여 시효중단의 효력이 발생하는 것이 원칙이다.

15 소멸시효에 관한 설명으로 옳은 것은? (다툼이 있으면 판례에 따름)

상중하

① 물상보증인이 채권자를 상대로 채무자의 채무가 모두 소멸하였다고 주장하면서 근저당권말소청구소송을 제기하였는데 채권자가 피고로서 응소하여 적극적으로 권리를 주장하고 받아들여진 경우에도 그 채권의 소멸시효는 중단되지 않는다.

② 비법인사단이 총유물을 매도한 후 그 대표자가 매수인에게 소유권이전등기의무에 대하여 시효중단의 효력이 있는 승인을 하는 경우에 있어 사원총회의 결의를 거치지 아니하였다면 그 승인은 무효이다.

③ 채권자가 물상보증인의 소유인 부동산에 경료된 근저당권을 실행하기 위하여 경매를 신청한 경우, 그 경매와 관련하여 채무자에게 압류사실이 통지되었는지 여부와 무관하게 소멸시효 중단의 효력이 발생한다.

④ 담보가등기가 경료된 부동산을 양수하여 소유권이전등기를 마친 자는 그 가등기담보권에 의하여 담보된 채권의 채무자가 시효이익을 포기한 경우 독자적으로 시효이익을 주장할 수 없다.

⑤ 대여금채권의 소멸시효가 진행하는 중 채권자가 채무자 소유의 부동산에 가압류집행을 함으로써 소멸시효의 진행을 중단시킨 경우 그 기입등기일로부터 새롭게 소멸시효기간이 진행한다.

16 소멸시효의 중단사유로서 승인에 관한 설명으로 옳지 않은 것은? (다툼이 있으면 판례에 의함)

① 채무자의 승인사실은 채권자가 증명해야 한다.
② 승인의 의사표시는 명시적 또는 묵시적으로도 가능하다.
③ 시효중단의 효력은 그 승인의 통지가 상대방에게 도달한 때에 발생한다.
④ 채무자가 권리의 존재를 알지 못한 상태에서 시효가 진행되기 전에 승인한 것도 시효중단의 효력이 있다.
⑤ 승인으로 인하여 시효중단의 효력이 미치는 승계인은 시효중단에 관여한 당사자로부터 중단의 효과를 받는 권리를 그 중단효과 발생 이후에 승계한 자를 의미한다.

17 소멸시효의 중단에 관한 설명으로 옳지 않은 것은? (다툼이 있으면 판례에 따름)

① 채무자가 소멸시효완성 후에 채권자에 대하여 채무를 승인함으로써 그 시효의 이익을 포기한 경우에는 그때부터 새로이 소멸시효가 진행한다.
② 가압류에 의한 시효중단의 효력은 가압류의 집행보전의 효력이 존속하는 동안에는 계속된다.
③ 시효의 중단은 당사자 및 그 승계인 간에만 효력이 있다.
④ 물상보증인이 제기한 저당권설정등기 말소청구소송에서 저당권자가 응소하여 피담보채권의 존재를 적극 주장하였다면 피담보채권에 관한 소멸시효는 중단된다.
⑤ 소유권이전등기를 명한 확정판결의 피고가 여전히 자신에게 소유권이 있다고 주장하면서 제기한 재심의 소도 시효중단사유가 된다.

18 소멸시효 중단사유에 관한 설명으로 옳지 않은 것은? (다툼이 있으면 판례에 따름)

① 채권자가 채무자에게 등기우편으로 이행청구를 한 경우, 법에서 정한 후속 수단을 취하지 않으면 그 이행청구만으로는 시효가 중단되지 않는다.
② 채권자가 채무자를 상대로 제기한 소송에서, 피고인 채무자에게 소송서류가 송달된 적이 없는 상태에서 판결이 선고되더라도 시효중단의 효력이 있다.
③ 채무자가 채권자를 상대로 채무부존재확인소송을 제기하여 채권자가 이를 적극적으로 다툰 경우, 그 소가 법원에 접수된 때부터 시효중단의 효력이 인정된다.
④ 채권양수인이 채무자를 상대로 소를 제기하였다가 채무자에 대한 양도통지가 없었다는 이유로 청구가 기각되어 확정된 후, 양도통지를 하고 그 확정된 때로부터 6개월 내에 다시 소를 제기한 경우, 시효중단의 효력은 전소(前訴) 제기 시로 소급하여 발생한다.
⑤ 채권자가 연대채무자의 1인에 대하여 가압류를 한 경우, 다른 연대채무자의 채무에 대해서는 시효가 중단되지 않는다.

04 소멸시효이익의 포기

대표문제 상중하

소멸시효에 관한 설명으로 옳지 않은 것은? (다툼이 있으면 판례에 의함) 제16회

① 소멸시효는 법률행위에 의하여 이를 가중할 수 있으나 배제할 수는 없다.
② 소멸시효가 완성된 채권이 그 완성 전에 상계할 수 있었던 것이면 그 채권자는 상계할 수 있다.
③ 소멸시효의 완성은 그 기산일에 소급하여 효력이 있으나 제척기간의 완성은 장래에 향하여 효력이 있다.
④ 채무자가 소멸시효완성 후에 채권자에게 채무를 승인함으로써 그 시효이익을 포기한 경우에는 그때부터 새로이 소멸시효가 진행한다.
⑤ 천재 기타 사변으로 인하여 소멸시효를 중단할 수 없을 때에는 그 사유가 종료한 때로부터 1개월 내에는 시효가 완성되지 않는다.

해설
① 소멸시효는 법률행위에 의하여 배제, 연장 또는 가중할 수 없으나 이를 단축 또는 경감할 수 있다 (제184조).
② 제495조
③ 제167조
④ 채무자가 시효완성 후에 채무를 승인한 때에는 일응 시효완성의 사실을 알고 그 이익을 포기한 것으로 보아야 한다. 따라서 시효는 새로이 진행한다(대판 1965.12.28, 65다2133).
⑤ 제182조

✅ 정답 ①

19 상중하 소멸시효에 관한 설명으로 옳지 않은 것은? (다툼이 있으면 판례에 따름)
① 주채무자가 소멸시효 이익을 포기하더라도 보증인에게는 그 효력이 미치지 않는다.
② 시효중단의 효력 있는 승인에는 상대방의 권리에 관한 처분의 능력이나 권한 있음을 요하지 않는다.
③ 당사자가 주장하는 소멸시효 기산일이 본래의 기산일과 다른 경우, 특별한 사정이 없는 한 당사자가 주장하는 기산일을 기준으로 소멸시효를 계산하여야 한다.
④ 어떤 권리의 소멸시효 기간이 얼마나 되는지는 법원이 직권으로 판단할 수 있다.
⑤ 민법 제163조 제1호의 '1년 이내의 기간으로 정한 금전 또는 물건의 지급을 목적으로 하는 채권'이란 변제기가 1년 이내의 채권을 말한다.

20 ③⑧⑨ 甲의 乙에 대한 채권의 소멸시효 완성을 독자적으로 원용할 수 있는 자를 모두 고른 것은? (다툼이 있으면 판례에 따름)

> ㉠ 甲이 乙에 대한 채권을 보전하기 위하여 행사한 채권자취소권의 상대방이 된 수익자
> ㉡ 乙의 일반채권자
> ㉢ 甲의 乙에 대한 채권을 담보하기 위해 유치권이 성립된 부동산의 매수인
> ㉣ 甲의 乙에 대한 채권을 담보하기 위해 저당권이 설정된 경우, 그 후순위 저당권자

① ㉠, ㉡
② ㉠, ㉢
③ ㉡, ㉣
④ ㉠, ㉢, ㉣
⑤ ㉡, ㉢, ㉣

21 ③⑧⑨ 소멸시효를 원용할 수 있는 자에 관한 설명으로 옳지 않은 것은? (다툼이 있으면 판례에 따름)

① 보증인은 주채무의 시효소멸을 주장할 수 있다.
② 채권담보의 목적으로 가등기된 부동산의 매수인은 그 피담보채권의 시효소멸을 주장할 수 있다.
③ 유치권이 성립된 부동산의 매수인은 그 유치권의 피담보채무의 시효소멸을 주장할 수 있다.
④ 후순위 저당권자는 선순위 저당권의 피담보채권의 시효소멸을 주장할 수 있다.
⑤ 사해행위의 수익자는 사해행위를 주장하는 취소채권자의 채권에 관하여 시효소멸을 주장할 수 있다.

22 소멸시효에 관한 설명으로 옳은 것은? (다툼이 있으면 판례에 따름) 제21회

① 소멸시효는 당사자의 합의에 의하여 단축할 수 없으나 연장할 수는 있다.

② 법원은 어떤 권리의 소멸시효기간이 얼마나 되는지를 직권으로 판단할 수 없다.

③ 연대채무자 중 한 사람에 대한 이행청구는 다른 연대채무자에 대하여도 시효중단의 효력이 있다.

④ 재판상 청구는 소송이 각하된 경우에는 시효중단의 효력이 없으나, 기각된 경우에는 시효중단의 효력이 있다.

⑤ 주채무가 민사채무이고 보증채무는 상행위로 인한 것일 경우, 보증채무는 주채무에 따라 10년의 소멸시효에 걸린다.

23 소멸시효완성에 관한 설명으로 옳지 않은 것은? (다툼이 있으면 판례에 따름)

① 소유권은 소멸시효에 걸리지 않는다.

② 동일한 목적을 달성하기 위하여 복수의 채권을 가진 채권자가 어느 하나의 채권만을 행사하는 것이 명백한 경우, 채무자의 소멸시효완성의 항변은 채권자가 행사하는 당해 채권에 대한 항변으로 볼 수 있다.

③ 유치권이 성립된 부동산의 매수인은 피담보채권의 소멸시효완성으로 직접 이익을 받는 자에 해당하지 않으므로 소멸시효의 완성을 원용할 수 없다.

④ 물상보증인은 피담보채권의 소멸에 의하여 직접 이익을 받는 관계에 있으므로 피담보채권의 소멸시효의 완성을 주장할 수 있다.

⑤ 채무불이행으로 인한 손해배상청구권에 대한 소멸시효 항변이 불법행위로 인한 손해배상청구권에 대한 소멸시효 항변을 포함한 것으로 볼 수는 없다.

24 제척기간에 걸리는 권리를 모두 고른 것은? (다툼이 있으면 판례에 따름)

> ㉠ 매매예약완결권
> ㉡ 소유권에 기한 물권적 청구권
> ㉢ 미성년자의 법률행위에 대한 취소권
> ㉣ 근저당권설정약정에 의한 근저당권설정등기청구권
> ㉤ 점유취득시효완성을 원인으로 한 소유권이전등기청구권

① ㉠, ㉢   ② ㉡, ㉣   ③ ㉠, ㉡, ㉢
④ ㉡, ㉣, ㉤   ⑤ ㉠, ㉢, ㉣, ㉤

25 제척기간에 관한 설명으로 옳은 것은? (다툼이 있으면 판례에 따름)

① 제척기간이 경과하면 그 기산일에 소급하여 권리소멸의 효과가 발생한다.
② 제척기간은 권리자의 청구나 압류 등이 있으면 중단되고 그때까지 경과된 기간은 산입되지 않는다.
③ 점유보호청구권의 행사기간은 제척기간이기 때문에 점유보호청구권은 재판상·재판 외에서 행사할 수 있다.
④ 제척기간이 지난 후에는 당사자가 책임질 수 없는 사유로 그 기간을 준수하지 못하였더라도 추후에 보완될 수 없다.
⑤ 채권양도의 통지는 그 양도인이 채권이 양도되었다는 사실을 채무자에게 알리는 행위이므로, 채권양도의 통지만으로 제척기간의 준수에 필요한 권리의 재판외 행사가 이루어졌다고 볼 수 있다.

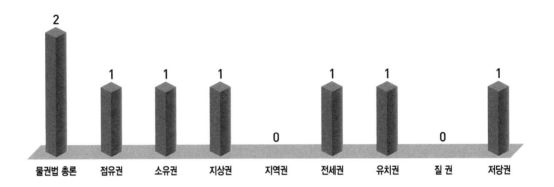

물권법 총론　점유권　소유권　지상권　지역권　전세권　유치권　질 권　저당권

🔍 **제27회 기출문제 분석**

제27회 주택관리사(보) 물권법 시험은 각 부분별로 고르게 출제되고 있다. 시험에 자주 출제되는 부분 위주로 학습하는 것이 효율적이다.

물권법

01 총론

⧉ 연계학습 기본서 p.384~424

단·원·열·기

이 장은 매년 1~2문제 정도 출제되는 부분이다. 단순한 암기보다는 물권법 전체적인 이해가 필요하다. '물권적 청구권', '제186조와 제187조의 차이점', '물권의 객체' 위주로 학습하여야 한다.

대표문제 상 중 하

> **물권변동에 관한 설명으로 옳지 않은 것은?** (다툼이 있으면 판례에 따름) 제26회
>
> ① 별도의 공시방법을 갖추면 토지 위에 식재된 입목은 그 토지와 독립하여 거래의 객체로 할 수 있다.
> ② 지역권은 20년간 행사하지 않으면 시효로 소멸한다.
> ③ 취득시효에 의한 소유권취득의 효력은 점유를 개시한 때로 소급한다.
> ④ 부동산 공유자가 자기 지분을 포기한 경우, 그 지분은 이전등기 없이도 다른 공유자에게 각 지분의 비율로 귀속된다.
> ⑤ 공유물분할의 조정절차에서 협의에 의하여 조정조서가 작성되더라도 그 즉시 공유관계가 소멸하지는 않는다.

해설

④ 공유지분의 포기는 법률행위로서 상대방 있는 단독행위에 해당하므로, 부동산 공유자의 공유지분 포기의 의사표시가 다른 공유자에게 도달하더라도 이로써 곧바로 공유지분 포기에 따른 물권변동의 효력이 발생하는 것은 아니고, 다른 공유자는 자신에게 귀속될 공유지분에 관하여 소유권이전등기청구권을 취득하며, 이후 민법 제186조에 의하여 등기를 하여야 공유지분 포기에 따른 물권변동의 효력이 발생한다(대판 2016.10.27, 2015다52978).
① 입목법에 의하여 등기된 수목의 집단은 토지와 별개의 거래의 객체가 될 수 있다.
② 지역권은 20년간 행사하지 않으면 시효로 인하여 소멸한다(제162조 제2항 참조).
③ 취득시효에 의한 소유권취득의 효력은 점유를 개시한 때에 소급한다(제247조 제1항 참조).
⑤ 공유물분할의 소송절차 또는 조정절차에서 공유자 사이에 공유토지에 관한 현물분할의 협의가 성립하여 그 합의사항을 조서에 기재함으로써 조정이 성립하였다고 하더라도, 그와 같은 사정만으로 재판에 의한 공유물분할의 경우와 마찬가지로 그 즉시 공유관계가 소멸하고 각 공유자에게 그 협의에 따른 새로운 법률관계가 창설되는 것은 아니고, 공유자들이 협의한 바에 따라 토지의 분필절차를 마친 후 각 단독소유로 하기로 한 부분에 관하여 다른 공유자의 공유지분을 이전받아 등기를 마침으로써 비로소 그 부분에 대한 대세적 권리로서의 소유권을 취득하게 된다고 보아야 한다(대판 전합 2013.11.21, 2011두1917).

☑ 정답 ④

01 물권에 관한 설명으로 옳지 않은 것은? (다툼이 있으면 판례에 따름)
상중하
① 특별한 사정이 없으면, 물건의 일부는 물권의 객체가 될 수 없다.
② 권원 없이 타인의 토지에 심은 수목은 독립한 물권의 객체가 될 수 없다.
③ 종류, 장소 또는 수량지정 등의 방법으로 특정할 수 있으면 수량이 변동하는 동산의 집합도 하나의 물권의 객체가 될 수 있다.
④ 소유권을 비롯한 물권은 소멸시효의 적용을 받지 않는다.
⑤ 소유권을 상실한 전(前)소유자는 물권적 청구권을 행사할 수 없다.

02 물권의 객체에 관한 설명으로 옳은 것은? (다툼이 있으면 판례에 따름)
상중하
① 지상권은 물건이 아니므로 저당권의 객체가 될 수 없다.
② 법률상 공시방법이 인정되지 않는 유동집합물이라도 특정성이 있으면 이를 양도담보의 목적으로 할 수 있다.
③ 저당권과 질권은 서로 다른 물권이므로 하나의 물건에 관하여 동시에 성립할 수 있다.
④ 토지소유권은 토지의 상하에 미치므로 지상공간의 일부만을 대상으로 하는 구분지상권은 원칙적으로 허용되지 않는다.
⑤ 기술적인 착오 없이 작성된 지적도에서의 경계가 현실의 경계와 다르다면, 토지소유권의 범위는 원칙적으로 현실의 경계를 기준으로 확정하여야 한다.

03 물권에 관한 설명으로 옳은 것은? (다툼이 있으면 판례에 따름)
상중하
① 지상권은 본권이 아니다.
② 온천에 관한 권리는 관습법상의 물권이다.
③ 타인의 토지에 대한 관습법상의 물권으로서 통행권이 인정된다.
④ 근린공원을 자유롭게 이용한 사정만으로 공원이용권이라는 배타적 권리를 취득하였다고 볼 수는 없다.
⑤ 미등기 무허가건물의 양수인은 소유권이전등기를 경료받지 않아도 소유권에 준하는 관습법상의 물권을 취득한다.

04 물권에 관한 설명으로 옳지 않은 것은? (다툼이 있으면 판례에 따름) 제24회

상중하

① 물권법정주의에 관한 민법 제185조의 "법률"에는 규칙이나 지방자치단체의 조례가 포함되지 않는다.

② 온천에 관한 권리는 독립한 물권으로 볼 수 없다.

③ 일물일권주의 원칙상 특정 양만장 내의 뱀장어들 전부에 대해서는 1개의 양도담보권을 설정할 수 없다.

④ 사용·수익권능이 영구적·대세적으로 포기된 소유권은 특별한 사정이 없는 한 허용될 수 없다.

⑤ 소유권에 기한 물권적 청구권은 소멸시효의 대상이 아니다.

05 부동산매매계약으로 인한 등기청구권에 관한 설명으로 옳은 것을 모두 고른 것은?

상중하 (다툼이 있으면 판례에 따름) 제25회

> ㉠ 부동산 매수인이 목적 부동산을 인도받아 계속 점유하는 경우, 그 소유권이전등기청구권의 소멸시효는 진행되지 않는다.
> ㉡ 부동산 매수인 甲이 목적 부동산을 인도받아 이를 사용·수익하다가 乙에게 그 부동산을 처분하고 그 점유를 승계하여 준 경우, 甲의 소유권이전등기청구권의 소멸시효는 진행되지 않는다.
> ㉢ 부동산매매로 인한 소유권이전등기청구권은 특별한 사정이 없는 한 권리의 성질상 양도가 제한되고 양도에 채무자의 승낙이나 동의를 요한다.

① ㉠   ② ㉢
③ ㉠, ㉡   ④ ㉡, ㉢
⑤ ㉠, ㉡, ㉢

06 물권적 청구권에 관한 설명으로 옳지 않은 것은? (다툼이 있으면 판례에 따름)

상중하

① 물권적 청구권은 물권과 분리하여 양도하지 못한다.

② 물권적 청구권을 보전하기 위하여 가등기를 할 수 있다.

③ 미등기건물을 매수한 사람은 소유권이전등기를 갖출 때까지 그 건물의 불법점유자에게 직접 자신의 소유권에 기하여 인도를 청구하지 못한다.

④ 토지소유자는 권원 없이 그의 토지에 건물을 신축·소유한 사람으로부터 건물을 매수하여 그 권리의 범위에서 점유하는 사람에게 건물의 철거를 청구할 수 있다.

⑤ 소유권에 기한 말소등기청구권은 소멸시효의 적용을 받지 않는다.

07 물권적 청구권에 관한 설명으로 옳은 것은? (다툼이 있으면 판례에 따름) 제27회
상중하
① 지상권을 설정한 토지소유권자는 그 토지에 대한 불법점유자에 대하여 물권적 청구권을 행사할 수 없다.
② 점유를 상실하여 현실적으로 점유하고 있지 아니한 불법점유자에 대하여 소유자는 그 소유물의 인도를 청구할 수 있다.
③ 소유권을 상실한 전(前)소유자가 그 물건의 양수인에게 인도의무를 부담하는 경우, 제3자인 불법점유자에 대하여 소유권에 기한 물권적 청구권을 행사할 수 있다.
④ 소유자는 소유권을 현실적으로 방해하지 않고 그 방해를 할 염려있는 행위를 하는 자에 대하여도 그 예방을 청구할 수 있다.
⑤ 지역권자는 지역권의 행사를 방해하는 자에게 승역지의 반환청구를 할 수 있다.

08 등기를 마치지 않더라도 물권변동의 효력이 발생하는 경우는? (다툼이 있으면 판례에 따름)
상중하
① 지상권설정계약에 따른 지상권의 취득
② 피담보채권의 시효소멸에 따른 저당권의 소멸
③ 공익사업에 필요한 토지에 관하여 토지소유자와 관계인 사이의 협의에 의한 토지소유권의 취득
④ 공유토지의 현물분할에 관한 조정조서의 작성에 따른 공유관계의 소멸
⑤ 당사자 사이의 법률행위를 원인으로 한 소유권이전등기절차 이행의 소에서 승소판결에 따른 소유권의 취득

09 부동산소유권의 변동을 위해 등기를 요하는 것을 모두 고른 것은? (다툼이 있으면 판례에 따름)

> ㉠ 甲이 자기 소유의 X토지를 친구 乙에게 사인증여한 후, 甲이 사망하여 乙이 X토지를 취득하는 경우
> ㉡ 甲·乙·丙 3인으로 구성된 조합에서 甲이 X토지에 관한 합유지분을 포기하여 그의 지분이 乙과 丙에게 균분으로 귀속되는 경우
> ㉢ 甲이 X토지에 관해 乙에게 소를 제기하여 법원으로부터 '乙은 甲에게 2023.2.1.자 매매계약을 원인으로 X토지의 소유권이전등기절차를 이행하라'는 확정판결을 받아 이에 기해 甲이 소유권을 취득하는 경우
> ㉣ 甲 소유의 X토지를 乙이 20년간 소유의 의사로 평온·공연하게 점유하여 점유취득시효의 요건이 완성되어 乙이 소유권을 취득하는 경우

① ㉠, ㉡   ② ㉠, ㉢   ③ ㉢, ㉣
④ ㉡, ㉢, ㉣   ⑤ ㉠, ㉡, ㉢, ㉣

10 부동산에 관한 등기 또는 등기청구권 등에 관한 설명으로 옳지 않은 것은? (다툼이 있으면 판례에 따름)

① 甲 → 乙 → 丙의 순으로 매매계약이 체결된 경우, 3자간 중간생략등기의 합의가 있더라도 乙의 甲에 대한 소유권이전등기청구권이 소멸되는 것은 아니다.

② 가등기에 의하여 순위 보전의 대상이 되어 있는 물권변동청구권이 양도된 경우, 양도인과 양수인의 공동신청으로 그 가등기상 권리의 이전등기를 가등기에 대한 부기등기의 형식으로 경료할 수 있다.

③ 무효인 3자간 등기명의신탁에서 부동산을 매수하여 인도받아 계속 점유하는 명의신탁자의 매도인에 대한 소유권이전등기청구권은 소멸시효에 걸리지 않는다.

④ 매수인의 매도인에 대한 소유권이전청구권 보전을 위한 가등기가 경료된 경우, 소유권이전등기를 청구할 어떤 법률관계가 있다고 추정되지 않는다.

⑤ 임야소유권 이전등기에 관한 특별조치법에 의한 소유권보존등기가 경료된 임야에 관하여 그 임야를 사정받은 사람이 따로 있는 것이 사후에 밝혀졌다면, 그 등기는 실체적 권리관계에 부합하는 등기로 추정되지 않는다.

11 X토지가 소유자인 최초 매도인 甲으로부터 중간 매수인 乙에게, 다시 乙로부터 최종 매수인 丙에게 순차로 매도되었다. 한편 甲, 乙, 丙은 전원의 의사합치로 X토지에 대하여 甲이 丙에게 직접 소유권이전등기를 하기로 하는 중간생략등기의 합의를 하였다. 이에 관한 설명으로 옳은 것을 모두 고른 것은? (다툼이 있으면 판례에 따름)

제25회

> ㉠ 중간생략등기합의로 인해 乙의 甲에 대한 소유권이전등기청구권은 소멸한다.
> ㉡ 중간생략등기합의 후 甲과 乙 사이에 매매대금을 인상하기로 약정한 경우, 甲은 인상된 매매대금이 지급되지 않았음을 이유로 丙 명의로의 소유권이전등기의무의 이행을 거절할 수 있다.
> ㉢ 만약 X토지가 토지거래허가구역 내의 토지라면, 丙이 자신과 甲을 매매 당사자로 하는 토지거래허가를 받아 자신 앞으로 소유권이전등기를 경료하였더라도 그 소유권이전등기는 무효이다.

① ㉠
② ㉢
③ ㉠, ㉡
④ ㉡, ㉢
⑤ ㉠, ㉡, ㉢

12 甲은 자신의 X토지를 乙에게 매도하였고, 乙은 X토지를 丙에게 전매하였다. 다음 설명으로 옳지 않은 것을 모두 고른 것은? (다툼이 있으면 판례에 따름)

> ㉠ 甲, 乙, 丙 사이에 중간생략등기에 관한 합의가 있다면, 甲의 乙에 대한 소유권이전등기의무는 소멸한다.
> ㉡ 乙의 甲에 대한 소유권이전등기청구권의 양도는 甲에 대한 통지만으로 대항력이 생긴다.
> ㉢ 甲, 乙, 丙 사이에 중간생략등기에 관한 합의가 없다면, 중간생략등기가 이루어져서 실체관계에 부합하더라도 그 등기는 무효이다.
> ㉣ 甲, 乙, 丙 사이에 중간생략등기에 관한 합의가 있은 후 甲·乙간의 특약으로 매매대금을 인상한 경우, 甲은 인상된 매매대금의 미지급을 이유로 丙에 대한 소유권이전등기의무의 이행을 거절할 수 있다.

① ㉠, ㉡
② ㉡, ㉢
③ ㉢, ㉣
④ ㉠, ㉡, ㉢
⑤ ㉡, ㉢, ㉣

13 등기의 추정력이 깨지는 경우를 모두 고른 것은? (다툼이 있으면 판례에 따름)
상중하
제23회

> ㉠ 건물 소유권보존등기의 명의자가 건물을 신축한 것이 아닌 경우
> ㉡ 등기부상 등기명의자의 공유지분의 분자 합계가 분모를 초과하는 경우
> ㉢ 소유권보존등기의 명의인이 부동산을 양수받은 것이라 주장하는데 전(前) 소유자가 양도사실을 부인하는 경우

① ㉠　　　　　　② ㉡　　　　　　③ ㉠, ㉢
④ ㉡, ㉢　　　　⑤ ㉠, ㉡, ㉢

14 등기에 관한 설명으로 옳은 것은? (다툼이 있으면 판례에 따름)　제26회
상중하
① 등기는 물권의 효력발생요건이자 효력존속요건에 해당한다.
② 동일인 명의로 소유권보존등기가 중복으로 된 경우에는 특별한 사정이 없는 한 후행등기가 무효이다.
③ 매도인이 매수인에게 소유권이전등기를 마친 후 매매계약의 합의해제에 따른 매도인의 등기말소청구권의 법적 성질은 채권적 청구권이다.
④ 소유자의 대리인으로부터 토지를 적법하게 매수하였더라도 소유권이전등기가 위조된 서류에 의하여 마쳐졌다면 그 등기는 무효이다.
⑤ 무효등기의 유용에 관한 합의는 반드시 명시적으로 이루어져야 한다.

15 부동산등기에 관한 설명으로 옳지 않은 것은? (다툼이 있으면 판례에 따름)
상중하
① 가등기된 권리의 이전등기는 가등기에 대한 부기등기의 형식으로 할 수 있다.
② 근저당권등기가 원인 없이 말소된 경우, 그 회복등기가 마쳐지기 전이라도 말소된 등기의 등기명의인은 적법한 권리자로 추정된다.
③ 청구권보전을 위한 가등기에 기하여 본등기가 경료되면 본등기에 의한 물권변동의 효력은 가등기한 때로 소급하여 발생한다.
④ 소유권이전등기의 원인으로 주장된 계약서가 진정하지 않은 것으로 증명되었다면 그 등기의 적법추정은 복멸된다.
⑤ 동일 부동산에 관하여 등기명의인을 달리하여 중복된 소유권보존등기가 경료된 경우, 선행보존등기가 원인무효가 아닌 한 후행보존등기는 실체관계에 부합하더라도 무효이다.

16 청구권보전을 위한 가등기에 관한 설명으로 옳은 것은? (다툼이 있으면 판례에 따름)

상중하   제27회

① 소유권이전등기청구권 보전을 위한 가등기가 있는 경우, 소유권이전등기를
   청구할 어떤 법률관계가 있다고 추정된다.
② 가등기된 소유권이전등기청구권은 타인에게 양도될 수 없다.
③ 가등기에 기하여 본등기가 마쳐진 경우, 본등기에 의한 물권변동의 효력은
   가등기한 때로 소급하여 발생한다.
④ 가등기 후에 제3자에게 소유권이전등기가 이루어진 경우, 가등기권리자는
   가등기 당시의 소유명의인이 아니라 현재의 소유명의인에게 본등기를 청구
   하여야 한다.
⑤ 가등기권리자는 가등기에 기하여 무효인 중복된 소유권보존등기의 말소를
   구할 수 없다.

17 동산의 선의취득에 관한 설명으로 옳지 않은 것은? (다툼이 있으면 판례에 따름)

상중하

① 등기나 등록에 의하여 공시되는 동산은 원칙적으로 선의취득의 대상이 될
   수 없다.
② 선의취득이 성립하기 위해서는 양도인이 무권리자라고 하는 점을 제외하고
   는 아무런 흠이 없는 거래행위이어야 한다.
③ 양도인이 제3자에 대한 반환청구권을 양수인에게 양도하고 지명채권 양도
   의 대항요건을 갖춘 경우, 선의취득에 필요한 점유의 취득 요건을 충족한다.
④ 동산질권의 선의취득을 저지하기 위해서는 취득자의 점유취득의 과실에 의
   한 것임을 동산의 소유자가 증명하여야 한다.
⑤ 양수인이 도품을 공개시장에서 선의·무과실로 매수한 경우, 피해자는 양수
   인이 지급한 대가를 변상하고 그 물건의 반환을 청구할 수 있다.

18 물권의 소멸에 관한 설명으로 옳지 않은 것은? (다툼이 있으면 판례에 따름)
상중하
① X토지에 甲이 1번 저당권, 乙이 2번 저당권을 취득하고, 丙이 X토지를 가압류한 후 乙이 X토지를 매수하여 소유권을 취득한 경우 乙의 저당권은 혼동으로 소멸하지 않는다.
② 유치권자가 유치권 성립 후에 이를 포기하는 의사표시를 한 경우에도 점유를 반환하여야 유치권은 소멸한다.
③ 점유권과 소유권은 혼동으로 소멸하지 아니한다.
④ 지역권은 20년간 행사하지 않으면 시효로 소멸한다.
⑤ 후순위 저당권이 존재하는 주택을 대항력을 갖춘 임차인이 경매절차에서 매수한 경우, 임차권은 혼동으로 소멸한다.

19 선의취득에 관한 설명으로 옳지 않은 것은? (다툼이 있으면 판례에 따름)
상중하
① 경매에 의해서는 동산을 선의취득할 수 없다.
② 점유개정에 의한 인도로는 선의취득이 인정되지 않는다.
③ 동산질권도 선의취득할 수 있다.
④ 선의취득자는 임의로 선의취득의 효과를 거부하고 종전 소유자에게 동산을 반환받아 갈 것을 요구할 수 없다.
⑤ 점유보조자가 횡령한 물건은 민법 제250조의 도품·유실물에 해당하지 않는다.

20 선의취득에 관한 설명으로 옳지 않은 것은? (다툼이 있으면 판례에 따름)
상중하
① 명인방법에 의하여 공시되는 수목의 집단 중 토지로부터 분리된 수목은 선의취득의 대상이 될 수 있다.
② 무권리자로부터 연립주택의 입주권을 평온·공연하게 선의·무과실로 매수하더라도 매수인은 입주권에 관한 선의취득을 주장할 수 없다.
③ 법정대리인의 동의를 받지 않은 미성년자로부터 타인 소유의 자전거를 선의로 매수한 자는 그 미성년자가 제한능력을 이유로 매매계약을 취소하더라도 선의취득에 기해 그 자전거의 소유권을 취득한다.
④ 甲 소유의 발전기를 임차하여 공장에서 사용 중인 乙이 발전기의 소유자를 乙로 오신한 丙에게 그 발전기를 매도함과 동시에 이를 丙으로부터 임차하여 점유의 이전없이 공장에서 계속 사용하고 있는 경우, 丙은 발전기의 소유권을 선의취득 할 수 없다.
⑤ 선의취득의 대상이 된 금반지가 유실물일 때에는 유실자는 유실한 날로부터 2년 내에 그 금반지의 반환을 청구할 수 있다.

점유권

🔗 **연계학습** 기본서 p.425~443

단·원·열·기

이 장은 매년 1~2문제 정도 출제되는 부분이다. 단순한 암기보다는 물권법 전체적인 이해가 필요하다. '물권적 청구권', '제186조와 제187조의 차이점', '물권의 객체' 위주로 학습하여야 한다.

대표문제 상⊙하

자주점유에 관한 설명으로 옳지 않은 것은? (다툼이 있으면 판례에 따름)   제27회

① 자주점유는 소유자와 동일한 지배를 하려는 의사를 가지고 하는 점유를 의미한다.

② 매매계약이 무효가 되는 사정이 있음을 알지 못하고 부동산을 매수한 자의 점유는 후일 그 매매가 무효로 되면 그 점유의 성질이 타주점유로 변한다.

③ 동산의 무주물선점에 의한 소유권취득은 자주점유인 경우에 인정된다.

④ 무허가 건물 부지가 타인의 소유라는 사정을 알면서 그 건물만을 매수한 경우, 특별한 사정이 없는 한 매수인의 그 부지에 대한 자주점유는 인정되지 않는다.

⑤ 타주점유자가 자신의 명의로 소유권이전등기를 마친 것만으로는 점유시킨 자에 대하여 소유의 의사를 표시한 것으로 인정되지 않으므로 자주점유로 전환되었다고 볼 수 없다.

해설

② 부동산 매수인이 부동산을 매수하여 그 점유를 개시하였다면 설사 매매계약에 무효사유가 있어 그 소유권을 적법히 취득하지 못한다는 사정을 인식하였다 하더라도 그 점유 자체에 소유의 의사가 없다고 볼 것은 아니다(대판 1992.10.27, 92다30375).

① 소유의 의사로 점유한다고 함은 소유자와 동일한 지배를 하는 의사로 점유한다는 것을 의미하는 것이고 점유자가 그 물건의 소유자임을 믿고 있어야 하는 것은 아니다(대판 1980.5.27, 80다671).

③ 무주의 동산을 소유의 의사로 점유한 자는 그 소유권을 취득한다(제252조 제1항).

④ 무허가건물을 매수할 당시에 이미 그 건물의 부지가 타인의 소유라는 사정을 잘 알면서도 건물만을 매수한 후 그 건물 부지에 대한 점유를 개시한 경우, 매수인이 그 건물 부지에 대한 점유를 개시할 당시에 성질상 소유권 취득의 원인이 될 수 있는 법률행위 기타 법률요건이 없이 그와 같은 법률요건이 없다는 사정을 알면서 점유한 것이므로, 매수인이 그 건물 부지를 소유의 의사로 점유한 것이라는 추정은 깨어졌다고 보아야 하고, 달리 특별한 사정이 없는 한 그의 점유는 타주점유로 보아야 한다(대판 1998.3.13, 97다55447).

⑤ 타주점유가 자주점유로 전환하는 데에는 그 명의로 소유권이전등기를 마쳤다는 사실만으로는 부족하고 그 점유자가 자기에게 점유를 시킨 자에 대하여 소유의 의사가 있는 것을 표시하거나 또는 신권원에 의하여 다시 소유의 의사로서 점유를 시작하지 아니하면 점유는 그 성질을 변하지 아니하는 것이다(대판 1966.10.18, 66다1256).

☑ 정답 ②

01 점유에 관한 설명으로 옳지 않은 것은? (다툼이 있으면 판례에 따름) _{제22회}
상중하

① 과실(過失)없이 과실(果實)을 수취하지 못한 악의의 점유자는 회복자에 대하여 그 과실(果實)의 대가를 보상하여야 한다.

② 전후 양시에 점유한 사실이 있는 때에는 그 점유는 계속한 것으로 추정한다.

③ 점유자가 점유하고 있는 동산에 대하여 행사하는 권리는 적법하게 보유한 것으로 추정함이 원칙이다.

④ 선의의 점유자라도 본권에 관한 소에 패소한 때에는 그 소가 제기된 때로부터 악의의 점유자로 본다.

⑤ 타주점유자에게도 유익비상환청구권이 인정될 수 있다.

02 점유에 관한 설명으로 옳은 것은? (다툼이 있으면 판례에 따름)
상중하

① 제3자가 직접점유자의 점유를 방해한 경우, 특별한 사정이 없는 한 간접점유자에게는 점유권에 기한 방해배제청구권이 인정되지 않는다.

② 취득시효의 요건인 점유에는 간접점유가 포함되지 않는다.

③ 소유권의 시효취득을 주장하는 점유자는 특별한 사정이 없는 한 자신의 점유가 자주점유에 해당함을 증명하여야 한다.

④ 선의의 점유자가 본권에 관한 소에 패소한 경우, 그 자는 패소가 확정된 때부터 악의의 점유자로 본다.

⑤ 양도인이 등기부상의 명의인과 동일인이며 그 명의를 의심할 만한 특별한 사정이 없는 경우, 그 부동산을 양수하여 인도받은 자는 과실(過失) 없는 점유자에 해당한다.

03 자주점유에 관한 설명으로 옳지 않은 것은? (다툼이 있으면 판례에 따름) _{제25회}
상중하

① 부동산의 점유자가 지적공부 등의 관리주체인 국가나 지방자치단체인 경우에는 자주점유로 추정되지 않는다.

② 매매로 인한 점유의 승계가 있는 경우, 전(前) 점유자의 점유가 타주점유라도 현(現) 점유자가 자기의 점유만을 주장하는 때에는 현(現) 점유자의 점유는 자주점유로 추정된다.

③ 점유자가 스스로 주장한 매매와 같은 자주점유의 권원이 인정되지 않는다는 사유만으로는 자주점유의 추정이 깨진다고 볼 수 없다.

④ 자주점유인지 여부는 점유취득의 원인이 될 권원의 성질이나 점유와 관계가 있는 모든 사정에 의하여 외형적·객관적으로 결정되어야 한다.

⑤ 자주점유에서 소유의 의사는 사실상 소유할 의사가 있는 것으로 충분하다.

04 자주점유에 관한 설명으로 옳지 않은 것은? (다툼이 있으면 판례에 따름)
상중하
① 점유매개자의 점유는 타주점유에 해당한다.
② 부동산의 매매 당시에는 그 무효를 알지 못하였으나 이후 매매가 무효임이 밝혀지더라도 특별한 사정이 없는 한, 매수인의 점유는 여전히 자주점유이다.
③ 양자간 등기명의신탁에 있어서 부동산의 명의수탁자의 상속인에 의한 점유는 특별한 사정이 없는 한, 자주점유에 해당하지 않는다.
④ 공유토지 전부를 공유자 1인이 점유하고 있는 경우, 특별한 사정이 없는 한 다른 공유자의 지분비율 범위에 대해서는 타주점유에 해당한다.
⑤ 자주점유의 판단기준인 소유의 의사 유무는 점유취득의 원인이 된 권원의 성질이 아니라 점유자의 내심의 의사에 따라 결정된다.

05 점유에 관한 설명으로 옳지 않은 것은? (다툼이 있으면 판례에 따름) 제26회
상중하
① 건물에 대하여 유치권을 행사하는 자는 건물의 부지를 점유하는 자에 해당하지 않는다.
② 미등기건물을 양수하여 사실상의 처분권을 가진 자는 토지소유자에 대하여 건물부지의 점유·사용에 따른 부당이득반환의무를 진다.
③ 간접점유가 인정되기 위해서는 직접점유자와 간접점유자 사이에 점유매개관계가 존재하여야 한다.
④ 계약명의신탁약정에 따라 명의수탁자 명의로 등기된 부동산을 명의신탁자가 점유하는 경우, 특별한 사정이 없는 한 명의신탁자의 점유는 타주점유에 해당한다.
⑤ 선의의 타주점유자는 자신에게 책임있는 사유로 점유물이 멸실되더라도 현존이익의 범위에서만 손해배상책임을 진다.

06 점유자와 회복자의 관계에 관한 설명으로 옳은 것은? (다툼이 있으면 판례에 따름)

① 지상권자는 선의점유자라도 자주점유자가 아니므로 과실수취권이 인정되지 아니한다.

② 타주점유자가 점유물을 반환하는 경우, 점유자는 특별한 사정이 없는 한 회복자에 대하여 점유물을 보존하기 위하여 지출한 금액의 상환을 청구할 수 있다.

③ 악의의 점유자는 과실(過失)없이 과실(果實)을 수취하지 못한 경우에도 그 대가를 보상하여야 한다.

④ 점유물이 점유자의 책임있는 사유로 멸실된 경우, 선의의 타주점유자는 이익이 현존하는 한도에서 배상하여야 한다.

⑤ 점유자가 점유물에 유익비를 지출한 경우, 특별한 사정이 없는 한 점유자는 회복자에 대하여 그 가액의 증가가 현존한 경우에 한하여 점유자의 선택에 좇아 그 지출금액이나 증가액의 상환을 청구할 수 있다.

07 점유자와 회복자의 관계에 관한 설명으로 옳은 것은? (다툼이 있으면 판례에 따름)

① 선의의 점유자라도 점유물의 사용으로 인한 이익은 회복자에게 반환하여야 한다.

② 임차인이 지출한 유익비는 임대인이 아닌 점유회복자에 대해서도 민법 203조 제2항에 근거하여 상환을 청구할 수 있다.

③ 과실수취권 있는 선의의 점유자란 과실수취권을 포함하는 본권을 가진다고 오신할 만한 정당한 근거가 있는 점유자를 가리킨다.

④ 선의점유자에 대해서는 점유에 있어서의 과실(過失)유무를 불문하고 불법행위를 이유로 한 손해배상책임이 배제된다.

⑤ 점유물이 타주점유자의 책임 있는 사유로 멸실된 경우, 그가 선의의 점유자라면 현존이익의 범위에서 손해배상책임을 진다.

08 점유보호청구권에 관한 설명으로 옳지 않은 것은? (다툼이 있으면 판례에 따름)

① 점유물방해제거청구권의 행사기간은 출소기간이다.

② 점유보조자에게는 점유물방해제거청구권이 인정되지 않는다.

③ 직접점유자가 임의로 점유를 타인에게 이전한 경우, 그 점유이전이 간접점유자의 의사에 반하더라도 간접점유자의 점유가 침탈된 경우에 해당하지 않는다.

④ 점유자가 점유의 침탈을 당한 경우, 침탈자의 특별승계인이 악의인 때에도 그 특별승계인에게 점유물반환청구권을 행사할 수 없다.

⑤ 공사로 인하여 점유의 방해를 받은 경우, 공사착수 후 1년을 경과하거나 그 공사가 완성된 때에는 방해의 제거를 청구하지 못한다.

03
Chapter

소유권

🔗 **연계학습** 기본서 p.444~487

단·원·열·기

이 장은 매년 1~2문제 정도 출제되는 부분이다. '상린관계', '취득시효', '공동소유' 위주의 학습이 필요하다.

01 상린관계

대표문제 상중하

상린관계에 관한 설명으로 옳지 않은 것은? (다툼이 있으면 판례에 따름)

① 인접하는 토지를 소유한 자들이 공동비용으로 통상의 경계표를 설치하는 경우, 다른 관습이 없으면 측량비용은 토지의 면적에 비례하여 부담한다.

② 지상권자 상호간에도 상린관계에 관한 규정이 준용된다.

③ 주위토지통행권은 장래의 이용을 위하여 인정될 수 있으므로, 그 범위와 관련하여 장래의 이용상황까지 미리 대비하여 통행로를 정할 수 있다.

④ 건물을 축조함에는 특별한 관습이 없으면 경계로부터 반미터 이상의 거리를 두어야 한다.

⑤ 경계에 설치된 경계표나 담은 특별한 사정이 없는 한, 상린자의 공유로 추정한다.

[해설]

③ 통행권의 범위는 현재의 토지의 용법에 따른 이용의 범위에서 인정할 수 있을 뿐, 장래의 이용상황까지 미리 대비하여 정할 것은 아니다(대판 2006.10.26, 2005다30993).

① 경계표나 담의 설치비용은 쌍방이 절반하여 부담한다. 그러나 측량비용은 토지의 면적에 비례하여 부담한다(제237조 제2항).

② 지상권에도 상린관계가 준용된다(제290조 제1항).

④ 건물을 축조함에는 특별한 관습이 없으면 경계로부터 반미터 이상의 거리를 두어야 한다(제242조 제1항).

⑤ 경계에 설치된 경계표, 담, 구거 등은 상린자의 공유로 추정한다(제239조 본문).

✅ 정답 ③

01 상린관계에 관한 설명으로 옳지 않은 것은?

① 경계에 설치된 담이 공유인 경우, 공유자는 그 분할을 청구할 수 있다.

② 인접하여 토지를 소유하는 자는 다른 관습이 없으면 공동비용으로 통상의 경계표나 담을 설치할 수 있다.

③ 경계표 설치를 위한 측량비용은 다른 관습이 없으면 토지의 면적에 비례하여 부담한다.

④ 인접지의 수목뿌리가 경계를 넘은 경우, 토지소유자는 임의로 그 뿌리를 제거할 수 있다.

⑤ 건물을 축조함에는 특별한 관습 또는 약정이 없으면 경계로부터 반미터 이상의 거리를 두어야 한다.

02 상린관계에 관한 설명 중 가장 옳지 않은 것은?

① 분할로 인하여 공로로 통하지 못하는 토지가 있는 때에는 그 토지소유자는 공로에 출입하기 위하여 다른 분할자의 토지를 통행할 수 있고, 이 경우 통행권자는 통행지 소유자의 손해를 보상하여야 한다.

② 농·공업의 경영에 이용하는 수로 기타 공작물의 소유자나 몽리자의 특별승계인은 그 용수에 관한 전 소유자나 몽리자의 권리의무를 승계한다.

③ 인접지의 수목뿌리가 경계를 넘은 때에는 임의로 제거할 수 있다.

④ 토지소유자는 그 소유지의 물을 소통하기 위하여 이웃 토지소유자가 시설한 공작물을 사용할 수 있고, 이를 사용하는 자는 그 이익을 받는 비율로 공작물의 설치와 보존의 비용을 분담하여야 한다.

⑤ 인접하여 토지를 소유하는 자들이 통상의 담을 설치하는 경우 다른 관습이 없으면 그 설치비용은 소유 토지의 면적에 관계없이 쌍방이 절반씩 부담한다.

03 부합에 관한 설명으로 옳지 않은 것은? (다툼이 있으면 판례에 따름)

상중하

① 부동산에의 부합 이외에 동산 상호간의 부합도 인정된다.
② 동산 이외의 부동산은 부합물이 될 수 없다.
③ 동일인 소유의 부동산과 동산 상호간에는 원칙적으로 부합이 인정되지 않는다.
④ 분리가 가능하지만 분리할 경우 상호 부착되거나 결합된 물건의 경제적 가치가 심하게 손상되는 경우에도 부합이 인정된다.
⑤ 부동산의 소유자는 원칙적으로 그 부동산에 부합한 물건의 소유권을 취득한다.

04 첨부에 관한 설명으로 옳지 않은 것은? (다툼이 있으면 판례에 따름)

상중하

① 주종을 구별할 수 있는 동산들이 부합하여 분리에 과다한 비용을 요할 경우, 그 합성물의 소유권은 주된 동산의 소유자에게 속한다.
② 타인이 권원에 의하여 부동산에 부속시킨 동산이 그 부동산과 분리되면 경제적 가치가 없는 경우, 그 동산의 소유권은 부동산 소유자에게 속한다.
③ 양도담보권의 목적인 주된 동산에 甲소유의 동산이 부합되어 甲이 그 소유권을 상실하는 손해를 입은 경우, 특별한 사정이 없는 한 甲은 양도담보권자를 상대로 보상을 청구할 수 있다.
④ 타인의 동산에 가공한 경우, 가공으로 인한 가액의 증가가 원재료의 가액보다 현저히 다액인 때에는 가공자의 소유로 한다.
⑤ 건물의 증축 부분이 기존 건물에 부합하여 기존 건물과 분리해서는 별개의 독립물로서의 효용을 갖지 못하는 경우, 기존 건물에 대한 경매절차에서 경매목적물로 평가되지 않았더라도 매수인은 부합된 증축 부분의 소유권을 취득한다.

02 취득시효

대표문제 상 중 하

부동산점유취득시효에 관한 설명으로 옳지 않은 것은? (다툼이 있으면 판례에 따름)

제26회

① 부동산에 대한 압류 또는 가압류는 취득시효의 중단사유에 해당하지 않는다.

② 취득시효기간 중 계속해서 등기명의자가 동일한 경우, 점유개시 후 임의의 시점을 시효기간의 기산점으로 삼을 수 있다.

③ 시효완성자는 시효완성 당시의 진정한 소유자에 대하여 채권적 등기청구권을 가진다.

④ 시효완성 후 그에 따른 소유권이전등기 전에 소유자가 부동산을 처분하면 시효완성자에 대하여 채무불이행책임을 진다.

⑤ 시효완성자가 소유자에게 등기이전을 청구하더라도 특별한 사정이 없는 한, 부동산의 점유로 인한 부당이득반환의무를 지지 않는다.

[해설]

④ 부동산 점유자에게 시효취득으로 인한 소유권이전등기청구권이 있다고 하더라도 이로 인하여 부동산 소유자와 시효취득자 사이에 계약상의 채권·채무관계가 성립하는 것은 아니므로, 그 부동산을 처분한 소유자에게 채무불이행 책임을 물을 수 없다(대판 1995.7.11, 94다4509).

① 취득시효기간의 완성 전에 부동산에 압류 또는 가압류 조치가 이루어졌다고 하더라도 이로써 종래의 점유상태의 계속이 파괴되었다고는 할 수 없으므로 이는 취득시효의 중단사유가 될 수 없다(대판 2019.4.3, 2018다296878).

② 취득시효를 주장하는 자는 소유자의 변동이 없는 토지에 관하여는 취득시효의 기산점을 임의로 선택할 수 있다(대판 1992.11.10, 92다20774).

③ 부동산에 대한 점유취득시효 완성을 원인으로 하는 소유권이전등기청구권은 채권적 청구권으로서, 취득시효가 완성된 점유자가 그 부동산에 대한 점유를 상실한 때로부터 10년간 이를 행사하지 아니하면 소멸시효가 완성한다(대판 1995.12.5, 95다24241).

⑤ 부동산에 대한 취득시효가 완성되면 점유자는 소유명의자에 대하여 취득시효완성을 원인으로 한 소유권이전등기절차의 이행을 청구할 수 있고 소유명의자는 이에 응할 의무가 있으므로 점유자가 그 명의로 소유권이전등기를 경료하지 아니하여 아직 소유권을 취득하지 못하였다고 하더라도 소유명의자는 점유자에 대하여 점유로 인한 부당이득반환청구를 할 수 없다(대판 1993.5.25, 92다51280).

☑ 정답 ④

05
상 중 하

시효취득을 할 수 없는 것은? (다툼이 있으면 판례에 따름)

① 저당권　　　　　　　　　　　② 계속되고 표현된 지역권

③ 지상권　　　　　　　　　　　④ 국유재산 중 일반재산

⑤ 성명불상자(姓名不詳者)의 토지

06 부동산점유취득시효에 관한 설명으로 옳지 않은 것은? (다툼이 있으면 판례에 따름)

제24회

① 취득시효 완성 당시에는 일반재산이었으나 취득시효 완성 후에 행정재산으로 변경된 경우, 국가를 상대로 소유권이전등기청구를 할 수 없다.

② 점유자가 매매와 같은 자주점유의 권원을 주장하였다가 그 점유권원이 인정되지 않았다는 것만으로는 자주점유의 추정은 번복되지 않는다.

③ 취득시효기간 중 계속해서 등기명의자가 동일한 경우, 점유개시 후 임의의 시점을 시효기간의 기산점으로 삼을 수 있다.

④ 취득시효의 완성을 알고 있는 소유자가 부동산을 선의의 제3자에게 처분하여 소유권이전등기를 마친 경우, 그 소유자는 시효완성자에게 불법행위로 인한 손해배상책임을 진다.

⑤ 취득시효 완성 후 그로 인한 등기 전에 소유자가 저당권을 설정한 경우, 특별한 사정이 없는 한 시효완성자는 등기를 함으로써 저당권의 부담이 없는 소유권을 취득한다.

07 부동산점유취득시효에 관한 설명으로 옳지 않은 것은? (다툼이 있으면 판례에 따름)

제25회

① 시효완성자의 시효이익의 포기는 특별한 사정이 없는 한 시효완성 당시의 원인무효인 등기의 등기부상 소유명의자에게 하여도 그 효력이 있다.

② 점유자가 시효완성 후 점유를 상실하였다고 하더라도 이를 시효이익의 포기로 볼 수 있는 경우가 아닌 한, 이미 취득한 소유권이전등기청구권이 즉시 소멸되는 것은 아니다.

③ 시효완성 당시의 점유자로부터 양수하여 점유를 승계한 현(現) 점유자는 전(前) 점유자의 시효완성의 효과를 주장하여 직접 자기에게로 소유권이전등기를 청구할 수 없다.

④ 시효완성 당시의 소유자는 특별한 사정이 없는 한 시효완성자가 등기를 마치지 않았더라도 그에 대하여 부동산의 점유로 인한 부당이득반환청구를 할 수 없다.

⑤ 시효완성 당시의 소유자는 특별한 사정이 없는 한 시효완성자가 등기를 마치지 않았더라도 그에 대하여 불법점유임을 이유로 그 부동산의 인도를 청구할 수 없다.

08 甲이 20년간 소유의 의사로 평온, 공연하게 乙소유의 X토지를 점유한 경우에 관한
설명으로 옳은 것을 모두 고른 것은? (다툼이 있으면 판례에 따름)

> ㉠ X토지가 미등기 상태라면 甲은 등기 없이도 X토지의 소유권을 취득한다.
> ㉡ 乙은 甲에 대하여 점유로 인한 부당이득반환청구를 할 수 있다.
> ㉢ 乙이 丙에게 X토지를 유효하게 명의신탁한 후 丙이 甲에 대해 소유자로서
>   의 권리를 행사하는 경우, 특별한 사정이 없는 한 甲은 점유취득시효의 완
>   성을 이유로 이를 저지할 수 있다.

① ㉠   ② ㉢
③ ㉠, ㉡   ④ ㉡, ㉢
⑤ ㉠, ㉡, ㉢

09 부동산의 점유취득시효에 관한 설명으로 옳지 않은 것은? (다툼이 있으면 판례에
따름)

① 집합건물의 공용부분은 취득시효에 의한 소유권 취득의 대상이 될 수 없다.
② 시효완성을 이유로 한 소유권취득의 효력은 점유를 개시한 때로 소급하지
   않으며 등기를 함으로써 장래를 향하여 발생한다.
③ 점유자가 점유 개시 당시에 소유권 취득의 원인이 될 수 있는 법률행위가
   없다는 사실을 알면서 타인 소유의 토지를 무단점유한 것이 증명된 경우, 그
   토지 소유권의 시효취득은 인정되지 않는다.
④ 시효완성자는 취득시효의 기산점과 관련하여 점유기간을 통틀어 등기명의
   인이 동일한 경우에는 임의의 시점을 기산점으로 할 수 있다.
⑤ 시효이익의 포기는 특별한 사정이 없는 한, 시효취득자가 취득시효완성 당
   시의 진정한 소유자에 대하여 하여야 한다.

10 취득시효에 관한 설명 중 가장 옳지 않은 것은? (다툼이 있는 경우 판례에 의함)

① 집합건물의 공용부분은 취득시효에 의한 소유권 취득의 대상이 될 수 없다.

② 원래 잡종재산이었던 것이 행정재산으로 된 경우 잡종재산일 당시에 취득시효가 완성되었다고 한다면 취득시효를 원인으로 하는 소유권이전등기를 청구할 수 있다.

③ 점유자가 스스로 매매 등과 같은 자주점유의 권원을 주장하여 이것이 인정되지 않았다고 하더라도 자주점유의 추정이 번복되는 것은 아니다.

④ 점유취득시효로 인한 소유권취득의 효력은 등기를 한 때가 아니라 점유를 개시한 때로 소급한다.

⑤ 취득시효에서 시효이익의 포기는 특별한 사정이 없는 한 시효취득자가 취득시효완성 당시의 진정한 소유자에게 하여야 효력이 발생한다.

11 등기부취득시효에 관한 설명으로 틀린 것을 모두 고른 것은? (다툼이 있으면 판례에 따름)

⊙ 점유자가 소유자로 등기되어 있어야 하는데, 이때의 등기는 적법·유효한 등기이어야 한다.
ⓛ 등기기간은 전 소유자의 등기기간까지 포함하여 10년이면 된다.
ⓒ 공유자의 1인이 공유부동산 중 특정부분만을 점유하여 왔다면 그 특정부분에 대한 공유지분의 범위 내에서만 등기부취득시효할 수 있다.
ⓔ 소유권보존등기가 이중으로 경료되어 뒤에 된 소유권보존등기가 무효로 되는 때에도, 뒤에 된 소유권보존등기를 기초로 한 등기부취득시효의 완성을 주장할 수 있다.
ⓜ 선의·무과실은 등기에 관한 것이 아니라 점유취득에 관한 것이며, 무과실에 관한 증명책임은 시효취득을 주장하는 자에게 있다.

① ㉠, ㉡   ② ㉠, ㉢   ③ ㉢, ㉤
④ ㉠, ㉡, ㉢   ⑤ ㉢, ㉣, ㉤

03 공동소유

대표문제 상 중 하

공유에 관한 설명으로 옳지 않은 것은? (다툼이 있으면 판례에 따름) 제27회

① 공유자는 그 지분권을 다른 공유자의 동의없이 담보로 제공할 수 있다.

② 공유자 중 1인이 다른 공유자의 동의없이 그 공유 토지의 특정부분을 매도하여 타인 명의로 소유권이전등기가 마쳐졌다면 그 등기는 전부무효이다.

③ 공유자가 1년 이상 그 지분비율에 따른 공유물의 관리비용 등의 의무이행을 지체한 경우, 다른 공유자는 상당한 가액으로 그 지분을 매수할 수 있다.

④ 공유물의 소수지분권자가 다른 공유자와 협의없이 공유물의 일부를 독점적으로 점유·사용하고 있는 경우, 다른 소수지분권자는 공유물의 보존행위로서 공유물의 인도를 청구할 수 없다.

⑤ 공유자들이 공유물의 무단점유자에게 가지는 차임상당의 부당이득반환채권은 특별한 사정이 없는 한 가분채권에 해당한다.

해설

② 공유자 중 1인이 다른 공유자의 동의 없이 그 공유 토지의 특정부분을 매도하여 타인 명의로 소유권이전등기가 마쳐졌다면, 그 매도 부분 토지에 관한 소유권이전등기는 처분공유자의 공유지분 범위 내에서는 실체관계에 부합하는 유효한 등기라고 보아야 한다(대판 1994.12.2, 93다1596).

① 공유지분을 담보로 제공하는 것은 공유지분의 처분에 해당하므로 다른 공유자의 동의 없이 공유지분을 담보로 제공(= 저당권 설정)할 수 있다.

③ 공유자가 1년 이상의 공유물의 관리비용 등의 의무이행을 지체한 때에는 다른 공유자는 상당한 가액으로 지분을 매수할 수 있다(제266조 제2항).

④ 공유물의 소수지분권자가 다른 공유자와 협의 없이 공유물의 전부 또는 일부를 독점적으로 점유·사용하고 있는 경우 다른 소수지분권자는 공유물의 보존행위로서 그 인도를 청구할 수는 없다(대판 2020.10.15, 2019다245822).

⑤ 제3자가 공유물을 불법점유하여 사용·수익하는 경우에, 공유자 1인은 자기의 지분범위 안에서 부당이득반환청구할 수 있으므로 가분채권에 해당한다(대판 2001.12.11, 2000다13948).

✓ 정답 ②

12 공유에 관한 설명으로 옳은 것은? (다툼이 있으면 판례에 따름) 제26회

① 공유자 1인이 무단으로 공유물을 임대하고 그 보증금을 수령한 경우, 다른 공유자에게 지분비율에 상응하는 보증금액을 부당이득으로 반환하여야 한다.

② 공유자들이 공유물의 무단점유자에게 가지는 차임 상당의 부당이득반환채권은 특별한 사정이 없는 한 불가분채권에 해당한다.

③ 공유물의 소수지분권자가 다른 공유자와 협의 없이 공유물의 일부를 독점적으로 사용하는 경우, 다른 소수지분권자는 공유물에 대한 보존행위로서 공유물의 인도를 청구할 수 있다.

④ 구분소유적 공유관계의 성립을 주장하는 자는 구분소유 약정의 대상이 되는 해당 토지의 위치를 증명하면 족하고, 그 면적까지 증명할 필요는 없다.

⑤ 공유물분할청구의 소가 제기된 경우, 법원은 청구권자가 요구한 분할방법에 구애받지 않고 공유자의 지분 비율에 따라 합리적으로 분할하면 된다.

13 공유에 관한 설명으로 옳지 않은 것은? (다툼이 있으면 판례에 따름)

① 공유자 사이에 다른 특약이 없는 한 그 지분의 비율로 공유물의 관리비용 기타 의무를 부담한다.

② 공유자의 1인이 상속인 없이 사망한 경우, 그 지분은 다른 공유자에게 각 지분의 비율로 귀속된다.

③ 공유물을 손괴한 자에 대하여 공유자 중 1인은 특별한 사유가 없는 한 공유물에 발생한 손해의 전부를 청구할 수 있다.

④ 공유토지 위에 건물을 신축하기 위해서는 공유자 전원의 동의가 있어야 한다.

⑤ 공유자가 다른 공유자의 지분권을 대외적으로 주장하는 것은 보존행위가 아니다.

14
상중하

甲, 乙, 丙이 X토지를 같은 지분비율로 공유하고 있는데, 甲은 乙, 丙과 어떠한 합의도 없이 X토지 전부를 독점적으로 점유·사용하고 있다. 이에 관한 설명으로 옳은 것을 모두 고른 것은? (다툼이 있으면 판례에 따름)　　제25회

> ㉠ 乙은 甲에게 공유물의 보존행위로서 X토지의 인도청구를 할 수 있다.
> ㉡ 丙은 甲에게 자신의 공유지분권에 기초하여 X토지에 대한 방해배제청구를 할 수 있다.
> ㉢ 乙은 甲에게 자신의 지분에 상응하는 부당이득반환청구를 할 수 있다.

① ㉠　　　　　　　② ㉡　　　　　　　③ ㉠, ㉢
④ ㉡, ㉢　　　　　　⑤ ㉠, ㉡, ㉢

15
상중하

甲, 乙, 丙은 X토지를 각각 7분의 1, 7분의 2, 7분의 4의 지분으로 공유하고 있다. 이에 관한 설명으로 옳지 않은 것은? (다툼이 있으면 판례에 따름)

① 甲이 乙, 丙과의 협의 없이 X토지 전부를 독점적으로 점유하는 경우, 乙은 甲에 대하여 공유물의 보존행위로서 X토지의 인도를 청구할 수 없다.
② 丁이 X토지 전부를 불법으로 점유하고 있는 경우, 甲은 단독으로 X토지 전부의 인도를 청구할 수 있다.
③ 丙이 甲, 乙과의 협의 없이 X토지 전부를 戊에게 임대한 경우, 甲은 戊에게 차임 상당액의 7분의 1을 부당이득으로 반환할 것을 청구할 수 있다.
④ 甲, 乙, 丙 사이의 X토지 사용·수익에 관한 특약이 공유지분권의 본질적 부분을 침해하지 않는 경우라면 그 특약은 丙의 특별승계인에게 승계될 수 있다.
⑤ 甲은 특별한 사정이 없는 한 乙, 丙의 동의 없이 X토지에 관한 자신의 지분을 처분할 수 있다.

16
상중하

X토지를 3분의 1씩 공유하는 甲, 乙, 丙의 공유물분할에 관한 설명으로 옳지 않은 것은? (다툼이 있으면 판례에 따름)

① 甲은 乙과 丙의 동의를 얻지 않고서 공유물의 분할을 청구할 수 있다.
② 甲, 乙, 丙이 3년간 공유물을 분할하지 않기로 합의한 것은 유효하다.
③ 공유물분할의 소에서 법원은 X를 甲의 단독소유로 하고 乙과 丙에게 지분에 관한 합리적인 가액을 지급하도록 할 수 있다.
④ 甲의 지분 위에 설정된 근저당권은 공유물분할이 되어도 특단의 합의가 없는 한 X 전부에 대하여 종전의 지분대로 존속한다.
⑤ 甲, 乙, 丙 사이에 공유물분할에 관한 협의가 성립하였으나 분할협의에 따른 지분이전등기에 협조하지 않으면 공유물분할의 소를 제기할 수 있다.

17 공유관계에 관한 설명으로 옳지 않은 것은? (다툼이 있으면 판례에 따름)
상중하

① 부동산 공유자의 공유지분 포기의 의사표시가 다른 공유자에게 도달하더라
도 이로써 곧바로 공유지분 포기에 따른 물권변동의 효력이 발생하는 것은
아니다.

② 소수지분권자는 공유물의 전부를 협의 없이 점유하는 다른 소수지분권자에
게 공유물의 인도를 청구할 수 있다.

③ 과반수 지분권자는 공유물의 관리에 관한 사항은 단독으로 결정할 수 있다.

④ 토지공유자 사이에서는 지분비율로 공유물의 관리비용을 부담한다.

⑤ 공유자는 특별한 사정이 없는 한 언제든지 공유물의 분할을 청구할 수 있다.

18 민법상 공동소유에 관한 설명으로 옳은 것은? (다툼이 있으면 판례에 따름)
상중하

① 공유자끼리 그 지분을 교환하는 것은 지분권의 처분이므로 이를 위해서는
교환당사자가 아닌 다른 공유자의 동의가 필요하다.

② 부동산 공유자 중 일부가 자신의 공유지분을 포기한 경우, 등기를 하지 않아
도 공유지분 포기에 따른 물권변동의 효력이 발생한다.

③ 합유자 중 1인은 다른 합유자의 동의 없이 자신의 지분을 단독으로 제3자에
게 유효하게 매도할 수 있다.

④ 합유물에 관하여 경료된 원인 무효의 소유권이전등기의 말소를 구하는 소
는 합유자 각자가 제기할 수 있다.

⑤ 법인 아닌 종중이 그 소유 토지의 매매를 중개한 중개업자에게 중개수수료
를 지급하기로 하는 약정을 체결하는 것은 총유물의 관리·처분행위에 해
당한다.

19 공유물분할에 관한 설명으로 옳지 않은 것은? (다툼이 있으면 판례에 따름)
상중하

① 공유물분할의 효과는 원칙적으로 소급하지 않는다.

② 재판에 의한 공유물분할은 현물분할이 원칙이다.

③ 공유관계가 존속하는 한, 공유물분할청구권만이 독립하여 시효로 소멸하지
는 않는다.

④ 공유토지를 현물분할하는 경우에 반드시 공유지분의 비율대로 토지 면적을
분할해야 하는 것은 아니다.

⑤ 공유물분할의 조정절차에서 공유자 사이에 현물분할의 협의가 성립하여 조
정조서가 작성된 때에는 그 즉시 공유관계가 소멸한다.

지상권

∞ **연계학습** 기본서 p.488~505

단·원·열·기

매년 1문제 정도 출제되는 부분이다. '지상권의 의의', '지료', '지상권자의 권리와 의무' 위주로 학습하여야 한다.

대표문제 ⑤중하

> **지상권과 관련하여 인정되지 않는 것을 모두 고른 것은?** (다툼이 있으면 판례에 따름)
>
> 제27회
>
> ㉠ 지상물과 지상권의 분리 처분   ㉡ 지료 없는 지상권
> ㉢ 지상권의 법정갱신   ㉣ 수목의 소유를 위한 구분지상권
>
> ① ㉠, ㉡   ② ㉠, ㉣
> ③ ㉡, ㉢   ④ ㉡, ㉣
> ⑤ ㉢, ㉣

해설 ----------

㉠ 지상권자는 지상권과 지상물을 분리하여 처분할 수 있다(대판 2006.6.15, 2006다6126).

㉡ 지상권에서 지료는 지상권의 성립요소가 아니므로 지료 없는 지상권도 존재한다(대판 1999.9.3, 99다24874).

㉢ 전세권에는 법정갱신제도가 인정되지만, 지상권에는 법정갱신제도가 없다.

㉣ 수목의 소유를 위한 구분지상권은 인정되지 않는다(제289조의 2).

⌀ 정답 ⑤

01 지상권에 관한 설명으로 옳지 않은 것은? (다툼이 있으면 판례에 따름) 제26회
상중하
① 지상권의 설정은 처분행위이므로 토지소유자가 아니어서 처분권한이 없는 자는 지상권설정계약을 체결할 수 없다.
② 분묘기지권을 시효로 취득한 자는 토지소유자가 지료를 청구한 날로부터 지료지급의무가 있다.
③ 토지와 건물을 함께 매도하였으나 토지에 대해서만 소유권이전등기가 이루어진 경우, 매도인인 건물소유자를 위한 관습법상의 법정지상권은 인정되지 않는다.
④ 동일인 소유에 속하는 토지와 건물이 매매를 이유로 그 소유자를 달리하게 된 경우, 건물의 소유를 위하여 토지에 임대차계약을 체결하였다면 관습법상의 법정지상권은 인정되지 않는다.
⑤ 나대지(裸垈地)에 저당권을 설정하면서 그 대지의 담보가치를 유지하기 위해 무상의 지상권이 설정된 경우, 피담보채권이 시효로 소멸하면 지상권도 소멸한다.

02 지상권에 관한 설명으로 옳지 않은 것은? (다툼이 있으면 판례에 따름) 제24회
상중하
① 지료연체를 이유로 한 지상권 소멸청구에 의해 지상권이 소멸한 경우, 지상권자는 지상물에 대한 매수청구권을 행사할 수 없다.
② 나대지(裸垈地)에 저당권을 설정하면서 그 대지의 담보가치를 유지하기 위해 무상의 지상권을 설정하고 채무자로 하여금 그 대지를 사용하도록 한 경우, 제3자가 그 대지를 무단으로 점유·사용한 것만으로는 특별한 사정이 없는 한 지상권자는 그 제3자에게 지상권침해를 이유로 손해배상을 청구할 수 없다.
③ 지상권자는 지상권을 유보한 채 지상물 소유권만을 양도할 수 있고, 지상물 소유권을 유보한 채 지상권만을 양도할 수도 있다.
④ 담보가등기가 마쳐진 나대지(裸垈地)에 그 소유자가 건물을 신축한 후 그 가등기에 기한 본등기가 경료되어 대지와 건물의 소유자가 달라진 경우, 특별한 사정이 없는 한 관습상의 법정지상권이 성립된다.
⑤ 법정지상권을 취득한 건물소유자가 법정지상권의 설정등기를 경료함이 없이 건물을 양도하는 경우, 특별한 사정이 없는 한 토지소유자는 건물의 양수인을 상대로 건물의 철거를 청구할 수 없다.

03
상중하

甲은 乙에 대한 채권을 담보하기 위하여 乙 소유의 X토지에 관하여 저당권을 취득하였다. 그 후 X의 담보가치 하락을 막기 위하여 乙의 X에 대한 사용·수익권을 배제하지 않는 지상권을 함께 취득하였다. 이에 관한 설명으로 옳지 않은 것은? (다툼이 있으면 판례에 따름)

① 甲의 지상권의 피담보채무는 존재하지 않는다.

② 甲의 채권이 시효로 소멸하면 지상권도 소멸한다.

③ 甲의 채권이 변제 등으로 만족을 얻어 소멸하면 지상권도 소멸한다.

④ 제3자가 甲에게 대항할 수 있는 권원 없이 X 위에 건물을 신축하는 경우, 甲은 그 축조의 중지를 요구할 수 있다.

⑤ 제3자가 X를 점유·사용하는 경우, 甲은 지상권의 침해를 이유로 손해배상을 청구할 수 있다.

04
상중하

지상권에 관한 설명으로 옳은 것은? (다툼이 있으면 판례에 따름)

① 건물의 소유를 목적으로 하는 지상권의 양도는 토지소유자의 동의를 요한다.

② 지료합의가 없는 지상권 설정계약은 무효이다.

③ 수목의 소유를 목적으로 하는 지상권의 최단존속기간은 10년이다.

④ 지상권이 설정된 토지의 소유자는 그 지상권자의 승낙 없이 그 토지 위에 구분지상권을 설정할 수 있다.

⑤ 「장사 등에 관한 법률」 시행 이전에 설치된 분묘에 관한 분묘기지권의 시효취득은 법적 규범으로 유지되고 있다.

05 지상권에 관한 설명으로 옳지 않은 것은? (다툼이 있으면 판례에 따름)

① 저당물의 담보가치를 유지하기 위해 설정된 지상권은 피담보채권이 소멸하면 함께 소멸한다.

② 기존 건물의 사용을 목적으로 설정된 지상권은 그 존속기간을 30년 미만으로 정할 수 있다.

③ 수목의 소유를 목적으로 하는 지상권이 존속기간의 만료로 소멸한 경우, 특약이 없는 한 지상권자가 존속기간 중 심은 수목의 소유권은 지상권설정자에게 귀속된다.

④ 양도가 금지된 지상권의 양수인은 양수한 지상권으로 지상권설정자에게 대항할 수 있다.

⑤ 토지양수인이 지상권자의 지료 지급이 2년 이상 연체되었음을 이유로 지상권소멸청구를 하는 경우, 종전 토지소유자에 대한 연체기간의 합산을 주장할 수 없다.

06 지상권에 관한 설명으로 옳지 않은 것을 모두 고른 것은? (다툼이 있으면 판례에 따름)

㉠ 자기 소유 토지에 분묘를 설치한 甲이 그 토지를 乙에게 양도하면서 분묘이장의 특약을 하지 않음으로써 분묘기지권을 취득한 경우, 특별한 사정이 없는 한 甲은 분묘기지권이 성립한 때가 아니라 지료청구를 받은 날부터 지료지급의무가 있다.

㉡ 지상권자 甲의 지료 지급 연체가 토지소유권의 양도 전후에 걸쳐 이루어진 경우 토지양수인 乙에 대한 연체기간이 2년이 되지 않는다면 乙은 지상권소멸청구를 할 수 없다.

㉢ 甲 소유의 대지와 건물이 모두 乙에게 매도되었으나 대지에 관해서만 소유권이전등기가 경료된 경우에 甲과 乙 사이에 관습법상의 법정지상권이 인정된다.

㉣ 건물 소유자 甲과 토지 소유자 乙 사이에 건물의 소유를 목적으로 하는 토지 임대차계약을 체결한 경우에도 관습법상의 법정지상권이 인정된다.

① ㉠, ㉡

② ㉠, ㉢

③ ㉢, ㉣

④ ㉠, ㉢, ㉣

⑤ ㉡, ㉢, ㉣

07
상중하

법정지상권이 성립하는 경우를 모두 고른 것은? (특별한 사정은 없고, 다툼이 있으면 판례에 따름)

> ㉠ X토지에 저당권을 설정한 甲이 저당권자 乙의 동의를 얻어 Y건물을 신축하였으나 저당권 실행 경매에서 丙이 X토지의 소유권을 취득한 경우
> ㉡ 甲소유의 X토지와 그 지상건물에 공동저당권이 설정된 후 지상건물을 철거하고 Y건물을 신축하였고 저당권의 실행으로 X토지의 소유자가 달라진 경우
> ㉢ X토지를 소유하는 甲이 乙과 함께 그 지상에 Y건물을 신축·공유하던 중 X토지에 저당권을 설정하였고 저당권 실행 경매에서 丙이 X토지의 소유권을 취득한 경우

① ㉠   ② ㉢   ③ ㉠, ㉡

④ ㉡, ㉢   ⑤ ㉠, ㉡, ㉢

08
상중하

甲은 X토지와 그 지상에 Y건물을 소유하고 있으며, 그 중에서 Y건물을 乙에게 매도하고 乙명의로 소유권이전등기를 마쳐주었다. 그 후 丙은 乙의 채권자가 신청한 강제경매에 의해 Y건물의 소유권을 취득하였다. 乙과 丙의 각 소유권취득에는 건물을 철거한다는 등의 조건이 없다. 이에 관한 설명으로 옳지 않은 것은? (다툼이 있으면 판례에 따름)
제23회

① 丙은 등기 없이 甲에게 관습법상의 법정지상권을 주장할 수 있다.
② 甲은 丙에 대하여 Y건물의 철거 및 X토지의 인도를 청구할 수 없다.
③ 丙은 Y건물을 개축한 때에도 甲에게 관습법상의 법정지상권을 주장할 수 있다.
④ 甲은 법정지상권에 관한 지료가 결정되지 않았더라도 乙이나 丙의 2년 이상의 지료지급지체를 이유로 지상권소멸을 청구할 수 있다.
⑤ 만일 丙이 관습법상의 법정지상권을 등기하지 않고 Y건물만을 丁에게 양도한 경우, 丁은 甲에게 관습상 법정지상권을 주장할 수 없다.

09 관습법상의 법정지상권에 관한 설명으로 옳지 않은 것은? (다툼이 있으면 판례에 따름)

① 토지 또는 그 지상 건물의 소유권이 강제경매절차로 인하여 매수인에게 이전된 경우, 매수인의 매각대금 완납시를 기준으로 토지와 그 지상 건물이 동일인 소유에 속하였는지 여부를 판단하여야 한다.

② 관습법상의 법정지상권이 성립하였으나 건물 소유자가 토지 소유자와 건물의 소유를 목적으로 하는 토지 임대차계약을 체결한 경우, 그 관습법상의 법정지상권은 포기된 것으로 보아야 한다.

③ 관습법상의 법정지상권은 이를 취득할 당시의 토지소유자로부터 토지소유권을 취득한 제3자에게 등기 없이 주장될 수 있다.

④ 관습법상의 법정지상권이 성립한 후에 건물이 증축된 경우, 그 법정지상권의 범위는 구건물을 기준으로 그 유지·사용을 위하여 일반적으로 필요한 범위 내의 대지 부분에 한정된다.

⑤ 관습법상의 법정지상권 발생을 배제하는 특약의 존재에 관한 주장·증명책임은 그 특약의 존재를 주장하는 측에 있다.

05 지역권

Chapter

연계학습 기본서 p.506~511

단·원·열·기

2년에 1문제 정도 출제되는 부분이다. 법조문 위주의 학습이 필요하다.

대표문제 상 중 하

> **지역권에 관한 설명으로 옳지 않은 것은?** (다툼이 있으면 판례에 따름)   제18회
>
> ① 공유자의 1인이 지역권을 취득한 때에는 다른 공유자도 이를 취득한다.
> ② 지역권자에게는 승역지의 반환청구권이 인정되지 않는다.
> ③ 요역지가 수인의 공유인 경우에 그 1인에 의한 지역권 소멸시효의 중단 또는 정지는 다른 공유자를 위하여 효력이 있다.
> ④ 승역지와 요역지는 서로 인접하여야 하며, 떨어진 토지에 대하여는 지역권을 설정할 수 없다.
> ⑤ 토지공유자 1인은 그 지분에 관하여 그 토지를 위한 지역권 또는 그 토지가 부담한 지역권을 소멸하게 하지 못한다.
>
> [해설]
> ④ 요역지와 승역지는 서로 인접할 것을 요하지 않는다.
> ① 공유자의 1인이 지역권을 취득한 때에는 다른 공유자도 이를 취득한다(제295조 제1항).
> ② 지역권자에게도 물권적 청구권이 인정되지만, 물권적 청구권 중에서 반환청구권은 인정되지 않는다.
> ③ 요역지가 수인의 공유인 경우에 그 1인에 의한 지역권 소멸시효의 중단 또는 정지는 다른 공유자를 위하여 효력이 있다(제296조).
> ⑤ 토지공유자의 1인은 지분에 관하여 그 토지를 위한 지역권 또는 그 토지가 부담한 지역권을 소멸하게 하지 못한다(제293조).
>
> ☑ 정답 ④

---

01 지역권에 관한 설명으로 틀린 것은?

상 중 하

① 토지의 일부를 위한 지역권은 인정되지 않는다.
② 요역지의 불법점유자는 지역권을 시효취득할 수 없다.
③ 지역권은 요역지와 분리하여 저당권의 목적이 될 수 있다.
④ 지역권의 이전을 위해서 지역권의 이전등기가 필요한 것은 아니다.
⑤ 요역지의 공유자 1인은 자신의 지분에 관하여 지역권을 소멸시킬 수 없다.

02 지역권에 관한 설명으로 옳지 않은 것은?

① 민법상 지역권의 존속기간은 최장 30년이지만 갱신할 수 있고, 이를 등기하여 제3자에 대항할 수 있다.
② 요역지와 승역지는 서로 인접할 필요가 없다.
③ 공유자의 1인이 지역권을 취득하는 때에는 다른 공유자도 이를 취득한다.
④ 지역권설정등기는 승역지의 등기부 을구에 기재된다.
⑤ 지역권자는 지역권을 방해할 염려 있는 행위를 하는 자에 대하여 그 예방을 청구할 수 있다.

03 지역권에 관한 설명으로 옳지 않은 것은? (다툼이 있으면 판례에 따름)

① 통행지역권의 점유취득시효는 승역지 위에 도로를 설치하여 늘 사용하는 객관적 상태를 전제로 한다.
② 요역지의 공유자 중 1인이 지역권을 취득한 때에는 다른 공유자도 이를 취득한다.
③ 요역지의 공유자 중 1인에 의한 지역권소멸시효의 중단은 다른 공유자에게는 효력이 없다.
④ 점유로 인한 지역권취득기간의 중단은 지역권을 행사하는 모든 공유자에 대한 사유가 아니면 그 효력이 없다.
⑤ 통행지역권을 시효취득한 요역지 소유자는 특별한 사정이 없는 한 승역지에 대한 도로 설치 및 사용에 의하여 승역지 소유자가 입은 손해를 보상하여야 한다.

04 지역권에 관한 설명으로 옳지 않은 것은? (다툼이 있으면 판례에 따름)

① 지역권은 요역지의 사용가치를 높이기 위해 승역지를 이용하는 것을 내용으로 하는 물권이다.
② 요역지와 승역지는 서로 인접한 토지가 아니어도 된다.
③ 요역지 공유자 중 1인에 대한 지역권 소멸시효의 정지는 다른 공유자를 위하여도 그 효력이 있다.
④ 지역권자는 승역지의 점유침탈이 있는 경우, 지역권에 기하여 승역지 반환청구권을 행사할 수 있다.
⑤ 지역권은 계속되고 표현된 것에 한하여 시효취득할 수 있다.

05 지역권에 관한 설명으로 옳지 않은 것은? (다툼이 있으면 판례에 따름)
상중하
① 지역권은 재산권으로서 20년의 소멸시효에 걸린다.
② 요역지와 분리하여 지역권만을 양도하거나 다른 권리의 목적으로 하지 못한다.
③ 지역권은 요역지소유권에 부종하여 이전하며, 이를 위반하는 약정으로 지역권자에게 불리한 것은 무효이다.
④ 공유자 1인이 지역권을 시효취득하면 다른 공유자도 지역권을 취득한다.
⑤ 토지의 불법점유자는 그 토지상에 소유건물을 가졌더라도 통행지역권의 시효취득을 주장할 수 없다.

06 지역권에 관한 설명을 옳은 것은? (다툼이 있으면 판례에 따름)
상중하
① 요역지는 1필의 토지 일부라도 무방하다.
② 요역지의 소유권이 이전되어도 특별한 사정이 없는 한 지역권은 이전되지 않는다.
③ 지역권의 존속기간을 영구무한으로 약정할 수는 없다.
④ 지역권자는 승역지를 권원 없이 점유한 자에게 그 반환을 청구할 수 있다.
⑤ 요역지공유자의 1인은 지분에 관하여 그 토지를 위한 지역권을 소멸하게 하지 못한다.

06

Chapter

전세권

∞ **연계학습** 기본서 p.512~528

단·원·열·기

매년 1문제 정도 출제되는 부분이다. '전세권의 의의', '전세금의 성격', '전세권자의 권리와 의무' 위주로 학습하여야 한다.

대표문제 상중하

전세권에 관한 설명으로 옳은 것은? (다툼이 있으면 판례에 따름)   제27회

① 전세목적물의 인도는 전세권의 성립요건이다.

② 존속기간의 만료로 토지전세계약이 종료되면 그 계약을 원인으로 한 전세권설정등기 절차의 이행청구권은 소멸한다.

③ 전세권이 존속하는 동안 전세권을 존속시키기로 하면서 전세금반환채권만을 전세권과 분리하여 확정적으로 양도하는 것은 허용된다.

④ 전세권이 존속하는 동안 목적물의 소유권이 이전되는 경우, 전세권자와 구 소유자 간의 전세권 관계가 신 소유자에게 이전되는 것은 아니다.

⑤ 전세금은 현실적으로 수수되어야 하므로 임차보증금채권으로 전세금 지급에 갈음할 수 없다.

해설

② 전세계약이 그 존속기간의 만료로 종료되면 위 계약을 원인으로 하는 전세권설정등기절차의 이행청구권도 소멸한다(대판 1974.4.23, 73다1262).

① 목적물의 인도는 전세권의 성립요건이 아니다(대판 1995.2.10, 94다18508).

③ 전세권이 존속하는 동안은 전세권을 존속시키기로 하면서 전세금반환채권만을 전세권과 분리하여 확정적으로 양도하는 것은 허용되지 않는다(대판 2002.8.23, 2001다69122).

④ 전세권이 성립한 후 목적물의 소유권이 이전되는 경우에 있어서 (중략) 전세권은 전세권자와 목적물의 소유권을 취득한 신 소유자 사이에서 계속 동일한 내용으로 존속하게 된다고 보아야 한다(대판 2000.6.9, 99다15122).

⑤ 전세금의 지급은 전세권 성립의 요소가 되는 것이지만 그렇다고 하여 전세금의 지급이 반드시 현실적으로 수수되어야만 하는 것은 아니고 기존의 채권으로 전세금의 지급에 갈음할 수도 있다(대판 1995.2.10, 94다18508).

⊘ 정답 ②

---

01 전세권에 관한 설명으로 옳은 것은? (다툼이 있으면 판례에 따름)

상·중·하

① 건물 일부의 전세권자는 나머지 건물 부분에 대해서도 경매신청권이 있다.

② 전세권 설정계약의 당사자는 전세권의 사용·수익권을 배제하고 채권담보만을 위한 전세권을 설정할 수 있다.

③ 전세권설정시 전세금 지급은 전세권 성립의 요소이다.

④ 전세권자는 특별한 사정이 없는 한 전세권의 존속기간 내에서 전세목적물을 타인에게 전전세 할 수 없다.

⑤ 전세권이 소멸된 경우, 전세권자의 전세목적물의 인도는 전세금의 반환보다 선이행되어야 한다.

02 전세권에 관한 설명으로 옳지 않은 것은? (다툼이 있으면 판례에 따름)

상·중·하

① 타인의 토지에 있는 건물에 전세권을 설정한 때에는 전세권의 효력은 그 건물의 소유를 목적으로 한 지상권에 미친다.

② 건물전세권설정자가 건물의 존립을 위한 토지사용권을 가지지 못하여 그가 토지소유자의 건물철거 등 청구에 대항할 수 없는 경우, 전세권자는 토지소유자의 권리행사에 대항할 수 없다.

③ 지상권을 가지는 건물소유자가 그 건물에 전세권을 설정하였으나 그가 2년 이상의 지료를 지급하지 아니하였음을 이유로 지상권설정자가 지상권의 소멸을 청구한 경우, 전세권자의 동의가 없다면 지상권은 소멸하지 않는다.

④ 대지와 건물의 동일한 소유자에 속한 경우에 건물에 전세권을 설정한 때에는 그 대지소유권의 특별승계인은 전세권설정자에 대하여 지상권을 설정한 것으로 본다.

⑤ 건물에 대한 전세권의 존속기간을 1년 미만으로 정한 때에는 이를 1년으로 한다.

03 **전세권에 관한 설명으로 옳지 않은 것은?** (다툼이 있으면 판례에 따름)   제25회
상중하
① 전세권이 갱신 없이 그 존속기간이 만료되면 전세권의 용익물권적 권능은 전세권설정등기의 말소 없이도 당연히 소멸한다.
② 전세권이 존속하는 동안은 전세권을 존속시키기로 하면서 전세금반환채권만을 전세권과 분리하여 확정적으로 양도하는 것은 허용되지 않는다.
③ 토지임차인의 건물 기타 공작물의 매수청구권에 관한 민법 제643조의 규정은 토지의 전세권에도 유추적용될 수 있다.
④ 전세권이 성립한 후 그 소멸 전에 전세목적물의 소유권이 이전된 경우, 목적물의 구(舊) 소유자는 전세권이 소멸하는 때에 전세권자에 대하여 전세금반환의무를 부담한다.
⑤ 대지와 건물이 동일한 소유자에 속한 경우에 건물에 전세권을 설정한 때에는 그 대지소유권의 특별승계인은 전세권설정자에 대하여 지상권을 설정한 것으로 본다.

04 甲은 2021. 5. 19. 乙과 X상가를 임대차보증금 1억원, 임대차기간 2021. 6. 19.부
상중하
터 2026. 6. 18.까지, 차임 월 300만원으로 정하여 임대차계약을 체결하였고, 계약 당일 乙로부터 보증금 전액을 지급 받으면서 보증금의 반환을 담보하기 위하여 乙의 명의로 전세권을 설정해 주었다. 그 후 乙은 丙에게 8천만원을 차용하면서 위 전세권에 관하여 채권최고액 1억원의 근저당권설정등기를 마쳐주었다. 이에 관한 설명으로 옳은 것은? (다툼이 있으면 판례에 따름)
① 甲이 보증금의 반환을 담보하기 위하여 전세권을 설정하면서 이와 동시에 목적물을 인도하지 않았으므로 전세권의 설정은 효력이 없다.
② 전세금의 지급은 전세권 성립의 요소가 되는 것이므로 전세금을 현실적으로 지급하지 않고 기존의 채권으로 대신할 수 없다.
③ 乙이 차임의 지급을 연체하는 경우 甲은 연체된 차임을 보증금에서 공제할 수 있다.
④ 임대차보증금의 반환을 담보하기 위하여 전세권설정등기가 경료되었음을 丙이 알지 못한 경우에도 甲은 연체차임의 공제를 가지고 丙에게 대항할 수 있다.
⑤ 전세권의 존속기간이 만료되면 丙은 X상가에 대한 전세권저당권을 실행하는 방법으로 乙에 대한 대여금채권을 회수하여야 한다.

05 토지전세권에 관한 설명으로 옳은 것은? (다툼이 있으면 판례에 따름)
상중하
① 토지전세권을 처음 설정할 때는 존속기간에 제한이 없다.
② 토지전세권의 존속기간을 1년 미만으로 정한 때에는 1년으로 한다.
③ 토지전세권의 설정은 갱신할 수 있으나 그 기간은 갱신한 날로부터 10년을 넘지 못한다.
④ 토지전세권자에게는 토지임차인과 달리 지상물매수청구권이 인정될 수 없다.
⑤ 토지전세권설정자가 존속기가 만료 전 6월부터 1월 사이에 갱신거절의 통지를 하지 않은 경우, 특별한 사정이 없는 한 동일한 조건으로 다시 전세권을 설정한 것으로 본다.

06 토지전세권에 관한 설명으로 옳은 것을 모두 고른 것은? (다툼이 있으면 판례에 따름)
상중하

> ㉠ 전세권의 존속기간이 만료하면 전세권의 용익물권적 권능은 전세권설정등기의 말소 없이도 당연히 소멸한다.
> ㉡ 전세금의 지급은 전세권의 성립요소가 되는 것이므로 기존의 채권으로 전세금 지급을 대신할 수 없다.
> ㉢ 전세권 존속기간이 시작되기 전에 마친 전세권설정등기도 특별한 사정이 없는 한 유효한 것으로 추정된다.
> ㉣ 당사자가 주로 채권담보의 목적으로 전세권을 설정하였으나 설정과 동시에 목적물을 인도하지 않았다면, 장차 전세권자가 목적물을 사용·수익하기로 하였더라도 그 전세권은 무효이다.

① ㉠, ㉡   ② ㉠, ㉢   ③ ㉠, ㉣
④ ㉡, ㉣   ⑤ ㉢, ㉣

07 甲이 乙소유의 대지에 전세권을 취득한 후 丙에 대한 채무의 담보로 그 전세권에
상중하 저당권을 설정해 주었다. 이에 관한 설명으로 옳지 않은 것은? (다툼이 있으면 판
례에 따름) 제22회

① 甲과 乙은 전세권을 설정하면서 존속기간을 6개월로 정할 수 있다.

② 설정행위로 금지하지 않은 경우, 甲은 전세권의 존속기간 중에 丙에게 전세
권을 양도할 수 있다.

③ 전세권의 존속기간 중에 甲이 전세권을 보유한 채, 전세금반환채권을 丙에
게 확정적으로 양도할 수 없다.

④ 전세권의 갱신 없이 甲의 전세권이 존속기간이 만료되면, 丙은 甲의 전세권
자체에 대하여 저당권을 실행할 수 없다.

⑤ 존속기간의 만료로 甲의 전세권이 소멸하면 특별한 사정이 없는 한, 乙은
丙에게 전세금을 반환하여야 한다.

08 甲은 乙 소유의 X토지에 건물의 소유를 목적으로 하는 지상권을 취득한 후 Y건물
상중하 을 신축하여 보존등기를 마쳤다. 그 후 甲은 丙과 Y건물에 관하여 전세금을 3억원
으로 하는 전세권설정계약을 체결하고 3억원을 지급받은 뒤 전세권설정등기를 마
쳐주었다. 이에 관한 설명으로 옳은 것은? (다툼이 있으면 판례에 따름)

① 甲이 丙에게 Y건물을 인도하지 않은 경우, 특별한 사정이 없는 한 丙의 전세
권은 성립하지 않는다.

② 甲과 丙이 전세권의 존속기간을 약정하지 아니한 경우, 甲과 丙은 언제든지
상대방에 대하여 전세권의 소멸을 통고할 수 있고 상대방이 이 통고를 받은
때 전세권은 소멸한다.

③ 전세금 3억원은 현실적으로 수수되어야 하며, 丙이 甲에 대하여 갖는 기존의
채권으로 전세금의 지급에 갈음할 수 없다.

④ 특별한 사정이 없는 한, 전세기간 중 丙은 甲의 동의를 얻어야 Y건물을 타인
에게 임대할 수 있다.

⑤ 甲이 乙에게 약정한 지료를 2년분 이상 연체한 경우, 乙은 丙의 동의가 없어
도 甲에게 지상권소멸을 청구할 수 있다.

07 유치권

◁ **연계학습** 기본서 p.532~542

> **단·원·열·기**
>
> 이 장은 매년 1문제 정도 출제되는 부분이다. '유치권의 의의와 요건', '견련성' 위주로 학습하여야 한다.

대표문제 상중하

> 甲 소유 X주택의 공사수급인 乙이 공사대금채권을 담보하기 위하여 X에 관하여 적법하게 유치권을 행사하고 있다. 이에 관한 설명으로 옳지 않은 것은? (다툼이 있으면 판례에 따름) 제27회
>
> ① 乙이 X에 계속 거주하며 사용하는 것은 특별한 사정이 없는 한 적법하다.
> ② 乙은 X에 관하여 경매를 신청할 수 있으나 매각대금으로부터 우선변제를 받을 수는 없다.
> ③ 甲의 X에 관한 소유물반환청구의 소에 대하여 乙이 유치권의 항변을 하는 경우, 법원은 상환이행판결을 한다.
> ④ 乙이 X의 점유를 침탈당한 경우, 1년 내에 점유회수의 소를 제기하여 승소하면 점유를 회복하지 않더라도 유치권은 회복된다.
> ⑤ 乙이 X의 점유를 침탈당한 경우, 점유침탈자에 대한 유치권 소멸을 원인으로 한 손해배상청구권은 점유를 침탈당한 날부터 1년 내에 행사할 것을 요하지 않는다.

해설

④ 유치권자가 점유회수의 소를 제기하여 승소판결을 받아 점유를 회복하면 점유를 상실하지 않았던 것으로 되어 유치권이 되살아나지만, 위와 같은 방법으로 점유를 회복하기 전에는 유치권이 되살아나는 것이 아니다(대판 2012.2.9, 2011다72189).

① 공사대금채권에 기하여 유치권을 행사하는 자가 스스로 유치물인 주택에 거주하며 사용하는 것은 특별한 사정이 없는 한 유치물인 주택의 보존에 도움이 되는 행위로서 유치물의 보존에 필요한 사용에 해당한다(대판 2013.4.11, 2011다107009).

② 유치권자는 채권의 변제를 받기 위하여 유치물을 경매할 수 있지만(제322조 제1항), 우선변제권은 인정되지 않는다.

③ 물건의 인도를 청구하는 소송에서 피고의 유치권 항변이 인용되는 경우에는 물건에 관하여 생긴 채권의 변제와 상환으로 물건의 인도를 명하여야(=상환이행판결) 한다(대판 2011.12.13, 2009다5162).

⑤ 민법 제204조에 따르면, 점유자가 점유의 침탈을 당한 때에는 그 물건의 반환 및 손해의 배상을 청구할 수 있고, 위 청구권은 점유를 침탈당한 날부터 1년 내에 행사하여야 하며, 여기서 말하는 1년의 행사기간은 제척기간으로서 소를 제기하여야 하는 기간을 말한다. 그런데 민법 제204조 제3항은 본권 침해로 발생한 손해배상청구권의 행사에는 적용되지 않으므로 점유를 침탈당한 자가 본권인 유치권 소멸에 따른 손해배상청구권을 행사하는 때에는 민법 제204조 제3항이 적용되지 아니하고, 점유를 침탈당한 날부터 1년 내에 행사할 것을 요하지 않는다(대판 2021.8.19, 2021다213866).

◎ 정답 ④

01 다음은 담보물권의 특성이다. 이 중 담보물권 모두에 공통되는 것으로만 조합된 것은?
상중하

㉠ 우선변제적 효력이 있다.	㉡ 수반성이 있다.
㉢ 유치적 효력이 있다.	㉣ 물상대위성이 있다.
㉤ 불가분성이 있다.	㉥ 부종성이 있다.

① ㉠ － ㉡ － ㉢   ② ㉡ － ㉢ － ㉣
③ ㉠ － ㉢ － ㉤   ④ ㉡ － ㉤ － ㉥
⑤ ㉣ － ㉤ － ㉥

02 민사유치권에 관한 설명으로 옳지 않은 것은? (다툼이 있으면 판례에 따름)
상중하
제26회

① 유치권은 약정담보물권이므로 당사자의 약정으로 그 성립을 배제할 수 있다.
② 유치권의 불가분성은 그 목적물이 분할가능하거나 수 개의 물건인 경우에도 적용된다.
③ 유치물의 소유권자는 채무자가 아니더라도 상당한 담보를 제공하고 유치권의 소멸을 청구할 수 있다.
④ 신축건물의 소유권이 수급인에게 인정되는 경우, 그 공사대금의 지급을 담보하기 위한 유치권은 성립하지 않는다.
⑤ 부동산 매도인은 매수인의 매매대금 지급을 담보하기 위하여 매매목적물에 대해 유치권을 행사할 수 없다.

03 민법상 유치권에 관한 설명으로 옳지 않은 것은? (다툼이 있으면 판례에 따름)
상중하
제25회

① 채권자가 채무자를 직접점유자로 하여 유치물을 간접점유하는 경우, 그 유치물에 대한 유치권은 성립하지 않는다.
② 타인의 물건에 대한 점유가 불법행위로 인한 경우, 그 물건에 대한 유치권은 성립하지 않는다.
③ 유치권배제특약에 따른 효력은 특약의 상대방만 주장할 수 있다.
④ 유치권배제특약에는 조건을 붙일 수 있다.
⑤ 유치권의 행사는 피담보채권의 소멸시효의 진행에 영향을 미치지 않는다.

04 민사유치권에 관한 설명으로 옳은 것은? (다툼이 있으면 판례에 따름)
상중하
① 채무자는 상당한 담보를 제공하고 유치권의 소멸을 청구할 수 있는데, 유치물 가액이 피담보채권액보다 적을 경우에는 피담보채권액에 해당하는 담보를 제공하여야 한다.
② 유치권자가 유치물에 대한 점유를 빼앗긴 경우에도 점유물반환청구권을 보유하고 있다면 점유를 회복하기 전에도 유치권이 인정된다.
③ 유치권의 존속 중에 유치물의 소유권이 제3자에게 양도된 경우에는 유치권자는 그 제3자에 대하여 유치권을 행사할 수 없다.
④ 유익비상환청구권을 담보하기 위하여 유치권을 행사하고 있는 경우에도, 법원이 유익비상환청구에 대하여 상당한 상환기간을 허락하면 유치권이 소멸한다.
⑤ 수급인은 도급계약에 따라 자신의 재료와 노력으로 건축된 자기 소유의 건물에 대해서도 도급인으로부터 공사대금을 지급받을 때까지 유치권을 가진다.

05 민사유치권에 관한 설명으로 옳은 것은? (다툼이 있으면 판례에 따름)
상중하
① 채무자가 자신의 소유물을 직접점유하고 채권자가 이를 통해 간접점유하는 방법으로는 유치권이 성립되지 않는다.
② 부동산 매도인이 매매대금을 다 지급받지 못하고 매수인에게 부동산 소유권을 이전해 준 경우, 특별한 사정이 없는 한 매도인은 매매대금채권을 피담보채권으로 하여 자신이 점유하는 부동산의 유치권을 주장할 수 있다.
③ 유치물이 분할가능한 경우, 유치권자가 피담보채권의 일부를 변제받았다면 유치물 전부에 대하여 유치권을 행사할 수 없다.
④ 임차인이 임대인에 대하여 권리금반환청구권을 가지는 경우, 이를 피담보채권으로 하는 임차목적물에 대한 유치권을 행사할 수 있다.
⑤ 유치권배제특약이 있는 경우, 유치권이 발생하지 않으나 이는 유치권배제특약을 한 당사자 사이에서만 주장할 수 있다.

06 유치권의 피담보채권이 될 수 있는 민법상 권리를 모두 고른 것은? (다툼이 있으면 판례에 따름)
상중하

㉠ 점유자의 비용상환청구권	㉡ 임차인의 보증금반환채권
㉢ 수급인의 공사대금채권	㉣ 매도인의 매매대금채권

① ㉠, ㉡   ② ㉠, ㉢   ③ ㉠, ㉣
④ ㉡, ㉢   ⑤ ㉢, ㉣

07 유치권에 관한 설명으로 옳은 것은? (다툼이 있으면 판례에 따름)
상중하
① 피담보채권이 존재한다면 타인의 물건에 대한 점유가 불법행위로 인한 것인 때에도 유치권이 성립한다.
② 유치권자가 유치물 소유자의 승낙 없이 유치물을 임대한 경우, 특별한 사정이 없는 한 유치물의 소유자는 유치권의 소멸을 청구할 수 없다.
③ 목적물에 대한 점유를 상실한 경우, 유치권자가 점유회수의 소를 제기하여 점유를 회복할 수 있다는 것만으로는 유치권이 인정되지 않는다.
④ 채무자를 직접점유자로 하여 채권자가 간접점유를 하였더라도 채권자는 유효하게 유치권을 취득할 수 있다.
⑤ 저당물의 제3취득자가 저당물의 개량을 위하여 유익비를 지출한 때에는 민법 제367조에 의한 비용상환청구권을 피담보채권으로 삼아 유치권을 행사할 수 있다.

08 민사유치권에 관한 설명으로 옳은 것은? (다툼이 있으면 판례에 따름)
상중하
① 채권자가 채무자의 직접점유를 통하여 간접점유하는 경우에는 유치권은 성립하지 않는다.
② 유치권자는 채권의 변제를 받기 위하여 유치물을 경매할 수 있고, 매각대금에서 후순위 권리자보다 우선변제를 받을 수 있다.
③ 수급인이 자신의 노력과 재료를 들여 신축한 건축에 대한 소유권을 원시취득한 경우, 수급인은 공사대금을 지급받을 때까지 유치권을 행사할 수 있다.
④ 유치권의 피담보채권의 소멸시효기간이 확정판결 등에 의하여 10년으로 연장된 경우, 유치권이 성립된 부동산의 매수인은 종전의 단기소멸시효를 원용할 수 있다.
⑤ 공사대금채권에 기하여 유치권을 행사하는 자가 스스로 보존에 필요한 범위 내에서 유치물인 주택에 거주하며 사용하는 경우에는 소유자는 유치권의 소멸을 청구할 수 있다.

∞ **연계학습** 기본서 p.543~552

단·원·열·기

이 장은 2~3년에 1문제 정도 출제되는 부분이다. '동산질권', '권리질권' 위주의 학습전략이 필요하다.

대표문제 상중하

동산질권에 관한 설명으로 옳지 않은 것은?   제16회

① 질권은 점유개정에 의한 인도에 의해서도 성립한다.

② 질권은 양도할 수 없는 물건을 목적으로 하지 못한다.

③ 질권자는 질물의 과실을 수취하여 다른 채권보다 먼저 자기 채권의 변제에 충당할 수 있다.

④ 질권자는 채권의 변제를 받기 위하여 질물을 경매할 수 있다.

⑤ 질권자는 피담보채권의 변제를 받을 때까지 질물을 유치할 수 있으나, 자기보다 우선권이 있는 채권자에게 대항하지 못한다.

해설 --

① 점유개정에 의한 질권은 성립할 수 없다(제332조).

② 제331조

③ 제343조

④ 제338조

⑤ 제335조

☑ 정답 ①

---

01 동산질권에 관한 설명으로 옳지 않은 것은?
상중하

① 동산질권은 점유개정으로는 성립할 수 없다.

② 양도할 수 없는 동산도 질권의 목적물로 될 수 있다.

③ 질권자는 질물로부터 생기는 천연과실을 수취하여 다른 채권보다 먼저 그의 채권의 변제에 충당할 수 있다.

④ 질권자는 피담보채권 전부를 변제받을 때까지 질물을 유치할 수 있다.

⑤ 질권자가 질물을 유치하고 있더라도 피담보채권의 시효는 진행한다.

02 민사동산질권에 관한 설명으로 옳지 않은 것은?

상중하

① 질권자는 피담보채권의 변제를 받기 위하여 질물을 경매할 수 있고, 그 매각대금으로부터 일반채권자와 동일한 순위로 변제받는다.

② 질권은 양도할 수 없는 물건을 목적으로 하지 못한다.

③ 질권은 다른 약정이 없는 한 원본, 이자, 위약금, 질권실행의 비용, 질물보존의 비용 및 채무불이행 또는 질물의 하자로 인한 손해배상의 채권을 담보한다.

④ 질권자는 피담보채권의 변제를 받을 때까지 질물을 유치할 수 있으나 자기보다 우선권이 있는 채권자에게 대항하지 못한다.

⑤ 수개의 채권을 담보하기 위하여 동일한 동산에 수개의 질권을 설정한 때에는 그 순위는 설정의 선후에 의한다.

03 질권에 관한 설명으로 옳지 않은 것은?

상중하

① 질물보다 다른 재산이 먼저 경매된 경우, 질권자는 그 매각대금으로부터 배당을 받을 수 없다.

② 질권자는 채권 일부를 변제받았더라도 질물 전부에 대하여 그 권리를 행사할 수 있다.

③ 질물이 멸실된 경우에도 그로 인하여 질권설정자가 받을 금전을 압류하면 질권의 효력이 그 금전에 미친다.

④ 정당한 이유있는 때에는 질권자는 채무자 및 질권설정자에게 통지하고 감정자의 평가에 의하여 질물로 직접 변제에 충당할 것을 법원에 청구할 수 있다.

⑤ 질권자는 그 권리의 범위 내에서 자기의 책임으로 질물을 전질할 수 있다.

04 질권에 관한 설명으로 옳지 않은 것은? (다툼이 있으면 판례에 따름) 제24회

상중하

① 타인의 채무를 담보하기 위하여 질권을 설정한 자는 채무자에 대한 사전구상권을 갖는다.

② 선의취득에 관한 민법 제249조는 동산질권에 준용한다.

③ 양도할 수 없는 채권은 질권의 목적이 될 수 없다.

④ 임대차보증금채권에 질권을 설정한 경우, 임대차계약서를 교부하지 않더라도 채권질권은 성립한다.

⑤ 채권질권의 설정자가 그 목적인 채권을 양도하는 경우, 질권자의 동의는 필요하지 않다.

05 권리질권에 관한 설명으로 옳은 것은?

상중하

① 부동산의 사용을 목적으로 하는 권리도 질권의 목적이 될 수 있다.

② 질권자는 질권의 목적이 된 채권을 직접 청구할 수 없다.

③ 지명채권을 목적으로 한 질권은 제3채무자에게 질권설정의 사실을 통지하여야 성립할 수 있다.

④ 입질된 채권의 목적물이 금전 이외의 물건일 때에는 질권자는 그 변제를 받은 물건에 대하여 질권을 행사할 수 있다.

⑤ 지시채권을 목적으로 한 질권의 설정은 배서 없이 증서를 교부하더라도 그 효력이 생긴다.

06 甲은 2021. 3. 6. 乙로부터 X주택을 보증금 10억원에 임차하였고, 2021. 3. 13. 丙으로부터 6억원을 대출받으면서 보증금반환채권 중 8억원에 대하여 질권을 설정해 주었으며, 乙은 이를 승낙하였다. 乙은 2022. 6. 30. 甲에게 X주택을 15억원에 매도하면서, 甲으로부터 보증금을 제외한 잔액을 지급받고서 소유권이전등기절차를 마쳐주었다. 이에 관한 설명으로 옳은 것을 모두 고른 것은? (다툼이 있으면 판례에 따름)

> ㉠ 甲이 보증금반환채권에 대하여 질권을 설정하기 위해서는 질권설정의 합의와 함께 임대차계약서를 교부하여야 한다.
> ㉡ 甲과 乙이 丙의 동의 없이 매매대금과 보증금반환채권을 상계한 것은 질권의 목적인 채무를 소멸하게 한 경우에 해당한다.
> ㉢ 만약 甲이 2021. 4. 20. 보증금반환채권을 담보하기 위하여 X주택에 대한 근저당권을 설정 받았다면, 丙이 가진 질권의 효력은 당연히 근저당권에도 미친다.
> ㉣ 乙이 X주택을 임차인인 甲에게 매도하였지만, 丙은 乙에게 직접 채무의 변제를 청구할 수 있다.

① ㉠, ㉡   ② ㉠, ㉢
③ ㉠, ㉣   ④ ㉡, ㉢
⑤ ㉡, ㉣

07 민법상 질권에 관한 설명으로 옳지 않은 것은? (다툼이 있으면 판례에 따름)

① 동산질권은 선의취득의 대상이 될 수 있다.

② 저당권으로 담보한 채권을 질권의 목적으로 한 때에는 그 저당권등기에 질권의 부기등기를 하여야 그 효력이 저당권에 미친다.

③ 근질권이 설정된 금전채권에 대하여 제3자의 압류로 강제경매절차가 개시된 경우, 근질권의 피담보채권은 근질권자가 그 강제집행이 개시된 사실을 알게 된 때에 확정된다.

④ 채무자의 부탁으로 그의 채무를 담보하기 위하여 자기 소유의 동산에 질권을 설정한 자는 그 채무의 이행기가 도래한 때 채무자에게 미리 구상권을 행사할 수 있다.

⑤ 질물의 변형물인 금전 기타 물건에 대하여 이미 제3자가 압류한 경우, 질권자 스스로 이를 압류하지 않아도 물상대위권을 행사할 수 있다.

Chapter 09 저당권

◁ **연계학습** 기본서 p.553~579

단·원·열·기

이 장은 매년 1문제가 꾸준히 출제되는 부분이다. '저당권의 효력이 미치는 범위', '물상대위', '피담보채권의 범위' 위주로 학습하여야 한다.

대표문제 상중하

저당권의 효력이 미치는 피담보채권의 범위에 속하는 것은? (근저당은 고려하지 않고, 이해관계 있는 제3자가 존재함) 제27회

① 등기된 금액을 초과하는 원본
② 저당물의 보존비용
③ 저당물의 하자로 인한 손해배상
④ 등기된 손해배상예정액
⑤ 원본의 이행기일 경과 후 1년분을 넘는 지연배상

해설

④ 등기된 손해배상예정액은 저당권의 효력이 미치는 피담보채권에 포함된다. 그러나 등기된 금액을 초과한 원본, 원본의 이행기일 경과 후 1년분을 넘는 지연배상 등은 포함되지 않는다. 그리고 저당권은 저당물을 점유하지 않으므로 저당물의 보존비용 또는 저당물의 하자로 인한 손해배상은 포함되지 않는다.

☞ 정답 ④

01 상중하

저당권에 관한 설명으로 옳지 않은 것은? (다툼이 있으면 판례에 따름) 제25회

① 지상권은 저당권의 목적으로 할 수 없다.
② 등록된 자동차는 저당권의 목적물이 될 수 있다.
③ 저당권자는 피담보채권의 변제를 받기 위해 저당물의 경매를 청구할 수 있다.
④ 저당부동산의 제3취득자는 그 부동산에 대한 저당권 실행을 위한 경매절차에서 매수인이 될 수 있다.
⑤ 저당목적물을 권한 없이 멸실·훼손하거나 담보가치를 감소시키는 행위는 특별한 사정이 없는 한 불법행위가 될 수 있다.

02 저당권에 관한 설명으로 옳지 않은 것은? (다툼이 있으면 판례에 따름)

① 채권자와 제3자가 불가분적 채권자의 관계에 있다고 볼 수 있는 경우에는 그 제3자 명의의 저당권등기도 유효하다.

② 근저당권설정자가 적법하게 기본계약을 해지하면 피담보채권은 확정된다.

③ 무효인 저당권등기의 유용은 그 유용의 합의 전에 등기상 이해관계가 있는 제3자가 없어야 한다.

④ 저당부동산의 제3취득자는 부동산의 개량을 위해 지출한 유익비를 그 부동산의 경매대가에서 우선 변제할 수 없다.

⑤ 저당권자가 저당부동산을 압류한 이후에는 저당권설정자의 저당부동산의 관한 차임채권에도 저당권의 효력이 미친다.

03 저당권에 관한 설명으로 옳지 않은 것은? (다툼이 있으면 판례에 따름)　　제24회

① 저당권설정 후 저당부동산에 부합된 물건에 대해서도 특별한 사정이 없는 한 저당권의 효력은 미친다.

② 저당목적물이 제3자에게 양도된 후 저당권자가 저당목적물을 압류만 하더라도 그 목적물의 과실에 관하여 그 제3취득자에게 대항할 수 있다.

③ 저당권이 설정된 후 그 부동산의 소유권이 제3자에게 이전된 경우, 종전 소유자도 피담보채권의 소멸을 이유로 저당권설정등기의 말소를 청구할 수 있다.

④ 저당권설정자로부터 저당토지에 대해 용익권을 설정받은 자가 그 지상에 건물을 신축한 후 저당권설정자에게 그 건물의 소유권을 이전한 경우, 저당권자는 토지와 건물에 대해 일괄경매를 청구할 수 있다.

⑤ 후순위 저당권자가 저당부동산에 대해 경매를 신청한 경우, 선순위 근저당권의 피담보채무 확정시기는 매수인이 매각대금을 완납한 때이다.

04 민법 제365조의 일괄경매청구권에 관한 설명으로 옳은 것을 모두 고른 것은? (다툼
상중하 이 있으면 판례에 따름)

⊙ 토지에 저당권을 설정한 후 그 설정자가 그 토지에 건물을 축조하여 저당권
자가 토지와 함께 그 건물에 대하여도 경매를 청구하는 경우, 저당권자는
그 건물의 경매대가에 대해서도 우선변제를 받을 권리가 있다.

ⓛ 저당권설정자로부터 저당토지에 대한 용익권을 설정받은 자가 그 토지에
건물을 축조한 후 저당권설정자가 그 건물의 소유권을 취득한 경우, 저당권
자는 토지와 건물을 일괄하여 경매를 청구할 수 있다.

ⓒ 토지에 저당권을 설정한 후 그 설정자가 그 토지에 축조한 건물의 소유권이
제3자에게 이전된 경우, 저당권자는 토지와 건물을 일괄하여 경매를 청구
할 수 없다.

---

① ⊙   ② ⓛ
③ ⓒ   ④ ⓛ, ⓒ
⑤ ⊙, ⓛ, ⓒ

05 저당권의 효력이 미치는 범위에 관한 설명으로 옳지 않은 것은? (다툼이 있으면
상중하 판례에 따름)

① 담보권 실행을 위하여 저당부동산을 압류한 경우, 저당부동산의 압류 이후
발생한 차임채권에는 저당권의 효력이 미친다.

② 주물 그 자체의 효용과는 직접 관계없지만 주물 소유자의 상용에 공여되고 있
는 물건이 경매목적물로 평가되었다면 경매의 매수인이 소유권을 취득한다.

③ 구분건물의 전유부분에 대한 저당권의 효력은 특별한 사정이 없는 한 대지
사용권에도 미친다.

④ 기존건물에 부합된 증축부분이 기존건물에 대한 경매절차에서 경매목적물로
평가되지 아니하였더라도 경매의 매수인이 증축부분의 소유권을 취득한다.

⑤ 특약이 없는 한 건물에 대한 저당권의 효력은 건물의 소유를 목적으로 하는
지상권에도 미친다.

06 저당권에 관한 설명으로 옳은 것은? (다툼이 있으면 판례에 따름) 제26회
⑧⑧⑨

① 근저당권을 설정한 이후 피담보채권이 확정되기 전에 근저당권설정자와 근저당권자의 합의로 채무자를 추가할 경우에는 특별한 사정이 없는 한, 이해관계인의 승낙을 받아야 한다.

② 저당권으로 담보할 채권에 질권을 설정하였다면 특별한 사정이 없는 한, 저당권은 질권의 목적이 될 수 없다.

③ 무담보채권에 질권이 설정된 이후 그 채권을 담보하기 위하여 저당권이 설정되었다면 특별한 사정이 없는 한, 저당권은 질권의 목적이 될 수 없다.

④ 저당부동산의 제3취득자는 저당권설정자의 의사에 반하여 피담보채무를 변제하고 저당권의 소멸을 청구할 수는 없다.

⑤ 저당권설정자로부터 저당토지에 대해 용익권을 설정받은 자가 그 지상에 건물을 신축한 후 저당권설정자가 그 건물의 소유권을 취득한 경우, 저당권자는 토지와 건물에 대해 일괄경매를 청구할 수 있다.

07 乙 명의의 저당권이 설정되어 있는 甲 소유의 X토지위에 Y건물이 신축된 후, 乙의 저당권이 실행된 경우에 관한 설명으로 옳은 것을 모두 고른 것은? (다툼이 있으면 판례에 따름)
⑧⑧⑨

> ㉠ 甲이 Y건물을 신축한 경우, 乙은 Y건물에 대한 경매도 함께 신청할 수 있으나 Y건물의 경매대가에서 우선변제를 받을 수는 없다.
> ㉡ Y건물을 甲이 건축하였으나 경매 당시 제3자 소유로 된 경우, 乙은 Y건물에 대한 경매도 함께 신청할 수 있다.
> ㉢ Y건물이 X토지의 지상권자인 丙에 의해 건축되었다가 甲이 Y건물의 소유권을 취득하였다면 乙은 Y건물에 대한 경매도 함께 신청할 수 있다.

① ㉡
② ㉠, ㉡
③ ㉠, ㉢
④ ㉡, ㉢
⑤ ㉠, ㉡, ㉢

08 저당권에 관한 설명으로 옳지 않은 것은? (다툼이 있으면 판례에 따름)

상중하

① 구분지상권을 목적으로 하는 저당권의 설정도 가능하다.

② 저당권 등기가 위법하게 말소된 후 그 저당부동산이 경매절차에서 매각된 경우, 저당권자는 매수인을 상대로 말소된 저당권 등기의 회복을 청구할 수 있다.

③ 피담보채무의 소멸로 무효가 된 저당권 등기의 유용은 등기부상 이해관계가 있는 제3자가 생기지 않은 경우에 허용된다.

④ 저당부동산에 대한 압류가 있으면 압류 이후의 저당권설정자의 저당부동산에 관한 차임채권에도 저당권의 효력이 미친다.

⑤ 금전채권이 아닌 채권을 피담보채권으로 하는 저당권을 설정하면서 그 평가액을 등기한 경우, 채권자는 제3자에 대한 관계에 있어서 그 등기된 평가액의 한도에서만 저당권을 주장할 수 있다.

09 근저당권에 관한 설명으로 옳지 않은 것은? (다툼이 있으면 판례에 따름)

상중하

① 결산기에 확정된 채권액이 채권최고액을 넘는 경우, 채무자 겸 근저당권설정자는 최고액을 임의로 변제하더라도 근저당권설정등기의 말소를 청구할 수 없다.

② 공동근저당권자가 X건물과 Y건물에 대하여 공동저당을 설정한 후, 제3자가 신청한 X건물에 대한 경매절차에 참가하여 배당을 받으면, Y건물에 대한 피담보채권도 확정된다.

③ 공동근저당권자가 후순위근저당권자에 의하여 개시된 경매절차에서 피담보채권의 일부를 배당받은 경우, 우선변제 받은 금액에 관하여는 다시 공동근저당권자로서 우선변제권을 행사할 수 없다.

④ 원본의 이행기일을 경과한 후 발생하는 지연손해금 중 1년이 지난 기간에 대한 지연손해금도 근저당권의 채권최고액 한도에서 전액 담보된다.

⑤ 근저당권의 피담보채권인 원본채권이 확정된 후에 발생하는 이자는 지연손해금 채권은 그 근저당권의 채권최고액의 범위에서 여전히 담보된다.

10
상중하

甲이 5,000만원의 채권을 담보하기 위하여, 채무자 乙소유의 X부동산과 물상보증인 丙소유의 Y부동산에 각각 1번 저당권을 취득하였다. 그 후 丁이 4,000만원의 채권으로 X부동산에, 戊가 3,000만원의 채권으로 Y부동산에 각각 2번 저당권을 취득하였다. 甲이 X부동산과 Y부동산에 대하여 담보권실행을 위한 경매를 신청하여 X부동산은 6,000만원, Y부동산은 4,000만원에 매각되어 동시에 배당하는 경우, 이자 및 경매비용 등을 고려하지 않는다면 甲이 Y부동산의 매각대금에서 배당받을 수 있는 금액은? (다툼이 있으면 판례에 따름) 제23회

① 0원 ② 1,000만원 ③ 2,000만원
④ 3,000만원 ⑤ 4,000만원

11
상중하

2019. 8. 1. 甲은 乙에게 2억원(대여기간 1년, 이자 월1.5%)을 대여하면서 乙 소유 X토지(가액 3억원)에 근저당권(채권최고액 2억 5천만원)을 취득하였고, 2020. 7. 1. 丙은 乙에게 1억원(대여기간 1년, 이자 월 1%)을 대여하면서 X토지에 2번 근저당권(채권최고액 1억 5천만원)을 취득하였다. 甲과 丙이 변제를 받지 못한 상황에서 丙이 2022. 6. 1. X토지에 관한 근저당권 실행을 위한 경매를 신청하면서 배당을 요구한 경우, 이에 관한 설명으로 옳은 것은? (다툼이 있으면 판례에 따름)

> ㉠ 2022. 6. 1. 甲의 근저당권의 피담보채권액은 확정되지 않는다.
> ㉡ 甲에게 2022. 6. 1. 이후에 발생한 지연이자는 채권최고액의 범위 내라도 근저당권에 의해 담보되지 않는다.
> ㉢ 甲이 한 번도 이자를 받은 바 없고 X토지가 3억원에 경매되었다면 甲은 경매대가에서 3억원을 변제받는다.

① ㉠ ② ㉡
③ ㉠, ㉢ ④ ㉡, ㉢
⑤ ㉠, ㉡, ㉢

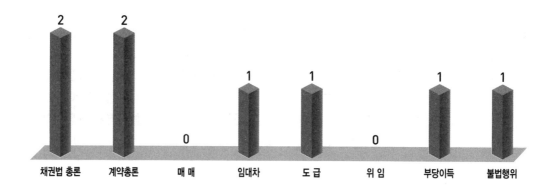

🔍 **제27회 기출문제 분석**

제27회 주택관리사(보) 채권법은 예년과 비슷하게 채권총론에서 2문제, 채권각론에서 6문제가 출제되었다. 다만 시험범위가 확대되고 지엽적인 판례가 증가하고 있는 추세이므로 과거의 기출문제보다는 출제되지 않는 부분을 위주로 학습하여야 한다.

채권법

01 총론

∞ **연계학습** 기본서 p.582~666

단·원·열·기

매년 2~3문제 정도 출제되는 부분이다. '이행지체', '채권자대위권과 채권자취소권', '채권의 양도' 위주로 학습하여야 한다.

대표문제 상 중 하

채권의 효력에 관한 설명으로 옳지 않은 것은?   제27회

① 채무자는 귀책사유가 없으면 민법 제390조의 채무불이행에 따른 손해배상책임을 지지 않는다.

② 채무자의 법정대리인이 채무자를 위하여 채무를 이행하는 경우, 법정대리인의 고의나 과실은 채무자의 고의나 과실로 본다.

③ 채무이행의 불확정한 기한이 있는 경우에는 채무자는 기한이 도래함을 안 때로부터 지체책임이 있다.

④ 특별한 사정으로 인한 손해는 채무자가 그 사정을 알았거나 알 수 있었을 때에 한하여 배상의 책임이 있다.

⑤ 채무가 채무자의 법률행위를 목적으로 한 경우, 채무자가 이를 이행하지 않으면 채권자는 채무자의 비용으로 제3자에게 이를 하게 할 것을 법원에 청구할 수 있다.

해설

⑤ 채무자가 임의로 채무를 이행하지 아니한 때에는 그 채무가 법률행위를 목적으로 한 때에는 채무자의 의사표시에 갈음할 재판을 청구할 수 있고 채무의 일신에 전속하지 아니한 작위를 목적으로 한 때에는 채무자의 비용으로 제3자에게 이를 하게 할 것을 법원에 청구할 수 있다(제389조 제2항 참조).

① 제390조의 채무불이행 책임은 채무자에게 고의 또는 과실(＝ 귀책사유)가 없으면 적용되지 아니한다(제390조 참조).

② 채무자의 법정대리인이 채무자를 위하여 이행하거나 채무자가 타인을 사용하여 이행하는 경우에는 법정대리인 또는 피용자의 고의나 과실은 채무자의 고의나 과실로 본다(제391조).

③ 채무이행의 불확정한 기한이 있는 경우에는 채무자는 기한이 도래함을 안 때로부터 지체책임이 있다(제387조 제1항 후문).

④ 특별한 사정으로 인한 손해는 채무자가 그 사정을 알았거나 알 수 있었을 때에 한하여 배상의 책임이 있다(제393조 제2항).

✓ 정답 ⑤

01 쌍무계약상 채무이행이 불능인 경우에 관한 설명으로 옳지 않은 것은? (다툼이 있
으면 판례에 따름) 제23회

① 계약이 원시적·객관적 전부불능인 경우, 그 계약은 무효이다.
② 채무자의 책임 있는 사유로 후발적 이행불능이 된 경우, 채권자는 최고 없이
계약을 해제할 수 있다.
③ 채무자의 책임 있는 사유로 후발적 불능이 발생한 경우, 채권자는 그로 인해
발생한 손해의 배상을 청구할 수 있다.
④ 채권자의 수령지체 중에 당사자 쌍방의 책임 없는 사유로 채무자의 이행이
불능이 된 경우, 채무자는 채권자에게 이행을 청구할 수 있다.
⑤ 채권자가 이행불능을 이유로 계약을 해제한 경우, 그는 이행불능으로 인한
손해의 배상을 청구할 수 없다.

02 금전채무에 관한 설명으로 옳은 것은? (다툼이 있으면 판례에 따름)

① 채권의 목적이 다른 나라 통화로 지급할 것인 경우, 채무자는 그 국가의 강
제통용력 있는 각종 통화로 변제할 수 있다.
② 민사채권과 상사채권의 법정이율은 모두 연 5분이다.
③ 금전채무 불이행책임의 경우, 그 손해에 대한 채권자의 증명이 필요하다.
④ 금전채무의 이행지체로 인하여 발생하는 지연손해금은 3년간의 단기소멸시
효의 대상이다.
⑤ 금전채권의 경우, 특정물채권이 될 여지가 없다.

03 선택채권에 관한 설명으로 옳은 것은? (다툼이 있으면 판례에 따름) 제25회

① 선택권에 관하여 법률의 규정이나 당사자의 약정이 없으면 선택권은 채권
자에게 있다.
② 선택권 행사의 기간이 있는 경우, 선택권자가 그 기간 내에 선택권을 행사하
지 않으면 즉시 상대방에게 선택권이 이전된다.
③ 제3자가 선택권을 행사하기로 하는 당사자의 약정은 무효이다.
④ 선택채권의 소멸시효는 선택권을 행사한 때부터 진행한다.
⑤ 채권의 목적으로 선택할 여러 개의 행위 중에 당사자의 과실 없이 처음부터
불능한 것이 있으면 채권의 목적은 잔존한 것에 존재한다.

04 금전채무 불이행으로 인한 손해배상에 관한 설명으로 옳지 않은 것은? (다툼이 있
으면 판례에 따름)   제18회

① 채무자는 과실 없음을 항변하지 못한다.
② 손해배상액은 특별한 사정이 없는 한 법정이율에 의한다.
③ 지연손해금채무는 이행지체로 인한 손해배상채무이다.
④ 채권자가 손해의 발생과 그 손해액을 증명하여야 한다.
⑤ 이행지체에 대비한 지연손해금 비율을 따로 약정한 경우, 이는 손해배상금
액의 예정으로 감액의 대상이 될 수 있다.

05 채무불이행에 따른 손해배상에 관한 설명으로 옳은 것은? (다툼이 있으면 판례에
따름)   제24회

① 채무불이행을 이유로 계약을 해제하면 별도로 손해배상을 청구하지 못한다.
② 채무불이행에 관해 채권자에게 과실이 있는 경우, 법원은 채무자의 주장에
의해 손해배상의 책임 및 그 금액을 정함에 이를 참작할 수 있다.
③ 채권자가 그 채권의 목적인 물건의 가액일부를 손해배상으로 받은 경우, 채
무자는 그 물건의 소유권을 취득한다.
④ 지연손해배상액을 예정한 경우, 채권자는 예정배상액의 청구와 함께 본래의
급부이행을 청구할 수 있다.
⑤ 금전채무불이행의 경우, 채무자는 과실 없음을 항변할 수 있다.

06 선택채권에 관한 다음 설명 중 가장 틀린 것은?

① 선택의 의사표시는 당사자의 동의가 있어야 철회할 수 있다.
② 선택의 효력은 채권 발생시로 소급한다.
③ 특약이 없는 한 선택권은 채권자에게 있는 것으로 추정된다.
④ 제삼자도 선택권을 가지는 경우가 있다.
⑤ 선택의 의사표시는 조건이나 기한을 붙일 수 없다.

07 이행지체에 관한 설명으로 옳지 않은 것은? (다툼이 있으면 판례에 따름)
상중하

① 이행지체를 이유로 채권자에게 전보배상청구가 인정되는 경우, 그 손해액은 원칙적으로 최고할 당시의 시가를 기준으로 산정하여야 한다.

② 중도금지급기일을 '2층 골조공사 완료시'로 한 경우, 그 공사가 완료되었더라도 채무자가 그 완료사실을 알지 못하였다면 특별한 사정이 없는 한 지체책임을 지지 않는다.

③ 금전채무의 이행지체로 인하여 발생하는 지연이자의 성질은 손해배상금이다.

④ 저당권이 설정된 부동산 매도인의 담보책임에 기한 손해배상채무는 이행청구를 받은 때부터 지체책임이 있다.

⑤ 이행기의 정함이 없는 채권을 양수한 채권양수인이 채무자를 상대로 그 이행을 구하는 소를 제기하고 소송 계속 중 채무자에 대한 채권양도통지가 이루어진 경우, 특별한 사정이 없는 한 채무자는 채권양도통지가 도달된 다음 날부터 지체책임을 진다.

08 민법상 채무의 종류에 따라 이행지체책임의 발생시기가 잘못 연결된 것을 모두 고른 것은? (당사자 사이에 다른 약정은 없으며, 다툼이 있으면 판례에 따름)
상중하

┌───┐
│ ㉠ 부당이득반환채무 – 수익자가 이행청구를 받은 때   │
│ ㉡ 불확정기한부 채무 – 채무자가 기한의 도래를 안 때   │
│ ㉢ 동시이행의 관계에 있는 쌍방의 채무 – 쌍방의 이행제공 없이 쌍방 채무의   │
│   이행기가 도래한 때   │
└───┘

① ㉠   ② ㉡
③ ㉢   ④ ㉠, ㉡
⑤ ㉡, ㉢

09 이행지체책임의 발생시기에 관한 설명으로 옳은 것을 모두 고른 것은? (다툼이 있
상중하 으면 판례에 따름)

> ○ 채무이행의 확정한 기한이 있는 경우에는 채무자는 기한이 도래한 때로부
> 터 지체책임이 있고, 채무이행의 불확정한 기한이 있는 경우에는 채무자는
> 기한이 도래함을 안 때로부터 지체책임이 있다.
> ○ 채무이행의 기한이 없는 경우에는 채무자는 이행청구를 받은 다음 날부터
> 지체책임이 있다.
> ○ 불법행위로 인한 손해배상의 경우 채무자는 불법행위일 다음 날부터 재산
> 상 손해와 위자료를 합산한 금액 전부에 대하여 지체책임이 있다.
> ○ 불법행위에서 위법행위 시점과 손해발생 시점 사이에 시간적 간격이 있는
> 경우에 불법행위로 인한 손해배상청구권의 지연손해금은 손해발생시점을
> 기산일로 하여 발생한다.

① ㄱ, ㄴ   ② ㄴ, ㄷ   ③ ㄷ, ㄹ
④ ㄱ, ㄴ, ㄹ   ⑤ ㄱ, ㄷ, ㄹ

10 손해배상액의 예정에 관한 설명으로 옳은 것은? (다툼이 있는 경우 판례에 따름)
상중하
① 사용자는 근로계약 불이행에 대한 위약금 또는 손해배상액을 예정하는 계
약을 체결할 수 있다.
② 매매계약에서 채권자는 실제 손해액이 예정액을 초과하는 경우에 그 초과
액을 청구할 수 있다.
③ 계약 내용에 손해배상액을 예정하는 약정이 있는 경우에는 계약상의 채무
불이행으로 인한 손해액과 함께 그 계약과 관련된 불법행위상의 손해액까지
예정한 것이다.
④ 건물 신축공사에 있어 준공 후에도 건물에 다수의 하자와 미시공 부분이 있
어 수급인이 약정기한 내에 그 하자와 미시공 부분에 대한 공사를 완료하지
못할 경우 미지급 공사비 등을 포기하고 이를 도급인의 손해배상금으로 충
당한다는 내용의 합의각서를 작성한 경우, 채무불이행에 관한 손해배상액을
예정한 경우에 해당한다.
⑤ 금전채무에 관하여 이행지체에 대비한 지연손해금 비율을 따로 약정한 경
우, 손해배상액의 예정으로서 감액의 대상이 되지 않는다.

11 손해배상액의 예정에 관한 설명으로 옳은 것은? (다툼이 있으면 판례에 따름)

① 특별손해는 예정액을 초과하더라도 원칙적으로 청구할 수 있다.

② 계약체결시 손해배상액 예정을 한 경우, 그 예정은 그 계약과 관련된 불법행위로 인한 손해배상까지 예정한 것으로 볼 수 있다.

③ 손해배상 예정액이 부당하게 과다한 경우에는 법원은 당사자의 주장이 없더라도 직권으로 이를 감액할 수 있다.

④ 채권자가 예정된 손해배상액을 청구하기 위하여 손해배상액을 증명할 필요는 없으나 적어도 손해의 발생은 증명하여야 한다.

⑤ 손해배상액 예정이 있어도 손해의 발생에 있어서 채권자의 과실이 있으면, 공평의 원칙상 과실상계를 한다.

12 乙의 채권자 甲이 乙의 丙에 대한 금전채권에 대하여 채권자대위권을 행사하는 경우에 관한 설명으로 옳은 것은? (다툼이 있으면 판례에 따름)

① 甲은 乙의 동의를 받지 않는 한 채권자대위권을 행사할 수 없다.

② 甲의 乙에 대한 채권이 금전채권인 경우, 甲은 丙에게 직접 자기에게 이행하도록 청구하여 상계적상에 있는 자신의 채권과 상계할 수 없다.

③ 甲이 丙을 상대로 채권자대위권을 행사한 경우, 甲의 채권자대위소송의 제기로 인한 소멸시효 중단의 효력은 乙의 丙에 대한 채권에 생긴다.

④ 甲이 丙을 상대로 채권자대위권을 행사하고 그 사실을 乙에게 통지한 이후 乙이 丙에 대한 채권을 포기한 경우, 丙은 乙의 채권포기 사실을 들어 甲에게 대항할 수 있다.

⑤ 乙이 丙을 상대로 금전채무 이행청구의 소를 제기하여 패소판결이 확정된 경우, 甲은 乙에 대한 금전채권을 보전하기 위해 丙을 상대로 채권자대위권을 행사할 수 있다.

13
상중하

채권자대위권에 관한 설명으로 옳은 것은? (다툼이 있으면 판례에 따름)

① 채권자는 피보전채권의 변제기 전에 채권자대위권을 행사해서 피대위채권의 시효중단을 위한 이행청구를 하지 못한다.

② 임대인의 동의없는 임차권의 양도는 당사자 사이에서는 유효하므로 임차권의 양수인은 임대인의 권한을 대위 행사할 수 있다.

③ 조합원이 조합을 탈퇴할 권리는 일신전속적 권리가 아니므로, 특별한 사정이 없는 한 피대위권리가 될 수 있다.

④ 채권자가 채무자의 토지 소유권이전등기청구권을 대위행사한 후 이를 채무자에게 통지한 경우, 채무자가 그 토지 소유권을 이전받은 것은 처분권제한에 위배되어 무효이다.

⑤ 제3채무자가 직접 대위채권자에게 금전을 지급하도록 하는 채권자대위소송의 판결이 확정된 경우, 대위채권자의 채권자는 대위채권자가 제3채무자로부터 지급받을 권리를 압류할 수 있다.

14
상중하

채권자취소권에 관한 설명으로 옳은 것을 모두 고른 것은? (다툼이 있으면 판례에 따름)

> ㉠ 채권자취소의 소는 취소원인을 안 날로부터 3년, 법률행위가 있는 날로부터 10년 내에 제기하여야 한다.
> ㉡ 채권자가 채무자의 사해의사를 증명하면 수익자의 악의는 추정된다.
> ㉢ 채무초과상태에 있는 채무자의 상속포기는 채권자취소권의 대상이 되지 못한다.
> ㉣ 사행행위 이전에 성립된 채권을 양수하였으나, 그 대항요건을 사해행위 이후에 갖춘 양수인은 이를 피보전채권으로 하는 채권자취소권을 행사할 수 없다.
> ㉤ 건물신축의 도급인이 민법 제666조에 따른 수급인의 저당권설정청구권 행사에 의해 그 건물에 저당권을 설정하는 행위는 특별한 사정이 없는 한 사해행위에 해당하지 않는다.

① ㉠, ㉡, ㉤   ② ㉠, ㉢, ㉣   ③ ㉠, ㉣, ㉤
④ ㉡, ㉢, ㉣   ⑤ ㉡, ㉢, ㉤

15 책임재산 보전에 대한 다음 설명 중 옳은 것만으로 묶인 것은? (다툼이 있는 경우
상종하 판례에 의함)

> ㉠ 채권자대위의 소는 채권자가 그 원인을 안 날로부터 1년, 법률행위 있는 날
>   로부터 5년 내에 제기하여야 한다.
> ㉡ 채무자의 법률행위가 통정허위표시로 무효인 경우에는 채권자취소의 대상
>   이 되지 아니한다.
> ㉢ 채권자대위소송의 제3채무자는 채무자의 채권자에 대한 소멸시효완성의 항
>   변을 원용할 수 있다.
> ㉣ 채무자가 채권자의 대위권 행사 사실을 알게 된 이후에는 채무자가 그 권리
>   를 처분하여도 이로써 채권자에게 대항할 수 없다.

① ㉣　　　　　　　② ㉠, ㉣　　　　　　　③ ㉠, ㉡
④ ㉡, ㉢　　　　　　⑤ ㉡, ㉣

16 채권자취소권에 관한 설명으로 옳은 것을 모두 고른 것은? (다툼이 있으면 판례에
상종하 따름)　　　　　　　　　　　　　　　　　　　　　　　　　　　　　제22회

> ㉠ 채권자취소권은 상대방에 대한 의사표시로 행사할 수 있다.
> ㉡ 채무자를 상대로 채권자취소권을 행사할 수 없다.
> ㉢ 채권자취소권 행사에 따른 원상회복은 가액반환이 원칙이다.

① ㉠　　　　　　　　② ㉡　　　　　　　　③ ㉠, ㉢
④ ㉡, ㉢　　　　　　⑤ ㉠, ㉡, ㉢

17
상중하

甲에 대하여 금전채무를 부담하고 있는 乙은 자신의 유일한 재산인 X토지를 丙에게 매도하고 1개월 후 소유권이전등기를 마쳐주었다. 이에 관한 설명으로 옳지 않은 것을 모두 고른 것은? (다툼이 있으면 판례에 따름) 제20회

> ㉠ 甲은 乙을 상대로 사해행위취소의 소를 제기할 수 있다.
> ㉡ 금전채권의 이행기가 도래하지 않은 경우, 甲은 乙·丙 간의 부동산 매매를 사해행위로 취소할 수 없다.
> ㉢ 사해행위취소소송이 제기된 경우, 丙은 甲의 채권이 소멸시효의 완성으로 소멸하였음을 원용할 수 있다.
> ㉣ 甲은 소유권이전등기가 된 날로부터 5년 이내에 채권자취소권을 행사하여야 한다.

① ㉠, ㉢ ② ㉡, ㉢ ③ ㉠, ㉡, ㉣
④ ㉠, ㉢, ㉣ ⑤ ㉡, ㉢, ㉣

18
상중하

乙의 채권자 甲은 乙이 채무초과상태에서 자신의 유일한 재산인 X부동산을 丙에게 매도하고 소유권이전등기를 해 준 사실을 알고 채권자취소권을 행사하려고 한다. 이에 관한 설명으로 옳은 것은? (다툼이 있으면 판례에 따름)

① 甲이 채권자취소권을 행사하기 위해서는 재판 외 또는 재판상 이를 행사하여야 한다.

② 甲이 채권자취소권을 행사하기 위해서는 乙 및 丙의 사해의사 및 사해행위에 대한 악의를 증명하여야 한다.

③ 甲의 乙에 대한 채권이 X부동산에 대한 소유권이전등기청구권인 경우, 甲은 이를 피보전채권으로 하여 채권자취소권을 행사할 수 없다.

④ 甲이 채권자취소권을 재판상 행사하는 경우, 사해행위를 직접 행한 乙을 피고로 하여 그 권리를 행사하여야 한다.

⑤ 甲의 乙에 대한 채권이 시효로 소멸한 경우, 丙은 이를 들어 채권자취소권을 행사하는 甲에게 대항할 수 없다.

19 보증채무에 관한 설명으로 옳은 것은? (다툼이 있으면 판례에 따름)   제26회

상중하

① 장래의 채무에 대한 보증계약은 효력이 없다.

② 주채무자에 대한 시효의 중단은 보증인에 대하여 그 효력이 없다.

③ 보증인은 그 보증채무에 관한 위약금 기타 손해배상액을 예정할 수 없다.

④ 보증인의 보증의사를 표시하기 위한 '기명날인'은 보증인이 직접 하여야 하고 타인이 이를 대행하는 방법으로 할 수 없다.

⑤ 채무자의 부탁으로 보증인이 된 자의 구상권은 면책된 날 이후의 법정이자 및 피할 수 없는 비용 기타 손해배상을 포함한다.

20 민법상 보증채무에 관한 설명으로 옳지 않은 것은? (다툼이 있으면 판례에 따름)

상중하

① 주채무가 민사채무이고 보증채무가 상사채무인 경우 보증채무의 소멸시효 기간은 주채무에 따라 결정된다.

② 보증은 불확정한 다수의 채무에 대해서도 할 수 있다.

③ 주채권과 분리하여 보증채권만을 양도하기로 하는 약정은 그 효력이 없다.

④ 보증채권을 주채권과 함께 양도하는 경우 대항요건은 주채권의 이전에 관하여만 구비하면 족하다.

⑤ 보증인은 주채무자의 채권에 의한 상계로 채권자에게 대항할 수 있다.

21
상중하

甲은 乙로부터 금전을 빌렸고, 丙은 甲의 채무를 위해 보증인이 되었다. 이에 관한 설명으로 옳은 것은? (다툼이 있으면 판례에 따름)

① 丙이 모르는 사이에 주채무의 목적이나 형태가 변경되어 주채무의 실질적 동일성이 상실된 경우에도 丙의 보증채무는 소멸되지 않는다.

② 丙의 보증계약은 구두계약에 의하여도 그 효력이 발생한다.

③ 丙은 甲이 가지는 항변으로 乙에게 대항할 수 있으나, 甲이 이를 포기하였다면 丙은 그 항변으로 乙에게 대항할 수 없다.

④ 甲의 乙에 대한 채무가 시효로 소멸되더라도 丙의 보증채무는 원칙적으로 소멸되지 않는다.

⑤ 甲의 의사에 반하여 보증인이 된 丙이 자기의 출재로 甲의 채무를 소멸하게 한 때에는 甲은 丙에게 현존이익의 한도에서 배상하여야 한다.

22
상중하

연대채무자의 1인에 관하여 생긴 사유 중 절대적 효력이 있는 것이 아닌 것은?

① 변제, 대물변제, 공탁
② 채권자지체
③ 상계
④ 경개
⑤ 시효이익의 포기

23
상중하

甲, 乙, 丙이 丁에 대하여 9백만원의 연대채무를 부담하고 있고, 각자의 부담부분은 균등하다. 甲이 丁에 대하여 6백만원의 상계적상에 있는 반대채권을 가지고 있는 경우에 관한 설명으로 옳은 것은? (당사자 사이에 다른 약정이 없으며, 다툼이 있으면 판례에 따름)

① 甲이 6백만원에 대해 丁의 채무와 상계한 경우, 남은 3백만원에 대해 乙과 丙이 丁에게 각각 1백 5십만원의 분할채무를 부담한다.

② 甲이 6백만원에 대해 丁의 채무와 상계한 경우, 甲, 乙, 丙은 丁에게 3백만원의 연대채무를 부담한다.

③ 甲이 상계권을 행사하지 않은 경우, 乙과 丙은 甲의 상계권을 행사할 수 없고, 甲, 乙, 丙은 丁에게 3백만원의 연대채무를 부담한다.

④ 甲이 상계권을 행사하지 않은 경우, 乙은 丁을 상대로 甲의 6백만원에 대해 상계할 수 있고, 乙과 丙이 丁에게 각각 1백 5십만원의 분할채무를 부담한다.

⑤ 甲이 상계권을 행사하지 않은 경우, 丙은 丁을 상대로 甲의 6백만원에 대해 상계할 수 있고, 乙과 丙이 丁에게 3백만원의 연대채무를 부담한다.

24
상중하

매도인 甲은 매수인 乙에 대한 매매대금채권 전부를 丙에게 즉시 양도하기로 丙과 합의하였다. 이에 관한 설명으로 옳지 않은 것은? (다툼이 있으면 판례에 따름)

제25회

① 甲의 매매대금채권은 그 성질상 원칙적으로 양도가 가능하다.
② 채권의 양도통지는 甲이 乙에게 직접 해야 하며 丙에게 이를 위임할 수 없다.
③ 乙이 채권의 양도통지만을 받은 경우, 그 통지 전에 乙이 甲에게 일부 변제한 것이 있으면 乙이 이를 가지고 丙에게 대항할 수 있다.
④ 甲이 乙에게 채권의 양도통지를 한 경우, 甲은 丙의 동의가 없으면 그 통지를 철회하지 못한다.
⑤ 만일 甲이 乙과의 양도금지특약에 반하여 매매대금채권을 양도하였고 丙이 그 특약을 과실 없이 알지 못하였다면, 위 채권양도는 유효하다.

25
상중하

지명채권양도에 관한 설명으로 옳은 것을 모두 고른 것은? (다툼이 있으면 판례에 따름)

제19회

> ㉠ 채권이 이중으로 양도되고 두 양도 모두 확정일자 있는 증서로 통지된 경우, 양수인 상호간의 우열은 확정일자의 선후에 의하여 결정된다.
> ㉡ 채권의 양수인이 채권양도금지특약을 중과실로 알지 못한 경우, 채무자는 그 특약으로써 그 양수인에게 대항할 수 있다.
> ㉢ 채권의 양수인이 양도인을 대리하여 양도를 통지하더라도, 그 통지로써 채권양도를 채무자에게 대항할 수 없다.
> ㉣ 채무자가 채권의 양도에 대하여 이의를 보류하지 아니하고 승낙을 한 경우, 양수인이 악의라면 채무자의 승낙 당시까지 양도인에 대하여 생긴 사유로써 양수인에게 대항할 수 있다.

① ㉠, ㉡   ② ㉠, ㉢   ③ ㉡, ㉢
④ ㉡, ㉣   ⑤ ㉢, ㉣

26
상중하

甲이 乙에 대한 매매대금채권을 丙에게 양도하였다. 이에 관한 설명으로 옳지 않은 것을 모두 고른 것은? (다툼이 있으면 판례에 따름) 제26회

> ㉠ 채권양도의 통지는 양도인이 해야 하므로 丙이 甲의 대리인으로서 채권양도의 통지에 관한 위임을 받았더라도 丙에 의한 양도통지는 효력이 없다.
> ㉡ 甲이 乙과의 양도금지특약에 반하여 매매대금채권을 양도하였는데, 丙이 그 특약을 경과실로 알지 못하였다면 丙은 乙을 상대로 그 양수금의 지급을 청구할 수 있다.
> ㉢ 乙이 채권양도에 관하여 이의를 보류하지 않고 승낙하였으나 그 전에 甲의 매매대금채권과 상계적상에 있는 채권을 가지고 있었다면, 이러한 사정을 알고 있었던 丙의 양수금 지급청구에 대해서 乙은 상계로 대항할 수 있다.

① ㉠   ② ㉢   ③ ㉠, ㉡
④ ㉡, ㉢   ⑤ ㉠, ㉡, ㉢

27
상중하

채무인수에 관한 설명으로 옳지 않은 것은? (다툼이 있으면 판례에 따름)

① 중첩적 채무인수는 채권자와 인수인 사이의 합의가 있으면 채무자의 의사에 반하여서도 이루어질 수 있다.

② 채무자와 인수인의 계약에 의한 면책적 채무인수는 채권자의 승낙이 없더라도 면책적 채무인수의 효력이 있다.

③ 채무인수가 면책적인지 중첩적인지 불분명한 경우에는 중첩적 채무인수로 본다.

④ 면책적 채무인수인은 전(前)채무자의 항변할 수 있는 사유로 채권자에게 대항할 수 있다.

⑤ 전(前)채무자에 채무에 대한 보증은 보증인의 동의가 없는 한 면책적 채무인수로 인하여 소멸한다.

28 변제에 관한 설명으로 옳지 않은 것은? (다툼이 있으면 판례에 따름)   제24회
상중하
① 법률상 이해관계 없는 제3자는 채무자의 의사에 반하여 변제할 수 없다.
② 지명채권증서의 반환과 변제는 동시이행관계에 있다.
③ 채권의 준점유자에 대한 변제는 변제자가 선의이며 과실 없는 때에 한하여 효력이 있다.
④ 채무자가 채무의 변제로 인도한 타인의 물건을 채권자가 선의로 소비한 경우에는 채권은 소멸한다.
⑤ 영수증 소지자가 변제를 받을 권한이 없음을 변제자가 알면서도 변제한 경우에는 변제로서의 효력이 없다.

29 변제에 관한 설명으로 옳은 것은? (다툼이 있으면 판례에 따름)   제22회
상중하
① 특정물의 인도가 채권의 목적인 때에는 채무자는 채권발생 당시의 현상대로 그 물건을 인도하여야 한다.
② 채무의 변제로 타인의 물건을 인도한 채무자는 채권자에게 손해를 배상하고 물건의 반환을 청구할 수 있다.
③ 채무자가 채권자의 승낙 없이 본래의 채무이행에 갈음하여 동일한 가치의 물건으로 급여한 때에는 변제와 같은 효력이 있다.
④ 채무의 성질 또는 당사자의 의사표시로 변제장소를 정하지 아니한 경우 특정물의 인도는 채권자의 현주소에서 하여야 한다.
⑤ 법률상 이해관계 있는 제3자는 특별한 사정이 없는 한, 채무자의 의사에 반하여 변제할 수 있다.

30
상 중 하

변제에 관한 설명 중 옳지 않은 것은?

① 채무의 변제로 타인의 물건을 인도한 채무자는 다시 유효한 변제를 하지 아니하면 그 물건의 반환을 청구할 수 없다.

② 채권의 준점유자에 대한 변제는 변제자가 선의이며 과실이 없는 때에 한하여 효력이 있다.

③ 저당부동산의 제3취득자가 변제한 경우 보증인에 대하여 채권자를 대위할 수 있다.

④ 채무자가 1개 또는 수개의 채무의 비용 및 이자를 지급할 경우에 변제자가 그 전부를 소멸하게 하지 못할 급여를 한 때에는 비용, 이자, 원본의 순서로 변제에 충당된다.

⑤ 채권의 일부에 대하여 대위변제가 있는 때에는 대위자는 그 변제한 가액에 비례하여 채권자와 함께 그 권리를 행사한다.

31
상 중 하

변제와 관련된 설명이다. 옳지 않은 것은?

① 이해관계 없는 제삼자라도 채무자의 의사에 반하지 않으면 변제할 수 있다.

② 변제는 채무내용에 좇은 현실제공으로 이를 하여야 한다.

③ 당사자의 특별한 의사표시가 없으면 채무자는 변제기 전이라도 변제할 수 있다.

④ 이해관계 있는 제삼자는 채무자의 의사에 반하여 변제할 수 있다.

⑤ 채권의 준점유자에 대한 변제는 변제자가 선의인 때에는 경과실이 있더라도 효력이 있다.

32 변제충당에 관한 설명 중 잘못된 것은?

① 당사자 사이에 특별한 합의가 없는 한 비용, 이자, 원본의 순서로 변제에 충당한다.

② 당사자가 변제에 충당할 채무를 지정하지 아니한 때에는 채무 중에 이행기가 도래한 것과 도래하지 아니한 것이 있으면 이행기가 도래한 채무의 변제에 충당한다.

③ 변제자가 비용, 이자, 원본의 순서와 다르게 일방적으로 충당의 순서를 지정할 수 있다.

④ 당사자가 변제에 충당할 채무를 지정하지 아니한 경우, 채무 전부의 이행기가 도래하였거나 도래하지 아니하였다면 채무자에게 변제이익이 많은 채무의 변제에 충당한다.

⑤ 당사자가 변제에 충당할 채무를 지정하지 아니하고, 제반 조건이 동일한 때에는 그 채무액에 비례하여 각 채무의 변제에 충당한다.

33 상계에 관한 설명으로 옳지 않은 것은? (다툼이 있으면 판례에 따름)

① 채무의 이행지가 서로 다른 채권은 상계할 수 없다.

② 지급을 금지하는 명령을 받은 제3채무자는 그 후 취득한 채권에 의한 상계로 그 명령을 신청한 채권자에게 대항하지 못한다.

③ 채권이 압류하지 못한 것인 때에는 그 채무자는 상계로 채권자에게 대항하지 못한다.

④ 소멸시효가 완성된 채권이 그 완성 전에 상계할 수 있었던 것이면 채권자는 상계할 수 있다.

⑤ 쌍방의 채무가 상계적상에 있었으나 상계 의사표시를 하지 않은 동안에 일방의 채무가 변제로 소멸한 후에는 상계할 수 없다.

34 상계가 허용되는 경우는? (다툼이 있으면 판례에 의함)

① 수동채권이 고의의 불법행위로 인한 손해배상청구권인 경우

② 자동채권에 조건 미성취의 항변권이 붙어 있는 경우

③ 자동채권의 변제기가 도래하지 않은 경우

④ 수동채권이 압류금지 채권인 경우

⑤ 자동채권과 수동채권이 이행지가 다른 경우

계약법 총론

∞ **연계학습** 기본서 p.667~704

단·원·열·기

매년 1문제 정도 출제되는 부분이다. '계약의 종류', '해제', '제3자를 위한 계약' 위주로 학습하여야 한다.

대표문제 상중하

> **해제에 관한 설명으로 옳지 않은 것은?** (다툼이 있으면 판례에 따름) 제27회
>
> ① 매도인의 소유권이전등기의무가 매수인의 귀책사유에 의해 이행불능이 된 경우, 매수인은 이를 이유로 계약을 해제할 수 있다.
> ② 부수적 채무의 불이행을 이유로 계약을 해제하기 위해서는 그로 인하여 계약의 목적을 달성할 수 없거나 특별한 약정이 있어야 한다.
> ③ 소제기로써 계약해제권을 행사한 후 나중에 그 소송을 취하한 때에도 그 행사의 효력에는 영향이 없다.
> ④ 당사자의 일방 또는 쌍방이 수인인 경우, 해제권이 당사자 1인에 대하여 소멸한 때에는 다른 당사자에 대하여도 소멸한다.
> ⑤ 일방 당사자의 계약위반을 이유로 계약이 해제된 경우, 계약을 위반한 당사자도 당해 계약이 상대방의 해제로 소멸되었음을 들어 그 이행을 거절할 수 있다.

해설

① 이행불능을 이유로 계약을 해제하기 위해서는 그 이행불능이 채무자의 귀책사유에 의한 경우여야 할 것이므로, 매도인의 매매목적물에 관한 소유권이전의무가 이행불능이 되었다고 할지라도, 그 이행불능이 매수인의 귀책사유에 의한 경우에는 매수인은 그 이행불능을 이유로 계약을 해제할 수 없다(대판 2009.4.9, 2008다88207).
② 계약으로부터 발생하는 부수적 채무의 불이행을 원인으로 하여 계약을 해제할 수 있는 것은 그 불이행으로 인하여 채권자가 계약의 목적을 달성할 수 없는 경우 또는 특별한 약정이 있는 경우에 한정된다고 볼 것이다(대판 2012.3.29, 2011다102301).
③ 소제기로써 계약해제권을 행사한 후 그 뒤 그 소송을 취하하였다 하여도 해제권은 형성권이므로 그 행사의 효력에는 아무런 영향을 미치지 아니한다(대판 1982.5.11, 80다916).
④ 당사자의 일방 또는 쌍방이 수인인 경우에 해지나 해제의 권리가 당사자 1인에 대하여 소멸한 때에는 다른 당사자에 대하여도 소멸한다(제547조 제2항).
⑤ 계약의 해제권은 일종의 형성권으로서 당사자의 일방에 의한 계약해제의 의사표시가 있으면 그 효과로서 새로운 법률관계가 발생하고 각 당사자는 그에 구속되는 것이므로, 일방 당사자의 계약위반을 이유로 한 상대방의 계약해제 의사표시에 의하여 계약이 해제되었음에도 상대방이 계약이 존속함을 전제로 계약상 의무의 이행을 구하는 경우 계약을 위반한 당사자도 당해 계약이 상대방의 해제로 소멸되었음을 들어 그 이행을 거절할 수 있다(대판 2001.6.29, 2001다21441).

✂ 정답 ①

01 민법이 규정하고 있는 전형계약이 아닌 것은? 　　　　　　　제24회
상중하
① 부당이득　　　　　　　　　　② 위임
③ 도급　　　　　　　　　　　　④ 증여
⑤ 매매

02 계약의 성립에 관한 설명으로 옳지 않은 것은? (다툼이 있으면 판례에 따름)
상중하
① 의사표시의 불일치로 인해 계약이 성립하지 않은 경우, 그로 인해 손해를 입은 당사자는 상대방이 계약의 불성립을 알았거나 알 수 있었음을 이유로 계약체결상의 과실로 인한 손해배상을 청구할 수 있다.

② 은행 직원이 예금자로부터 돈을 받아 확인한 후에는 실제로 입금하지 않아도 예금자와 은행 사이에 예금계약이 성립한다.

③ 甲이 자신의 X건물을 乙에게 1억원에 팔겠다고 청약을 하였는데, 이 사실을 모르는 乙이 甲에게 X건물을 1억원에 구입하겠다고 청약을 한 경우에 두 청약이 상대방에게 도달한 때에 계약은 성립한다.

④ 매도인이 매수인에게 매매계약의 합의해제를 청약하였는데, 매수인이 그 청약에 대하여 조건을 붙여 승낙한 경우에는 합의해제의 청약이 실효된다.

⑤ 임대인이 임대목적물에 대한 소유권 기타 이를 임대할 권한이 없다고 하더라도 임대차계약은 유효하게 성립할 수 있다.

03 2021. 3. 2. 甲은 乙에게 자신의 X토지를 1억원에 매도하겠다는 뜻과 함께 승낙기간을 2021. 3. 10.로 정한 내용의 서면을 발송하였고, 위 서면이 2021. 3. 4. 乙에게 도달하였다. 이에 관한 설명으로 옳은 것은? 　　　　　　제23회
상중하
① 甲은 2021. 3. 10. 오전 0시에 청약을 원칙적으로 철회할 수 없다.

② 乙이 발송한 승낙통지가 2021. 3. 9. 甲에게 도달한 경우, 계약은 2021. 3. 10.에 성립한다.

③ 乙이 2021. 3. 12. 계약내용에 변경을 가하여 승낙한 경우, 甲이 이를 곧바로 승낙하여도 계약은 성립하지 않는다.

④ 乙이 2021. 3. 9. 발송한 승낙통지가 2021. 3. 11. 甲에게 도달한 경우, 甲이 이를 곧바로 승낙하여도 계약은 성립하지 않는다.

⑤ 만일 乙이 甲에게 X토지를 2021. 3. 3. 1억원에 매수하겠다는 서면을 발송하여 2021. 3. 6. 도달하였다면 계약은 2021. 3. 4.에 성립한다.

04
상중하

甲은 乙에게 우편으로 자기 소유의 X건물을 3억원에 매도하겠다는 청약을 하면서, 자신의 청약에 대한 회신을 2022. 10. 5.까지 해 줄 것을 요청하였다. 甲의 편지는 2022. 9. 14. 발송되어 2022. 9. 16. 乙에게 도달되었다. 이에 관한 설명으로 틀린 것을 모두 고른 것은? (다툼이 있으면 판례에 따름)

> ㉠ 甲이 2022. 9. 23. 자신의 청약을 철회한 경우, 특별한 사정이 없는 한 甲의 청약은 효력을 잃는다.
> ㉡ 乙이 2022. 9. 20. 甲에게 승낙의 통지를 발송하여 2022. 9. 22. 甲에게 도달한 경우, 甲과 乙의 계약은 2022. 9. 22.에 성립한다.
> ㉢ 乙이 2022. 9. 27. 매매가격을 2억 5천만원으로 조정해 줄 것을 조건으로 승낙한 경우, 乙의 승낙은 청약의 거절과 동시에 새로 청약한 것으로 본다.

① ㉠
② ㉡
③ ㉠, ㉡
④ ㉡, ㉢
⑤ ㉠, ㉡, ㉢

05
상중하

甲은 그 소유의 X주택을 乙에게 매도하기로 약정하였는데, 인도와 소유권이전등기를 마치기 전에 X주택이 소실되었다. 이에 관한 설명으로 옳지 않은 것은? (다툼이 있으면 판례에 따름)

제24회

① X주택이 불가항력으로 소실된 경우, 甲은 乙에게 대금지급을 청구할 수 없다.
② X주택이 甲의 과실로 소실된 경우, 乙은 甲에게 이행불능에 따른 손해배상을 청구할 수 있다.
③ X주택이 乙의 과실로 소실된 경우, 甲은 乙에게 대금지급을 청구할 수 있다.
④ 乙의 수령지체 중에 X주택이 甲과 乙에게 책임 없는 사유로 소실된 경우, 甲은 乙에게 대금지급을 청구할 수 없다.
⑤ 乙이 이미 대금을 지급하였는데 X주택이 불가항력으로 소실된 경우, 乙은 甲에게 부당이득을 이유로 대금의 반환을 청구할 수 있다.

06 동시이행관계가 인정되는 것을 모두 고른 것은? (특별한 사정이 없고, 다툼이 있으면 판례에 따름)

> ㉠ 매매계약상 매도인의 소유권이전의무가 이행불능이 되어 생긴 손해배상채무와 매수인의 대금지급의무
> ㉡ 매매계약상 매도인의 소유권이전의무와 매수인의 대금지급의무 중 어느 하나를 선이행의무로 약정한 경우, 각 의무의 이행기가 모두 지난 후의 쌍방의 의무
> ㉢ 근저당권 실행을 위한 경매가 무효로 되어 근저당권자가 채무자인 소유자를 대위하여 낙찰자에 대한 소유권이전등기말소청구권을 행사하는 경우, 낙찰자의 소유권이전등기말소의무와 근저당권자의 배당금반환의무

① ㉠   ② ㉡   ③ ㉠, ㉡
④ ㉡, ㉢   ⑤ ㉠, ㉡, ㉢

07 계약의 해제와 해지에 관한 설명으로 옳은 것은? (다툼이 있으면 판례에 따름) 제26회
① 해지의 의사표시는 도달되더라도 철회할 수 있으나 해제의 의사표시는 철회할 수 없다.
② 채무불이행을 원인으로 계약을 해제하면 그와 별도로 손해배상을 청구하지 못한다.
③ 당사자의 일방이 2인인 경우, 특별한 사정이 없는 한 그 중 1인의 해제권이 소멸하더라도 다른 당사자의 해제권은 소멸하지 않는다.
④ 당사자 사이에 별도의 약정이 없는 한 합의해지로 인하여 반환할 금전에는 그 받은 날로부터의 이자를 더하여 지급할 의무가 없다.
⑤ 소유권이전등기의무의 이행불능을 이유로 매매계약을 해제하기 위해서는 그와 동시이행관계에 있는 잔대금지급의무의 이행제공이 필요하다.

08 민법 제548조 제1항 단서의 계약해제의 소급효로부터 보호받는 제3자에 해당하지 않는 자는? (다툼이 있으면 판례에 따름)
① X토지에 대한 매매계약이 해제되기 전에 매수인으로부터 X토지를 매수하여 소유권을 취득한 자
② X토지에 대한 매매계약이 해제되기 전에 매수인의 X토지에 저당권을 취득한 자
③ X토지에 대한 매매계약의 해제로 X토지의 소유권을 상실하게 된 매수인으로부터 해제 이전에 X토지를 임차하여 임차권등기를 마친 자
④ X토지에 대한 매매계약이 해제되기 전에 매수인과 매매예약 체결 후 그에 기한 소유권이전등기청구권 보전을 위한 가등기를 마친 자
⑤ X토지에 대한 매매계약이 해제되기 전에 매수인으로부터 X토지에 대한 소유권이전등기청구권을 양도받은 자

09 제3자를 위한 계약에 관한 설명으로 옳지 않은 것은? (다툼이 있으면 판례에 따름)

상중하

① 수익자는 계약의 해제권이나 해제를 원인으로 한 원상회복청구권을 가지지 않는다.

② 낙약자는 요약자와 수익자 사이의 법률관계에 기한 항변으로 수익자에게 대항하지 못한다.

③ 낙약자는 상당한 기간을 정하여 계약의 이익 향수 여부의 확답을 제3자에게 최고할 수 있다.

④ 요약자는 낙약자의 채무불이행을 이유로 수익자의 동의 없이 계약을 해제할 수 있다.

⑤ 요약자가 계약을 해제한 경우 수익의 의사표시를 한 수익자는 낙약자에게 자기가 입은 손해의 배상을 청구할 수 없다.

10 제3자를 위한 계약에 관한 설명으로 옳은 것을 모두 고른 것은? (다툼이 있으면 판례에 따름)

상중하

> ㉠ 계약체결 당시에 수익자가 특정되어 있지 않으면 제3자를 위한 계약은 성립할 수 없다.
> ㉡ 계약 당사자가 제3자에 대하여 가진 채권에 관하여 그 채무를 면제하는 계약도 제3자를 위한 계약에 준하는 것으로 유효하다.
> ㉢ 낙약자는 요약자와 수익자 사이의 법률관계에 기한 항변으로 수익자에게 대항하지 못한다.
> ㉣ 낙약자가 채무를 불이행하는 경우 수익자는 낙약자의 채무불이행을 이유로 계약을 해제할 수 있다.

① ㉠, ㉡   ② ㉡, ㉢   ③ ㉢, ㉣
④ ㉠, ㉡, ㉣   ⑤ ㉡, ㉢, ㉣

11 甲은 자신의 토지를 乙에게 매도하면서 그 대금은 乙이 甲의 의무이행과 동시에 丙에게 지급하기로 약정하고, 丙은 乙에게 수익의 의사표시를 하였다. 다음 설명 중 틀린 것은? (다툼이 있으면 판례에 따름)

① 丙은 乙의 채무불이행을 이유로 甲과 乙의 매매계약을 해제할 수 없다.
② 甲과 乙의 매매계약이 적법하게 취소된 경우, 丙의 급부청구권은 소멸한다.
③ 甲이 乙에게 매매계약에 따른 이행을 하지 않더라도, 乙은 특별한 사정이 없는 한 丙에게 대금지급을 거절할 수 없다.
④ 丙이 수익의 의사표시를 한 후에는 특별한 사정이 없는 한 甲과 乙의 합의에 의해 丙의 권리를 소멸시킬 수 없다.
⑤ 丙이 대금을 수령하였으나 매매계약이 무효인 것으로 판명된 경우, 특별한 사정이 없는 한 乙은 丙에게 대금반환을 청구할 수 없다.

12 계약의 해제에 관한 설명으로 옳지 않은 것은? (다툼이 있으면 판례에 따름) 제21회

① 계약해제에 따른 원상회복을 하는 경우, 그 이익반환의 범위는 특단의 사정이 없으면 받은 이익의 전부이다.
② 매매계약이 무효인 경우, 매매대금의 반환에 대하여는 해제에 관한 규정이 유추적용되어 법정이자가 가산된다.
③ 계약이 해제된 경우, 계약해제 이전에 해제로 인하여 소멸되는 채권을 양수한 자는 제3자로서 보호되지 않는다.
④ 매매계약해제에 따른 원상회복의무의 이행으로서 이미 지급한 매매대금의 반환을 구하는 경우, 과실상계는 적용되지 않는다.
⑤ 권리가 전부 타인에게 속하여 그 권리를 이전받지 못한 매수인이 계약을 해제한 경우, 매도인은 매수인에게서 받은 대금에 법정이자를 가산하여 반환하여야 한다.

13 계약의 해제에 관한 설명으로 옳지 않은 것은? (다툼이 있으면 판례에 따름) 제23회

① 해제의 의사표시에는 원칙적으로 조건과 기한을 붙이지 못한다.
② 계약의 해제로 인한 원상회복청구권의 소멸시효는 해제한 때부터 진행한다.
③ 해제로 인한 원상회복의무는 부당이득반환의무의 성질을 가지고, 그 반환의무의 범위는 선의·악의를 불문하고 특단의 사유가 없는 한 받은 이익 전부이다.
④ 합의해제의 경우, 손해배상에 대한 특약 등의 사정이 없더라도 채무불이행으로 인한 손해배상을 청구할 수 있다.
⑤ 매도인은 매매계약에 의하여 채무자의 책임재산이 된 부동산을 계약해제 전에 가압류한 채권자에 대하여 해제의 소급효로 대항할 수 없다.

14 해제와 해지에 관한 설명으로 옳은 것은? (다툼이 있으면 판례에 의함)
상⊙중⊙하

① 해제는 상대방에 대한 의사표시로 하고 상대방에게 도달한 때부터 그 효력이 생긴다.

② 계약이 합의해제되기 위해서는 명시적인 합의가 있어야 하며 묵시적인 합의해제는 인정되지 않는다.

③ 특별한 사정이 없는 한, 당사자의 일방 또는 쌍방이 수인인 경우에 해지나 해제의 권리가 당사자 1인에 대하여 소멸하여도 다른 당사자에게는 영향을 미치지 않는다.

④ 채무자의 책임 없는 사유로 채무의 이행이 불능하게 된 경우에도 채권자는 계약을 해제할 수 있다.

⑤ 계약이 해지된 경우, 계약은 소급적으로 그 효력을 잃기 때문에 이미 이행된 급부는 부당이득으로 상대방에게 반환하여야 한다.

15 계약의 해제에 관한 설명으로 틀린 것은? (다툼이 있으면 판례에 따름)
상⊙중⊙하

① 계약이 합의해제된 경우, 특약이 없는 한 반환할 금전에 그 받은 날로부터 이자를 붙여 지급할 의무가 없다.

② 계약의 상대방이 여럿인 경우, 해제권자는 그 전원에 대하여 해제권을 행사하여야 한다.

③ 매매계약의 해제로 인하여 양당사자가 부담하는 원상회복의무는 동시이행의 관계에 있다.

④ 성질상 일정한 기간 내에 이행하지 않으면 그 목적을 달성할 수 없는 계약에서 당사자 일방이 그 시기에 이행하지 않으면 해제의 의사표시가 없더라도 해제의 효과가 발생한다.

⑤ 매매대금채권이 양도된 후 매매계약이 해제된 경우, 그 양수인은 해제로 권리를 침해당하지 않는 제3자에 해당하지 않는다.

16 상중하

계약의 합의해제에 관한 설명으로 옳지 않은 것은? (다툼이 있으면 판례에 따름)

제25회

① 일부 이행된 계약의 묵시적 합의해제가 인정되기 위해서는 그 원상회복에 관하여도 의사가 일치되어야 한다.

② 당사자 일방이 합의해제에 따른 원상회복 및 손해배상의 범위에 관한 조건을 제시한 경우, 그 조건에 관한 합의까지 이루어져야 합의해제가 성립한다.

③ 계약이 합의해제된 경우, 원칙적으로 채무불이행에 따른 손해배상을 청구할 수 있다.

④ 계약의 해제에 관한 민법 제543조 이하의 규정은 합의해제에는 원칙적으로 적용되지 않는다.

⑤ 매매계약이 합의해제된 경우, 원칙적으로 매수인에게 이전되었던 매매목적물의 소유권은 당연히 매도인에게 복귀한다.

17 상중하

甲은 자신의 X토지를 乙에게 매도하고 소유권이전등기를 마쳐주었으나, 乙은 변제기가 지났음에도 매매대금을 지급하지 않고 있다. 이에 관한 설명으로 틀린 것을 모두 고른 것은? (다툼이 있으면 판례에 따름)

> ㉠ 甲은 특별한 사정이 없는 한 별도의 최고 없이 매매계약을 해제할 수 있다.
> ㉡ 甲이 적법하게 매매계약을 해제한 경우, X토지의 소유권은 등기와 무관하게 계약이 없었던 상태로 복귀한다.
> ㉢ 乙이 X토지를 丙에게 매도하고 그 소유권이전등기를 마친 후 甲이 乙을 상대로 적법하게 매매계약을 해제하였다면, 丙은 X토지의 소유권을 상실한다.

① ㉠ ② ㉡
③ ㉢ ④ ㉠, ㉢
⑤ ㉡, ㉢

03 매 매

Chapter

연계학습 기본서 p.705~727

단·원·열·기

매년 1문제 정도 출제되는 부분이다. '계약금', '매매의 의의', '담보책임' 위주로 학습하여야 한다.

대표문제 상중하

매도인의 담보책임에 관한 설명으로 옳은 것을 모두 고른 것은? (다툼이 있으면 판례에 따름)

제26회

> ㉠ 변제기에 이르지 않은 채권의 매도인이 채무자의 자력을 담보한 경우, 변제기의 자력을 담보한 것으로 추정한다.
> ㉡ 매매의 목적 부동산에 설정된 저당권 행사로 매수인이 그 소유권을 취득할 수 없는 경우, 저당권 설정 사실에 관하여 악의의 매수인은 그 입은 손해의 배상을 청구할 수 없다.
> ㉢ 매매의 목적이 된 권리가 타인에게 속하여 매도인이 그 권리를 취득한 후 매수인에게 이전할 수 없는 때에는 매수인이 계약 당시 그 권리가 매도인에게 속하지 아니함을 알았더라도 손해배상을 청구할 수 있다.

① ㉠
② ㉡
③ ㉢
④ ㉠, ㉡
⑤ ㉡, ㉢

해설

㉠ (○) 변제기에 도달하지 아니한 채권의 매도인이 채무자의 자력을 담보한 때에는 변제기의 자력을 담보한 것으로 추정한다(제579조 제2항).
㉡ (×) 매매의 목적 부동산에 설정된 저당권 행사로 매수인이 그 소유권을 취득할 수 없는 경우, 악의의 매수인도 손해배상을 청구할 수 있다(제576조 제3항 참조).
㉢ (×) 매매의 목적이 된 권리가 타인에게 속하여 매도인이 그 권리를 취득한 후 매수인에게 이전할 수 없는 때에는 악의의 매수인은 해제할 수 있지만, 손해배상은 청구할 수 없다.

정답 ①

01 매매의 예약에 관한 설명으로 옳지 않은 것은? (다툼이 있으면 판례에 따름) 제27회

상중하

① 매매의 일방예약은 예약완결권자가 매매를 완결할 의사를 표시하는 때에 매매의 효력이 생긴다.

② 예약목적물인 부동산을 인도받은 경우, 예약완결권은 제척기간의 경과로 인하여 소멸하지 않는다.

③ 예약완결권을 재판상 행사하는 경우, 그 의사표시가 담긴 소장 부본이 제척기간 내에 상대방에게 송달되면 적법하게 예약완결권을 행사하였다고 볼 수 있다.

④ 매매예약 완결의 의사표시 전에 목적물이 멸실된 경우, 매매예약 완결의 의사표시를 하여도 매매의 효력은 발생하지 않는다.

⑤ 예약완결권의 제척기간 도과 여부는 법원이 직권으로 조사하여 재판에 고려하여야 한다.

02 계약금에 관한 설명으로 옳은 것은? (다툼이 있으면 판례에 따름) 제23회

상중하

① 계약금계약은 하나의 독립한 요물계약으로서 주계약이 취소되더라도 그 효력에 영향이 없다.

② 위약벌의 성질을 가지는 계약금이 부당하게 과도한 경우, 법원은 손해배상액의 예정에 관한 규정을 유추적용하여 그 액을 감액할 수 있다.

③ 당사자가 계약금 전부를 나중에 지급하기로 약정한 경우, 교부자가 이를 지급하지 않으면 상대방은 채무불이행을 이유로 계약금약정을 해제할 수 있다.

④ 토지거래허가를 받지 않아 유동적 무효 상태인 매매계약은 특별한 사정이 없는 한 해약금에 관한 규정에 의해 해제할 수 없다.

⑤ 해약금에 관한 규정에 의해 계약을 해제한 경우, 당사자 상호간에는 그 해제에 따른 손해배상의무를 부담한다.

03
상중하

甲은 乙 소유의 X토지를 3억원에 매수하면서 계약금으로 3천만원을 乙에게 지급하기로 약정하고, 그 즉시 계약금 전액을 乙의 계좌로 입금하였다. 이에 관한 설명으로 옳지 않은 것은? (다툼이 있으면 판례에 따름)   제25회

① 甲과 乙의 계약금계약은 요물계약이다.

② 甲과 乙 사이에 다른 약정이 없는 한 계약금은 해약금의 성질을 갖는다.

③ 乙에게 지급된 계약금은 특약이 없는 한 손해배상액의 예정으로 볼 수 없다.

④ 만약 X토지가 토지거래허가구역 내의 토지이고 甲과 乙이 이행에 착수하기 전에 관할관청으로부터 토지거래허가를 받았다면, 甲은 3천만원을 포기하고 매매계약을 해제할 수 있다.

⑤ 乙이 甲에게 6천만원을 상환하고 매매계약을 해제하려는 경우, 甲이 6천만원을 수령하지 않은 때에는 乙은 이를 공탁해야 유효하게 해제할 수 있다.

04
상중하

甲은 자신의 X토지를 乙에게 매도하는 계약을 체결하고 乙로부터 계약금을 수령하였다. 이에 관한 설명으로 틀린 것은? (다툼이 있으면 판례에 따름)

① 乙이 지급한 계약금은 해약금으로 추정한다.

② 甲과 乙이 계약금을 위약금으로 약정한 경우, 손해배상액의 예정으로 추정한다.

③ 乙이 중도금 지급기일 전 중도금을 지급한 경우, 甲은 계약금 배액을 상환하고 해제할 수 없다.

④ 만약 乙이 甲에게 약정한 계약금의 일부만 지급한 경우, 甲은 수령한 금액의 배액을 상환하고 계약을 해제할 수 없다.

⑤ 만약 X토지가 토지거래허가구역 내에 있고 매매계약에 대하여 허가를 받은 경우, 甲은 계약금 배액을 상환하고 해제할 수 없다.

05
상중하

계약금에 관한 설명으로 틀린 것은? (다툼이 있으면 판례에 따름)

① 계약금은 별도의 약정이 없는 한 해약금으로 추정된다.

② 매매해약금에 관한 민법의 규정은 임대차에도 적용된다.

③ 해약금에 기해 계약을 해제하는 경우에는 원상회복의 문제가 생기지 않는다.

④ 토지거래허가구역 내 토지에 관한 매매계약을 체결하고 계약금만 지급한 상태에서 거래허가를 받은 경우, 다른 약정이 없는 한 매도인은 계약금의 배액을 상환하고 계약을 해제할 수 없다.

⑤ 계약금만 수령한 매도인이 매수인에게 계약의 이행을 최고하고 매매잔금의 지급을 청구하는 소송을 제기한 경우, 다른 약정이 없는 한 매수인은 계약금을 포기하고 계약을 해제할 수 있다.

06
상중하

甲이 乙에게 X토지 1천m²를 10억원에 매도하였는데, 그 중 200m²가 丙 소유에 속하였고 이를 乙에게 이전할 수 없게 되었으며 乙은 이러한 사실을 모르고 있었다. 이에 관한 설명으로 옳은 것을 모두 고른 것은? (다툼이 있으면 판례에 따름)

제24회

> ㉠ 乙은 X토지 중에서 그 200m²의 비율에 따라 대금감액을 청구할 수 있다.
> ㉡ 乙은 잔존한 800m² 부분만이면 X토지를 매수하지 아니하였을 때에는 계약 전부를 해제할 수 있다.
> ㉢ 乙은 대금감액청구와 함께 손해배상청구도 할 수 있다.
> ㉣ 乙은 단순히 그 200m² 부분이 丙에게 속한 사실을 안 날로부터 1년 내에 손해배상청구권을 행사하여야 한다.

① ㉠, ㉡
② ㉡, ㉢
③ ㉢, ㉣
④ ㉠, ㉡, ㉢
⑤ ㉡, ㉢, ㉣

07
상중하

매매에 관한 설명으로 옳지 않은 것은? (다툼이 있으면 판례에 따름) 제19회

① 매매의 목적이 된 권리가 매도인에게 속하지 않은 경우라도 원칙적으로 매매계약은 유효하다.
② 매매의 목적물에 전세권이 설정되어 있었으나 이를 알지 못한 매수인은 계약의 목적을 달성할 수 없는 경우에 한하여 계약을 해제할 수 있다.
③ 저당부동산의 매수인이 그 피담보채무 전부를 인수하는 것으로 매매대금 일부의 지급에 갈음하기로 약정하고 소유권을 취득하였으나 그 저당권의 실행으로 그 소유권을 상실한 경우, 매수인은 계약을 해제할 수 없다.
④ 법원 경매의 경우에는 권리의 하자로 인한 담보책임이 적용되지 않는다.
⑤ 변제기에 도달하지 아니한 채권의 매도인이 채무자의 자력을 담보한 때에는 변제기의 자력을 담보한 것으로 추정한다.

08 매도인의 담보책임에 관한 설명으로 옳지 않은 것은? (다툼이 있으면 판례에 따름)

상중하

제22회

① 특정물 매매의 경우 목적물에 하자가 있더라도 악의의 매수인은 계약을 해제할 수 없다.

② 변제기에 도달한 채권의 매도인이 채무자의 자력을 담보한 때에는 매매계약 당시의 자력을 담보한 것으로 추정한다.

③ 무효인 강제경매절차를 통하여 하자있는 권리를 경락받은 자는 경매의 채무자나 채권자에게 담보책임을 물을 수 없다.

④ 매매계약의 내용의 중요 부분에 착오가 있는 경우, 매수인은 매도인의 하자담보책임이 성립하는지와 상관없이 착오를 이유로 그 매매계약을 취소할 수 있다.

⑤ 종류매매의 경우 인도된 목적물에 하자가 있는 때에는 선의의 매수인은 하자 없는 물건을 청구하는 동시에 손해배상을 청구할 수 있다.

09 매도인의 담보책임에 관한 설명으로 옳지 않은 것은? (다툼이 있으면 판례에 따름)

상중하

① 수량지정매매에 해당하는 부동산매매계약에서 실제면적이 계약면적에 미달하는 경우, 매수인은 대금감액청구권의 행사와 별도로 부당이득반환청구도 할 수 있다.

② 타인의 권리를 매매한 자가 그 권리를 이전할 수 없게 된 경우, 매도인은 선의의 매수인에 대하여 불능 당시의 시가를 표준으로 이행이익을 배상할 의무가 있다.

③ 매매계약 내용의 중요부분에 착오가 있는 경우, 매수인은 매도인의 하자담보책임이 성립하는지와 상관없이 착오를 이유로 그 매매계약을 취소할 수 있다.

④ 매수인이 하자의 발생과 확대에 잘못이 있는 경우, 법원은 매도인의 손해배상액을 산정함에 있어 매수인의 과실을 직권으로 참작하여 그 범위를 정해야 한다.

⑤ 저당권이 설정된 부동산의 매수인이 저당권의 행사로 그 소유권을 취득할 수 없는 경우, 악의의 매수인이라도 특별한 사정이 없는 한 계약을 해제할 수 있다.

10 불특정물의 하자로 인해 매도인의 담보책임이 성립한 경우, 매수인의 권리로 규정된 것을 모두 고른 것은? (다툼이 있으면 판례에 따름)

㉠ 계약해제권
㉡ 손해배상청구권
㉢ 대금감액청구권
㉣ 완전물급부청구권

---

① ㉢   ② ㉠, ㉢   ③ ㉡, ㉣
④ ㉠, ㉡, ㉣   ⑤ ㉠, ㉡, ㉢, ㉣

11 甲이 1만m² 토지를 乙에게 매도하는 계약을 체결하였다. 다음 설명 중 옳은 것은?

① 토지 전부가 丙의 소유이고 甲이 이를 乙에게 이전할 수 없는 경우, 악의인 乙은 계약을 해제할 수 없다.

② 토지의 2천m²가 丙의 소유이고 甲이 이를 乙에게 이전할 수 없는 경우, 악의인 乙은 대금감액을 청구할 수 없다.

③ 토지의 2천m²가 계약 당시 이미 포락(浦落)으로 멸실된 경우, 악의인 乙은 대금감액을 청구할 수 있다.

④ 토지 위에 설정된 지상권으로 인하여 계약의 목적을 달성할 수 없는 경우, 악의인 乙도 계약을 해제할 수 있다.

⑤ 토지 위에 설정된 저당권의 실행으로 乙이 그 토지의 소유권을 취득할 수 없게 된 경우, 악의인 乙은 계약의 해제뿐만 아니라 손해배상도 청구할 수 있다.

12 매도인의 담보책임에 관한 설명으로 옳은 것을 모두 고른 것은? (특별한 사정은 없으며, 다툼이 있으면 판례에 따름)

> ㉠ 타인의 권리의 매매에서 매도인이 그 권리를 매수인에게 이전할 수 없게 된 경우, 매도인의 손해배상액은 이행불능 당시의 목적물의 시가를 기준으로 산정한다.
> ㉡ 매매목적물의 일부가 계약 당시에 이미 멸실되어 매도인이 그 부분을 이전할 수 없는 경우, 악의의 매수인은 대금감액을 청구할 수 없다.
> ㉢ 매매목적물이 유치권의 목적이 되어 있는 경우, 계약의 목적을 달성할 수 있더라도 선의의 매수인은 계약을 해제할 수 있다.
> ㉣ 매매당사자가 건축을 위해 매매한 토지에 대하여 건축허가를 받을 수 없어 건축이 불가능한 경우는 물건의 하자에 해당하며, 하자의 존부는 매매계약 성립시를 기준으로 판단한다.

① ㉠, ㉡   ② ㉡, ㉣   ③ ㉢, ㉣
④ ㉠, ㉡, ㉣   ⑤ ㉠, ㉡, ㉢, ㉣

13 민법상 특정물 매도인의 하자담보책임에 관한 설명으로 옳지 않은 것은? (다툼이 있으면 판례에 따름)

① 매도인의 고의·과실은 하자담보책임의 성립요건이 아니다.
② 악의의 매수인에 대해서 매도인은 하자담보책임을 지지 않는다.
③ 매매목적물인 서화(書畵)가 위작으로 밝혀진 경우, 매도인의 담보책임이 발생하면 매수인은 착오를 이유로는 매매계약을 취소할 수 없다.
④ 경매목적물에 물건의 하자가 있는 경우 하자담보책임이 발생하지 않는다.
⑤ 목적물에 하자가 있더라도 계약의 목적을 달성할 수 있는 경우에는 매수인에게 해제권이 인정되지 않는다.

04
Chapter

임대차

⊶ **연계학습** 기본서 p.727~745

단·원·열·기

매년 1문제 정도 출제되는 부분이다. '임대차의 의의', '임차권의 양도', '지상물매수청구권과 부속물매수청구권' 위주로 학습하여야 한다.

대표문제 (상)(중)(하)

乙은 건물 소유를 목적으로 甲 소유 X토지를 10년간 월차임 2백만원에 임차한 후, X토지에 Y건물을 신축하여 자신의 명의로 보존등기를 마쳤다. 이에 관한 설명으로 옳지 않은 것은?

제25회

① 甲은 다른 약정이 없는 한 임대기간 중 X토지를 사용, 수익에 필요한 상태로 유지할 의무를 부담한다.

② X토지에 대한 임차권등기를 하지 않았다면 특별한 사정이 없는 한 乙은 X토지에 대한 임차권으로 제3자에게 대항하지 못한다.

③ 甲이 X토지의 보존을 위한 행위를 하는 경우, 乙은 특별한 사정이 없는 한 이를 거절하지 못한다.

④ 乙이 6백만원의 차임을 연체하고 있는 경우에 甲은 임대차계약을 해지할 수 있다.

⑤ 甲이 변제기를 경과한 후 최후 2년의 차임채권에 의하여 Y건물을 압류한 때에는 저당권과 동일한 효력이 있다.

해설

② 건물의 소유를 목적으로 하는 토지임대차는 이를 등기하지 아니한 경우에도 임차인이 지상건물을 등기한 때에는 제3자에 대하여 임대차의 효력이 생긴다(제622조 제1항).

① 임대인은 목적물을 임차인에게 인도하고 계약존속 중 그 사용, 수익에 필요한 상태를 유지하게 할 의무를 부담한다(제623조).

③ 임대인이 임대물의 보존에 필요한 행위를 하는 때에는 임차인은 이를 거절하지 못한다(제624조).

④ 건물 기타 공작물의 소유 또는 식목, 채염, 목축을 목적으로 한 토지임대차의 경우 임차인이 차임연체액이 2기의 차임액에 달하는 때에는 임대인은 계약을 해지할 수 있다(제641조).

⑤ 토지임대인이 변제기를 경과한 최후 2년의 차임채권에 의하여 그 지상에 있는 임차인 소유의 건물을 압류한 때에는 저당권과 동일한 효력이 있다(제649조).

✅ **정답 ②**

01 임차인에게 불리한 약정을 하여도 그 효력이 인정되는 것은?
상중하
① 토지임차인의 지상물매수청구권
② 임차인의 비용상환청구권
③ 임차인의 차임감액청구권
④ 임대차기간의 약정이 없는 임차인의 해지통고
⑤ 임차인의 차임연체로 인한 임대인의 해지권

02 임대인의 동의가 있는 전대차에 관한 설명으로 옳지 않은 것은? (다툼이 있으면
상중하 판례에 따름)   제27회
① 전차인은 전대차계약으로 전대인에 대하여 부담하는 의무 이상으로 임대인
에게 의무를 지지 않고 동시에 임대차계약으로 임차인이 임대인에 대하여
부담하는 의무 이상으로 임대인에게 의무를 지지 않는다.
② 전차인은 전대차의 차임지급시기 이후 전대인에게 차임을 지급한 것으로 임
대인에게 대항할 수 있다.
③ 전차인이 전대차의 차임지급시기 이전에 전대인에게 차임을 지급한 경우, 임대인
의 차임청구 전에 그 차임지급시기가 도래한 때에는 임대인에게 대항할 수 있다.
④ 건물전차인은 임대차 및 전대차의 기간이 동시에 만료되고 건물이 현존하는
경우, 특별한 사정이 없는 한 임대인에 대하여 이전 전대차와 동일한 조건으
로 임대할 것을 청구할 수 있다.
⑤ 임대차계약이 해지의 통고로 인하여 종료된 경우, 임대인은 전차인에 대하
여 그 사유를 통지하지 아니하면 해지로써 전차인에게 대항하지 못한다.

03 임차인의 부속물매수청구권에 관한 설명으로 옳지 않은 것은? (다툼이 있으면 판
상중하 례에 따름)   제20회
① 일시사용을 위한 임대차가 명백한 경우, 임차인은 부속물매수청구권을 행사
할 수 없다.
② 임대차계약이 임차인의 채무불이행으로 인하여 해지된 경우에는 부속물매
수청구권이 인정되지 않는다.
③ 임차인이 부속물매수청구권을 적법하게 행사한 경우, 임차인은 임대인이 매
도대금을 지급할 때까지 부속물의 인도를 거절할 수 있다.
④ 오로지 임차인의 특수목적에 사용하기 위하여 부속된 물건은 부속물매수청
구권의 대상이 되지 않는다.
⑤ 건물 임차인이 자신의 비용으로 증축한 부분을 임대인 소유로 귀속시키기
로 약정하였더라도, 특별한 사정이 없는 한 이는 강행규정에 반하여 무효이
므로 임차인의 부속물매수청구권은 인정된다.

04 임대차에 관한 설명으로 옳은 것은? (다툼이 있으면 판례에 따름)
상·중·하
① 토지임차인이 지상물만을 타인에게 양도하더라도 임대차가 종료하면 그 임차인이 매수청구권을 행사할 수 있다.
② 건물임차인이 임대인의 동의 없이 건물의 소부분을 전대한 경우, 임대인은 임대차계약을 해지할 수 있다.
③ 임차인의 채무불이행으로 임대차계약이 해지된 경우, 임차인은 부속물매수청구권을 행사할 수 있다.
④ 임대인은 보증금반환채권에 대한 전부명령이 송달된 후에 발생한 연체차임을 보증금에서 공제할 수 없다.
⑤ 건물소유를 위한 토지임대차의 경우, 임차인의 차임연체액이 2기의 차임액에 이른 때에는 임대인은 계약을 해지할 수 있다.

05 임대차에 관한 설명으로 옳지 않은 것은? (다툼이 있으면 판례에 따름)
상·중·하
① 부동산소유자인 임대인은 특별한 사정이 없는 한 임대차기간을 영구로 정하는 부동산임대차계약을 체결할 수 있다.
② 부동산임차인은 특별한 사정이 없는 한 지출한 필요비의 한도에서 차임의 지급을 거절할 수 있다.
③ 임대인이 임차인의 의사에 반하여 보존행위를 하는 경우, 임차인이 이로 인하여 임차목적을 달성할 수 없는 때에는 임대차계약을 해지할 수 있다.
④ 기간의 약정이 없는 토지임대차의 임대인이 임대차계약의 해지를 통고한 경우, 그 해지의 효력은 임차인이 통고를 받은 날부터 1개월 후에 발생한다.
⑤ 임차인이 임대인의 동의없이 임차권을 양도한 경우, 임대인은 특별한 사정이 없는 한 임대차계약을 해지할 수 있다.

06 토지전대차에 관한 설명으로 옳은 것은?

① 임차인이 임대인의 동의 없이 토지를 전대한 때에는 그 전대차는 전차인에 대하여 효력이 없다.

② 임차인이 임대인의 동의를 얻어 토지를 전대한 후 두 사람의 합의로 그 임대차계약이 종료한 때에는 전차인의 권리는 소멸한다.

③ 임차인이 임대인의 동의를 얻어 토지를 전대한 경우, 전차인은 직접 임대인에 대하여 의무를 부담한다.

④ 임차인이 임대인의 동의를 얻어 토지를 전대한 경우, 전차인은 전대인에 대한 차임의 지급으로써 임대인에게 대항할 수 있다.

⑤ 토지임대차 및 전대차의 기간이 만료된 후 건물이 현존하더라도 전차인은 임대인에 대하여 전(前)전대차와 동일한 조건으로 임대할 것을 청구할 수 없다.

07 건물 소유를 목적으로 X토지에 대하여 임대인 甲과 임차인 乙 사이에 적법한 임대차계약이 체결되었다. 이에 관한 설명으로 옳지 않은 것은? (다툼이 있으면 판례에 따름)

① 甲과 乙 사이에 체결된 임대차계약에 임대차기간에 관한 약정이 없는 때에는 甲은 언제든지 계약해지의 통고를 할 수 있다.

② 乙이 甲의 동의 없이 X토지를 전대한 경우, 甲은 원칙적으로 乙과의 임대차계약을 해지할 수 있다.

③ X토지의 일부가 乙의 과실없이 멸실되어 사용·수익할 수 없게 된 경우, 乙은 그 부분의 비율에 의한 차임의 감액을 청구할 수 있다.

④ 토지임차인에게 인정되는 지상물매수청구권은 乙이 X토지 위에 甲의 동의를 얻어 신축한 건물에 한해 인정된다.

⑤ 甲이 변제기를 경과한 최후 2년의 차임채권에 의하여 그 지상에 있는 乙 소유의 건물을 압류한 때에는 저당권과 동일한 효력이 있다.

08 임차인의 지상물매수청구권에 관한 설명으로 옳은 것은? (다툼이 있으면 판례에 따름)

① 행정관청의 허가를 받지 않은 부적법한 건물은 임차인의 매수청구권의 대상이 될 수 없다.

② 지상물은 임대차계약 당시 임대인의 동의를 얻어 신축한 것에 한정되어 매수청구권의 대상이 된다.

③ 토지임차인이 지상물매수청구권을 행사하면 계약당사자 사이에 지상물에 대한 매매가 성립한다.

④ 토지임대인이 임대차의 갱신을 원하더라도 임차인은 매수청구권을 행사할 수 있다.

⑤ 건물을 신축한 토지임차인이 임대차기간이 만료하기 전에 그 건물을 타인에게 양도하였다면 그 임차인이 매수청구권을 행사할 수 있다.

09 乙은 사과나무를 식재하여 과수원을 운영할 목적으로 甲소유의 X임야에 대해 甲과 존속기간을 10년으로 하는 임대차계약을 체결하였다. 이에 관한 설명으로 옳은 것은?

제22회

① 차임지급시기에 대한 관습 또는 다른 약정이 없으면 乙은 甲에게 매월 말에 차임을 지급하여야 한다.

② 산사태로 X임야가 일부 유실되어 복구가 필요한 경우, 乙은 甲에게 그 복구를 청구할 수 없다.

③ 甲이 X임야에 산사태 예방을 위해 필요한 옹벽설치공사를 하려는 경우, 乙은 과수원 운영을 이유로 이를 거부할 수 없다.

④ 乙은 X임야에 대하여 유익비를 지출하여 그 가액이 증가된 경우, 甲에게 임대차종료 전에도 그 상환을 청구할 수 있다.

⑤ 임대차가 존속기간의 만료로 종료되는 경우, 乙은 식재한 사과나무들이 존재하는 때에도 乙은 甲에게 갱신을 청구할 수 없다.

05 도급

Chapter

∞ **연계학습** 기본서 p.746~756

단·원·열·기

매년 1문제 정도 출제되는 부분이다. 법조문 위주의 학습전략이 필요하다.

대표문제 상중하

> **도급에 관한 설명으로 옳지 않은 것은?** (다툼이 있으면 판례에 따름)　제27회
>
> ① 공사도급계약의 경우, 특별한 사정이 없는 한 수급인은 제3자를 사용하여 일을 완성할 수 있다.
> ② 수급인이 완공기한 내에 공사를 완성하지 못한 채 완공기한을 넘겨 도급계약이 해제된 경우, 그 지체상금의 발생 시기는 완공기한 다음 날이다.
> ③ 도급인이 파산선고를 받은 때에는 파산관재인은 도급계약을 해제할 수 있다.
> ④ 보수 일부를 선급하기로 하는 특약이 있는 경우, 도급인이 선급금 지급을 지체한 기간만큼은 수급인이 지급하여야 하는 지체상금의 발생기간에서 공제된다.
> ⑤ 하자확대손해로 인한 수급인의 손해배상채무와 도급인의 공사대금채무는 동시이행관계가 인정되지 않는다.

해설

⑤ 도급인이 수급인에 대하여 하자보수와 함께 청구할 수 있는 손해배상채권과 수급인의 공사대금채권은 서로 동시이행관계에 있는 점 등에 비추어 보면, 하자확대손해로 인한 수급인의 손해배상채무와 도급인의 공사대금채무도 동시이행관계에 있는 것으로 보아야 한다(대판 2005.11.10, 2004다37676).

① 공사도급계약에 있어서 당사자 사이에 특약이 있거나 일의 성질상 수급인 자신이 하지 않으면 채무의 본지에 따른 이행이 될 수 없다는 등의 특별한 사정이 없는 한 반드시 수급인 자신이 직접 일을 완성하여야 하는 것은 아니고, 이행보조자 또는 이행대행자를 사용하더라도 공사도급계약에서 정한 대로 공사를 이행하는 한 계약을 불이행하였다고 볼 수 없다(대판 2002.4.12, 2001다82545).

② 수급인이 완공기한 내에 공사를 완성하지 못한 채 완공기한을 넘겨 도급계약이 해제된 경우에 있어서 그 지체상금 발생의 시기는 완공기한 다음날이다(대판 2002.9.4, 2001다1386).

③ 도급인이 파산선고를 받은 때에는 수급인 또는 파산관재인은 계약을 해제할 수 있다(제674조 제1항 본문).

④ 수급인이 납품기한 내에 납품을 완료하지 못하면 지연된 일수에 비례하여 계약금액에 일정 비율을 적용하여 산정한 지체상금을 도급인에게 지급하기로 약정한 경우, 수급인이 책임질 수 없는 사유로 의무 이행이 지연되었다면 해당 기간만큼은 지체상금의 발생기간에서 공제되어야 한다. 그리고 도급계약의 보수 일부를 선급하기로 하는 특약이 있는 경우, 수급인은 그 제공이 있을 때까지 일의 착수를 거절할 수 있고 이로 말미암아 일의 완성이 지연되더라도 채무불이행책임을 지지 않으므로, 도급인이 수급인에 대하여 약정한 선급금의 지급을 지체하였다는 사정은 일의 완성이 지연된 데 대하여 수급인이 책임질 수 없는 사유에 해당한다. 따라서 도급인이 선급금 지급을 지체한 기간만큼은 수급인이 지급하여야 하는 지체상금의 발생기간에서 공제되어야 한다(대판 2016.12.15, 2014다14429).

✓ 정답 ⑤

01 도급계약에 관한 설명으로 옳지 않은 것은?

① 목적물의 인도를 요하지 않는 경우, 보수(報酬)는 수급인이 일을 완성한 후 지체없이 지급하여야 한다.

② 하자보수에 관한 담보책임이 없음을 약정한 경우에는 수급인이 하자에 관하여 알고서 고지하지 아니한 사실에 대하여 담보책임이 없다.

③ 수급인이 일을 완성하기 전에는 도급인은 손해를 배상하고 계약을 해제할 수 있다.

④ 완성된 목적물의 하자가 중요하지 않은 경우, 그 보수(補修)에 과다한 비용을 요할 때에는 하자의 보수(補修)를 청구할 수 없다.

⑤ 부동산공사의 수급인은 보수(報酬)에 관한 채권을 담보하기 위하여 그 부동산을 목적으로 한 저당권설정청구권을 갖는다.

02 도급계약에 관한 설명으로 옳지 않은 것은?(다툼이 있으면 판례에 따름)

① 부대체물을 제작하여 공급하기로 하는 계약은 도급의 성질을 갖는다.

② 당사자 사이의 특약 등 특별한 사정이 없는 한 수급인 자신이 직접 일을 완성해야 하는 것은 아니다.

③ 도급계약의 보수(報酬) 일부를 선급하기로 하는 특약이 있는 경우, 수급인은 그 제공이 있을 때까지 일의 착수를 거절할 수 있다.

④ 제작물공급계약에서 완성된 목적물의 인도와 동시에 보수(報酬)를 지급해야 하는 경우, 특별한 사정이 없는 한 목적물의 인도는 단순한 점유의 이전만으로 충분하다.

⑤ 완성된 목적물에 중요하지 않은 하자가 있고 그 보수(補修)에 과다한 비용이 필요한 경우, 도급인은 특별한 사정이 없는 한 그 하자의 보수(補修)를 청구할 수 없다.

03 甲은 자신의 토지 위에 건물신축을 위해 乙과 공사도급계약을 체결하였다. 이에 관한 설명으로 옳지 않은 것을 모두 고른 것은? (다툼이 있으면 판례에 따름)
상중하

> ㉠ 乙이 일을 완성하기 전에 甲은 손해를 배상하고 계약을 해제할 수 있으며, 특별한사정이 없는 한 甲은 乙에 대한 손해배상에 있어서 과실상계를 주장할 수 있다.
> ㉡ 乙로부터 공사대금채권을 양수받은 자의 저당권설정청구에 의하여 甲이 신축건물에 저당권을 설정하는 행위는 특별한 사정이 없는 한 甲의 채권자에 대한 사해행위에 해당하지 아니한다.
> ㉢ 甲이 하자보수에 갈음하여 손해배상을 청구하는 경우, 甲은 보수(報酬)가 손해배상액을 초과하더라도 乙이 그 손해배상채무를 이행할 때까지 乙에게 그 보수 전액의 지급을 거절할 수 있다.
> ㉣ 완성된 건물에 중요한 하자가 있어 甲이 하자보수에 갈음하여 손해배상을 청구하는 경우, 그 하자보수비는 건물의 완성시를 기준으로 산정해야 한다.

① ㉠, ㉡   ② ㉡, ㉣   ③ ㉢, ㉣
④ ㉠, ㉢, ㉣   ⑤ ㉡, ㉢, ㉣

04 도급계약에 관한 설명으로 옳지 않은 것은? (다툼이 있으면 판례에 따름)
상중하
① 공사도급계약의 수급인은 특별한 사정이 없는 한 이행대행자를 사용할 수 있다.
② 수급인의 담보책임에 관한 제척기간은 재판상 또는 재판 외의 권리행사기간이다.
③ 도급인이 하자보수에 갈음하여 손해배상을 청구하는 경우, 수급인이 그 채무이행을 제공할 때까지 도급인은 그 손해배상액에 상응하는 보수액 및 그 나머지 보수액에 대해서도 지급을 거절할 수 있다.
④ 부동산공사 수급인의 저당권설정청구권은 특별한 사정이 없는 한 공사대금채권의 양도에 따라 양수인에게 이전된다.
⑤ 민법 제673조에 따라 수급인이 일을 완성하기 전에 도급인이 손해를 배상하고 도급계약을 해제하는 경우, 도급인은 특별한 사정이 없는 한 그 손해배상과 관련하여 수급인의 부주의를 이유로 과실상계를 주장할 수 없다.

05 甲은 자신의 토지에 X건물을 신축하기로 하는 계약을 수급인 乙과 체결하면서 甲
상중하 명의로 건축허가를 받아 소유권보존등기를 하기로 하는 등 완공된 X건물의 소유권을
甲에게 귀속시키기로 합의하였다. 乙은 X건물을 신축하여 완공하였지만 공사대금
을 받지 못하고 있다. 이에 관한 설명으로 옳은 것은? (다툼이 있으면 판례에 따름)

① X건물의 소유권은 乙에게 원시적으로 귀속한다.

② X건물에 대한 乙의 하자담보책임은 무과실책임이다.

③ 乙의 甲에 대한 공사대금채권의 소멸시효는 10년이다.

④ 乙은 甲에 대한 공사대금채권을 담보하기 위하여 X건물을 목적으로 한 저
당권설정을 청구할 수 없다.

⑤ X건물의 하자로 인하여 계약의 목적을 달성할 수 없는 경우, 甲은 특별한
사정이 없는 한 계약을 해제할 수 있다.

06 위임

Chapter

연계학습 기본서 p.757~761

단·원·열·기

매년 1문제 정도 출제되는 부분이다. '수임인의 의무와 권리', '위임계약의 해지' 위주로 학습하여야 한다.

대표문제 상 중 하

> **위임계약에 관한 설명으로 옳지 않은 것은?** 제22회
>
> ① 수임인은 보수의 약정이 없는 경우에도 선량한 관리자의 주의의무를 진다.
> ② 위임인은 수임인이 위임사무의 처리에 필요한 비용을 미리 청구한 경우 이를 지급하여야 한다.
> ③ 무상위임의 수임인이 위임사무의 처리를 위하여 과실없이 손해를 받은 때에는 위임인에 대하여 그 배상을 청구할 수 있다.
> ④ 수임인이 부득이한 사정에 의해 위임사무를 처리할 수 없게 된 경우, 제3자에게 그 사무를 처리하게 할 수 있다.
> ⑤ 수임인이 위임인의 승낙을 얻어서 제3자에게 위임사무를 처리하게 한 경우, 위임인에 대하여 그 선임감독에 관한 책임이 없다.
>
> **해설**
> ⑤ 수임인이 위임인의 승낙을 얻어서 제3자에게 위임사무를 처리하게 한 경우, 위임인에 대하여 그 선임감독에 관한 책임이 있다(제682조 제2항 참조).
> ① 제681조
> ② 제687조
> ③ 제688조 제3항
> ④ 제682조 제1항
>
> ✓ 정답 ⑤

01 민법상 위임에 관한 설명으로 옳은 것은? 제19회

상 중 하

① 수임인이 위임인의 승낙을 받고 위임인이 지명한 제3자에게 대신 위임사무를 처리하게 한 경우, 제3자의 사무처리에 관하여는 원칙적으로 수임인에게 책임이 있다.
② 위임계약은 특별한 사정이 없는 한 당사자가 언제든지 해지할 수 있다.
③ 수임인은 특별한 사정이 없는 한 위임인에 대하여 보수를 청구할 수 있다.
④ 당사자 일방이 부득이한 사유로 상대방의 불리한 시기에 위임계약을 해지한 때에는 그 손해를 배상하여야 한다.
⑤ 위임종료의 경우에 특별한 사정이 없는 한 수임인은 위임인, 그 상속인이나 법정대리인이 위임사무를 처리할 수 있을 때까지 그 사무의 처리를 계속하여야 한다.

02 위임계약에 관한 설명으로 옳지 않은 것은? (다툼이 있으면 판례에 따름) 제20회

상 중 하

① 수임인은 위임인의 청구가 있는 때에는 위임사무의 처리상황을 보고하여야 한다.
② 무상위임의 경우에도 수임인은 선량한 관리자의 주의로 위임사무를 처리해야 한다.
③ 수임인은 위임사무를 완료한 후가 아니면 위임사무처리비용을 청구할 수 없다.
④ 수임인은 위임인의 승낙이나 부득이한 사유 없이 제3자로 하여금 자기에 갈음하여 위임사무를 처리하게 할 수 없다.
⑤ 수임인은 위임사무의 처리로 인하여 받은 금전을 위임인에게 인도하여야 하며, 특별한 사정이 없는 한 그 반환범위는 위임종료시를 기준으로 정해진다.

03 위임에 관한 설명으로 옳지 않은 것은? 제21회

상 중 하

① 위임계약은 각 당사자가 언제든지 해지할 수 있다.
② 복위임은 위임인이 승낙한 경우나 부득이한 경우에만 허용된다.
③ 수임인은 위임이 종료한 때에는 지체 없이 그 전말을 위임인에게 보고하여야 한다.
④ 위임이 무상인 경우, 수임인은 선량한 관리자의 주의의무로써 위임사무를 처리해야 한다.
⑤ 당사자 일방이 상대방의 불리한 시기에 위임계약을 해지하는 경우, 부득이한 사유가 있더라도 그 손해를 배상해야 한다.

04 위임계약에 관할 설명으로 옳지 않은 것은? (다툼이 있으면 판례에 따름)
<u>상 중 하</u>
① 보수의 수령 여부와 관계없이 수임인은 선량한 관리자의 주의의무를 부담한다.
② 수임인이 위임사무의 처리로 인하여 받은 금전을 위임인에게 반환할 경우, 특별한 사정이 없는 한 위임종료시를 기준으로 그 금전의 범위가 정해진다.
③ 위임인이 성년후견개시심판을 받더라도 위임이 종료되는 것은 아니다.
④ 위임계약의 당사자는 특별한 이유 없이도 언제든지 위임계약을 해지할 수 있다.
⑤ 수임인이 위임인의 지명에 의하여 복수임인을 선임한 경우, 위임인에 대하여 그 선임감독에 관한 책임을 진다.

05 민법상 위임에 관한 설명으로 옳지 않은 것은?
<u>상 중 하</u>
① 위임계약은 정당한 이유 없이도 각 당사자가 언제든지 해지할 수 있다.
② 수임인은 특별한 약정이 없는 한 위임인에 대하여 보수를 청구할 수 있다.
③ 위임인이 부득이한 사유 없이 수임인의 불리한 시기에 계약을 해지한 때는 수임인의 손해를 배상하여야 한다.
④ 수임인은 위임인의 승낙이나 부득이한 사유가 없는 한 제3자에게 자기에 갈음하여 위임사무를 처리하게 하지 못한다.
⑤ 수임인이 위임사무의 처리에 관하여 필요비를 지출한 경우, 위임인에 대하여 그 비용과 지출한 날 이후의 이자를 청구할 수 있다.

06 위임에 관한 설명으로 옳지 않은 것은?
<u>상 중 하</u>
① 당사자 일방이 부득이한 사유 없이 상대방의 불리한 시기에 위임계약을 해지한 때에는 그 손해를 배상하여야 한다.
② 수임인이 성년후견개시의 심판을 받은 경우에 위임은 종료한다.
③ 수임인이 위임사무의 처리로 인하여 받은 금전 기타의 물건에서 생긴 과실은 수임인에게 귀속한다.
④ 수임인이 위임인을 위하여 자기의 명의로 취득한 권리는 위임인에게 이전하여야 한다.
⑤ 위임사무의 처리에 비용을 요하는 때에는 위임인은 수임인의 청구가 있으면 이를 미리 지급하여야 한다.

07 부당이득

Chapter

∘ **연계학습** 기본서 p.762~772

단·원·열·기

2~3년에 1문제 정도 출제되는 부분이다. '부당이득의 의의', '비채변제', '부당이득반환범위' 위주로 학습하여야 한다.

대표문제 상 중 하

부당이득에 관한 설명으로 옳지 않은 것은? (다툼이 있으면 판례에 따름) 제26회

① 채무자가 채무 없음을 알고 변제한 때에는 원칙적으로 그 반환을 청구하지 못한다.

② 채무자가 변제기에 있지 아니한 채무를 변제한 때에는 특별한 사정이 없는 한 그 반환을 청구하지 못한다.

③ 악의의 수익자는 그 받은 이익에 이자를 붙어 반환하고 손해가 있으면 이를 배상하여야 한다.

④ 수익자가 이익을 받은 후 법률상 원인 없음을 안 때에는 이익을 받은 때부터 악의의 수익자로서 이익반환의 책임이 있다.

⑤ 불법의 원인으로 인하여 재산을 급여하거나 노무를 제공한 경우, 특별한 사정이 없는 한 그 이익의 반환을 청구하지 못한다.

해설

④ 수익자가 이익을 받은 후 법률상 원인 없음을 안 때에는 그 때부터 악의의 수익자로서 이익반환의 책임이 있다(제749조 제1항).

① 채무 없음을 알고 이를 변제한 때에는 그 반환을 청구하지 못한다(제742조).

② 변제기에 있지 아니한 채무를 변제한 때에는 그 반환을 청구하지 못한다. 그러나 채무가 착오로 인하여 변제한 때에는 채권자는 이로 인하여 얻은 이익을 반환하여야 한다(제743조).

③ 악의의 수익자는 그 받은 이익에 이자를 붙여 반환하고 손해가 있으면 이를 배상하여야 한다(제748조 제2항).

⑤ 불법의 원인으로 인하여 재산을 급여하거나 노무를 제공한 때에는 그 이익의 반환을 청구하지 못한다(제746조 본문).

Ⓒ 정답 ④

01 부당이득에 관한 설명 중 적절하지 않은 것은?

상중하
① 선의의 매수인은 매매계약이 취소된 경우에도 목적물로부터 취득한 과실을 반환하지 않아도 된다.
② 선의의 수익자의 반환의무의 범위는 그 받은 이익이 현존하는 한도이다.
③ 악의의 수익자는 그가 받은 이익의 전부 및 이에 대한 이자를 반환하여야 하고, 손해가 있으면 그것도 배상하여야 한다.
④ 채무자가 착오로 변제기 전에 채무를 변제한 경우, 이로 인하여 채권자가 얻은 이익에 대한 반환청구가 인정된다.
⑤ 변제자가 채무가 없음을 알면서 변제했으나 수령자 역시 이를 알고 있었을 경우에는 그 반환을 청구할 수 있다.

02 부당이득에 관한 설명으로 옳은 것을 모두 고른 것은? (다툼이 있으면 판례에 따름)

상중하
> ㉠ 계약해제로 인한 원상회복의무의 이행으로 금전을 반환하는 경우, 그 금전에 받은 날로부터 가산하는 이자의 반환은 부당이득반환의 성질을 갖는다.
> ㉡ 민법 제742조(비채변제)의 규정은 변제자가 채무 없음을 알지 못한 경우에는 그 과실 유무를 불문하고 적용되지 아니한다.
> ㉢ 수익자가 취득한 것이 금전상의 이득인 경우, 특별한 사정이 없는 한 그 금전은 이를 취득한 자가 소비하였는지 여부를 불문하고 현존하는 것으로 추정된다.

① ㉠　　　　　　② ㉢　　　　　　③ ㉠, ㉡
④ ㉡, ㉢　　　　⑤ ㉠, ㉡, ㉢

03 부당이득에 관한 설명으로 옳지 않은 것은? (다툼이 있으면 판례에 따름)　제23회

상중하
① 채무 없음을 알고 이를 변제한 때에는 원칙적으로 그 반환을 청구하지 못한다.
② 부당이득반환에 있어 수익자가 악의라는 점에 대하여는 이를 주장하는 측에서 증명책임을 진다.
③ 계약상 급부가 계약의 상대방뿐만 아니라 제3자의 이익으로 된 경우, 급부를 한 계약당사자는 제3자에 대하여 직접 부당이득반환청구를 할 수 있다.
④ 채무 없는 자가 착오로 인하여 변제한 경우, 그 변제가 도의관념에 적합한 때에는 그 반환을 청구하지 못한다.
⑤ 타인의 토지를 점유함으로 인한 부당이득반환채무는 그 이행청구를 받은 때부터 지체책임을 진다.

04 부당이득에 관한 설명으로 옳지 않은 것은? (다툼이 있으면 판례에 따름) 제25회
상중하

① 채무자가 피해자로부터 횡령한 금전을 자신의 채권자에 대한 변제에 사용한 경우, 채권자가 변제를 수령할 때 횡령사실을 알았던 때에도 채권자의 금전취득은 피해자에 대한 관계에서 법률상 원인이 있다.

② 연대보증인이 있는 주채무를 제3자가 변제하여 주채무가 소멸한 경우, 그 제3자는 연대보증인에게 부당이득반환을 청구할 수 없다.

③ 임차인이 임대차계약이 종료한 후 임차건물을 계속 점유하였더라도 이익을 얻지 않았다면 임차인은 그로 인한 부당이득반환의무를 지지 않는다.

④ 과반수 지분의 공유자로부터 제3자가 공유물의 사용·수익을 허락받아 그 공유물을 점유하고 있는 경우, 소수지분권자는 그 제3자에게 점유로 인한 부당이득반환청구를 할 수 없다.

⑤ 변제자가 채무없음을 알고 있었지만 자신의 자유로운 의사에 반하여 변제를 강제당한 경우, 변제자는 부당이득반환청구권을 상실하지 않는다.

05 부당이득에 관한 설명으로 옳은 것은? (다툼이 있으면 판례에 따름) 제27회
상중하

① 불법도박채무에 대하여 양도담보의 명목으로 소유권이전등기를 해주는 것은 불법원인 급여에 해당하지 않는다.

② 부당이득반환채무는 이행의 기한이 없는 채무로서 이행청구 후 상당한 기간이 경과하면 지체책임이 있다.

③ 수익자가 부당이득을 얻기 위하여 비용을 지출한 경우, 그 비용은 수익자가 반환하여야 할 이득의 범위에서 공제되지 않는다.

④ 채무없는 자가 착오로 인하여 변제한 경우에 그 변제가 도의관념에 적합한 때에도 그 반환을 청구할 수 있다.

⑤ 불법원인급여가 인정되어 부당이득반환청구가 불가능한 경우, 특별한 사정이 없는 한 그 불법의 원인에 가공한 상대방에게 불법행위에 의한 손해배상청구권도 행사할 수 없다.

08 불법행위

Chapter

∞ **연계학습** 기본서 p.773~791

단·원·열·기

매년 1문제 정도 출제되는 부분이다. '불법행위의 성립요건', '불법행위의 유형' 위주로 학습하여야 한다.

대표문제 상중하

불법행위에 관한 설명으로 옳은 것을 모두 고른 것은? (다툼이 있으면 판례에 따름)

제25회

> ㉠ 과실로 인하여 스스로 심신상실을 초래하고 그 상태에서 타인에게 위법하게 손해를 가한 자는 손해배상책임을 진다.
> ㉡ 도급인은 도급 또는 지시에 관하여 중대한 과실이 있는 경우, 수급인이 그 일에 관하여 제3자에게 가한 손해를 배상할 책임이 있다.
> ㉢ 제3자의 행위와 공작물의 설치 또는 보존상의 하자가 공동원인이 되어 발생한 손해는 공작물의 설치 또는 보존상의 하자에 의하여 발생한 것이라고 볼 수 없다.

① ㉠   ② ㉢

③ ㉠, ㉡   ④ ㉡, ㉢

⑤ ㉠, ㉡, ㉢

해설

㉠ (○) 심신상실 중에 타인에게 손해를 가한 자는 배상의 책임이 없다. 그러나 고의 또는 과실로 인하여 심신상실을 초래한 때에는 그러하지 아니하다(제754조).

㉡ (○) 도급인은 수급인이 그 일에 관하여 제3자에게 가한 손해를 배상할 책임이 없다. 그러나 도급 또는 지시에 관하여 도급인에게 중대한 과실이 있는 때에는 그러하지 아니하다(제757조).

㉢ (×) 공작물의 설치 또는 보존상의 하자로 인한 사고라 함은 공작물의 설치 또는 보존상의 하자만이 손해발생의 원인이 되는 경우만을 말하는 것이 아니며, 다른 제3자의 행위 또는 피해자의 행위와 경합하여 손해가 발생하더라도 공작물의 설치 또는 보존상의 하자가 공동원인의 하나가 되는 이상 그 손해는 공작물의 설치 또는 보존상의 하자에 의하여 발생한 것이라고 보아야 한다(대판 2010.4.29, 2009다101343).

⚐ 정답 ③

01 공작물의 점유자 및 소유자의 책임에 관한 설명으로 옳지 않은 것은? (다툼이 있으면 판례에 따름)

제18회

① 전기 그 자체는 공작물에 해당하지 않는다.
② 공작물의 점유자에게는 면책사유가 인정되지 않는다.
③ 피해자에게 손해배상을 한 점유자 또는 소유자는 그 손해의 원인에 대해 책임이 있는 자에게 구상권을 행사할 수 있다.
④ 공작물 책임이 인정되기 위해서는 공작물의 하자와 손해 사이에 인과관계가 있어야 한다.
⑤ 공작물에 대해 직접점유자와 간접점유자가 있는 경우, 원칙적으로 직접점유자가 1차적으로 책임을 진다.

02 불법행위에 관한 설명으로 옳지 않은 것을 모두 고른 것은? (다툼이 있으면 판례에 따름)

> ㉠ 법적 작위의무가 객관적으로 인정되더라도 의무자가 그 작위의무의 존재를 인식하지 못한 경우에는 부작위로 인한 불법행위가 성립하지 않는다.
> ㉡ 공작물의 하자로 인해 손해가 발생한 경우, 그 손해가 공작물의 하자와 관련한 위험이 현실화되어 발생한 것이 아니라도 공작물의 설치 또는 보존상 하자로 인하여 발생한 손해라고 볼 수 있다.
> ㉢ 성추행을 당한 미성년자의 가해자에 대한 손해배상청구권의 소멸시효는 그 미성년자가 성년이 될 때까지는 진행되지 아니한다.

① ㉠   ② ㉢   ③ ㉠, ㉡
④ ㉡, ㉢   ⑤ ㉠, ㉡, ㉢

03 책임능력에 관한 다음 설명 중 옳지 않은 것은?

① 미성년자도 책임능력이 있으면 불법행위로 인한 손해배상책임을 진다.
② 책임능력이 없는 미성년자의 가해행위에 대하여 감독자가 감독의무를 게을리하지 않았음을 입증하지 못하면 손해배상책임을 진다.
③ 책임능력이 있는 미성년자의 가해행위에 대하여도 감독의무자는 손해배상책임을 지는 경우가 있다.
④ 심신상실 중에 타인에게 손해를 가한 자는 손해배상책임이 없다.
⑤ 책임능력에 대한 입증책임은 손해배상을 청구하는 피해자가 부담한다.

04
상충하

甲 소유의 X창고에 몰래 들어가 함께 놀던 책임능력 있는 17세 동갑인 乙, 丙, 丁이 공동으로 X에 부설된 기계를 고장 냈으며, 그에 따라 甲에게 300만원의 손해가 발생하였다. 이에 관한 설명으로 옳은 것은? (다툼이 있으면 판례에 따름) 제27회

① 乙, 丙, 丁이 甲에 대한 손해배상채무를 면하려면 스스로 고의나 과실이 없다는 것을 증명해야 한다.

② 과실비율이 50%인 乙이 甲에게 300만원을 배상한 경우, 乙은 丙과 丁에게 구상권을 행사할 수 없다.

③ 乙, 丙, 丁의 과실비율이 동일할 경우, 丙은 甲에게 100만원의 손해배상채무만을 부담한다.

④ 甲이 丁의 친권자 A의 丁에 대한 감독의무 위반과 甲의 손해 사이에 상당인과관계를 증명하면, 甲은 A에 대해 일반불법행위에 따른 손해배상책임을 물을 수 있다.

⑤ 甲의 부주의를 이용하여 乙, 丙, 丁이 고의로 기계를 고장 낸 경우, 甲의 부주의를 이유로 한 과실상계가 적용된다.

05
상충하

공동불법행위에 관한 설명으로 옳은 것을 모두 고른 것은? (다툼이 있으면 판례에 따름) 제23회

> ㉠ 공동불법행위가 성립하기 위해서는 행위자 사이에 행위공동의 인식이 전제되어야 한다.
>
> ㉡ 공동불법행위자 중 1인에 대한 상계는 다른 공동불법행위자에게 공동면책의 효력이 없다.
>
> ㉢ 공동불법행위자 중 1인에 대하여 구상의무를 부담하는 다른 공동불법행위자가 여럿인 경우, 특별한 사정이 없는 한 그들의 구상권자에 대한 채무는 분할채무이다.

① ㉠   ② ㉡   ③ ㉠, ㉡
④ ㉡, ㉢   ⑤ ㉠, ㉡, ㉢

06 불법행위에 관한 설명으로 옳은 것은? (다툼이 있으면 판례에 따름)
⑴ 공동불법행위자 甲과 乙중 甲의 손해배상채무가 시효로 소멸한 후에 乙이 피해자에게 자기의 부담 부분을 넘는 손해를 배상한 경우, 乙은 甲을 상대로 구상권을 행사할 수 없다.
② 자신의 과실에 의해 초래된 급박한 위난을 피하기 위해 부득이 타인에게 손해를 가한 자는 그 손해에 대해 배상책임을 지지 않는다.
③ 공작물의 설치·보존의 하자로 인해 타인에게 입힌 손해에 대하여 점유자가 면책된 경우, 그 공작물의 소유자는 과실이 없어도 배상책임을 진다.
④ 피용자와 제3자가 공동불법행위에 따른 손해배상채무를 부담하는 경우, 사용자가 피용자와 제3자의 책임비율에 의해 정해진 부담부분을 초과하여 피해자에게 배상하더라도 제3자에 대하여 구상권을 행사할 수 없다.
⑤ 불법행위로 인하여 건물이 훼손되어 사용 및 수리가 불가능한 경우, 손해배상액의 기준이 되는 건물의 시가에는 원칙적으로 건물의 철거비용이 포함된다.

07 甲회사에 근무하는 乙은 甲의 관리감독 부실을 이용하여 그 직무와 관련하여 제3자 丙과 공동으로 丁을 상대로 불법행위를 하였고, 그로 인해 丁에게 1억원의 손해를 입혔다. 이에 관한 설명으로 옳지 않은 것은? (다툼이 있으면 판례에 따름) 제21회
① 丁은 동시에 乙과 丙에게 1억원의 손해배상을 청구할 수 있다.
② 丁은 乙과 丙에게 각각 5천만원의 손해배상을 청구할 수 있다.
③ 丁은 甲과 乙에게 각각 5천만원의 손해배상을 청구할 수 있다.
④ 甲이 丁에게 1억원의 손해 전부를 배상한 경우, 甲은 乙에게 구상할 수 있다.
⑤ 丁이 丙에게 손해배상채무 중 5천만원을 면제해 준 경우, 丁은 乙에게 5천만원을 한도로 손해배상을 청구할 수 있다.

08 불법행위에 관한 설명으로 옳지 않은 것은? (다툼이 있으면 판례에 따름)
상중하

① 과실로 불법행위를 방조한 자에 대해서는 공동불법행위가 인정될 수 없다.

② 고의로 심신상실을 초래한 자는 타인에게 심신상실 중에 가한 손해를 배상할 책임이 있다.

③ 사용자가 근로계약에 수반하는 보호의무를 위반함으로써 피용자가 손해를 입은 경우, 사용자는 이를 배상할 책임이 있다.

④ 고의로 불법행위를 한 가해자는 피해자의 손해배상채권을 피해자에 대한 자신의 다른 채권으로 상계할 수 없다.

⑤ 미성년자가 성폭력을 당한 경우에 이로 인한 손해배상청구권의 소멸시효는 그가 성년이 될 때까지는 진행되지 아니한다.

09 공동불법행위자의 책임에 관한 설명 중 잘못된 것은? (다툼이 있으면 판례에 따름)
상중하

① 공동 아닌 수인의 행위 중 어느 자의 행위가 그 손해를 가한 것인지 알 수 없는 때에도 그 수인은 연대하여 손해를 배상할 책임이 있다.

② 공동불법행위의 성립에 있어서 과실에 의한 방조는 가능하지 않다.

③ 공동불법행위책임에 있어서 가해자 중 1인이 다른 가해자에 비하여 불법행위에 가공한 정도가 경미하더라도 피해자에 대한 관계에서 그 가해자의 책임범위를 제한할 수 없다.

④ 공동불법행위자가 지는 책임은 부진정연대책임이다.

⑤ 공동불법행위자 중 1인이 자기의 부담부분 이상을 변제하여 공동의 면책을 얻게 하였을 때에는 다른 공동불법행위자에게 그 부담부분의 비율에 따라 구상권을 행사할 수 있다.

2025

제28회 시험대비 전면개정판

박문각 주택관리사

합격예상문제 **1차**

민 법

정답 및 해설

설신재 외 박문각 주택관리연구소 편

브랜드만족
1위
박문각

수상내역
후면표기

동영상강의
www.pmg.co.kr

합격까지 박문각
합격 노하우가 다르다!

01 통 칙

01 ④ 가족의례준칙 제13조의 규정과 배치되는 관습법의 효력을 인정하는 것은 관습법의 제정법에 대한 열후적, 보충적 성격에 비추어 민법 제1조의 취지에 어긋나므로(대판 1983.6.14, 80다 3231), 관습법이 제정법(성문법)과 배치되는 경우에는 법률이 우선한다.

02 ① 사회의 거듭된 관행으로 생성된 사회생활규범이 관습법으로 승인되었다고 하더라도 사회구성 원들이 그러한 관행의 법적 구속력에 대하여 확신을 갖지 않게 되었다거나, 사회를 지배하는 기본적 이념이나 사회질서의 변화로 인하여 그러한 관습법을 적용하여야 할 시점에 있어서의 전체 법질서에 부합하지 않게 되었다면 그러한 관습법은 법적 규범으로서의 효력이 부정될 수밖에 없다(대판 전합 2005.7.21, 2002다1178).

② 법령과 같은 효력을 갖는 관습법은 당사자의 주장 입증을 기다림이 없이 법원이 직권으로 이 를 확정하여야 한다(대판 1983.6.14, 80다3231).

③ 관습법은 바로 법원으로서 법령과 같은 효력을 갖는 관습으로서 법령에 저촉되지 않는 한 법 칙으로서의 효력이 있다(대판 1983.6.14, 80다3231).

④ 물권은 법률 또는 관습법에 의하는 외에는 임의로 창설하지 못한다(제185조).

⑤ 사실인 관습은 사적 자치가 인정되는 분야, 즉 그 분야의 제정법이 주로 임의규정일 경우에는 법률행위의 해석기준으로서 또는 의사를 보충하는 기능으로서 이를 재판의 자료로 할 수 있 을 것이나 이 이외의, 즉 그 분야의 제정법이 주로 강행규정일 경우에는 그 강행규정 자체에 결함이 있거나 강행규정 스스로가 관습에 따르도록 위임한 경우 등 이외에는 법적 효력을 부 여할 수 없다(대판 1983.6.14, 80다3231).

03 ② 헌법상의 기본권은 제1차적으로 개인의 자유로운 영역을 공권력의 침해로부터 보호하기 위한 방어적 권리이지만 다른 한편으로 헌법의 기본적인 결단인 객관적인 가치질서를 구체화한 것으로서, 사법(사법)을 포함한 모든 법 영역에 그 영향을 미치는 것이므로 사인간의 사적인 법률관계도 헌법상의 기본권 규정에 적합하게 규율되어야 한다. 다만 기본권 규정은 그 성질상 사법관계에 직접 적용될 수 있는 예외적인 것을 제외하고는 사법상의 일반원칙을 규정한 민법 제2조, 제103조, 제750조, 제751조 등의 내용을 형성하고 그 해석 기준이 되어 간접적으로 사법관계에 효력을 미치게 된다(대판 전합 2010.4.22, 2008다38288).

　　① 사회의 거듭된 관행으로 생성된 사회생활규범이 관습법으로 승인되었다고 하더라도 사회 구성원들이 그러한 관행의 법적 구속력에 대하여 확신을 갖지 않게 되었다거나, 사회를 지배하는 기본적 이념이나 사회질서의 변화로 인하여 그러한 관습법을 적용하여야 할 시점에 있어서의 전체 법질서에 부합하지 않게 되었다면 그러한 관습법은 법적 규범으로서의 효력이 부정될 수밖에 없다(대판 전합 2005.7.21, 2002다1178).

　　③ 법령과 같은 효력을 갖는 관습법은 당사자의 주장 입증을 기다림이 없이 법원이 직권으로 이를 확정하여야 한다(대판 1983.6.14, 80다3231).

　　④ 우리나라가 가입한 국제조약은 일반적으로 민법이나 상법 또는 국제사법보다 우선적으로 적용되지만, 적용대상은 조약에서 정한 바에 따라 엄격하게 판단하여야 한다(대판 2016.3.24, 2013다81514).

　　⑤ 관습법은 바로 법원으로서 법령과 같은 효력을 갖는 관습으로서 법령에 저촉되지 않는 한 법칙으로서의 효력이 있다(대판 1983.6.14, 80다3231).

04 ⑤ 미등기 무허가건물의 매수인은 소유권이전등기를 마치지 않는 한 건물의 소유권을 취득할 수 없고, 소유권에 준하는 관습상의 물권이 있다고도 할 수 없으며, 현행법상 사실상의 소유권이라고 하는 포괄적인 권리 또는 법률상의 지위를 인정하기도 어렵다(대판 2014.2.13, 2011다64782).

05 ② 미등기 무허가건물의 양수인이라도 소유권이전등기를 마치지 않는 한 건물의 소유권을 취득할 수 없고, 소유권에 준하는 관습상의 물권이 있다고도 할 수 없다(대판 2016.7.29, 2016다214483).

06 ② 형성권은 일방적 의사표시로써 효력이 생기므로, 조건 또는 기한을 붙이지 못하며, 형성권의 행사기간은 제척기간의 적용을 받는다. 그리고 일부에 대한 형성권은 행사할 수 없고 전부에 대한 형성권의 행사만 인정된다.

07 ④ 하자담보책임에 기한 토지 매수인의 손해배상청구권은 별개의 채권이므로 소멸시효의 기간에 걸린다.

　　① 토지 임차인의 지상물매수청구권(제643조)은 형성권이다.

　　② 채권자취소권은 형성권 중에서 반드시 재판상 행사하여야 하는(＝소를 제기하여야 하는) 권리이다.

③ 청구권은 채권에서 생기는 것이 대부분이지만, 물권에서도 발생할 수 있고 기타 권리에서도 발생할 수 있다.
⑤ 항변권은 상대방의 권리를 부인하는 권리가 아니라 상대방의 권리를 인정하면서 상대방의 권리행사를 저지할 수 있는 권리이다.

08 ① 계약 해제권 ② 법률행위위 취소권 ④ 매매의 일방예약완결권 ⑤ 토지임차인의 지상물매수청구권은 형성권에 속한다. 다만 ③ 점유자의 비용상환청구권은 형성권이 아니라 청구권에 해당한다.

09 ③ 해제권, 취소권, 지상물매수청구권은 형성권이다. 저당권은 지배권이다. 상계권, 예약완결권, 추인권, 해지권, 부속물매수청구권도 형성권이다. 물권적 청구권, 부양청구권은 청구권에 해당한다.

10 ㉠ (○) 어떤 법률행위가 사기에 의한 것으로서 취소되는 경우에 그 법률행위가 동시에 불법행위를 구성하는 때에는 취소의 효과로 생기는 부당이득반환청구권과 불법행위로 인한 손해배상의 청구권은 경합하여 병존한다(대판 1993.4.27, 92다56087).
㉢ (○) 액젓 저장탱크의 제작·설치공사 도급계약에 의하여 완성된 저장탱크에 균열이 발생한 경우, 보수비용은 민법 제667조 제2항에 의한 수급인의 하자담보책임 중 하자보수에 갈음하는 손해배상이고, 액젓 변질로 인한 손해배상은 위 하자담보책임을 넘어서 수급인이 도급계약의 내용에 따른 의무를 제대로 이행하지 못함으로 인하여 도급인의 신체·재산에 발생한 손해에 대한 배상으로서 양자는 별개의 권원에 의하여 경합적으로 인정된다(대판 2004.8.20, 2001다70337).
㉡ (×) 공무원이 그 직무(단순한 사경제의 주체로서 하는 작용을 제외한다)를 집행함에 당하여 고의 또는 과실로 법령에 위반하여 타인에게 손해를 가한 경우는 특별법인 국가배상법이 적용되므로, 국가 산하 기관의 대표자의 직무상의 의무 위반행위로 인하여 손해를 입었다 하여도 국가에 대하여 국가배상법에 의하여 손해배상을 청구하는 것은 별론으로 하고 그 공무원의 행위를 국가의 행위로 보아 민법 제750조의 불법행위책임을 물을 수는 없다(대판 2008.1.18, 2006다41471).

11 ① 사적자치의 영역을 넘어 공공질서를 위하여 공익적 요구를 선행시켜야 할 사안에서는 원칙적으로 합법성의 원칙은 신의성실의 원칙보다 우월한 것이므로 신의성실의 원칙은 합법성의 원칙을 희생하여서라도 구체적 신뢰보호의 필요성이 인정되는 경우에 비로소 적용된다고 봄이 상당하다(대판 2021.6.10, 2021다207489).

12 ㉠ (○) 채무자의 소멸시효에 기한 항변권의 행사도 우리 민법의 대원칙인 신의성실 원칙과 권리남용금지 원칙의 지배를 받는 것이어서, 채무자가 시효완성 전에 채권자의 권리행사나 시효중단을 불가능 또는 현저히 곤란하게 하였거나, 그러한 조치가 불필요하다고 믿게 하는 행동을 하였거나, 객관적으로 채권자가 권리를 행사할 수 없는 장애사유가 있었거나, 일단 시효완성 후에 채무자가 시효를 원용하지 아니할 것 같은 태도를 보여 권리자로 하여금 그와 같이

신뢰하게 하였거나, 채권자 보호의 필요성이 크고 같은 조건의 다른 채권자가 채무의 변제를 수령하는 등의 사정이 있어 채무이행의 거절을 인정함이 현저히 부당하거나 불공평하게 되는 등의 특별한 사정이 있는 경우에는 채무자가 소멸시효 완성을 주장하는 것이 신의성실 원칙에 반하여 권리남용으로서 허용될 수 없다(대판 2011.9.8, 2009다66969).

ⓛ (○) 신의성실의 원칙에 반하는 것 또는 권리남용은 강행규정에 위배되는 것이므로 당사자의 주장이 없더라도 법원은 직권으로 판단할 수 있다(대판 1995.12.22, 94다42129).

ⓒ (○) 유치권제도와 관련하여서는 거래당사자가 유치권을 자신의 이익을 위하여 고의적으로 작출함으로써 앞서 본 유치권의 최우선순위담보권으로서의 지위를 부당하게 이용하고 전체 담보권질서에 관한 법의 구상을 왜곡할 위험이 내재한다. 이러한 위험에 대처하여, 개별 사안의 구체적인 사정을 종합적으로 고려할 때 신의성실의 원칙에 반한다고 평가되는 유치권제도 남용의 유치권 행사는 이를 허용하여서는 안 될 것이다(대판 2011.12.22, 2011다84298).

ⓔ (×) 권리의 행사가 권리남용에 해당하더라도 권리 그 자체가 박탈되거나 소멸하는 것은 아니다. 다만, 경우에 따라서 권리가 소멸하는 경우도 있다(예를 들면 친권의 남용의 경우 친권이 박탈되는 경우도 있다).

13 ② 사정이라 함은 계약의 기초가 되었던 객관적인 사정으로서, 일방당사자의 주관적 또는 개인적인 사정을 의미하는 것은 아니다(대판 2007.3.29, 2004다31302).

① 신의성실의 원칙에 반하는 것은 강행규정에 위배되는 것으로서 당사자의 주장이 없더라도 법원이 직권으로 판단할 수 있다(대판 1998.8.21, 97다37821).

③ 실권 또는 실효의 법리는 법의 일반원리인 신의성실의 원칙에 바탕을 둔 파생원칙인 것이므로 공법관계 가운데 관리관계는 물론이고 권력관계에도 적용된다(대판 1988.4.27, 87누915).

④ 기획여행업자가 여행자와 여행계약을 체결할 경우에는 안전배려의무를 부담한다(대판 2017.12.22, 2015다221309).

⑤ 동시이행의 항변권의 행사가 주로 자기 채무의 이행만을 회피하기 위한 수단이라고 보여지는 경우에는 그 항변권의 행사는 권리남용으로서 배척되어야 한다(대판 1992.4.28, 91다29972).

14 ④ 강행규정을 위반한 법률행위를 한 사람이 스스로 그 무효를 주장하는 것이 신의칙에 위배되는 권리의 행사라는 이유로 이를 배척한다면 강행규정의 입법 취지를 몰각시키는 결과가 되므로 그러한 주장은 신의칙에 위배된다고 볼 수 없음이 원칙이다(대판 2021.11.25, 2019다277157).

① 유효하게 성립한 계약상의 책임을 공평의 이념 또는 신의칙과 같은 일반원칙에 의하여 제한하는 것은 사적 자치의 원칙이나 법적 안정성에 대한 중대한 위협이 될 수 있으므로, 채권자가 유효하게 성립한 계약에 따른 급부의 이행을 청구하는 때에 법원이 급부의 일부를 감축하는 것은 원칙적으로 허용되지 않는다(대판 2016.12.1, 2016다240543).

② 우리 사회의 통념상으로는 공동묘지가 주거환경과 친한 시설이 아니어서 분양계약의 체결 여부 및 가격에 상당한 영향을 미치는 요인일 뿐만 아니라 대규모 공동묘지를 가까이에서 조망할 수 있는 곳에 아파트단지가 들어선다는 것은 통상 예상하기 어렵다는 점 등을 감안할 때 아파트 분양자는 아파트단지 인근에 공동묘지가 조성되어 있는 사실을 수분양자에게 고지할 신의칙상의 의무를 부담한다(대판 2007.6.1, 2005다5812).

③ 경제상황 등의 변동으로 당사자에게 손해가 생기더라도 합리적인 사람의 입장에서 사정변경을 예견할 수 있었다면 사정변경을 이유로 계약을 해제할 수 없다(대판 2017.6.8, 2016다249557).

⑤ 취득시효완성 후에 그 사실을 모르고 당해 토지에 관하여 어떠한 권리도 주장하지 않기로 하였다 하더라도 이에 반하여 시효주장을 하는 것은 특별한 사정이 없는 한 신의칙상 허용되지 않는다(대판 1998.5.22, 96다24101).

15 ① 보증제도는 본질적으로 주채무자의 무자력으로 인한 채권자의 위험을 인수하는 것이므로, 보증인이 주채무자의 자력에 대하여 조사한 후 보증계약을 체결할 것인지의 여부를 스스로 결정하여야 하는 것이고, 채권자가 보증인에게 채무자의 신용상태를 고지할 신의칙상의 의무는 존재하지 아니한다(대판 1998.7.24, 97다35276).

② 환자가 병원에 입원하여 치료를 받는 경우에 있어서, 병원은 진료뿐만 아니라 환자에 대한 숙식의 제공을 비롯하여 간호, 보호 등 입원에 따른 포괄적 채무를 지는 것인 만큼, 병원은 병실에의 출입자를 통제·감독하든가 그것이 불가능하다면 최소한 입원환자에게 휴대품을 안전하게 보관할 수 있는 시정장치가 있는 사물함을 제공하는 등으로 입원환자의 휴대품 등의 도난을 방지함에 필요한 적절한 조치를 강구하여 줄 신의칙상의 보호의무가 있다(대판 2003.4.11, 2002다63275).

③ 숙박업자는 고객에게 객실을 사용·수익하게 하는 것을 넘어서 고객이 안전하고 편리하게 숙박할 수 있도록 시설 및 서비스를 제공하고 고객의 안전을 배려할 보호의무를 부담한다(대판 2023.11.2, 2023다244895).

④ 민법상 신의성실의 원칙은, 법률관계의 당사자가 상대방의 이익을 배려하여 형평에 어긋나거나 신뢰를 저버리는 내용 또는 방법으로 권리를 행사하거나 의무를 이행하여서는 안된다는 추상적 규범을 말하는 것인바, 사적자치의 영역을 넘어 공공질서를 위하여 공익적 요구를 선행시켜야 할 사안에서는 원칙적으로 합법성의 원칙은 신의성실의 원칙보다 우월한 것이므로 신의성실의 원칙은 합법성의 원칙을 희생하여서라도 구체적 신뢰보호의 필요성이 인정되는 경우에 비로소 적용된다고 봄이 상당하다(대판 2021.6.10, 2021다207489).

⑤ 신의성실의 원칙에 반하는 것 또는 권리남용은 강행규정에 위배되는 것이므로 당사자의 주장이 없더라도 법원은 직권으로 판단할 수 있다(대판 1995.12.22, 94다42129).

02 자연인

Answer

01 ②	02 ③	03 ④	04 ②	05 ①	06 ⑤	07 ④	08 ⑤	09 ②	10 ④
11 ④	12 ⑤	13 ②	14 ①	15 ①	16 ④	17 ⑤	18 ⑤	19 ③	20 ①
21 ④	22 ③	23 ②	24 ④	25 ④	26 ③	27 ③			

01 ② 실종선고는 법적 사망이므로 권리능력을 상실하지 않는다.

    ① 태아인 동안에는 법정대리인이 있을 수 없으므로 법정대리인에 의한 수증행위도 할 수 없다 (대판 1982.2.9, 81다534).

    ③ 인정사망은 사망 추정규정이므로, 그에 대한 반증만으로도 사망의 추정력이 상실된다.

    ④ 사람은 권리능력은 출생에 의하여 취득하는 것이지, 출생신고에 의하여 취득하는 것은 아니다.

    ⑤ 2인 이상이 동일한 위난으로 사망한 경우에는 동시에 사망한 것으로 추정한다(제30조).

02 ③ 현행 민법은 태아의 권리능력에 관하여 개별주의를 취하고 있다(대판 1982.2.9, 81다534).

    ①② 의사능력이란 자신의 행위의 의미나 결과를 정상적인 인식력과 예기력을 바탕으로 합리적으로 판단할 수 있는 정신적 능력 내지는 지능을 말하는 것으로서, 의사능력의 유무는 구체적인 법률행위와 관련하여 개별적으로 판단되어야 하므로, 특히 어떤 법률행위가 그 일상적인 의미만을 이해하여서는 알기 어려운 특별한 법률적인 의미나 효과가 부여되어 있는 경우 의사능력이 인정되기 위하여는 그 행위의 일상적인 의미뿐만 아니라 법률적인 의미나 효과에 대하여도 이해할 수 있을 것을 요한다(대판 2009.1.15, 2008다58367).

    ④ 태아인 동안에는 법정대리인이 있을 수 없으므로 법정대리인에 의한 수증행위도 할 수 없다 (대판 1982.2.9, 81다534).

    ⑤ 원래 대습상속제도는 대습자의 상속에 대한 기대를 보호함으로써 공평을 꾀하고 생존 배우자의 생계를 보장하여 주려는 것이고, 또한 동시사망 추정규정도 자연과학적으로 엄밀한 의미의 동시사망은 상상하기 어려운 것이나 사망의 선후를 입증할 수 없는 경우 동시에 사망한 것으로 다루는 것이 결과에 있어 가장 공평하고 합리적이라는 데에 그 입법 취지가 있는 것인바, 상속인이 될 직계비속이나 형제자매(피대습자)의 직계비속 또는 배우자(대습자)는 피대습자가 상속개시 전에 사망한 경우에는 대습상속을 하고, 피대습자가 상속개시 후에 사망한 경우에는 피대습자를 거쳐 피상속인의 재산을 본위상속을 하므로 두 경우 모두 상속을 하는데, 만일 피대습자가 피상속인의 사망, 즉 상속개시와 동시에 사망한 것으로 추정되는 경우에만 그 직계비속 또는 배우자가 본위상속과 대습상속의 어느 쪽도 하지 못하게 된다면 동시사망 추정 이외의 경우에 비하여 현저히 불공평하고 불합리한 것이라 할 것이고, 이는 앞서 본 대습상속제도 및 동시사망 추정규정의 입법 취지에도 반하는 것이므로, 민법 제1001조의 '상속인이 될 직계비속이 상속개시 전에 사망한 경우'에는 '상속인이 될 직계비속이 상속개시와 동시에 사망한 것으로 추정되는 경우'도 포함하는 것으로 합목적적으로 해석함이 상당하다(대판 2001.3.9, 99다13157).

03 ㉠ (×) 의사무능력자에 의하여 행하여진 법률행위의 무효를 주장하는 것이 신의칙에 반하여 허용되지 않는다고 할 수 없다(대판 2006.9.22, 2004다51627).

    ㉡ (○) 무능력자의 책임을 제한하는 민법 제141조 단서는 부당이득에 있어 수익자의 반환범위를 정한 민법 제748조의 특칙으로서 무능력자의 보호를 위해 그 선의·악의를 묻지 아니하고 반환범위를 현존 이익에 한정시키려는 데 그 취지가 있으므로, 의사능력의 흠결을 이유로 법률행위가 무효가 되는 경우에도 유추적용되므로(대판 2009.1.15, 2008다58367), 의사무능력자도 선의·악의를 불문하고 현존이익을 반환하면 된다.

ⓒ (×) 법률상 원인 없이 타인의 재산 또는 노무로 인하여 이익을 얻고 그로 인하여 타인에게 손해를 가한 경우에 그 취득한 것이 금전상의 이득인 때에는 그 금전은 이를 취득한 자가 소비하였는가의 여부를 불문하고 현존하는 것으로 추정되므로, 위 이익이 현존하지 아니함은 이를 주장하는 자, 즉 의사무능력자 측에 입증책임이 있다(대판 2009.1.15, 2008다58367).

04 ⓒ (○) 태아도 손해배상청구권에 관하여는 이미 출생한 것으로 보는바, 부가 교통사고로 상해를 입을 당시 태아가 출생하지 아니하였다고 하더라도 그 뒤에 출생한 이상 부의 부상으로 인하여 입게 될 정신적 고통에 대한 위자료를 청구할 수 있다(대판 1993.4.27, 93다4663).

ⓒ (×) 태아에게 권리능력이 인정되는 경우는 태아가 살아서 출생한 경우에 한하여 인정된다. 따라서 태아가 사산된 경우에는 어떠한 경우에도 권리능력이 인정되지 않으므로, 태아 丙은 가해자 A에 대하여 불법행위에 의한 손해배상청구권을 갖지 못한다.

ⓒ (×) 태아 丙도 살아서 출생한 이상 상속권이 인정되므로 태아 丙은 아버지 甲의 A에 대한 불법행위에 의한 손해배상청구권을 상속받을 수 있다.

05 ① 태아도 유류분권에 관하여 이미 출생한 것으로 본다(제1118조 참조).

② 정지조건설인 판례에 따르면 태아인 동안에는 법정대리인이 있을 수 없다.

③ 태아가 사산(死産)된 경우에는 어떠한 경우에도 권리능력이 인정되지 않으므로, 그의 법정대리인은 상속받을 수 없다.

④ 상해보험계약을 체결할 때 약관 또는 보험자와 보험계약자의 개별 약정으로 태아를 상해보험의 피보험자로 할 수 있다(대판 2019.3.28, 2016다211224).

⑤ 태아에 대한 유증이 그 방식을 갖추지 못하여 무효라면, 태아는 증여를 받을 수 없으므로 증여로서의 효력도 인정되지 않는다.

06 ⑤ 단순히 자기가 능력자라 사언함은 사술을 쓴 것이라고 할 수 없으므로(대판 1971.12.14, 71다2045), 미성년자 甲은 법정대리인 乙의 동의 없음을 이유로 그 행위를 취소할 수 있다.

07 ④ 경제적으로 유리한 매매계약은 권리만을 얻거나 의무만을 면하는 행위에 해당하지 않으므로 미성년자가 단독으로 시가 300만원 상당의 물품을 100만원에 매수한 행위를 한 경우에는 제한능력자임을 이유로 취소할 수 있다.

08 ⑤ 법정대리인은 미성년자가 아직 법률행위를 하기 전에는 처분을 허락한 재산에 대하여 허락을 취소할 수 있다(제7조 참조).

① 미성년자가 미성년인 상태에서 즉 취소의 원인이 소멸되기 전에 상대방에게 이행을 청구하여 대금을 모두 지급받았다고 하더라도 법정추인에 해당하지 않으므로 법정대리인 乙은 그 매매계약을 취소할 수 있다(제145조 참조).

② 법정대리인이 미성년자에게 특정한 영업을 허락한 경우 그 영업에 대해서는 미성년자는 성년자와 동일한 행위능력이 인정되므로(제8조 참조), 그 영업에 관하여는 법정대리권은 소멸한다.

③ 미성년자도 타인의 대리인이 될 수 있으므로(제117조 참조), 미성년자가 타인의 대리인으로서 행한 대리행위는 더 이상 제한능력을 이유로 취소할 수 없다.

④ 법정대리인의 동의 없이 신용구매계약을 체결한 미성년자가 사후에 법정대리인의 동의 없음을 사유로 들어 이를 취소하는 것이 신의칙에 위배된 것이라고 할 수 없다(대판 2007.11.16, 2005다71659).

09 ㉠ (○) 미성년자가 법률행위를 함에 있어서 요구되는 법정대리인의 동의는 언제나 명시적이어야 하는 것은 아니고 묵시적으로도 가능하다(대판 2007.11.16, 2005다71659).

㉢ (○) 미성년자 소유의 토지가 미성년자 명의의 소요문서에 의하여 타에 이전등기된 경우에도 그 등기는 적법히 경료된 것으로 추정된다(대판 1969.2.4, 68다2147).

㉡ (×) 친권자는 미성년후견감독인의 동의라는 특별한 절차를 필요로 하지 않고 단독으로 추인할 수 있다(제950조 참조).

㉣ (×) 법정대리인의 동의는 원칙적으로 법률행위 이전에 행하여져야 하지만, 법률행위 이후에 하는 동의(추인)도 효력이 있다.

㉤ (×) 소극적인 속임수는 속임수에 해당하지 않으므로 취소권이 배제되지 않는다. 즉 취소할 수 있다.

10 ④ 가정법원은 피한정후견인이 한정후견인의 동의를 받아야 하는 행위의 범위를 정할 수 있다(제13조). 취소할 수 없는 법률행위를 정하는 것은 성년후견심판의 경우이다(제10조 제2항 참조).

① 본인도 한정후견개시의 심판을 청구할 수 있다(제12조 제1항 참조).

② 가정법원은 한정후견개시의 심판을 할 때 본인의 의사를 고려하여야 한다(제12조 제2항).

③ 성년후견이나 한정후견 개시의 청구가 있는 경우 가정법원은 청구 취지와 원인, 본인의 의사, 성년후견 제도와 한정후견 제도의 목적 등을 고려하여 어느 쪽의 보호를 주는 것이 적절한지를 결정하고, 그에 따라 필요하다고 판단하는 절차를 결정해야 한다. 따라서 한정후견의 개시를 청구한 사건에서 의사의 감정 결과 등에 비추어 성년후견개시의 요건을 충족하고 본인도 성년후견의 개시를 희망한다면 법원이 성년후견을 개시할 수 있고, 성년후견개시를 청구하고 있더라도 필요하다면 한정후견을 개시할 수 있다고 보아야 한다(대결 2021.6.10, 2020스596).

⑤ 한정후견개시의 원인이 소멸된 경우에는 가정법원은 본인, 배우자, 4촌 이내의 친족, 한정후견인, 한정후견감독인, 검사 또는 지방자치단체의 장의 청구에 의하여 한정후견종료의 심판을 한다(제14조).

11 ④ 한정후견의 개시를 청구한 사건에서 의사의 감정 결과 등에 비추어 성년후견 개시의 요건을 충족하고 본인도 성년후견의 개시를 희망한다면 법원이 성년후견을 개시할 수 있고, 성년후견 개시를 청구하고 있더라도 필요하다면 한정후견을 개시할 수 있다고 보아야 한다(대결 2021.6.10, 2020스596).

① 성년후견인은 피성년후견인의 신상과 재산에 관한 모든 사정을 고려하여 여러 명을 둘 수 있다(민법 제930조).

② 가정법원은 본인, 배우자, 4촌 이내의 친족, 성년후견인, 성년후견감독인, 검사 또는 지방자치단체의 장의 청구에 의하여 취소할 수 없는 피성년후견인의 법률행위의 범위를 변경할 수 있다(제10조 제3항).

③ 가정법원이 피성년후견인 또는 피특정후견인에 대하여 한정후견개시의 심판을 할 때에는 종전의 성년후견 또는 특정후견의 종료 심판을 한다(제14조의3 제2항).

⑤ 피특정후견인은 행위능력자이므로, 피특정후견인의 법률행위는 취소의 대상이 아니다.

12 ⑤ 제한능력자가 속임수로써 자기를 능력자로 믿게 한 경우에는 그 행위를 취소할 수 없다(제17조 제1항).

① 철회나 거절의 의사표시는 제한능력자에게도 할 수 있다(제16조 제3항).

② 가정법원은 취소할 수 없는 피성년후견인의 법률행위의 범위를 정할 수 있다(제10조 제2항).

③ 가정법원은 한정후견개시의 심판을 할 때 본인의 의사를 고려하여야 한다(제12조 제2항).

④ 상대방이 계약 당시에 제한능력자임을 알았을 경우에는 철회할 수 없다(제16조 제1항 단서 참조).

13 ② 미성년자가 법정대리인으로부터 허락을 얻은 특정한 영업에 대해서는 성년자와 동일한 행위능력이 인정되므로(제8조 참조), 그 영업에 관련해서는 법정대리권이 소멸한다.

① 친권자의 동의를 얻은 미성년자의 법률행위는 취소할 수 없다(제5조 제1항 참조).

③ 계약 당시 제한능력자임을 알았던 악의의 상대방은 철회할 수 없다(제16조 제1항 참조).

④ 피성년후견인이 성년후견인의 동의서가 있는 것처럼 속임수를 쓴 경우 그 행위를 취소할 수 있다(제17조 제2항 참조).

⑤ 제한능력자의 반환범위는 선의·악의를 불문하고 현존이익이다(제141조 단서 참조).

14 ① 상대방의 제한능력자 측에 대한 확답촉구권(최고)은 제한능력자에게는 행사할 수 없고, 행위능력자에게만 행사할 수 있다. 이에 비하여 상대방의 철회권과 거절권은 제한능력자에게도 행사할 수 있다(제15조, 제16조 참조).

15 ㉠ (○) 만 18세가 넘은 미성년자가 월 소득범위 내에서 신용구매계약을 체결한 사안에서, 스스로 얻고 있던 소득에 대하여는 법정대리인의 묵시적 처분허락이 있었다고 보아 위 신용구매계약은 처분허락을 받은 재산범위 내의 처분행위에 해당한다(대판 2007.11.16, 2005다71659 참조).

㉡ (○) 피한정후견인의 한정후견인의 동의를 얻어야 하는 법률행위 중에서 일용품의 구입 등 일상생활에 필요하고 그 대가가 과도하지 아니한 법률행위는 한정후견인의 동의가 없더라도 취소할 수 없지만 대가가 과도한 경우에는 취소할 수 있다(제13조 제4항 참조).

㉢ (×) 제한능력자는 최고의 상대방이 될 수 없으므로, 제한능력자가 아직 제한능력자라면 그에게 확답을 촉구할 수 없다(제15조 제2항 참조).

㉣ (×) 상대방과 제한능력자가 계약을 한 경우 선의의 상대방은 거절이 아니라 철회할 수 있다(제16조 제1항 참조).

16 ㉡ (×) 상대방의 최고는 능력자에게만 행사할 수 있으므로, 제한능력자인 甲을 상대로 추인 여부에 대한 확답을 촉구할 수 없다.

㉢ (×) 상대방이 악의라면 철회권을 행사할 수 없다.

㉠ (○) 피성년후견인의 법정대리인 乙은 상대방 丙을 상대로 계약을 취소할 수 있다.

17 ⑤ 이 경우 1천만원을 빌려주는 것은 금전소비대차계약이다. 따라서 단독행위가 아니므로 거절권을 행사할 수 없고, 철회권만 인정된다. 이 경우 상대방 甲은 선의이므로 철회권을 행사할 수 있다.

18 ⑤ 제15조 제2항
① 미성년자 甲도 乙의 동의 없이 단독으로 매매계약을 취소할 수 있다(제140조).
② 판례는 제한능력자가 적극적인 기망수단을 사용한 경우에만 사술에 해당한다는 입장이다. 따라서 판례에 의하면 미성년자가 성년자로 믿게 하기 위하여 생년월일을 허위로 기재한 인감증명을 제시하여 행사하는 등 적극적으로 사기수단을 써야 사술에 해당하고(대판 1971.6.22, 71다940), 甲이 어려 보여 "미성년자 아니냐?"라고 묻자 甲은 "아닙니다."라고 단순히 말한 것은 사술에 해당하지 않는다.
③ 최고는 제한능력자에게 하더라도 효력이 발생하지 않는다.
④ 법정대리인인 乙도 취소권을 가지므로(제140조) 스스로 계약을 취소할 수 있다.

19 ③ 부재자 재산관리인에 의한 부재자 소유의 부동산 매매행위에 대한 법원의 허가결정은 그 허가를 받은 재산에 대한 장래의 처분행위뿐만 아니라 기왕의 매매를 추인하는 방법으로도 할 수 있다(대판 2000.12.26, 99다19278).
① 법원이 선임한 부재자 재산관리인은 법률에 규정된 사람의 청구에 따라 선임된 부재자의 법정대리인에 해당한다(대판 2022.5.26, 2021도2488).
② 민법상 부재자는 자연인에 한하며 법인은 부재자에 해당하지 않는다(대판 1965.2.9, 64민상9 참조).
④ 부재자의 생사가 분명하지 아니한 경우에 부재자가 정한 재산관리인이 권한을 넘는 행위를 할 때에도 법원의 허가를 얻어야 한다(제25조 단서 참조).
⑤ 법원에 의하여 일단 부재자의 재산관리인 선임결정이 있었던 이상, 가령 부재자가 그 이전에 사망하였음이 위 결정 후에 확실하여졌다 하더라도 법에 정하여진 절차에 의하여 결정이 취소되지 않는 한 선임된 부재자재산관리인의 권한이 당연히는 소멸되지 아니한다 함이 당원의 판례로 하는 견해이며 위 결정 이후에 이르러 취소된 경우에도 그 취소의 효력은 장래에 향하여서만 생기는 것이며 그간의 그 부재자재산관리인의 적법한 권한행사의 효과는 이미 사망한 그 부재자의 재산상속인에게 미친다 할 것이다(대판 1970.1.27, 69다719).

20 ① 부재자로부터 재산처분권까지 위임받은 재산관리인은 그 재산을 처분함에 있어 법원의 허가를 요하는 것은 아니다(대판 1973.7.24, 72다2136).
② 법원의 재산관리인의 초과행위허가의 결정은 그 허가받은 재산에 대한 장래의 처분행위를 위한 경우뿐만 아니라 기왕의 처분행위를 추인하는 행위를 행위로도 할 수 있다(대판 1982.9.14, 80다3063).
③ 부재자의 재산관리인에 의하여 소송절차가 진행되던중 부재자 본인에 대한 실종선고가 확정되면 그 재산관리인으로서의 지위는 종료되는 것이므로 상속인등에 의한 적법한 소송수계가 있을 때까지는 소송절차가 중단된다(대판 1987.3.24, 85다카1151).
④ 법원이 선임한 부재자의 재산관리인은 그 부재자의 사망이 확인된 후라 할지라도 위 선임결정이 취소되지 않는 한 그 관리인으로서의 권한이 소멸되는 것은 아니다(대판 1971.3.23, 71다189).

⑤ 사망한 것으로 간주된 자가 그 이전에 생사불명의 부재자로서 그 재산관리에 관하여 법원으로부터 재산관리인이 선임되어 있었다면 재산관리인은 그 부재자의 사망을 확인했다고 하더라도 선임결정이 취소되지 아니하는 한 계속하여 권한을 행사할 수 있다 할 것이므로 재산관리인에 대한 선임결정이 취소되기 전에 재산관리인의 처분행위에 기하여 경료된 등기는 법원의 처분허가 등 모든 절차를 거쳐 적법하게 경료된 것으로 추정된다(대판 1991.11.26, 91다11810).

21 ④ 법원이 선임한 부재자의 재산관리인은 그 부재자의 사망이 확인된 후라 할지라도 위 선임결정이 취소되지 않는 한 그 관리인으로서의 권한이 소멸되는 것은 아니다(대판 1971.3.23, 71다189).
① 법원에서 선임한 재산관리인도 보수청구권을 가진다(제26조 제2항).
② 법원은 그 선임한 재산관리인으로 하여금 재산의 관리 및 반환에 관하여 상당한 담보를 제공하게 할 수 있다(제26조 제1항).
③ 법원의 재산관리인의 초과행위 결정의 효력은 그 허가받은 재산에 대한 장래의 처분행위뿐만 아니라 기왕의 처분행위를 추인하는 행위로도 할 수 있다(대판 1982.12.14, 80다1872).
⑤ 부재자 재산관리인이 법원의 매각처분허가를 얻었다 하더라도 부재자와 아무런 관계가 없는 남의 채무의 담보만을 위하여 부재자 재산에 근저당권을 설정하는 행위는 통상의 경우 객관적으로 부재자를 위한 처분행위로서 당연하다고는 경험칙상 볼 수 없다(대결 1976.12.21, 75마551).

22 ③ 법원이 선임한 부재자의 재산관리인은 그 부재자의 사망이 확인된 후라 할지라도 위 선임결정이 취소되지 않는 한 그 관리인으로서의 권한이 소멸되는 것은 아니다(대판 1971.3.23, 71다189).
① 법원은 그 선임한 재산관리인에 대하여 부재자의 재산으로 상당한 보수를 지급할 수 있다(제26조 제2항).
② 법원에서 선임한 재산관리인은 법정대리인이라 하더라도 언제든지 사임할 수 있다.
④ 부재자가 재산관리인을 정한 경우에 부재자의 생사가 분명하지 아니한 때에는 법원은 재산관리인, 이해관계인 또는 검사의 청구에 의하여 재산관리인을 개임할 수 있다(제23조).
⑤ 부재자의 재산관리인에 의한 부재자소유 부동산매각행위의 추인행위가 법원의 허가를 얻기 전이어서 권한없이 행하여진 것이라고 하더라도, 법원의 재산관리인의 초과행위 결정의 효력은 그 허가받은 재산에 대한 장래의 처분행위 뿐만 아니라 기왕의 처분행위를 추인하는 행위로도 할 수 있는 것이므로 그후 법원의 허가를 얻어 소유권이전등기절차를 경료케 한 행위에 의하여 종전에 권한없이 한 처분행위를 추인한 것이라 할 것이다(대판 1982.12.14, 80다1872).

23 ② 법원은 그 선임한 재산관리인에 대하여 부재자의 재산으로 상당한 보수를 지급할 수 있다(제26조 제2항).

24 ④ 부재자의 자매로서 제2순위 상속인에 불과한 자는 부재자에 대한 실종선고의 여부에 따라 상속지분에 차이가 생긴다고 하더라도 이는 부재자의 사망 간주시기에 따른 간접적인 영향에 불과하고 부재자의 실종선고 자체를 원인으로 한 직접적인 결과는 아니므로 부재자에 대한 실종선고를 청구할 이해관계인이 될 수 없다(대결 1986.10.10, 86스20).

① 특별실종 중에서 위난실종의 실종기간은 위난이 종료한 날로부터 1년이다(제27조 제2항 참조).

② 민법 제28조는 "실종선고를 받은 자는 민법 제27조 제1항 소정의 생사불명기간이 만료된 때에 사망한 것으로 본다."고 규정하고 있으므로 실종선고가 취소되지 않는 한 반증을 들어 실종선고의 효과를 다툴 수는 없다(대판 1995.2.17, 94다52751).

③ 호적상 이미 사망한 것으로 기재되어 있는 자는 그 호적상 사망기재의 추정력을 뒤집을 수 있는 자료가 없는 한 그 생사가 불분명한 자라고 볼 수 없어 실종선고를 할 수 없다(대결 1997.11.27, 97스4).

⑤ 소외망인이 1951. 7. 2. 사망하였으며, 그의 장남인 소외 (갑)은 1970. 1. 30. 서울가정법원의 실종선고에 의하여 소외망인 사망 전인 1950. 8. 1. 생사 불명기간 만료로 사망 간주된 사실이 인정되는 사안에 있어서 소외 (갑)은 소외망인의 사망 이전에 사망한 것으로 간주되었으므로 소외망인의 재산상속인이 될 수 없으므로(대판 1982.9.14, 82다144), 실종자가 피상속인의 사망 전에 사망한 경우 실종자는 피상속인의 상속인이 될 수 없다.

25 ④ 실종선고에 의하여 실종자가 사망으로 간주되는 시기는 실종기간 만료시이다. 따라서 2020.5.2.일 아니다.

① 보통실종의 경우 실종기간(5년)이 경과하기 전에는 실종선고를 청구할 수 없다(제27조 제1항 참조).

② 항공기 추락 등의 특별실종의 경우 실종기간(1년)이 경과하였으므로 실종선고를 청구할 수 있다.

③ 부재자의 자매로서 제2순위 상속인에 불과한 자는 부재자에 대한 실종선고의 여부에 따라 상속지분에 차이가 생긴다고 하더라도 이는 부재자의 사망 간주시기에 따른 간접적인 영향에 불과하고 부재자의 실종선고 자체를 원인으로 한 직접적인 결과는 아니므로 부재자에 대한 실종선고를 청구할 이해관계인이 될 수 없다(대결 1986.10.10, 86스20).

⑤ 실종선고를 받은 자는 실종기간이 만료한 때에 사망한 것으로 간주되는 것이므로, 실종선고로 인하여 실종기간 만료시를 기준으로 하여 상속이 개시된 이상 설사 이후 실종선고가 취소되어야 할 사유가 생겼다고 하더라도 실제로 실종선고가 취소되지 아니하는 한, 임의로 실종기간이 만료하여 사망한 때로 간주되는 시점과는 달리 사망시점을 정하여 이미 개시된 상속을 부정하고 이와 다른 상속관계를 인정할 수는 없다(대판 1994.9.27, 94다21542).

26 ㉠ (×) 선순위 상속인이 존재하면 후순위 상속인은 실종선고를 청구할 수 없으므로(대결 1986.10.10, 86스20 참조), 배우자 乙, 아들 丁이 존재하면 직계존속인 어머니 丙은 2순위 상속인에 불과하므로 실종선고를 청구할 수 없다.

㉡ (×) 실종선고의 효력이 발생하기 전에는 실종기간이 만료된 실종자라 하여도 소송상 당사자능력을 상실하는 것은 아니므로(대판 2008.6.26, 2007다11057 참조), 실종선고의 효력이 소급하여 사망으로 간주되는 실종기간만료 후에 내려진 이혼판결은 유효하다.

㉢ (○) 실종선고가 취소되지 않는 한 반증을 들어 실종선고의 효과를 다툴 수는 없으므로(대판 1995.2.17, 94다52751 참조), 실종선고가 내려져 상속한 경우 후에 실종선고가 취소되지 않는 한 상속은 유효하다.

27 ③ 실종선고의 취소가 있을 때에 실종의 선고를 직접원인으로 하여 재산을 취득한 자가 선의인 경우에는 그 받은 이익이 현존하는 한도에서 반환할 의무가 있다(제29조 제2항 참조).

① 실종선고로 인하여 甲이 사망한 것으로 의제되는 시점은 2020. 9. 15.이다.

② 실종선고는 사망간주 규정이므로 甲이 살아 있다는 것이 증명되어도 사망의 효과는 유지되므로, 실종선고를 취소한 후 사망보험금 반환소송을 할 수 있다.

④ 실종선고로 인하여 사망으로 간주되는 범위는 사법적 법률관계에서만 사망으로 간주되고, 공법적 법률관계에는 사망으로 간주되지 않으므로 甲은 공직선거권(공법상 권리)이 있다.

⑤ 실종선고가 취소되면 실종기간 만료시로 소급하여 실종선고의 효력이 부정된다.

03 법 인

01 ① 법인은 법률의 규정에 의함이 아니면 성립하지 못한다(제31조).

② 법인 설립의 허가가 있는 때에는 3주간 내에 주된 사무소 소재지에서 설립등기를 하여야 한다(제49조 제1항).

③ 유언으로 재단법인을 설립하는 때에는 출연재산은 유언의 효력이 발생한 때로부터 법인에 귀속한 것으로 본다(제48조 제2항).

④ 법인이 목적 이외의 사업을 하거나 설립허가의 조건에 위반하거나 기타 공익을 해하는 행위를 한 때에는 주무관청은 그 허가를 취소할 수 있다(제38조).

⑤ 사단법인의 설립행위는 요식행위이다.

02 ③ 사단법인의 정관의 변경은 주무관청의 허가를 얻지 아니하면 그 효력이 없다(제42조 제2항).

① 법인은 법률의 규정에 의함이 아니면 성립하지 못한다(제31조).

② 사단법인의 설립행위는 요식행위이다(제40조 참조).

④ 법인은 그 주된 사무소의 소재지에서 설립등기를 함으로써 성립한다(제33조).

⑤ 사단법인의 정관은 이를 작성한 사원뿐만 아니라 그 후에 가입한 사원이나 사단법인의 기관 등도 구속하는 점에 비추어 보면 그 법적 성질은 계약이 아니라 자치법규로 보는 것이 타당하므로, 이는 어디까지나 객관적인 기준에 따라 그 규범적인 의미 내용을 확정하는 법규해석의 방법으로 해석되어야 하는 것이지, 작성자의 주관이나 해석 당시의 사원의 다수결에 의한 방

법으로 자의적으로 해석될 수는 없다 할 것이어서, 어느 시점의 사단법인의 사원들이 정관의 규범적인 의미 내용과 다른 해석을 사원총회의 결의라는 방법으로 표명하였다 하더라도 그 결의에 의한 해석은 그 사단법인의 구성원인 사원들이나 법원을 구속하는 효력이 없다(대판 2000.11.24, 99다12437).

03 ⑤ 이사자격의 득실에 관한 규정이 아니라 이사의 임면에 관한 규정이 정관의 필요적 기재사항이다. 그리고 사원자격의 득실에 관한 규정이 정관의 필요적 기재사항이다.

04 ④ 사단법인의 사원의 지위는 양도 또는 상속할 수 없다(제56조).

05 ③ 이사의 대표권에 대한 제한은 등기하지 아니하면 제3자에게 대항하지 못한다(제60조).
① 생전처분으로 재단법인을 설립하는 때에는 증여에 관한 규정을 준용한다(제47조 제1항).
② 유언으로 재단법인을 설립하는 때에는 출연재산은 유언의 효력이 발생한 때로부터 법인에 귀속한 것으로 본다(제48조 제2항).
④ 재단법인의 목적을 달성할 수 없는 때에는 설립자나 이사는 주무관청의 허가를 얻어 설립의 취지를 참작하여 그 목적 기타 정관의 규정을 변경할 수 있다(제46조).
⑤ 재단법인의 설립자가 그 명칭, 사무소의 소재지 또는 이사임면의 방법을 정하지 아니하고 사망한 때에는 이해관계인 또는 검사의 청구에 의하여 법원이 이를 정한다(제44조).

06 ① 생전처분으로 출연된 재산은 법인이 성립된 때로부터 법인의 재산이 되므로(제48조 제1항), 지명채권을 출연한 경우 법인의 성립시에 법인의 재산이 된다.
② 동산도 출연재산에 속하므로 법인의 성립시(즉, 법인설립등기시)에 법인에게 귀속된다.
③ 재단법인의 출연자가 착오를 원인으로 취소한 경우에는 출연자는 재단법인의 성립 여부나 출연된 재산의 기본재산인 여부와 관계없이 그 의사표시를 취소할 수 있다(대판 1999.7.9, 98다9045).
④ 출연자의 상속인은 제3자에 해당하지 않으므로, 설령 상속인 丙 앞으로 소유권이전등기가 마쳐진 경우라도 출연된 부동산은 법인 앞으로 이전등기를 하지 않더라도 법인의 재산이 된다(대판 1993.9.14, 93다8054).
⑤ 출연재산에 관하여 제3자에 대한 관계에 있어서는 출연행위가 법률행위이므로 출연재산의 법인에 대한 귀속에는 부동산의 권리에 관해서는 법인 성립 외에 등기를 요하므로, 재단법인이 그와 같은 등기를 마치지 아니하였다면 유언자의 상속인의 한 사람으로부터 부동산의 이전등기를 마친 선의의 제3자에 대하여 대항할 수 없다(대판 1993.9.14, 93다8054).

07 ③ 외형상으로 직무관련성이 있으면 '직무'에 해당하지만, 실제 대표자의 직무가 직무에 해당하지 않음을 피해상대방이 알았거나 중대한 과실로 인하여 알지 못한 경우에는 법인의 불법행위가 성립하지 않는다(대판 2003.7.25, 2002다27088 참조). 따라서 피해자의 악의 또는 중대한 과실이 있는 경우 법인의 불법행위책임은 인정되지 않는다.
① 법인이 상대방에게 손해를 배상하면 법인은 대표기관에게 선량한 관리자의 주의의무 위반을 이유로 구상권을 행사할 수 있다(제65조 참조).

② 법인에 있어서 그 대표자가 직무에 관하여 불법행위를 한 경우에는 민법 제35조 제1항에 의하여, 법인의 피용자가 사무집행에 관하여 불법행위를 한 경우에는 민법 제756조 제1항에 의하여 각기 손해배상책임을 부담한다(대판 2009.11.26, 2009다57033).

④ 법인의 대표자가 피해자의 부주의를 이용하여 고의의 불법행위를 저지른 경우에, 대표자는 과실상계를 주장하지 못하지만, 법인의 배상범위를 정함에는 피해자의 부주의가 고려되므로 대표자와 법인의 배상범위가 달라질 수 있다(대판 2008.6.12, 2008다22276).

⑤ 법인의 불법행위가 성립하는 경우 법인, 대표자 그리고 대표자와 공동으로 불법행위를 저지른 사원의 피해자에 대한 손해배상책임은 부진정연대의 관계에 선다.

08 ② 민법 제35조 제1항은 "법인은 이사 기타 대표자가 그 직무에 관하여 타인에게 가한 손해를 배상할 책임이 있다"라고 정한다. 여기서 '법인의 대표자'에는 그 명칭이나 직위 여하, 또는 대표자로 등기되었는지 여부를 불문하고 당해 법인을 실질적으로 운영하면서 법인을 사실상 대표하여 법인의 사무를 집행하는 사람을 포함한다고 해석함이 상당하다(대판 2011.4.28, 2008다15438).

09 ① 법인이 그 대표자의 불법행위로 인하여 손해배상의무를 지는 것은 그 대표자의 직무에 관한 행위로 인하여 손해가 발생한 것임을 요한다 할 것이나, 그 직무에 관한 것이라는 의미는 행위의 외형상 법인의 대표자의 직무행위라고 인정할 수 있는 것이라면 설사 그것이 대표자 개인의 사리를 도모하기 위한 것이었거나 혹은 법령의 규정에 위배된 것이었다 하더라도 위의 직무에 관한 행위에 해당한다고 보아야 한다(대판 2004.2.27, 2003다15280).

② 민법 제35조 제1항은 "법인은 이사 기타 대표자가 그 직무에 관하여 타인에게 가한 손해를 배상할 책임이 있다"라고 정한다. 여기서 '법인의 대표자'에는 그 명칭이나 직위 여하, 또는 대표자로 등기되었는지 여부를 불문하고 당해 법인을 실질적으로 운영하면서 법인을 사실상 대표하여 법인의 사무를 집행하는 사람을 포함한다고 해석함이 상당하다(대판 2011.4.28 2008다15438).

③ 법인의 대표자의 행위가 직무에 관한 행위에 해당하지 아니함을 피해자 자신이 알았거나 또는 중대한 과실로 인하여 알지 못한 경우에는 법인에게 손해배상책임을 물을 수 없다(대판 2004.3.26, 2003다34045).

④ 민법 제35조에서 말하는 '이사 기타 대표자'는 법인의 대표기관을 의미하는 것이고 대표권이 없는 이사는 법인의 기관이기는 하지만 대표기관은 아니기 때문에 그들의 행위로 인하여 법인의 불법행위가 성립하지 않는다(대판 2005.12.23, 2003다30159).

⑤ 법인의 불법행위가 성립하는 경우 그 대표기관도 책임을 면하지 못한다(제35조 제1항 단서 참조).

10 ② 법인에 대한 손해배상 책임 원인이 대표기관의 고의적인 불법행위라고 하더라도, 피해자에게 그 불법행위 내지 손해발생에 과실이 있다면 법원은 과실상계의 법리에 좇아 손해배상의 책임 및 그 금액을 정함에 있어 이를 참작하여야 한다(대판 1987.12.8, 86다카1170).

11 ㉡ (○) 제58조 제2항
㉢ (○) 제59조 제2항
㉣ (○) 제62조

ⓐ (×) 임시이사는 이사가 없거나 이사의 결원으로 인하여 법인에게 손해가 발생할 염려가 있는 경우에 선임되는 법인의 기관이다(제63조 참조).

12 ③ 법인이 정관에 이사의 해임사유 및 절차 등을 따로 정한 경우 그 규정은 법인과 이사와의 관계를 명확히 함은 물론 이사의 신분을 보장하는 의미도 아울러 가지고 있어 이를 단순히 주의적 규정으로 볼 수는 없다. 따라서 법인의 정관에 이사의 해임사유에 관한 규정이 있는 경우 법인으로서는 이사의 중대한 의무위반 또는 정상적인 사무집행 불능 등의 특별한 사정이 없는 이상, 정관에서 정하지 아니한 사유로 이사를 해임할 수 없다(대판 2013.11.28, 2011다41741).

① 이사가 없거나 결원이 있는 경우에 이로 인하여 손해가 생길 염려가 있는 때에는 법원은 이해관계인이나 검사의 청구에 의하여 임시이사를 선임하여야 한다(제63조).

② 이사가 수인인 경우에 정관에 다른 규정이 없으면 법인의 사무집행은 이사의 과반수로써 결정한다(제58조 제2항).

④ 법원의 직무집행정지 가처분결정에 의해 회사를 대표할 권한이 정지된 대표이사가 그 정지기간 중에 체결한 계약은 절대적으로 무효이고, 그 후 가처분신청의 취하에 의하여 보전집행이 취소되었다 하더라도 집행의 효력은 장래를 향하여 소멸할 뿐 소급적으로 소멸하는 것은 아니라 할 것이므로, 가처분신청이 취하되었다 하여 무효인 계약이 유효하게 되지는 않는다(대판 2008.5.29, 2008다4537).

⑤ 민법상 법인의 이사회의 결의에 하자가 있는 경우에 관하여 법률에 별도의 규정이 없으므로 그 결의에 무효사유가 있는 경우에는 이해관계인은 언제든지 또 어떤 방법에 의하든지 그 무효를 주장할 수 있다(대판 2000.1.28, 98다26187).

13 ② 법인의 정관에 법인 대표권의 제한에 관한 규정이 있으나 그와 같은 취지가 등기되어 있지 않다면 법인은 그와 같은 정관의 규정에 대하여 선의냐 악의냐에 관계없이 제3자에 대하여 대항할 수 없다(대판 1992.2.14, 91다24564).

14 ㉠ (○) 법인과 이사의 법률관계는 신뢰를 기초로 한 위임 유사의 관계로 볼 수 있는데, 민법 제689조 제1항에서는 위임계약은 각 당사자가 언제든지 해지할 수 있다고 규정하고 있으므로, 법인은 원칙적으로 이사의 임기 만료 전에도 이사를 해임할 수 있지만, 이러한 민법의 규정은 임의규정에 불과하므로 법인이 자치법규인 정관으로 이사의 해임사유 및 절차 등에 관하여 별도의 규정을 두는 것도 가능하다. 그리고 이와 같이 법인이 정관에 이사의 해임사유 및 절차 등을 따로 정한 경우 그 규정은 법인과 이사와의 관계를 명확히 함은 물론 이사의 신분을 보장하는 의미도 아울러 가지고 있어 이를 단순히 주의적 규정으로 볼 수는 없다. 따라서 법인의 정관에 이사의 해임사유에 관한 규정이 있는 경우 법인으로서는 이사의 중대한 의무위반 또는 정상적인 사무집행 불능 등의 특별한 사정이 없는 이상, 정관에서 정하지 아니한 사유로 이사를 해임할 수 없다(대판 2013.11.28, 2011다41741).

㉢ (○) 법인과 이사의 이익이 상반하는 사항에 관하여는 이사는 대표권이 없으므로(제64조), 특별대리인이 그 사항에 대하여 법인을 대표한다.

ⓛ (×) 이사의 성명과 주소는 등기사항이지만, 감사의 성명과 주소는 등기사항이 아니다(제49조 참조).

ⓔ (×) 법인의 정관에 법인 대표권의 제한에 관한 규정이 있으나 그와 같은 취지가 등기되어 있지 않다면 법인은 그와 같은 정관의 규정에 대하여 선의냐 악의냐에 관계없이 제3자에 대하여 대항할 수 없다(대판 1992.2.14, 91다24564).

15 ④ 민법 제74조는 사단법인과 어느 사원과의 관계사항을 의결하는 경우 그 사원은 의결권이 없다고 규정하고 있으므로, 민법 제74조의 유추해석상 민법상 법인의 이사회에서 법인과 어느 이사와의 관계사항을 의결하는 경우에는 그 이사는 의결권이 없다. 이 때 의결권이 없다는 의미는 상법 제368조 제4항, 제371조 제2항의 유추해석상 이해관계 있는 이사는 이사회에서 의결권을 행사할 수는 없으나 의사정족수 산정의 기초가 되는 이사의 수에는 포함되고, 다만 결의 성립에 필요한 출석이사에는 산입되지 아니한다고 풀이함이 상당하다(대판 2009.4.9, 2008다1521).

① 이사의 변경등기는 효력발생요건이 아니라 대항요건이다(설립등기 이외의 본절의 등기사항은 그 등기 후가 아니면 제3자에게 대항하지 못한다. 제54조 제1항).

② 이사는 법인의 사무에 관하여 각자 법인을 대표한다(제59조 제1항 본문).

③ 사단법인의 정관변경은 사원총회의 고유한 권한이므로 정관에 의해서 이러한 권한을 박탈할 수 없다.

⑤ 법인의 정관에 법인 대표권의 제한에 관한 규정이 있으나 그와 같은 취지가 등기되어 있지 않다면 법인은 그와 같은 정관의 규정에 대하여 선의냐 악의냐에 관계없이 제3자에 대하여 대항할 수 없다(대판 1992.2.14, 91다24564).

16 ② 각 사원의 결의권은 평등이지만, 정관에 다른 규정이 있는 때에는 불평등하게 정할 수 있다(제73조 제3항 참조).

17 ② 사원은 서면이나 대리인으로 결의권을 행사할 수 있다(제73조 제2항).

18 ④ 재단법인의 기본재산편입행위는 기부행위의 변경에 속하는 사항이므로 주무관청의 인가가 있어야 그 효력이 발생한다(대판 1978.8.22, 78다1038).

① 이사의 대표권에 대한 제한은 이를 정관에 기재하지 아니하면 그 효력이 없다(제41조).

② 설립등기 이외의 법인의 등기사항은 그 등기 후가 아니면 제3자에게 대항하지 못한다(제54조 제1항).

③ 재단법인의 목적달성 또는 그 재산을 보전하기 위하여 적당한 때에는 명칭 또는 사무소의 소재지를 변경할 수 있다(제45조 제2항).

⑤ 법인의 정관에 이사의 해임사유에 관한 규정이 있는 경우 이사의 중대한 의무위반 또는 정상적인 사무집행 불능 등의 특별한 사정이 없는 이상 법인은 정관에서 정하지 아니한 사유로 이사를 해임할 수 없다(대판 2024.1.4, 2023다263537).

19 ⑤ 민법상 재단법인의 기본재산에 관한 저당권 설정행위는 특별한 사정이 없는 한 정관의 기재사항을 변경하여야 하는 경우에 해당하지 않으므로, 그에 관하여는 주무관청의 허가를 얻을 필요가 없다(대결 2018.7.20, 2017마1565).

① 감사의 임면에 관한 사항은 필요적 기재사항이 아니라 임의적 기재사항에 불과하다.

② 임의적 기재사항도 일단 정관에 기재되면 필요적 기재사항과 동일한 효력이 있으므로 정관의 변경절차에 따라서 변경하여야 한다.

③ 사단법인의 정관의 변경도 재단법인의 정관의 변경도 주무관청의 허가가 있어야 효력이 있다.

④ 기존의 기본재산을 처분하는 행위는 물론 새로이 기본재산으로 편입하는 행위도 주무부장관의 허가가 있어야만 유효하다(대판 1982.9.28, 82다카499).

20 ③ 이사의 대표권 제한은 등기하지 않으면 선의의 제3자에게도 대항하지 못하므로(제60조), 사단법인인 A는 정관의 규정으로 선의의 乙에게 대항하지 못한다.

① 법인에도 대리에 관한 규정이 준용되므로(제59조 제2항), 법인의 대표자가 적법한 대표권의 범위 내에서 행한 행위는 법인에게 미친다.

② 대표자가 자신의 이익을 위한 목적에서 대표권을 행사한 경우, 즉 대표자의 대표권이 남용된 경우 원칙은 유효하지만, 상대방이 대표권 남용을 알았거나 알 수 있었을 경우 무효이므로 법인은 책임을 지지 않는다.

④ 적법한 대표권을 가진 자와 맺은 법률행위의 효과는 대표자 개인이 아니라 본인인 법인에 귀속하고, 마찬가지로 그러한 법률행위상의 의무를 위반하여 발생한 채무불이행으로 인한 손해배상책임도 대표기관 개인이 아닌 법인만이 책임의 귀속주체가 되는 것이 원칙이다. 또한, 민법 제391조는 법정대리인 또는 이행보조자의 고의·과실을 채무자 자신의 고의·과실로 간주함으로써 채무불이행책임을 채무자 본인에게 귀속시키고 있는데, 법인의 경우도 법률행위에 관하여 대표기관의 고의·과실에 따른 채무불이행책임의 주체는 법인으로 한정된다(대판 2019.5.30, 2017다53265).

⑤ 법인과 이사의 이익이 상반하는 사항에 관하여는 이사는 대표권이 없다(제64조).

21 ④ 법인의 목적달성 또는 설립허가의 취소는 사단법인과 재단법인의 공통적 해산사유이다. 총회의 결의는 사단법인의 특유한 해산사유이고 대표이사에 대한 직무집행정지처분은 해산사유가 아니라 이사의 직무대행자 선임에 관한 것이다.

22 ② 민법상의 청산절차에 관한 규정은 모두 제3자의 이해관계에 중대한 영향을 미치기 때문에 이른바 강행규정이라고 해석되므로 이에 반하는 잔여재산의 처분행위는 특단의 사정이 없는 한 무효라고 보아야 한다(대판 1995.2.10, 94다13473).

① 재단법인의 목적달성도 재단법인의 해산사유이다(제77조 참조).

③ 청산 중의 법인은 변제기에 이르지 아니한 채권에 대하여도 변제할 수 있다(제91조).

④ 재단법인의 해산사유는 재단법인의 필수적 정관의 기재사항이 아니다(제43조 참조).

⑤ 법인에 대한 청산종결등기가 경료되었다고 하더라도 청산사무가 종결되지 않는 한 그 범위 내에서는 청산법인으로서 존속한다(대판 2003.2.11, 99다66427).

23 ③① 법인은 존립기간의 만료, 법인의 목적의 달성 또는 달성의 불능 기타 정관에 정한 해산사유의 발생, 파산 또는 설립허가의 취소로 해산한다(제77조 제1항).

② 법인이 채무를 완제하지 못하게 된 때에는 이사는 지체 없이 파산을 신청하여야 한다(제79조). 채권자 또는 채무자는 파산의 신청을 할 수 있다(채무자 회생 및 파산에 관한 법률 제294조). 상속재산에 대하여는 상속채권자, 유증을 받은 자, 상속인, 상속재산관리인 및 유언집행자는 파산신청을 할 수 있다(채무자 회생 및 파산에 관한 법률 제299조). 파산선고가 있으면 해산되지만, 채무초과만으로는 해산되지 않는다.

④ 사단법인은 총사원 4분의 3 이상의 동의가 없으면 해산을 결의하지 못한다. 그러나 정관에 다른 규정이 있는 때에는 그 규정에 의한다(제78조). 이것은 비록 정관에 해산하지 않는다는 규정이 있어도 사단법인의 최고의사결정기관인 총회에 사단의 존속을 위탁한 것이다. 해산결의는 총회의 전권사항이다. 다른 기관이 해산결의를 할 수 있게 규정한 정관은 무효이다. 다만, 정족수는 정관에서 다르게 규정할 수 있다. 기한부 또는 조건부 해산결의는 할 수 없다(통설).

⑤ 사단법인은 사원이 없게 되거나 총회의 결의로도 해산한다(제77조 제2항).

24 ③ 청산 중의 법인은 변제기에 이르지 아니한 채권에 대하여도 변제할 수 있다(제91조 제1항).

25 ⑤ 청산인은 채권신고기간 내에는 채권자에 대하여 변제하지 못한다. 그러나 법인은 채권자에 대한 지연손해배상의 의무를 면하지 못한다(제90조).

① 재단법인의 정관은 그 변경방법을 정관에 정관 때에 한하여 변경할 수 있고, 이 경우에도 주무관청의 허락을 얻어야 한다(제45조 제1항, 제3항 참조).

② 사단법인과 어느 사원과의 관계사항을 의결하는 경우에는 그 사원은 결의권이 없다(제74조).

③ 사원자격의 득실에 관한 규정은 사단법인의 정관의 필요적 기재사항이다(제40조 6호 참조).

④ 민법상의 청산절차에 관한 규정은 모두 제3자의 이해관계에 중대한 영향을 미치기 때문에 이른바 강행규정이라고 해석되므로 이에 반하는 잔여재산의 처분행위는 특단의 사정이 없는 한 무효라고 보아야 한다(대판 1995.2.10, 94다13473).

26 ③ 법인이 파산한 경우, 이사가 청산인이 되는 것이 아니라 파산관재인이 된다.

① 법인의 청산에 관한 규정은 강행규정이다(대판 2000.12.8, 98두5279).

② 청산법인이나 그 청산인이 청산법인의 목적범위 외의 행위를 한 때에는 무효라 아니할 수 없다(대판 1980.4.8, 79다2036).

④ 법인의 권리능력이 소멸하는 시기는 청산종결등기시가 아니라 실질적으로 청산의 사무가 종료된 때이다. 따라서 법인에 대한 청산종결등기가 경료되었다고 하더라도 청산사무가 종결되지 않는 한 그 범위 내에서는 청산법인으로서 존속한다(대판 2003.2.11, 99다66427).

⑤ 법인 해산시 잔여재산의 귀속권리자를 직접 지정하지 아니하고 사원총회나 이사회의 결의에 따라 이를 정하도록 하는 등 간접적으로 그 귀속권리자의 지정방법을 정해 놓은 정관규정도 유효하다(대판 1995.2.10, 94다13473).

27 ① 비법인사단이 타인 간의 금전채무를 보증하는 행위는 총유물 그 자체의 관리·처분이 따르지 아니하는 단순한 채무부담행위에 불과하여 이를 총유물의 관리·처분행위라고 볼 수는 없다(대판 전합 2007.4.19, 2004다60072).

② 고유의 의미의 종중의 경우에는 종중이 종중원의 자격을 박탈한다든지 종중원이 종중을 탈퇴할 수 없다(대판 1998.2.27, 97도1993).

③ 법인 아닌 사단의 사원이 집합체로서 물건을 소유할 때에는 총유로 한다(제275조 제1항).

④ 총유재산에 관한 소송은 법인 아닌 사단이 그 명의로 사원총회의 결의를 거쳐 하거나 또는 그 구성원 전원이 당사자가 되어 필수적 공동소송의 형태로 할 수 있을 뿐 그 사단의 구성원은 설령 그가 사단의 대표자라거나 사원총회의 결의를 거쳤다 하더라도 그 소송의 당사자가 될 수 없다(대판 전합 2005.9.15, 2004다44971).

⑤ 비법인사단의 경우에는 대표자의 대표권 제한에 관하여 등기할 방법이 없어 민법 제60조의 규정을 준용할 수 없다(대판 2003.7.22, 2002다64780).

28 ① 비법인사단이 타인 간의 금전채무를 보증하는 행위는 총유물 그 자체의 관리·처분이 따르지 아니하는 단순한 채무부담행위에 불과하여 이를 총유물의 관리·처분행위라고 볼 수는 없다(대판 전합 2007.4.19, 2004다60072).

② 비법인사단인 종중의 토지에 대한 수용보상금은 종원의 총유에 속하고, 그 수용보상금의 분배는 총유물의 처분에 해당한다(대판 2010.9.30, 2007다74775).

③ 총유재산에 관한 소송은 법인 아닌 사단이 그 명의로 사원총회의 결의를 거쳐 하거나 또는 그 구성원 전원이 당사자가 되어 필수적 공동소송의 형태로 할 수 있을 뿐 그 사단의 구성원은 설령 그가 사단의 대표자라거나 사원총회의 결의를 거쳤다 하더라도 그 소송의 당사자가 될 수 없고, 이러한 법리는 총유재산의 보존행위로서 소를 제기하는 경우에도 마찬가지라 할 것이다(대판 전합 2005.9.15, 2004다44971).

④ 법인 아닌 사단도 구성원과는 독립한 단체이므로, 법인 아닌 사단의 채무에 대해 각 구성원은 개인재산으로 책임을 지지 않는다.

⑤ 비법인사단의 대표자가 직무에 관하여 타인에게 손해를 가한 경우 그 사단은 민법 제35조 제1항의 유추적용에 의하여 그 손해를 배상할 책임이 있다(대판 2008.1.18, 2005다34711).

29 ① 비법인사단의 대표자는 정관 또는 총회의 결의로 금지하지 아니한 사항에 한하여 타인으로 하여금 특정한 행위를 대리하게 할 수 있을 뿐 비법인사단의 제반 업무처리를 포괄적으로 위임할 수는 없으므로 비법인사단 대표자가 행한 타인에 대한 업무의 포괄적 위임과 그에 따른 포괄적 수임인의 대행행위는 민법 제62조를 위반한 것이어서 비법인사단에 대하여 그 효력이 미치지 않는다(대판 2011.4.28, 2008다15438).

② 총유물의 관리 및 처분은 사원총회의 결의에 의하여야 하므로(제276조 제1항), 사원총회의 결의를 거치지 않은 총유물의 관리행위는 무효이다.

③ 고유의 의미의 종중의 경우에는 종중이 종중원의 자격을 박탈한다든지 종중원이 종중을 탈퇴할 수 없다(대판 1998.2.27, 97도1993).

④ 종중은 공동선조의 후손 중 성년 이상의 남자들이 구성원이 되어 공동선조의 분묘수호와 봉제사 및 종중원 상호간의 친목을 목적으로 하는 자연적 족집단체로서 특별한 조직행위를 필요로 하는 것은 아니고 서면화한 성문의 규약이 있어야 하는 것도 아니다(대판 1991.10.11, 91다24663).

⑤ 법인이 아닌 사단의 사원이 집합체로서 물건을 소유할 때에는 총유로 한다(제275조 제1항).

30 ① 대표자의 행위가 직무에 관한 행위에 해당하지 아니함을 피해자 자신이 알았거나 또는 중대한 과실로 인하여 알지 못한 경우에는 비법인사단에게 손해배상책임을 물을 수 없다(대판 2008.1.18, 2005다34711).

② 비법인사단의 경우에는 대표자의 대표권 제한에 관하여 등기할 방법이 없어 민법 제60조의 규정을 준용할 수 없고, 비법인사단의 대표자가 정관에서 사원총회의 결의를 거쳐야 하도록 규정한 대외적 거래행위에 관하여 이를 거치지 아니한 경우라도, 이와 같은 사원총회 결의사항은 비법인사단의 내부적 의사결정에 불과하다 할 것이므로, 그 거래 상대방이 그와 같은 대표권 제한 사실을 알았거나 알 수 있었을 경우가 아니라면 그 거래행위는 유효하다(대판 2003.7.22, 2002다64780).

③ 비법인사단 대표자가 행한 타인에 대한 업무의 포괄적 위임과 그에 따른 포괄적 수임인의 대행행위는 민법 제62조를 위반한 것이어서 비법인사단에 대하여 그 효력이 미치지 않는다(대판 2011.4.28, 2008다15438).

④ 비법인 사단에 대하여 민법 제63조에 의하여 법원이 선임한 임시이사는 원칙적으로 정식이사와 동일한 권한을 가진다(대판 2019.9.10, 2019다208953).

⑤ 재건축조합은 민법상 비법인사단으로서 민법의 법인에 관한 규정 중 법인격을 전제로 하는 조항을 제외한 나머지 조항이 원칙적으로 준용되므로, 위 조합의 창립총회에서는 민법 제75조 제1항에 따라 사원 과반수의 출석과 출석사원 결의권의 과반수로써 유효한 결의를 할 수 있다(대판 2006.2.23, 2005다19552).

31 ㉠ (×) 민법 제62조의 규정에 비추어 보면 비법인사단의 대표자는 정관 또는 총회의 결의로 금지하지 아니한 사항에 한하여 타인으로 하여금 특정한 행위를 대리하게 할 수 있을 뿐 비법인사단의 제반 업무처리를 포괄적으로 위임할 수는 없다 할 것이므로, 비법인사단 대표자가 행한 타인에 대한 업무의 포괄적 위임과 그에 따른 포괄적 수임인의 대행행위는 민법 제62조의 규정에 위반된 것이어서 비법인사단에 대하여는 그 효력이 미치지 아니한다(대판 1996.9.6, 94다18522).

㉡ (○) '법인의 대표자'에는 그 명칭이나 직위 여하, 또는 대표자로 등기되었는지 여부를 불문하고 당해 법인을 실질적으로 운영하면서 법인을 사실상 대표하여 법인의 사무를 집행하는 사람을 포함하므로(대판 2011.4.28, 2008다15438), 사안의 경우 법인의 불법행위가 성립하므로 상대방 丙은 비법인사단 A에게 불법행위를 이유로 손해배상을 청구할 수 있다.

㉢ (×) 법인이 그 대표자의 불법행위로 인하여 손해배상의무를 지는 것은 그 대표자의 직무에 관한 행위로 인하여 손해가 발생한 것임을 요한다 할 것이나, 그 직무에 관한 것이라는 의미는 행위의 외형상 법인의 대표자의 직무행위라고 인정할 수 있는 것이라면 설사 그것이 대표자 개인의 사리를 도모하기 위한 것이었거나 혹은 법령의 규정에 위배된 것이었다 하더라도 위의 직무에 관한 행위에 해당한다고 보아야 한다(대판 2004.2.27, 2003다15280).

㉣ (○)

32 ① 비법인사단의 경우에는 대표자의 대표권제한에 관하여 등기할 방법이 없어 민법 제60조의 규정을 준용할 수 없다(대판 2003.7.22, 2002다64780).

② 비법인사단이 총유물에 관한 매매계약을 체결하는 행위는 총유물 그 자체의 처분이 따르는 채무부담행위로서 총유물의 처분행위에 해당한다(대판 2009.11.26, 2009다64383).

③ 특정 교단에 가입한 지교회가 교단이 정한 헌법을 지교회 자신의 자치규범으로 받아들였다고 인정되는 경우에는 소속 교단의 변경은 실질적으로 지교회 자신의 규약에 해당하는 자치규범을 변경하는 결과를 초래하고, 만약 지교회 자신의 규약을 갖춘 경우에는 교단변경으로 인하여 지교회의 명칭이나 목적 등 지교회의 규약에 포함된 사항의 변경까지 수반하기 때문에, 소속 교단에서의 탈퇴 내지 소속 교단의 변경은 사단법인 정관변경에 준하여 의결권을 가진 교인 2/3 이상의 찬성에 의한 결의를 필요로 하고, 그 결의요건을 갖추어 소속 교단을 탈퇴하거나 다른 교단으로 변경한 경우에 종전 교회의 실체는 이와 같이 교단을 탈퇴한 교회로서 존속하고 종전 교회 재산은 위 탈퇴한 교회 소속 교인들의 총유로 귀속된다(대판 전합 2006.4.20, 2004다37775).

④ 총유에는 지분의 개념이 없으므로 비법인사단의 구성원은 지분권에 기하여 보존행위를 할 수 없다.

⑤ 비법인사단이 타인 간의 금전채무를 보증하는 행위는 총유물 그 자체의 관리·처분이 따르지 아니하는 단순한 채무부담행위에 불과하여 이를 총유물의 관리·처분행위라고 볼 수는 없다(대판 전합 2007.4.19, 2004다60072).

33 ⓛ (×) 민법 제63조(임시이사에 관한 규정)는 법인 아닌 사단이나 재단에도 유추적용될 수 있다(대결 2009.11.19, 2008마699).

ⓔ (×) 비법인사단이 타인 간의 금전채무를 보증하는 행위는 총유물 그 자체의 관리·처분이 따르지 아니하는 단순한 채무부담행위에 불과하여 이를 총유물의 관리·처분행위라고 볼 수 없다(대판 2007.4.19, 2004다60072).

ⓜ (×) 교회가 그 실체를 갖추어 법인 아닌 사단으로 성립한 경우에 교회의 대표자가 교회를 위하여 취득한 권리의무는 교회에 귀속되나, 교회가 아직 실체를 갖추지 못하여 법인 아닌 사단으로 성립하기 전에 설립의 주체인 개인이 취득한 권리의무는 그것이 앞으로 성립할 교회를 위한 것이라 하더라도 바로 법인 아닌 사단인 교회에 귀속될 수는 없고, 또한 설립 중의 회사의 개념과 법적 성격에 비추어, 법인 아닌 사단인 교회가 성립하기 전의 단계에서 설립 중의 회사의 법리를 유추적용 할 수는 없다(대판 2008.2.28, 2007다37394).

ⓐ (○) 민법 제35조 법인의 불법행위에 관한 규정은 비법인사단에도 유추적용 되므로(대판 1994.3.25, 93다32828 참조), 비법인사단의 대표자가 직무에 관하여 타인에게 손해를 가한 경우에 비법인사단은 불법행위책임을 부담한다.

ⓒ (○) 비법인사단의 경우에는 대표자의 대표권 제한에 관하여 등기할 방법이 없어 민법 제60조의 규정을 준용할 수 없다(대판 2003.7.22, 2002다64780).

04 물 건

01 ① 지상권 또는 전세권은 저당권의 객체가 될 수 있으므로 권리의 객체는 물건에 한정되지 않는다.
② 사람의 일정한 행위도 재산권의 객체가 될 수 있다.
③ 사람의 유체·유골은 매장·관리·제사·공양의 대상이 될 수 있는 유체물로서, 분묘에 안치되어 있는 선조의 유체·유골은 민법 제1008조의3 소정의 제사용 재산인 분묘와 함께 그 제사주재자에게 승계되고, 피상속인 자신의 유체·유골 역시 위 제사용 재산에 준하여 그 제사주재자에게 승계된다(대판 2008.11.20, 2007다27670 전합).
④ 현재 반려동물은 민법상 물건 즉 동산에 해당한다.
⑤ 관리 가능한 자연력은 물건 즉 동산에 해당한다.

02 ⑤ 건물의 신축공사를 도급받은 수급인이 사회통념상 독립한 건물이라고 볼 수 없는 정착물을 토지에 설치한 상태에서 공사가 중단된 경우에 위 정착물은 토지의 부합물에 불과하다(대결 2008.5.30, 2007마98).

03 ③ 토지의 일부도 취득시효 할 수 있지만 이 경우 분필하여 등기함으로써 취득시효 할 수 있다.
① 물건의 용법에 의하여 수취하는 산출물은 천연과실이다(제101조 제1항).
② 일반적으로 일단의 증감 변동하는 동산을 하나의 물건으로 보아 이를 채권담보의 목적으로 삼으려는 이른바 집합물에 대한 양도담보설정계약체결도 가능하며 이 경우 그 목적 동산이 담보설정자의 다른 물건과 구별될 수 있도록 그 종류, 장소 또는 수량지정 등의 방법에 의하여 특정되어 있으면 그 전부를 하나의 재산권으로 보아 이에 유효한 담보권의 설정이 된 것으로 볼 수 있다(대판 1990.12.26, 88다카20224).
④ 미분리 천연과실도 명인방법을 갖추면 독립한 소유권의 객체가 될 수 있다.
⑤ 독립된 부동산으로서의 건물이라고 하기 위하여는 최소한의 기둥과 지붕 그리고 주벽이 이루어지면 된다(대판 2003.5.30, 2002다21592).

04 ② 등기부상만으로 어떤 토지 중 일부가 분할되고 그 분할된 토지에 대하여 지번과 지적이 부여되어 등기되어 있어도 지적공부 소관청에 의한 지번, 지적, 지목, 경계확정 등의 분필절차를 거친 바가 없다면 그 등기가 표상하는 목적물은 특정되었다고 할 수는 없으니, 그 등기부에 소유자로 등기된 자가 그 등기부에 기재된 면적에 해당하는 만큼의 토지를 특정하여 점유하였다고 하더라도, 그 등기는 그가 점유하는 토지부분을 표상하는 등기로 볼 수 없어 그 점유자는 등기부취득시효의 요건인 "부동산의 소유자로 등기한 자"에 해당하지 아니하므로 그가 점유하는 부분에 대하여 등기부시효취득을 할 수는 없다(대판 1995.6.16, 94다4615).

① 토지의 개수는 지적법에 의한 지적공부상의 토지의 필수를 표준으로 하여 결정된다(대판 1995.6.16, 94다4615).

③ 취득시효는 점유가 본체이므로 주물을 점유하여 취득시효가 완성되더라도, 종물을 점유하지 않으면 종물은 취득시효 할 수 없다.

④ 저당권의 실행으로 부동산이 경매된 경우에 그 부동산에 부합된 물건은 그것이 부합될 당시에 누구의 소유이었는지를 가릴 것 없이 그 부동산을 낙찰받은 사람이 소유권을 취득하지만, 그 부동산의 상용에 공하여진 물건일지라도 그 물건이 부동산의 소유자가 아닌 다른 사람의 소유인 때에는 이를 종물이라고 할 수 없으므로 부동산에 대한 저당권의 효력에 미칠 수 없어 부동산의 낙찰자가 당연히 그 소유권을 취득하는 것은 아니며, 나아가 부동산의 낙찰자가 그 물건을 선의취득하였다고 할 수 있으려면 그 물건이 경매의 목적물로 되었고 낙찰자가 선의이며 과실 없이 그 물건을 점유하는 등으로 선의취득의 요건을 구비하여야 한다(대판 2008.5.8, 2007다36933).

⑤ 명인방법을 갖춘 미분리과실도 독립한 거래의 객체가 될 수 있다.

04 ① 종물은 주물의 상용에 공여된 물건을 의미하는 것이지, 주물소유자의 상용에 공여된 물건을 의미하는 것은 아니다.

② 종물은 물건의 소유자가 그 물건의 상용에 공하기 위하여 자기 소유인 다른 물건을 이에 부속하게 한 것을 말하므로(민법 제100조 제1항) 주물과 나른 사람의 소유에 속하는 물건은 종물이 될 수 없다(대판 2008.5.8, 2007다36933).

③ 민법 제100조 제2항의 종물과 주물의 관계에 관한 법리는 물건 상호간의 관계뿐 아니라 권리 상호간에도 적용된다(대판 2006.10.26, 2006다29020).

④ 저당권의 효력이 종물에 대하여도 미친다는 민법 제358조 본문 규정은 같은 법 제100조 제2항과 이론적 기초를 같이한다(대판 2006.10.26, 2006다29020).

⑤ 토지의 개수는 같은 법에 의한 지적공부상의 토지의 필수를 표준으로 결정되는 것이다(대판 1992.12.8, 92누7542).

05 ② 이자채권은 원본채권에 대하여 종속성을 갖고 있으나 이미 변제기에 도달한 이자채권은 원본채권과 분리하여 양도할 수 있고 원본채권과 별도로 변제할 수 있으며 시효로 인하여 소멸되기도 하는 등 어느 정도 독립성을 갖게 되는 것이므로, 원본채권이 양도된 경우 이미 변제기에 도달한 이자채권은 원본채권의 양도당시 그 이자채권도 양도한다는 의사표시가 없는 한 당연히 양도되지는 않는다(대판 1989.3.28, 88다카12803).

① 저당권의 효력이 미치는 저당부동산의 종물은 민법 제100조가 규정하는 종물과 같은 의미인바, 어느 건물이 주된 건물의 종물이기 위하여는 주물의 상용에 이바지하는 관계에 있어야 하고 이는 주물 자체의 경제적 효용을 다하게 하는 것을 말하는 것이므로, 주물의 소유자나 이용자의 사용에 공여되고 있더라도 주물 자체의 효용과 관계없는 물건은 종물이 아니다(대판 2007.12.13, 2007도7247).

③ 종물은 주물의 처분에 수반된다는 민법 제100조 제2항은 임의규정이므로, 당사자는 주물을 처분할 때에 특약으로 종물을 제외할 수 있고 종물만을 별도로 처분할 수도 있다(대판 2012.1.26, 2009다76546).

④ 그 부동산의 상용에 공하여진 물건일지라도 그 물건이 부동산의 소유자가 아닌 다른 사람의 소유인 때에는 이를 종물이라고 할 수 없으므로 부동산에 대한 저당권의 효력에 미칠 수 없다(대판 2008.5.8, 2007다36933).

⑤ 건물의 소유를 목적으로 하여 토지를 임차한 사람이 그 토지 위에 소유하는 건물에 저당권을 설정한 때에는 민법 제358조 본문에 따라서 저당권의 효력이 건물뿐만 아니라 건물의 소유를 목적으로 한 토지의 임차권에도 미친다고 보아야 할 것이므로, 건물에 대한 저당권이 실행되어 경락인이 건물의 소유권을 취득한 때에는 특별한 다른 사정이 없는 한 건물의 소유를 목적으로 한 토지의 임차권도 건물의 소유권과 함께 경락인에게 이전된다(대판 1993.4.13, 92다24950).

06 ④ 종물은 주물의 상용에 이바지하는 관계에 있어야 하고, 주물의 상용에 이바지한다 함은 주물 그 자체의 경제적 효용을 다하게 하는 것을 말하는 것으로서 주물의 소유자나 이용자의 상용에 공여되고 있더라도 주물 그 자체의 효용과 직접 관계가 없는 물건은 종물이 아니다(대판 1997.10.10, 97다3750).

① 토지 및 그 정착물은 부동산이다(제99조 제1항).

② 어떤 특정 토지가 지적공부에 1필의 토지로 등록되었다면 그 토지의 소재지번 지적 및 경계는 다른 특별한 사정이 없는 한 이 등록으로서 특정되었다고 할 것이고 그 소유권의 범위는 지적공부상의 경계선에 의하여 확정되어 진다(대판 1976.4.27, 75다1621).

③ 건물은 일정한 면적, 공간의 이용을 위하여 지상, 지하에 건설된 구조물을 말하는 것으로서, 건물의 개수는 토지와 달리 공부상의 등록에 의하여 결정되는 것이 아니라 사회통념 또는 거래관념에 따라 물리적 구조, 거래 또는 이용의 목적물로서 관찰한 건물의 상태 등 객관적 사정과 건축한 자 또는 소유자의 의사 등 주관적 사정을 참작하여 결정되는 것이고, 그 경계 또한 사회통념상 독립한 건물로 인정되는 건물 사이의 현실의 경계에 의하여 특정되는 것이다(대판 1997.7.8, 96다36517).

⑤ 법정과실은 수취할 권리의 존속기간일수의 비율로 취득한다(제102조 제2항).

07 ① 민법 제100조 제2항의 종물과 주물의 관계에 관한 법리는 물건 상호간의 관계뿐 아니라 권리 상호간에도 적용되고, 위 규정에서의 처분은 처분행위에 의한 권리변동뿐 아니라 주물의 권리관계가 압류와 같은 공법상의 처분 등에 의하여 생긴 경우에도 적용된다(대판 2006.10.26, 2006다29020).

② 사람의 유체·유골은 매장·관리·제사·공양의 대상이 될 수 있는 유체물로서, 분묘에 안치되어 있는 선조의 유체·유골은 민법 제1008조의3 소정의 제사용 재산인 분묘와 함께 그 제사주재자에게 승계되고, 피상속인 자신의 유체·유골 역시 위 제사용 재산에 준하여 그 제사주재자에게 승계된다(대판 전합 2008.11.20, 2007다27670).

③ 본법에서 물건이라 함은 유체물 및 전기 기타 관리할 수 있는 자연력을 말한다(제98조).

④ 법정과실은 수취할 권리의 존속기간일수의 비율로 취득한다(제102조 제2항).

⑤ 종물은 주물의 처분에 수반된다는 민법 제100조 제2항은 임의규정이므로, 당사자는 주물을 처분할 때에 특약으로 종물을 제외할 수 있고 종물만을 별도로 처분할 수도 있다(대판 2012.1.26, 2009다76546).

08 ④ 종물은 주물의 처분에 수반된다는 민법 제100조 제2항은 임의규정이므로, 당사자는 주물을 처분할 때에 특약으로 종물을 제외할 수 있고 종물만을 별도로 처분할 수도 있다(대판 2012.1.26, 2009다76546).

09 ① 부합물에 관한 소유권 귀속의 예외를 규정한 민법 제256조 단서의 규정은 타인이 그 권원에 의하여 부속시킨 물건이라고 할지라도 그 부속된 물건을 분리하여도 경제적 가치가 있는 경우에 한하여 부속시킨 타인의 권리에 영향이 없다는 취지이지, 분리하여도 경제적 가치가 없는 경우에는 원래의 부동산 소유자의 소유에 귀속되는 것이다. 그리고 경제적 가치의 판단은 부속시킨 물건에 대한 일반 사회통념상의 경제적 효용의 독립성 유무를 그 기준으로 하여야 한다(대판 2017.7.18, 2016다38290).

② 양도담보권자가 점유개정의 방법으로 양도담보권설정계약 당시 존재하는 집합물의 점유를 취득하면 그 후 양도담보권설정자가 집합물을 이루는 개개의 물건을 반입하였더라도 별도의 양도담보권설정계약을 맺거나 점유개정의 표시를 하지 않더라도 양도담보권의 효력이 나중에 반입된 물건에도 미친다(대판 2016.4.28, 2012다19659).

③ 토지에 대한 소유권이 없는 자가 권원 없이 경작한 입도라 하더라도 성숙하였다면 그에 대한 소유권은 경작자에게 귀속된다(대판 1963.2.21, 62다913).

④ 종물은 주물의 처분에 수반된다는 민법 제100조 제2항은 임의규정이므로, 당사자는 주물을 처분할 때에 특약으로 종물을 제외할 수 있고 종물만을 별도로 처분할 수도 있다(대판 2012.1.26, 2009다76546).

⑤ 입목의 소유자는 토지와 분리하여 입목을 양도하거나 저당권의 목적으로 할 수 있다(입목에 관한 법률 제3조 제1항).

10 ④ 과실의 취득에 관한 민법 제102조는 임의규정이므로 당사자의 다른 약정이 있으면 그 약정에 의한다.

① 일반적으로 일단의 증감 변동하는 동산을 하나의 물건으로 보아 이를 채권담보의 목적으로 삼으려는 이른바 집합물에 대한 양도담보설정 계약체결도 가능하며, 이 경우 그 목적 동산이 담보설정자의 다른 물건과 구별될 수 있도록 그 종류, 장소 또는 수량지정 등의 방법에 의하여 특정되어 있으면 그 전부를 하나의 재산권으로 보아 이에 유효한 담보권의 설정이 된 것으로 볼 수 있다(대판 1990.12.26, 88다카20224). 즉 집합물도 특별법이 없더라도 특정할 수 있다면 하나의 유효한 담보물권을 설정할 수 있다.

② 법정과실은 수취할 권리의 존속기간일수의 비율로 취득한다(제102조 제2항).

③ 미분리과실도 명인방법을 갖추면 독립한 물건이 될 수 있다.

⑤ 농작물은 토지에 부합하지 않으므로, 명인방법을 하지 않더라도 경작자에게 소유권이 있다(대판 1970.3.10, 70도82 참조).

11 ① 과실은 물건으로부터 파생하여야 한다. 따라서 권리로부터 파생하거나 사람에게서 파생하는 것은 과실이 아니다. 소유권이전의 대가 또는 노동의 대가는 민법상 법정과실에 해당하지 않는다.

12 ② 천연과실은 그 원물로부터 분리하는 때에 이를 수취할 권리자에게 속한다(제102조 제1항).
① 유치권자는 유치물의 과실을 수취하여 다른 채권보다 먼저 그 채권의 변제에 충당할 수 있다(제323조 제1항).
③ 저당권의 효력은 저당부동산에 대한 압류가 있은 후에 저당권설정자가 그 부동산으로부터 수취한 과실 또는 수취할 수 있는 과실에 미친다. 그러나 저당권자가 그 부동산에 대한 소유권, 지상권 또는 전세권을 취득한 제3자에 대하여는 압류한 사실을 통지한 후가 아니면 이로써 대항하지 못한다(제359조).
④ 제587조에 의하면, 매매계약 있은 후에도 인도하지 아니한 목적물로부터 생긴 과실은 매도인에게 속하고, 매수인은 목적물의 인도를 받은 날로부터 대금의 이자를 지급하여야 한다고 규정하고 있는바, 이는 매매당사자 사이의 형평을 꾀하기 위하여 매매목적물이 인도되지 아니하더라도 매수인이 대금을 완제한 때에는 그 시점 이후의 과실은 매수인에게 귀속되지만, 매매목적물이 인도되지 아니하고 또한 매수인이 대금을 완제하지 아니한 때에는 매도인의 이행지체가 있더라도 과실은 매도인에게 귀속되는 것이므로 매수인은 인도의무의 지체로 인한 손해배상금의 지급을 구할 수 없다(대판 2004.4.23, 2004다8210).
⑤ 제201조 제1항에 의하면 선의의 점유자는 점유물의 과실을 취득한다고 규정하고 있고, 토지를 점유·경작함으로 얻는 이득은 그 토지로 인한 과실에 준하는 것이니, 비록 법률상 원인 없이 타인의 토지를 점유·경작함으로써 타인에게 손해를 입혔다고 할지라도 선의의 점유자는 그 점유·경작으로 인한 이득을 그 타인에게 반환할 의무는 없다(대판 1981.9.22, 81다233).

05 권리의 변동

Answer

01 ⑤	02 ③	03 ⑤	04 ②	05 ①	06 ⑤	07 ④	08 ②	09 ⑤	10 ③
11 ⑤	12 ⑤	13 ④	14 ③	15 ④	16 ①	17 ①	18 ②	19 ③	20 ③
21 ④	22 ⑤	23 ⑤	24 ①	25 ④	26 ②	27 ③	28 ④	29 ①	30 ③
31 ①	32 ③	33 ③							

01 ⑤ 준법률행위에는 표현행위와 사실행위가 있다. 이행의 최고, 채무승인, 통지는 표현행위에 속하고 선점, 습득은 사실행위에 속한다.

02 ○ 소멸시효의 완성, ○ 유치권의 취득, ○ 신축건물의 소유권 취득은 법률의 규정에 의한 권리변동이다.

03 ⑤ 경매에 의한 소유권취득은 원시취득이 아니라 승계취득에 해당한다. 나머지는 원시취득에 해당한다.

04 ② 취득시효에 의한 소유권의 취득은 원시취득에 해당한다.

05 ① 甲과 乙 사이의 매매계약은 법률요건에 해당하고, 그로 인한 매수인 乙의 소유권이전등기청구권은 법률효과에 해당한다.
② 乙의 소유권 취득은 포괄승계가 아니라 특정승계에 해당한다.
③ 丙의 저당권 취득은 이전적 승계가 아니라 설정적 승계취득에 해당한다.
④ 乙의 저당권설정은 법률행위에 해당한다.
⑤ 乙의 저당권설정은 소유권의 질적 변경이 아니라 양적 변경에 해당한다.

06 ㉠㉡㉢㉣ 법률의 규정에 의하여 법률효과가 발생하는 것들이다.
㉣ 소유권의 포기는 상대방 없는 단독행위로서 법률행위에 해당한다.

07 ④ 점유취득시효에 의한 소유권취득은 승계취득이 아니라 원시취득에 해당한다.

08 ② 서당권을 설정하는 것은 물권행위이므로 처분행위이다.

09 ⑤ 유언, 재단법인의 설립행위와 소유권의 포기는 상대방 없는 단독행위에 속한다. 그러나 계약의 해지는 상대방 있는 단독행위이다.

10 ③ 조건 있는 법률행위의 일반효력요건의 구비 여부는 법률행위의 성립시를 기준으로 판단할 것이고, 조건성취시를 기준으로 할 것은 아니다. 따라서 법률행위의 성립 후 조건성취 전에 법률행위의 목적이 불능이 된 경우, 이는 후발적 불능으로서 그 불능에 채무자의 귀책사유가 있는지의 여부에 따라 이행불능 또는 위험부담의 문제로 처리될 뿐 법률행위 자체가 무효가 되는 것은 아니다.
② 법률행위의 목적이 성립 당시 이미 불능인 경우를 원시적 불능이라 하며, 이때에는 법률행위가 무효로 되고, 계약체결상의 과실책임으로 신뢰이익의 배상이 문제될 수 있다.

> **제535조【계약체결상의 과실】** ① 목적이 불능한 계약을 체결할 때에 그 불능을 알았거나 알 수 있었을 자는 상대방이 그 계약의 유효를 믿었음으로 인하여 받은 손해를 배상하여야 한다. 그러나 그 배상액은 계약이 유효함으로 인하여 생길 이익액을 넘지 못한다.
> ② 전항의 규정은 상대방이 그 불능을 알았거나 알 수 있었을 경우에는 적용하지 아니한다.

④ 선박이나 항공기 등의 예외가 있기는 하지만, 저당권의 객체는 부동산에 한한다. 이처럼 불능의 이유가 법률상 허용되지 않는 경우를 '법률적 불능'이라고 한다.
⑤ 후발적 불능의 원인이 채무자의 귀책사유에 의한 것이면 채무자가 이행불능의 책임을 지고, 채무자의 귀책사유 없이 불능이 된 것이라면 채무자 위험부담주의로 해결한다.

11 ⑤ 질권설정계약에서 질물의 인도는 특별성립요건이다.
①②③④ 법률행위의 특별효력요건이다.

12 ⑤ 의사능력의 존재 여부는 성립요건에 해당한다. 미성년자의 법률행위에 대한 법정대리인의 동의, 대리행위에서 대리권의 존재, 시기 있는 법률행위에서의 기한의 도래, 재단법인의 기본재산 처분에 대한 주무관청의 허가는 특별효력발생요건에 해당한다.

13 ④ 강행규정의 위반으로 무효인 것은 추인에 의하여 유효로 될 수 없다.
① 신의성실의 원칙의 위반 여부는 당사자의 주장·입증이 없더라도 법원에서 직권으로 고려한다.
② 강행규정에 위반한 자가 스스로 그 약정의 무효를 주장하는 것은 신의칙에 반하지 않는다.
③ 절대적 무효이므로 선의의 제3자에게 대항할 수 있다.
⑤ 강행규정 위반이라고 하여 당연히 제746조가 적용되는 것은 아니지만, 강행규정에 위반되는 행위가 반사회성도 가지면 반환청구할 수 없는 경우도 있다.

14 ㉠ 상법 제731조 제1항에 의하면 타인의 생명보험에서 피보험자가 서면으로 동의의 의사표시를 하여야 하는 시점은 '보험계약 체결시까지'이고, 이는 강행규정으로서 이에 위반한 보험계약은 무효이므로, 타인의 생명보험계약 성립 당시 피보험자의 서면동의가 없다면 그 보험계약은 확정적으로 무효이다(대판 2006.9.22, 2004다56677).
㉣ 변호사 아닌 갑과 소송당사자인 을이 갑은 을이 소송당사자로 된 민사소송사건에 관하여 을을 승소시켜주고 을은 소송물의 일부인 임야지분을 그 대가로 갑에게 양도하기로 약정한 경우 위 약정은 강행법규인 변호사법 제78조 제2호에 위반되는 반사회적 법률행위로서 무효이다(대판 1990.5.11, 89다카10514).
㉡ 건물 임차인이 자신의 비용을 들여 증축한 부분을 임대인 소유로 귀속시키기로 하는 약정은 임차인이 원상회복의무를 면하는 대신 투입비용의 변상이나 권리주장을 포기하는 내용이 포함된 것으로서 특별한 사정이 없는 한 유효하다(대판 1996.8.20, 94다44705).
㉢ "사단법인의 사원의 지위는 양도 또는 상속할 수 없다"고 한 민법 제56조의 규정은 강행규정은 아니라고 할 것이므로, 정관에 의하여 이를 인정하고 있을 때에는 양도·상속이 허용된다(대판 1992.4.14, 91다26850).

15 ④ 변호사 아닌 갑과 소송당사자인 을이 갑은 을이 소송당사자로 된 민사소송사건에 관하여 을을 승소시켜주고 을은 소송물의 일부인 임야지분을 그 대가로 갑에게 양도하기로 약정한 경우 위 약정은 강행법규인 변호사법 제78조 제2호에 위반되는 반사회적 법률행위로서 무효이다(대판 1990.5.11, 89다카10514).
① 양도소득세를 회피하기 위한 방법으로 부동산을 명의신탁한 것이라 하더라도 그러한 이유 때문에 민법 제103조의 반사회적 법률행위로서 위 명의신탁이 무효라고 할 수 없다(대판 1991. 9.13, 91다16334·16341).

② 강제집행을 면할 목적으로 부동산에 허위의 근저당권설정등기를 경료하는 행위는 민법 제103 조의 선량한 풍속 기타 사회질서에 위반한 사항을 내용으로 하는 법률행위로 볼 수 없다(대판 2004.5.28, 2003다70041).

③ 전통○○사의 주지직을 거액의 금품을 대가로 양도·양수하기로 하는 약정이 있음을 알고도 이를 묵인 혹은 방조한 상태에서 한 종교법인의 주지임명행위가 민법 제103조 소정의 반사회 질서의 법률행위에 해당하지 않는다(대판 2001.2.9, 99다38613).

⑤ 도박채무의 변제를 위하여 채무자로부터 부동산의 처분을 위임받은 채권자가 그 부동산을 제 3자에게 매도한 경우, 도박채무 부담행위 및 그 변제약정이 민법 제103조의 선량한 풍속 기타 사회질서에 위반되어 무효라 하더라도, 그 무효는 변제약정의 이행행위에 해당하는 위 부동 산을 제3자에게 처분한 대금으로 도박채무의 변제에 충당한 부분에 한정되고, 위 변제약정의 이행행위에 직접 해당하지 아니하는 부동산 처분에 관한 대리권을 도박 채권자에게 수여한 행위 부분까지 무효라고 볼 수는 없으므로, 위와 같은 사정을 알지 못하는 거래 상대방인 제3 자가 도박 채무자부터 그 대리인인 도박 채권자를 통하여 위 부동산을 매수한 행위까지 무효 가 된다고 할 수는 없다(대판 1995.7.14, 94다40147).

16 ① 민사소송에서의 변호사의 성공보수약정은 유효하다(대판 2013.7.11, 2011다18864 참조).

② 도박자금에 제공할 목적으로 금전을 대여하는 행위는 반사회적 행위로서 무효이다.

③ 피고는 그 부가 이 건 부동산을 원고에게 매도하여 원고로부터 등기독촉을 받고 있는 사정을 잘 알면서 그로부터 이를 증여받음으로써 그 부의 배임행위에 적극 가담하였다면 위 수증행 위는 반사회적 법률행위로서 무효라고 할 것이다(대판 1982.2.9, 81다1134).

④ 마약대금채무의 변제로서 토지를 양도하는 계약 역시 반사회적 법률행위로서 무효이다.

⑤ 보험계약자가 다수의 보험계약을 통하여 보험금을 부정취득할 목적으로 보험계약을 체결한 경우, 이러한 목적으로 체결된 보험계약에 의하여 보험금을 지급하게 하는 것은 보험계약을 악용하여 부정한 이득을 얻고자 하는 사행심을 조장함으로써 사회적 상당성을 일탈하게 될 뿐만 아니라, 또한 합리적인 위험의 분산이라는 보험제도의 목적을 해치고 위험발생의 우발 성을 파괴하며 다수의 선량한 보험가입자들의 희생을 초래하여 보험제도의 근간을 해치게 되 므로, 이와 같은 보험계약은 민법 제103조 소정의 선량한 풍속 기타 사회질서에 반하여 무효 이다(대판 2005.7.28, 2005다23858).

17 ① 위약벌의 약정은 채무의 이행을 확보하기 위하여 정하는 것으로서 손해배상의 예정과 다르므 로 손해배상의 예정에 관한 민법 제398조 제2항을 유추 적용하여 그 액을 감액할 수 없고, 다만 의무의 강제로 얻는 채권자의 이익에 비하여 약정된 벌이 과도하게 무거울 때에는 일부 또는 전부가 공서양속에 반하여 무효로 된다(대판 2016.1.26, 2015다23924).

18 ② 이미 매도된 부동산에 관하여 체결한 저당권설정계약이 반사회적 법률행위로 무효가 되기 위 하여는 매도인의 배임행위와 저당권자가 매도인의 배임행위에 적극 가담한 행위로 이루어진 것으로서, 적극 가담하는 행위는 저당권자가 다른 사람에게 목적물이 매도된 것을 안다는 것 만으로는 부족하고, 적어도 매도사실을 알고도 저당권설정을 요청하거나 유도하여 계약에 이 르는 정도가 되어야 한다(대판 1998.2.10, 97다26524).

㉠ 단지 법률행위의 성립과정에 강박이라는 불법적 방법이 사용된 데에 불과한 때에는 강박에 의한 의사표시의 하자나 의사의 흠결을 이유로 효력을 논의할 수는 있을지언정 반사회질서의 법률행위로서 무효라고 할 수는 없다(대판 2002.12.27, 2000다47361).

㉡ 강제집행을 면할 목적으로 부동산에 허위의 근저당권설정등기를 경료하는 행위는 민법 제103조의 선량한 풍속 기타 사회질서에 위반한 사항을 내용으로 하는 법률행위로 볼 수 없다(대판 2004.5.28, 2003다70041).

㉢ 양도소득세의 일부를 회피할 목적으로 매매계약서에 실제로 거래한 가액을 매매대금으로 기재하지 아니하고 그보다 낮은 금액을 매매대금으로 기재하였다 하여, 그것만으로 그 매매계약이 사회질서에 반하는 법률행위로서 무효로 된다고 할 수는 없다(대판 2007.6.14, 2007다3285).

19 ③ 살인을 포기하는 조건으로 한 증여는 불법조건이 붙어 있는 법률행위이므로 반사회질서 법률행위에 해당한다.

① 형사사건에 관하여 체결된 성공보수약정이 가져오는 여러 가지 사회적 폐단과 부작용 등을 고려하면, 구속영장청구 기각, 보석 석방, 집행유예나 무죄 판결 등과 같이 의뢰인에게 유리한 결과를 얻어내기 위한 변호사의 변론활동이나 직무수행 그 자체는 정당하다 하더라도, 형사사건에서의 성공보수약정은 수사ㆍ재판의 결과를 금전적인 대가와 결부시킴으로써, 기본적 인권의 옹호와 사회정의의 실현을 사명으로 하는 변호사 직무의 공공성을 저해하고, 의뢰인과 일반 국민의 사법제도에 대한 신뢰를 현저히 떨어뜨릴 위험이 있으므로, 선량한 풍속 기타 사회질서에 위배되는 것으로 평가할 수 있다(대판 2015.7.23, 2015다200111).

② 피고는 그 부가 이 건 부동산을 원고에게 매도하여 원고로부터 등기독촉을 받고 있는 사정을 잘 알면서 그로부터 이를 증여받음으로써 그 부의 배임행위에 적극 가담하였다면 위 수증행위는 반사회적 법률행위로서 무효라고 할 것이다(대판 1982.2.9, 81다1134).

④ 어떠한 일이 있어도 이혼하지 아니하겠다는 각서를 써 주었다 하더라도 그와 같은 의사표시는 신분행위의 의사결정을 구속하는 것으로서 공서양속에 위배하여 무효이다(대판 1969.8.19, 69므18).

⑤ 수사기관에서 참고인으로 진술하면서 자신이 잘 알지 못하는 내용에 대하여 허위의 진술을 하는 경우에 그 허위 진술행위가 범죄행위를 구성하지 않는다고 하여도 이러한 행위 자체는 국가사회의 일반적인 도덕관념이나 국가사회의 공공질서이익에 반하는 행위라고 볼 것이니, 그 급부의 상당성 여부를 판단할 필요 없이 허위 진술의 대가로 작성된 각서에 기한 급부의 약정은 민법 제103조 소정의 반사회적질서행위로 무효이다(대판 2001.4.24, 2000다71999).

20 ③ 대리인이 본인을 대리하여 매매계약을 체결함에 있어서 매매대상 토지에 관한 저간의 사정을 잘 알고 그 배임행위에 가담하였다면, 대리행위의 하자 유무는 대리인을 표준으로 판단하여야 하므로, 설사 본인이 미리 그러한 사정을 몰랐거나 반사회성을 야기한 것이 아니라고 할지라도 그로 인하여 매매계약이 가지는 사회질서에 반한다는 장애사유가 부정되는 것은 아니다(대판 1998.2.27, 97다45532).

21 ㉠ (○) 甲과 乙의 증여계약은 반사회질서 법률행위로서 무효이다.

㉢ (○) 반사회질서 법률행위로서 무효인 경우 제746조가 적용되므로 그 건물의 반환도 청구할 수 없다.

② (○) 제746조가 적용되어 급여자 甲은 어떤 형식으로든 반환을 청구할 수 없으므로 결국 첩 乙이 그 건물의 소유권을 반사적으로 취득한다. 따라서 乙로부터 소유권을 취득한 丙은 유효 하게 건물의 소유권을 취득하므로 甲은 丙에게 이전등기의 말소를 청구할 수 없다.

ⓒ (×) 甲과 乙의 증여계약이 반사회질서 법률행위로서 무효인 경우, 제746조가 적용되므로 甲 은 乙에게 소유권이전등기의 말소를 청구할 수 없다.

22 ⑤ 제746조에서 불법의 원인으로 인하여 급여함으로써 그 반환을 청구하지 못하는 이익은 종국적인 것을 말한다. 도박자금으로 금원을 대여함으로 인하여 발생한 채권을 담보하기 위한 근저당권설 정등기가 경료되었을 뿐인 경우와 같이 수령자가 그 이익을 향수하려면 경매신청을 하는 등 별 도의 조치를 취하여야 하는 경우에는, 그 불법원인급여로 인한 이익이 종국적인 것이 아니므로 등기설정자는 무효인 근저당권설정등기의 말소를 구할 수 있다(대판 1995.8.11, 94다54108).

23 ㉠ (○) 주택매매계약에 있어서 매도인으로 하여금 주택의 보유기간이 3년 이상으로 되게 함으 로써 양도소득세를 부과받지 않게 할 목적으로 매매를 원인으로 한 소유권이전등기는 3년 후 에 넘겨 받기로 특약을 하였다고 하더라도, 그와 같은 목적은 위 특약의 연유나 동기에 불과 한 것이어서 위 특약 자체가 사회질서나 신의칙에 위반한 것이라고는 볼 수 없다(대판 1991. 5.14, 91다6627).

ⓒ (○) 경매에 있어서는 불공정한 법률행위는 적용될 여지가 없다(대결 1980.3.21, 80마77).

ⓒ (○) 도박자금을 제공함으로 인하여 발생한 채권의 담보로 부동산에 관하여 근저당권설정등 기가 경료되었을 뿐이라면 위와 같은 근저당권설정등기로 근저당권자가 받을 이익은 소유권 이전과 같은 종국적인 것이 되지 못하고 따라서 민법 제746조에서 말하는 이익에는 해당하지 아니한다고 할 것이므로, 그 부동산의 소유자는 민법 제746조의 적용을 받음이 없이 그 말소 를 청구할 수 있다(대판 1994.12.22, 93다55234).

24 ㉠ (○)

ⓒ (×) 매도인의 매수인에 대한 배임행위에 가담하여 증여를 받아 이를 원인으로 소유권이전등 기를 경료한 수증자에 대하여 매수인은 매도인을 대위하여 위 등기의 말소를 청구할 수는 있 으나 직접 청구할 수는 없다는 것은 형식주의 아래서의 등기청구권의 성질에 비추어 당연하 다(대판 1983.4.26, 83다카57).

ⓒ (×) 특정물에 대한 소유권이전등기청구권을 보전하기 위한 채권자취소권은 행사될 수 없다 (대판 1991.7.23, 91다6757).

② (×) 이중매매가 반사회적 법률행위로서 무효인 경우 절대적 무효이므로, 선의의 제3자는 이중 매매가 유효하다고 주장할 수 없다.

25 ④ 피해 당사자가 궁박, 경솔 또는 무경험의 상태에 있었다고 하더라도 그 상대방 당사자에게 그와 같은 피해 당사자 측의 사정을 알면서 이를 이용하려는 의사, 즉 폭리행위의 악의가 없 었다거나 또는 객관적으로 급부와 반대급부 사이에 현저한 불균형이 존재하지 아니한다면 불 공정 법률행위는 성립하지 않는다(대판 2008.2.1, 2005다74863).

① 행정기관에 진정서를 제출하여 상대방을 궁지에 빠뜨린 다음 이를 취하하는 조건으로 거액의 급부를 제공받기로 약정한 경우, 민법 제103조 소정의 반사회질서의 법률행위에 해당한다(대판 2000.2.11, 99다56833). 즉 불공정한 법률행위에는 해당하지 않는다.

② 어떠한 법률행위가 불공정한 법률행위에 해당하는지는 법률행위시를 기준으로 판단하여야 한다. 따라서 계약 체결 당시를 기준으로 전체적인 계약 내용에 따른 권리의무관계를 종합적으로 고려한 결과 불공정한 것이 아니라면, 사후에 외부적 환경의 급격한 변화에 따라 계약당사자 일방에게 큰 손실이 발생하고 상대방에게는 그에 상응하는 큰 이익이 발생할 수 있는 구조라고 하여 그 계약이 당연히 불공정한 계약에 해당한다고 말할 수 없다(대판 전합 2013.9.26, 2011다53683).

③ '무경험'이라 함은 일반적인 생활체험의 부족을 의미하는 것으로서 어느 특정영역에 있어서의 경험부족이 아니라 거래일반에 대한 경험부족을 뜻한다(대판 2002.10.22, 2002다38927).

⑤ 매매계약과 같은 쌍무계약이 급부와 반대급부와의 불균형으로 말미암아 민법 제104조에서 정하는 '불공정한 법률행위'에 해당하여 무효라고 한다면, 그 계약으로 인하여 불이익을 입는 당사자로 하여금 위와 같은 불공정성을 소송 등 사법적 구제수단을 통하여 주장하지 못하도록 하는 부제소합의 역시 다른 특별한 사정이 없는 한 무효이다(대판 2010.7.15, 2009다50308).

26 ② 급부와 반대급부 사이의 '현저한 불균형'은 단순히 시가와의 차액 또는 시가와의 배율로 판단할 수 있는 것은 아니고 구체적·개별적 사안에 있어서 일반인의 사회통념에 따라 결정하여야 한다. 그 판단에 있어서는 피해 당사자의 궁박·경솔·무경험의 정도가 아울러 고려되어야 하고, 당사자의 주관적 가치가 아닌 거래상의 객관적 가치에 의하여야 한다(대판 2010.7.15, 2009다50308).

① 민법 제104조가 규정하는 현저히 공정을 잃은 법률행위라 함은 자기의급부에 비하여 현저하게 균형을 잃은 반대급부를 하게 하여 부당한 재산적 이익을 얻는 행위를 의미하는 것이므로 기부행위와 같이 아무런 대가관계 없이 당사자 일방이 상대방에게 일방적인 급부를 하는 법률행위는 그 공정성 여부를 운위할 수 있는 성질의 법률행위가 아니다(대판 1993.3.23, 92다52238).

③ 매매계약이 약정된 매매대금의 과다로 말미암아 민법 제104조에서 정하는 '불공정한 법률행위'에 해당하여 무효인 경우에도 무효행위의 전환에 관한 민법 제138조가 적용될 수 있다(대판 2010.7.15, 2009다50308).

④ 대리인에 의하여 법률행위가 이루어진 경우 그 법률행위가 민법 제104조의 불공정한 법률행위에 해당하는지 여부를 판단함에 있어서 경솔과 무경험은 대리인을 기준으로 하여 판단하고, 궁박은 본인의 입장에서 판단하여야 한다(대판 2002.10.22, 2002다38927).

⑤ '궁박'이라 함은 '급박한 곤궁'을 의미하는 것으로서 경제적 원인에 기인할 수도 있고 정신적 또는 심리적 원인에 기인할 수도 있다(대판 2002.10.22, 2002다38927).

27 ③ 경매에 있어서는 불공정한 법률행위 또는 채무자에게 불리한 약정에 관한 것으로서 효력이 없다는 민법 제104조, 제608조는 적용될 여지가 없다(대결 1980.3.21, 80마77).

① 기부행위와 같이 아무런 대가관계 없이 당사자 일방이 상대방에게 일방적인 급부를 하는 법률행위는 그 공정성 여부를 논의할 수 있는 성질의 법률행위가 아니다(대판 1997.3.11, 96다49650).

② 채권의 포기 등과 같은 대가를 상정할 수 있는 단독행위에도 제104조가 적용될 수 있다(대판 1975.5.13, 75다92).

④ 어떠한 법률행위가 불공정한 법률행위에 해당하는지는 법률행위 시를 기준으로 판단하여야 한다(대판 전합 2013.9.26, 2011다53683).

⑤ 불공정한 법률행위로서 무효인 경우에는 추인에 의하여 무효인 법률행위가 유효로 될 수 없다 (대판 1994.6.24, 94다10900).

28 ④ 불공정한 법률행위로서 무효인 경우에는 추인에 의하여 그 무효인 법률행위가 유효로 될 수 없다고 할 것이므로, 같은 취지에서 법정추인에 관한 원고의 주장을 배척한 원심의 조치는 정당하다(대판 1994.6.24, 94다10900).

① 어떠한 법률행위가 불공정한 법률행위에 해당하는지는 법률행위 시를 기준으로 판단하여야 한다(대판 2013.9.26, 2012다13637 전합).

② 대리인에 의하여 법률행위가 이루어진 경우 그 법률행위가 민법 제104조의 불공정한 법률행위에 해당하는지 여부를 판단함에 있어서 경솔과 무경험은 대리인을 기준으로 하여 판단하고, 궁박은 본인의 입장에서 판단하여야 한다(대판 2002.10.22, 2002다38927).

③ 경매에 있어서는 불공정한 법률행위 또는 채무자에게 불리한 약정에 관한 것으로서 효력이 없다는 민법 제104조, 제608조는 적용될 여지가 없다(대결 1980.3.21, 80다77).

⑤ 불공정한 법률행위의 무효는 절대적 무효이므로, 선의의 제3자에 대해서도 무효이다.

29 ① 경매에 있어서는 불공정한 법률행위 또는 채무자에게 불리한 약정에 관한 것으로서 효력이 없다는 민법 제104조는 적용될 여지가 없다(대결 1980.3.21, 80마77).

30 ③ 보충적 해석은 자연적 해석이나 규범적 해석에 의하여 유효하게 성립한 이후에 행하여진다. 따라서 법률행위가 무효인 경우에는 보충적 해석이 적용될 여지가 없다.

① 사실인 관습은 법칙으로서의 효력은 인정되지 않는다.

② 유언은 상대방 없는 의사표시이므로 규범적 해석이 아니라 자연적 해석이 이루어져야 한다.

④ 처분문서의 진정성립이 인정되는 이상 법원은 반증이 없는 한 그 문서의 기재내용에 따른 의사표시의 존재 및 내용을 인정하여야 하고, 합리적인 이유 설시도 없이 이를 배척하여서는 아니 되나, 처분문서라 할지라도 그 기재내용과 다른 명시적, 묵시적 약정이 있는 사실이 인정될 경우에는 그 기재내용과 다른 사실을 인정할 수 있고, 작성자의 법률행위를 해석함에 있어서도 경험법칙과 논리법칙에 어긋나지 않는 범위 내에서 자유로운 심증으로 판단할 수 있다(대판 1996.9.10, 95누7239).

⑤ 계약당사자 쌍방이 X토지를 계약의 목적물로 삼았으나, 계약서에는 착오를 일으켜 Y토지를 기재한 경우, 당사자가 의욕했던 X토지에 관하여 계약이 성립한다.

31 ① 사례의 경우 오표시무해의 원칙이 적용되어 외형상 진의와 표시가 일치하더라도 당사자의 진정한 의사가 일치하는 경우 당사자가 의도했던 X토지에 대한 매매계약이 성립하는 것이지, 표시된 Y토지에 대한 매매계약이 성립하는 것은 아니다(대판 1993.10.26, 93다2629 참조).

32 ③ 매매계약서에 계약사항에 대한 이의가 생겼을 때에는 매도인의 해석에 따른다는 조항은 법원의 법률행위 해석권을 구속하는 조항이라고 볼 수 없다(대판 1974.9.24, 74다1057).

① 내심적 의사에 따라서 해석할 수 없고, 표시행위의 객관적 의미를 확정하는 것이다.

② 오표시무해의 원칙이 적용되는 경우로서, X토지에 대한 매매계약이 성립한다.

④ 당사자의 의사가 명확한 경우 의사가 먼저 해석의 기준이 된다. 없으면 사실인 관습이 기준이 된다.

⑤ 관습법은 법령과 같은 효력을 가지고, 사실인 관습은 법령과 같은 효력은 없고 당사자의 의사를 보충하는 역할을 한다.

33 ③ 당사자가 합의한 특정 토지에 대하여 계약이 성립한다.

① 오표시무해의 원칙은 자연적 해석에 따른 방법이다.

② 법률행위의 해석은 당사자가 그 표시행위에 부여한 객관적인 의미를 명백하게 확정하는 것으로서 사용된 문언에만 구애받는 것은 아니지만, 어디까지나 당사자의 내심의 의사가 어떤지에 관계없이 그 문언의 내용에 의하여 당사자가 그 표시행위에 부여한 객관적 의미를 합리적으로 해석하여야 하는 것이다. 이러한 법리는 비전형의 혼합계약의 해석에도 적용된다(대판 2010.10.14, 2009다67313).

④ 대판 1977.4.12, 76다1124

⑤ 계약을 체결하는 행위자가 타인의 이름으로 법률행위를 한 경우에 행위자 또는 명의인 가운데 누구를 계약의 당사자로 볼 것인가에 관하여는, 우선 행위자와 상대방의 의사가 일치한 경우에는 그 일치한 의사대로 행위자 또는 명의인을 계약의 당사자로 확정해야 하고, 행위자와 상대방의 의사가 일치하지 않는 경우에는 그 계약의 성질·내용·목적·체결 경위 등 그 계약 체결 전후의 구체적인 여러 사정을 토대로 상대방이 합리적인 사람이라면 행위자와 명의인 중 누구를 계약당사자로 이해할 것인가에 의하여 당사자를 결정하여야 한다(대판 2013.6.27, 2013다11959).

06 의사표시

Answer

01 ②	02 ③	03 ⑤	04 ⑤	05 ⑤	06 ④	07 ④	08 ⑤	09 ④	10 ①
11 ⑤	12 ③	13 ④	14 ①	15 ②	16 ①	17 ③	18 ⑤	19 ④	20 ③
21 ②	22 ③	23 ⑤	24 ⑤	25 ④	26 ⑤	27 ③	28 ④	29 ①	30 ②

01 ② 상대방이 표의자의 진의 아님을 알았을 경우, 그 의사표시는 무효이다(제107조 제1항 단서).

① 비진의 의사표시에 있어서의 진의란 특정한 내용의 의사표시를 하고자 하는 표의자의 생각을 말하는 것이지 표의자가 진정으로 마음속에서 바라는 사항을 뜻하는 것은 아니다(대판 2002. 12.27, 2000다47361).

③ 대리행위의 하자는 대리인을 기준으로 판단하므로(제116조), 진의 아닌 의사표시가 대리인의 의하여 이루어진 경우 대리인을 표준으로 결정한다(대판 2006.3.24, 2005다48253 참조).

④ 상대방이 알았거나 알 수 있었을 경우 진의 아닌 의사표시는 무효이고, 이러한 무효는 선의의 제3자에게 대항하지 못한다(제107조 제2항).

⑤ 진의 아닌 의사표시와 통정허위표시의 구별은 상대방과의 통정 여부에 있다. 즉 상대방과 통정한 적이 없으면 진의 아닌 의사표시에 해당하고, 상대방과 통정하였으면 통정허위표시에 해당한다.

02 ③ 표의자가 의사표시의 내용을 진정으로 마음속에서 바라지는 아니하였다고 하더라도 당시의 상황에서는 그것을 최선이라고 판단하여 그 의사표시를 하였을 경우에는 이를 내심의 효과의 사가 결여된 진의 아닌 의사표시라고 할 수 없다(대판 2000.4.25, 99다34475).

①② 진의 아닌 의사표시에 있어서의 진의란 특정한 내용의 의사표시를 하고자 하는 표의자의 생각을 말하는 것이지 표의자가 진정으로 마음속에서 바라는 사항을 뜻하는 것은 아니다(대판 2000.4.25, 99다34475).

④ 비록 재산을 강제로 뺏긴다는 것이 표의자의 본심으로 잠재되어 있었다 하여도 표의자가 강박에 의하여서나마 증여를 하기로 하고 그에 따른 증여의 의사표시를 한 이상 증여의 내심의 효과의사가 결여된 것이라고 할 수는 없다(대판 2002.12.27, 2000다47361).

⑤ 진의 아닌 의사표시에 관한 민법 제107조는 그 성질상 사직의 의사표시와 같은 사인의 공법행위에는 준용되지 아니한다(대판 1997.12.12, 97누13962).

03 ⑤ 진의 아닌 의사표시에 있어서의 진의란 특정한 내용의 의사표시를 하고자 하는 표의자의 생각을 말하는 것이지 표의자가 진정으로 마음속에서 바라는 사항을 뜻하는 것은 아니다(대판 2003.4.25, 2002다11458).

04 ⑤ 어떠한 의사표시가 비진의 의사표시로서 무효라고 주장하는 경우에 그 입증책임은 그 주장자에게 있으므로(대판 1992.5.22, 92다2295), 상대방의 악의·과실에 대한 입증책임은 표의자에게 있다.

① 공무원이 사직의 의사표시를 하여 의원면직처분을 하는 경우 그 사직의 의사표시는 그 법률관계의 특수성에 비추어 외부적·객관적으로 표시된 바를 존중하여야 할 것이므로, 비록 사직원 제출자의 내심의 의사가 사직할 뜻이 아니었다고 하더라도 진의 아닌 의사표시에 관한 민법 제107조는 그 성질상 사직의 의사표시와 같은 사인의 공법행위에는 준용되지 아니하므로 그 의사가 외부에 표시된 이상 그 의사는 표시된 대로 효력을 발한다(대판 1997.12.12, 97누13962).

② 진의 아닌 의사표시에 있어서의 '진의'란 특정한 내용의 의사표시를 하고자 하는 표의자의 생각을 말하는 것이지 표의자가 진정으로 마음속에서 바라는 사항을 뜻하는 것은 아니다(대판 2003.4.25, 2002다11458).

③ 비록 재산을 강제로 뺏긴다는 것이 표의자의 본심으로 잠재되어 있었다 하여도 표의자가 강박에 의하여서나마 증여를 하기로 하고 그에 따른 증여의 의사표시를 한 이상 증여의 내심의 효과의사가 결여된 것이라고 할 수는 없다(대판 2002.12.27, 2000다47361).

④ 어떠한 의사표시가 비진의 의사표시로서 무효라고 주장하는 경우에 그 입증책임은 그 주장자에게 있다(대판 1992.5.22, 92다2295).

05 ⑤ 가장매수인과 거래한 제3자가 악의라 하더라도 그와 다시 거래한 전득자가 선의라면 전득자 역시 제3자에 해당하므로 가장매매계약의 무효로써 선의의 전득자에게 대항할 수 없다.

① 통정허위표시는 제746조의 '불법'은 아니기에, 허위표시만으로는 제746조가 적용되지 않는다 (대판 1994.4.15, 93다61307).

② 대리인이 상대방과 통정 허위표시를 한 경우, 본인은 제3자가 아니므로 본인은 허위표시의 유효를 주장하지 못한다.

③ 가장의 매매계약은 무효이더라도, 은닉행위인 증여는 유효하다.

④ 민법 제108조 제2항에 규정된 통정허위표시에 있어서의 제3자는 그 선의 여부가 문제이지 이에 관한 과실 유무를 따질 것이 아니다(대판 2006.3.10, 2002다1321).

06 ㉠ (○) 甲과 乙 사이의 매매계약은 허위표시로서 무효이다.

㉢ (○) 통정허위표시는 선의의 제3자에게 대항하지 못하므로, 선의의 丙 앞으로 소유권이전등기를 한 경우, 丙은 그 토지에 대한 소유권을 취득한다.

㉣ (○) 선의의 제3자로부터 소유권을 취득한 자는 설령 악의라 할지라도 유효하게 소유권을 취득하므로 丁도 그 토지에 대한 소유권을 취득한다.

㉡ (×) 가장양도인 甲은 가장양수인 乙명의의 소유권이전등기말소를 청구할 수 있다.

07 ④ 보증인이 주채무자의 기망행위에 의하여 주채무가 있는 것으로 믿고 주채무자와 보증계약을 체결한 다음 그에 따라 보증채무자로서 그 채무까지 이행한 경우, 그 보증인은 주채무자에 대한 구상권 취득에 관하여 법률상의 이해관계를 가지게 되었고 그 구상권 취득에는 보증의 부종성으로 인하여 주채무가 유효하게 존재할 것을 필요로 한다는 이유로 결국 그 보증인은 주채무자의 채권자에 대한 채무 부담행위라는 허위표시에 기초하여 구상권 취득에 관한 법률상 이해관계를 가지게 되었다고 보아 민법 제108조 제2항 소정의 '제3자'에 해당한다(대판 2000.7.6, 99다51258). 즉 보증인이 이행을 한 경우에는 제3자이지만, 이행을 하지 않은 경우에는 제3자에 해당하지 않는다.

① 채무자의 법률행위가 통정허위표시인 경우에도 채권자취소권의 대상이 되고, 한편 채권자취소권의 대상으로 된 채무자의 법률행위라도 통정허위표시의 요건을 갖춘 경우에는 무효라고 할 것이다(대판 1998.2.27, 97다50985).

② 임대차계약에 따른 임대차보증금반환채권을 담보할 목적으로 임대인과 임차인 사이의 합의에 따라 임차인 명의로 전세권설정등기를 마친 경우, 전세권설정계약은 위와 같이 임대차계약과 양립할 수 없는 범위에서 통정허위표시에 해당하여 무효라고 봄이 타당하다(대판 2021.12.30, 2018다268538).

③ 통정허위표시가 성립하기 위해서는 의사표시의 진의와 표시가 일치하지 아니하고 그 불일치에 관하여 상대방과 사이에 합의가 있어야 하는데, 제3자가 금전소비대차약정서 등 대출관련 서류에 주채무자 또는 연대보증인으로서 직접 서명·날인하였다면 제3자는 자신이 그 소비대차계약의 채무자임을 금융기관에 대하여 표시한 셈이고, 제3자가 금융기관이 정한 여신제한 등의 규정을 회피하여 타인으로 하여금 제3자 명의로 대출을 받아 이를 사용하도록 할 의사가 있었다거나 그 원리금을 타인의 부담으로 상환하기로 하였더라도, 특별한 사정이 없는 한 이

는 소비대차계약에 따른 경제적 효과를 타인에게 귀속시키려는 의사에 불과할 뿐, 그 법률상의 효과까지도 타인에게 귀속시키려는 의사로 볼 수는 없으므로 제3자의 진의와 표시에 불일치가 있다고 보기는 어렵다고 할 것인바, 구체적 사안에서 위와 같은 특별한 사정의 존재를 인정하기 위해서는, 금융기관이 명의대여자와 사이에 당해 대출에 따르는 법률상의 효과까지 실제 차주에게 귀속시키고 명의대여자에게는 그 채무부담을 지우지 않기로 약정 또는 양해하였음이 적극적으로 입증되어야 한다(대판 2015.2.12, 2014다41223).

⑤ 파산채무자가 상대방과 통정한 허위의 의사표시를 통하여 가장채권을 보유하고 있다가 파산이 선고된 경우 그 가장채권도 일단 파산재단에 속하게 되고, 파산선고에 따라 파산채무자와는 독립한 지위에서 파산채권자 전체의 공동의 이익을 위하여 직무를 행하게 된 파산관재인은 그 허위표시에 따라 외형상 형성된 법률관계를 토대로 실질적으로 새로운 법률상 이해관계를 가지게 된 민법 제108조 제2항의 제3자에 해당하고, 그 선의·악의도 파산관재인 개인의 선의·악의를 기준으로 할 수는 없고, 총파산채권자를 기준으로 하여 파산채권자 모두가 악의로 되지 않는 한 파산관재인은 선의의 제3자라고 할 수밖에 없다(대판 2013.4.26, 2013다1952).

08 ⑤ 丙이 악의이더라도 丁이 선의라면 丁은 보호되는 제3자에 해당하여 甲은 丁 명의의 이전등기의 말소를 구할 수 없다.

① 甲과 乙의 사이의 통정허위표시는 무효이므로, 이행 전의 모습이라면 甲은 乙을 상대로 매매대금의 지급을 청구할 수 없다.

② 통정허위표시의 무효는 제746조의 불법원인급여에 해당하지 않으므로, 부당이득반환을 청구할 수 있으므로 甲은 乙을 상대로 X부동산의 반환을 청구할 수 있다.

③ 통정허위표시의 무효는 선의의 제3자에게 대항하지 못하므로, 허위표시에 기하여 저당권을 설정받은 丙은 선의의 제3자이므로, 甲은 丙명의의 저당권의 말소를 청구할 수 없다.

④ 통정허위표시에 의한 부동산을 가압류한 丙도 제3자에 해당하고, 제3자는 선의이면 족하고 무과실은 요건이 아니므로, 甲은 과실있는 선의의 丙에 대하여 대항하지 못하므로 가압류의 무효를 주장할 수 없다.

09 ④ 가장의 채권양도에서 채무자는 통정허위표시의 제3자에 해당하지 않는다.

10 ① 채권의 가장양수인으로부터 추심을 위하여 채권을 양수한 자는 제3자에 해당하지 않는다.

11 ⑤ 제3자 丙은 선의이면 족하고 무과실은 요건이 아니므로, 설령 丙에게 과실이 있더라도 제3자 丙은 소유권을 취득한다.

① 통정허위표시는 무효이므로, 효력이 발생하지 않으므로 채무를 이행할 필요가 없다.

② 통정허위표시는 선의의 제3자(丙)에게 대항하지 못하므로(제108조 제2항), 甲은 丙을 상대로 이전등기를 청구할 수 없다.

③ 선의의 제3자 丙은 부동산의 소유권을 취득한다.

④ 제3자 丙의 선의는 추정되므로, 무효를 주장하는 자(甲)가 제3자 丙의 악의를 증명하여야 한다.

12 ㉠ 가장매매의 매수인으로부터 매매계약에 의한 소유권이전등기청구권 보전을 위하여 가등기를 마친 자는 통정허위표시의 무효로 대항하지 못하는 제3자에 해당한다(대판 1970.9.29, 70다466).

㉡ 보증인이 주채무자의 기망행위에 의하여 주채무가 있는 것으로 믿고 주채무자와 보증계약을 체결한 다음 그에 따라 보증채무자로서 그 채무까지 이행한 경우, 그 보증인은 주채무자에 대한 구상권 취득에 관하여 법률상의 이해관계를 가지게 되었고 그 구상권 취득에는 보증의 부종성으로 인하여 주채무가 유효하게 존재할 것을 필요로 한다는 이유로 결국 그 보증인은 주채무자의 채권자에 대한 채무 부담행위라는 허위표시에 기초하여 구상권 취득에 관한 법률상 이해관계를 가지게 되었다고 보아 민법 제108조 제2항 소정의 '제3자'에 해당한다(대판 2000.7.6, 99다51258).

㉢ 구 상호신용금고법(2000. 1. 28. 법률 제6203호로 개정되기 전의 것) 소정의 계약이전은 금융거래에서 발생한 계약상의 지위가 이전되는 사법상의 법률효과를 가져오는 것이므로, 계약이전을 받은 금융기관은 계약이전을 요구받은 금융기관과 대출채무자 사이의 통정허위표시에 따라 형성된 법률관계를 기초로 하여 새로운 법률상 이해관계를 가지게 된 민법 제108조 제2항의 제3자에 해당하지 않는다(대판 2004.1.15, 2002다31537).

13 ④ 통정허위표시가 무효인 경우, 가장양도인의 채권자 甲은 채무자 乙을 대위하여 丙에게 부동산의 이전등기말소청구권을 대위행사할 수 있다.

14 ① 매도인이 매수인의 중도금 지급채무불이행을 이유로 매매계약을 적법하게 해제한 후라도 매수인으로서는 상대방이 한 계약해제의 효과로서 발생하는 손해배상책임을 지거나 매매계약에 따른 계약금의 반환을 받을 수 없는 불이익을 면하기 위하여 착오를 이유로 한 취소권을 행사하여 위 매매계약 전체를 무효로 돌리게 할 수 있다(대판 1991.8.27, 91다11308).

② 만일 그 착오로 인하여 표의자가 무슨 경제적인 불이익을 입은 것이 아니라고 한다면 이를 법률행위 내용의 중요 부분의 착오라고 할 수 없다(대판 1999.2.23, 98다47924).

③ 상대방이 표의자의 착오를 알고 이를 이용한 경우에는 착오가 표의자의 중대한 과실로 인한 것이라고 하더라도 표의자는 의사표시를 취소할 수 있다(대판 2023.4.27, 2017다227264).

④ 재단법인의 출연자가 착오를 원인으로 취소를 한 경우에는 출연자는 재단법인의 성립 여부나 출연된 재산의 기본재산인 여부와 관계없이 그 의사표시를 취소할 수 있다(대판 1999.7.9, 98다9045).

⑤ 민법 제109조 제1항 단서에서 규정하는 착오한 표의자의 중대한 과실 유무에 관한 주장과 입증책임은 착오자가 아니라 의사표시를 취소하게 하지 않으려는 상대방에게 있다(대판 2005.5.12, 2005다6228).

15 ② 착오로 인한 취소 제도와 매도인의 하자담보책임 제도는 취지가 서로 다르고, 요건과 효과도 구별된다. 따라서 매매계약 내용의 중요 부분에 착오가 있는 경우 매수인은 매도인의 하자담보책임이 성립하는지와 상관없이 착오를 이유로 매매계약을 취소할 수 있다(대판 2018.9.13, 2015다78703).

① 매도인이 매수인의 중도금 지급채무불이행을 이유로 매매계약을 적법하게 해제한 후라도 매수인으로서는 상대방이 한 계약해제의 효과로서 발생하는 손해배상책임을 지거나 매매계약에 따른 계약금의 반환을 받을 수 없는 불이익을 면하기 위하여 착오를 이유로 한 취소권을 행사하여 위 매매계약 전체를 무효로 돌리게 할 수 있다(대판 1991.8.27, 91다11308).

③ 부동산의 매매에 있어 시가에 관한 착오는 그 동기의 착오에 불과할 뿐 법률행위의 중요부분에 관한 착오라고는 할 수 없다(대판 1991.2.12, 90다17927).

④ 상대방이 표의자의 착오를 알고 이를 이용한 경우에는 착오가 표의자의 중대한 과실로 인한 것이라고 하더라도 표의자는 의사표시를 취소할 수 있다(대판 2014.11.27, 2013다49794).

⑤ 당사자의 합의로 착오로 인한 의사표시 취소에 관한 민법 제109조 제1항의 적용을 배제할 수 있다(대판 2016.4.15, 2013다97694).

16 ① 의사표시 당시 착오가 있더라도 법령의 개정으로 인하여 불이익이 소멸하게 된 경우 착오를 이유로 행한 취소권의 행사는 신의칙상 허용될 수 없다(대판 1995.3.24, 94다44620 참조).

② 착오를 이유로 취소하는 것은 위법이 아니므로 설령 상대방에게 손해가 발생하더라도 불법행위가 성립하지 않으므로 손해배상의무는 없다.

③ 표의자의 과실여부에 대한 증명책임은 유효를 주장하는 상대방에게 있다.

④ 중과실에 의한 경우에는 착오를 이유로 취소하지 못하지만 경과실은 착오를 이유로 취소할 수 있다.

⑤ 매매계약 내용의 중요 부분에 착오가 있는 경우 매수인은 매도인의 하자담보책임이 성립하는지와 상관없이 착오를 이유로 매매계약을 취소할 수 있다(대판 2018.9.13, 2015다78703).

17 ③ 동기가 상대방에게 표시되어 해석상 법률행위의 내용으로 된 경우뿐만 아니라 표시되지 않더라도 상대방으로부터 유발된 동기도 착오를 이유로 취소할 수 있다(대판 2012.12.13, 2012다65317 참조).

① 착오로 인한 취소 제도와 매도인의 하자담보책임 제도는 취지가 서로 다르고, 요건과 효과도 구별된다. 따라서 매매계약 내용의 중요 부분에 착오가 있는 경우 매수인은 매도인의 하자담보책임이 성립하는지와 상관없이 착오를 이유로 매매계약을 취소할 수 있다(대판 2018.9.13, 2015다78703).

② 민법 제109조에서 규정한 바와 같이 의사표시에 착오가 있다고 하려면 법률행위를 할 당시에 실제로 없는 사실을 있는 사실로 잘못 깨닫거나 아니면 실제로 있는 사실을 없는 것으로 잘못 생각하듯이 표의자의 인식과 그 대조사실이 어긋나는 경우라야 하므로, 표의자가 행위를 할 당시 장래에 있을 어떤 사항의 발생이 미필적임을 알아 그 발생을 예기한 데 지나지 않는 경우는 표의자의 심리상태에 인식과 대조의 불일치가 있다고 할 수 없어 이를 착오로 다룰 수는 없다(대판 2012.12.13, 2012다65317).

④ 부동산의 매매에있어 시가에 관한 착오는 그 동기의 착오에 불과할 뿐 법률행위의 중요부분에 관한 착오라고는 할 수 없다(대판 1991.2.12, 90다17927).

⑤ 민법 제109조 제1항 단서는 의사표시의 착오가 표의자의 중대한 과실로 인한 때에는 그 의사표시를 취소하지 못한다고 규정하고 있는데, 위 단서 규정은 표의자의 상대방의 이익을 보호하기 위한 것이므로, 상대방이 표의자의 착오를 알고 이를 이용한 경우에는 착오가 표의자의 중대한 과실로 인한 것이라고 하더라도 표의자는 의사표시를 취소할 수 있다(대판 2014.11.27, 2013다49794).

18 ⑤ 신원보증서류에 서명날인 한다는 착각에 빠진 상태로 연대보증의 서면에 서명날인 한 경우, 결국 위와 같은 행위는 강학상 기명날인의 착오(또는 서명의 착오), 즉 어떤 사람이 자신의 의사와 다른 법률효과를 발생시키는 내용의 서면에, 그것을 읽지 않거나 올바르게 이해하지 못한 채 기명날인을 하는 이른바 표시상의 착오에 해당하므로, 비록 위와 같은 착오가 제3자의 기망행위에 의하여 일어난 것이라 하더라도 그에 관하여는 사기에 의한 의사표시에 관한 법리, 특히 상대방이 그러한 제3자의 기망행위 사실을 알았거나 알 수 있었을 경우가 아닌 한 의사표시자가 취소권을 행사할 수 없다는 민법 제110조 제2항의 규정을 적용할 것이 아니라, 착오에 의한 의사표시에 관한 법리만을 적용하여 취소권 행사의 가부를 가려야 한다(대판 2005.5.27, 2004다43824).

① 민법 제109조 제1항 단서는 의사표시의 착오가 표의자의 중대한 과실로 인한 때에는 그 의사표시를 취소하지 못한다고 규정하고 있는데, 위 단서 규정은 표의자의 상대방의 이익을 보호하기 위한 것이므로, 상대방이 표의자의 착오를 알고 이를 이용한 경우에는 착오가 표의자의 중대한 과실로 인한 것이라고 하더라도 표의자는 의사표시를 취소할 수 있다(대판 2014.11.27, 2013다49794).

② 착오를 이유로 의사표시를 취소하는 자는 법률행위의 내용에 착오가 있었다는 사실과 함께 그 착오가 의사표시에 결정적인 영향을 미쳤다는 점, 즉 만약 그 착오가 없었더라면 의사표시를 하지 않았을 것이라는 점을 증명하여야 한다(대판 2008.1.17, 2007다74188).

③ 신원보증서류에 서명날인 한다는 착각에 빠진 상태로 연대보증의 서면에 서명날인한 경우, 결국 위와 같은 행위는 강학상 기명날인의 착오(또는 서명의 착오), 즉 어떤 사람이 자신의 의사와 다른 법률효과를 발생시키는 내용의 서면에, 그것을 읽지 않거나 올바르게 이해하지 못한 채 기명날인을 하는 이른바 표시상의 착오에 해당한다(대판 2005.5.27, 2004다43824).

④ 민법 제47조 제1항에 의하여 생전처분으로 재단법인을 설립하는 때에 준용되는 민법 제555조는 "증여의 의사가 서면으로 표시되지 아니한 경우에는 각 당사자는 이를 해제할 수 있다."고 함으로써 서면에 의한 증여(출연)의 해제를 제한하고 있으나, 그 해제는 민법 총칙상의 취소와는 요건과 효과가 다르므로 서면에 의한 출연이더라도 민법 총칙규정에 따라 출연자가 착오에 기한 의사표시라는 이유로 출연의 의사표시를 취소할 수 있고, 상대방 없는 단독행위인 재단법인에 대한 출연행위라고 하여 달리 볼 것은 아니다(대판 1999.7.9, 98다9045).

19 ④ 무효인 법률행위는 그 법률행위가 성립한 당초부터 당연히 효력이 발생하지 않는 것이므로, 무효인 법률행위에 따른 법률효과를 침해하는 것처럼 보이는 위법행위나 채무불이행이 있다고 하여도 법률효과의 침해에 따른 손해는 없는 것이므로 그 손해배상을 청구할 수는 없으므로(대판 2003.3.28, 2002다72125), 甲과 乙 사이의 계약이 통정허위표시로서 무효인 경우, 채무불이행을 이유로 손해배상을 청구할 수 없다.

① 당사자의 합의로 착오로 인한 의사표시 취소에 관한 민법 제109조 제1항의 적용을 배제할 수 있으므로(대판 2016.4.15, 2013다97694), 甲과 乙의 취소권 배제약정은 유효이다.

② 만일 그 착오로 인하여 표의자가 무슨 경제적인 불이익을 입은 것이 아니라고 한다면 이를 법률행위 내용의 중요부분의 착오라고 할 수 없다(대판 1999.2.23, 98다47924).

③ 반사회질서 법률행위는 추인에 의해서 유효로 될 수 없다.

⑤ 상대방의 대리인 등 상대방과 동일시할 수 있는 자의 사기나 강박은 제3자의 사기·강박에 해당하지 아니하므로, 甲은 乙의 인식 여부와 관계없이 취소할 수 있다.

20 ③ 강박에 의한 의사표시라고 하려면 상대방이 불법으로 어떤 해악을 고지하므로 말미암아 공포를 느끼고 의사표시를 한 것이어야 하므로 각서에 서명·날인할 것을 강력히 요구하였다고 설시한 것은 심리미진 또는 강박에 의한 의사표시의 법리를 오해한 것이라 할 것이다(대판 1979.1.16, 78다1968).

① 강박에 의한 법률행위가 하자 있는 의사표시로서 취소되는 것에 그치지 않고 나아가 무효로 되기 위하여는, 강박의 정도가 단순한 불법적 해악의 고지로 상대방으로 하여금 공포를 느끼도록 하는 정도가 아니고, 의사표시자로 하여금 의사결정을 스스로 할 수 있는 여지를 완전히 박탈한 상태에서 의사표시가 이루어져 단지 법률행위의 외형만이 만들어진 것에 불과한 정도이어야 한다(대판 2003.5.13, 2002다73708).

② 일반적으로 교환계약을 체결하려는 당사자는 (중략) 특별한 사정이 없는 한, 어느 일방이 교환 목적물의 시가나 그 가액 결정의 기초가 되는 사항에 관하여 상대방에게 설명 내지 고지를 할 주의의무를 부담한다고 할 수 없고, 일방 당사자가 자기가 소유하는 목적물의 시가를 묵비하여 상대방에게 고지하지 아니하거나 혹은 허위로 시가보다 높은 가액을 시가라고 고지하였다 하더라도 이는 상대방의 의사결정에 불법적인 간섭을 한 것이라고 볼 수 없다(대판 2002.9.4, 2000다54406).

④ 제3자의 사기행위로 인하여 피해자가 주택건설사와 사이에 주택에 관한 분양계약을 체결하였다고 하더라도 제3자의 사기행위 자체가 불법행위를 구성하는 이상, 제3자로서는 그 불법행위로 인하여 피해자가 입은 손해를 배상할 책임을 부담하는 것이므로, 피해자가 제3자를 상대로 손해배상청구를 하기 위하여 반드시 그 분양계약을 취소할 필요는 없다(대판 1998.3.10, 97다5829).

⑤ 의사표시의 상대방이 아닌 자로서 기망행위를 하였으나 민법 제110조 제2항에서 정한 제3자에 해당되지 아니한다고 볼 수 있는 자란 그 의사표시에 관한 상대방의 대리인 등 상대방과 동일시할 수 있는 자만을 의미한다(대판 1998.1.23, 96다41496).

21 ② 단순히 상대방의 피용자이거나 상대방이 사용자책임을 져야 할 관계에 있는 피용자에 지나지 않는 자는 상대방과 동일시할 수는 없어 이 규정에서 말하는 제3자에 해당한다(대판 1998.1.23, 96다41496).

① 매매거래에 있어서 매수인은 될수록 염가로 매수할 것을 희망하고 매도인은 반대로 될수록 고가로 처분할 것을 희망하는 이해가 상반되는 지위에 있는 것이므로 그 품질시가에 대하여 묵비를 지켜 고지 아니하였다 하여도 그 상대방은 사기행위에 의한 법률행위라고 할 수 없다(대판 1973.7.24, 73다114).

③ 제3자의 사기행위로 인하여 피해자가 주택건설사와 사이에 주택에 관한 분양계약을 체결하였다고 하더라도 제3자의 사기행위 자체가 불법행위를 구성하는 이상, 제3자로서는 그 불법행위로 인하여 피해자가 입은 손해를 배상할 책임을 부담하는 것이므로, 피해자가 제3자를 상대로 손해배상청구를 하기 위하여 반드시 그 분양계약을 취소할 필요는 없다(대판 1998.3.10, 97다55829).

④ 기망행위로 인하여 법률행위의 중요부분에 관하여 착오를 일으킨 경우뿐만 아니라 법률행위의 내용으로 표시되지 아니한 의사결정의 동기에 관하여 착오를 일으킨 경우에도 표의자는 그 법률행위를 사기에 의한 의사표시로서 취소할 수 있다(대판 1985.4.9, 85도167).

⑤ 법률행위가 사기에 의한 것으로서 취소되는 경우에 그 법률행위가 동시에 불법행위를 구성하는 때에는 취소의 효과로 생기는 부당이득반환청구권과 불법행위로 인한 손해배상청구권은 경합하여 병존하는 것이므로, 채권자는 어느 것이라도 선택하여 행사할 수 있지만 중첩적으로 행사할 수는 없다(대판 1993.4.27, 92다56087).

22 ③ 상가를 분양하면서 그 곳에 첨단 오락타운을 조성 · 운영하고 전문경영인에 의한 위탁경영을 통하여 분양계약자들에게 일정액 이상의 수익을 보장한다는 광고를 하고, 분양계약체결시 이러한 광고내용을 계약상대방에게 설명하였더라도, 체결된 분양계약서에는 이러한 내용이 기재되지 않은 점과, 그 후의 위 상가임대 운영경위 등에 비추어 볼 때, 위와 같은 광고 및 분양계약체결시의 설명은 청약의 유인에 불과할 뿐 상가분양계약의 내용으로 되었다고 볼 수 없고, 따라서 분양회사는 위 상가를 첨단 오락타운으로 조성 · 운영하거나 일정한 수익을 보장할 의무를 부담하지 않는다(대판 2001.5.29, 99다55601).

① 아파트 분양자는 아파트 단지 인근에 쓰레기 매립장이 건설예정인 사실을 분양계약자에게 고지할 신의칙상 의무를 부담하므로(대판 2006.10.12, 2004다48515), 분양계약자가 이를 고지하지 않은 경우 기망행위에 해당한다.

② 고지의무 위반은 부작위에 의한 기망행위에 해당하므로 원고들로서는 기망을 이유로 분양계약을 취소하고 분양대금의 반환을 구할 수도 있고 분양계약의 취소를 원하지 않을 경우 그로 인한 손해배상만을 청구할 수도 있다(대판 2006.10.12, 2004다48515).

④ 상대방 있는 의사표시에 관하여 제3자가 사기나 강박을 행한 경우에는 상대방이 그 사실을 알았거나 알 수 있었을 경우에 한하여 그 의사표시를 취소할 수 있다(제110조 제2항).

⑤ 의사표시의 상대방이 아닌 자로서 기망행위를 하였으나 민법 제110조 제2항에서 정한 제3자에 해당되지 아니한다고 볼 수 있는 자란 그 의사표시에 관한 상대방의 대리인 등 상대방과 동일시할 수 있는 자만을 의미하므로(대판 1998.1.23, 96다41496), 대리인이 상대방을 기망한 경우 설령 본인이 그러한 사실을 전혀 몰랐더라도 상대방은 계약을 취소할 수 있다.

23 ⑤ 사기에 의한 법률행위의 의사표시를 취소하면 취소의 소급효로 인하여 그 행위의 시초부터 무효인 것으로 되는 것이지 취소한 때에 비로소 무효로 되는 것이 아니므로, 취소를 주장하는 자와 양립되지 아니하는 법률관계를 가졌던 것이 취소 이전에 있었던가 이후에 있었던가는 가릴 필요 없이 사기에 의한 의사표시 및 그 취소사실을 몰랐던 모든 제3자에 대하여는 그 의사표시의 취소를 대항하지 못한다고 보아야 할 것이고, 이는 거래안전의 보호를 목적으로 하는 민법 제110조 제3항의 취지에도 합당한 해석이 된다(대판 1975.12.23, 75다533).

24 ⑤ 사기의 의사표시로 인한 매수인으로부터 부동산의 권리를 취득한 제3자는 특별한 사정이 없는 한 선의로 추정된다(대판 1970.11.24, 70다2155).

① 피기망자에게 손해를 가할 의사는 사기에 의한 의사표시의 성립요건이 아니다. 즉 피기망자에게 손해가 없더라도 사기에 의한 의사표시가 성립할 수 있다.

② 강박이란 어떤 해악을 고지하여 상대방이 공포심을 느껴야 한다. 따라서 해악을 고지하더라도 이로 말미암아 공포심을 느끼지 않았다면 강박에 의한 의사표시가 성립하지 않는다.

③ 상대방의 대리인이 한 사기는 상대방과 동일시할 수 있는 자의 사기에 해당하므로 제3자의 하기에 해당하지 않는다.

④ 단순히 상대방의 피용자이거나 상대방이 사용자책임을 져야 할 관계에 있는 피용자에 지나지 않는 자는 상대방과 동일시할 수는 없어 이 규정에서 말하는 제3자에 해당한다(대판 1998.1.23, 96다41496).

25 ④ 본인과 대리인은 동일시할 수 있는 자이므로 본인이 대리인의 기망사실을 몰랐거나 알 수 없었다 하더라도 계약의 상대방은 대리인의 기망을 이유로 취소할 수 있다.

① 강박으로 인한 의사표시가 취소되는 것에 그치지 아니하고 더 나아가 무효로 되기 위하여서는 강박의 정도가 극심하여 의사표시자의 의사결정의 자유가 완전히 박탈되는 정도에 이를 것을 요한다(대판 1974.2.26, 73다1143).

② 기망행위가 위법해야 사기에 의한 의사표시가 성립한다.

③ 강박의 고의가 있어야 강박에 의한 의사표시가 성립한다.

⑤ 근로계약의 무효 또는 취소를 주장할 수 있다 하더라도 근로계약에 따라 그동안 행하여진 근로자의 노무 제공의 효과를 소급하여 부정하는 것은 타당하지 않으므로 이미 제공된 근로자의 노무를 기초로 형성된 취소 이선의 법률관계까지 효력을 잃는다고 보아서는 아니 되고, 취소의 의사표시 이후 장래에 관하여만 근로계약의 효력이 소멸된다고 보아야 한다(대판 2017.12.22, 2013다25194).

26 ⑤ 제3자의 사기행위로 인하여 피해자가 주택건설사와 사이에 주택에 관한 분양계약을 체결하였다고 하더라도 제3자의 사기행위 자체가 불법행위를 구성하는 이상, 제3자로서는 그 불법행위로 인하여 피해자가 입은 손해를 배상할 책임을 부담하는 것이므로, 피해자가 제3자를 상대로 손해배상청구를 하기 위하여 반드시 그 분양계약을 취소할 필요는 없다(대판 1998.3.10, 97다55829)

① 사기에 의한 의사표시가 되려면 인과관계가 있어야 하는바, 상대방으로 기망을 당하였더라도 표의자가 기망되지 않고 의사표시를 하였다면 사기에 해당하지 않으므로 사기를 이유로 취소할 수 없다.

② 상대방 있는 의사표시에 관하여 제3자가 사기나 강박을 행한 경우에는 상대방이 그 사실을 알았거나 알 수 있었을 경우에 한하여 그 의사표시를 취소할 수 있다(제110조 제2항).

③ 상대방 있는 의사표시에 관하여 제3자가 사기나 강박을 한 경우에는 상대방이 그 사실을 알았거나 알 수 있었을 경우에 한하여 그 의사표시를 취소할 수 있으나, 상대방의 대리인 등 상대방과 동일시할 수 있는 자의 사기나 강박은 제3자의 사기·강박에 해당하지 아니한다(대판 1999.2.23, 98다60828,60835).

④ 단순히 상대방의 피용자이거나 상대방이 사용자책임을 져야 할 관계에 있는 피용자에 지나지 않는 자는 상대방과 동일시할 수는 없어 이 규정에서 말하는 제3자에 해당한다(대판 1998.1.23, 96다41496).

27 ③ 의사표시자가 그 통지를 발송한 후 제한능력자가 되어도 그 의사표시의 효력에 영향을 미치지 아니하므로(제111조 제2항), 그 의사표시를 취소할 없다.

　　① 채권양도의 통지는 양도인이 채무자에 대하여 당해 채권을 양수인에게 양도하였다는 사실을 알리는 관념의 통지이고, 법률행위의 대리에 관한 규정은 관념의 통지에도 유추적용된다(대판 1997.6.27, 95다40977).

　　② 현행 민법이 도달주의를 규정하고 있는 결과, 의사표시의 부도달 또는 연착으로 인한 불이익은 표의자가 부담한다.

　　④ 의사표시의 상대방이 의사표시를 받은 때에 제한능력자인 경우에는 의사표시자는 그 의사표시로써 대항할 수 없다(제112조 본문 참조).

　　⑤ 상대방이 정당한 사유 없이 통지의 수령을 거절한 경우에는 상대방이 그 통지의 내용을 알 수 있는 객관적 상태에 놓여 있는 때에 의사표시의 효력이 생기는 것으로 보아야 한다(대판 2008.6.12, 2008다19973).

28 ④ 피특정후견인은 제한능력자가 아니라 행위능력자이므로, 의사표시의 상대방이 피특정후견인인 경우 의사표시자는 그 의사표시로써 대항할 수 있다(제112조 참조).

　　① 의사표시자가 그 통지를 발송한 후 사망하거나 제한능력자가 되어도 의사표시의 효력에 영향을 미치지 아니한다(제111조 제2항).

　　② 내용증명우편이나 등기우편과는 달리, 보통우편의 방법으로 발송되었다는 사실만으로는 그 우편물이 상당한 기간 내에 도달하였다고 추정할 수 없고, 송달의 효력을 주장하는 측에서 증거에 의하여 이를 입증하여야 한다(대판 2009.12.10, 2007두20140).

　　③ 도달이라 함은 사회관념상 채무자가 통지의 내용을 알 수 있는 객관적 상태에 놓여졌다고 인정되는 상태를 지칭한다고 해석되고 채무자가 이를 현실적으로 수령하였다거나 그 통지의 내용을 알았을 것까지는 필요로 하지 않으므로(대판 1997.11.25, 97다31281), 의사표시는 상대방에게 도달하면 효력을 발생한다(제111조 제1항).

　　⑤ 이사의 사임의 의사표시가 법인의 대표자에게 도달하였다고 하더라도 그와 같은 사정만으로 곧바로 사임의 효력이 발생하는 것은 아니고 정관에서 정한 바에 따라 사임의 효력이 발생하는 것이므로, 이사가 사임의 의사표시를 하였더라도 정관에 따라 사임의 효력이 발생하기 전에는 그 사임의사를 자유롭게 철회할 수 있다(대판 2008.9.25, 2007다17109).

29 ① 의사표시자가 그 통지를 발송한 후 사망하거나 제한능력자가 되어도 의사표시의 효력에 영향을 미치지 아니한다(제111조 제2항).

　　② 의사표시의 효력발생시기에 관한 민법 제111조 제1항의 규정은 임의규정이다.

　　③ 상대방이 정당한 사유 없이 통지의 수령을 거절한 경우에는 상대방이 그 통지의 내용을 알 수 있는 객관적 상태에 놓여 있는 때에 의사표시의 효력이 생기는 것으로 보아야 한다(대판 2008.6.12, 2008다19973).

　　④ 재단법인의 설립행위는 상대방 없는 의사표시(상대방 없는 단독행위)이므로 의사표시가 성립한 때 그 효력이 발생하는 것이지, 의사표시의 도달을 요구하지 않는다.

　　⑤ 제한능력자인 미성년자는 행위능력이 제한되는 범위에서 수령무능력자이다.

30 ② 제한능력자는 의사표시의 수령무능력자이다(제112조 참조).

① 도달이라 함은 사회관념상 채무자가 통지의 내용을 알 수 있는 객관적 상태에 놓여졌다고 인정되는 상태를 지칭한다고 해석되므로, 채무자가 이를 현실적으로 수령하였다거나 그 통지의 내용을 알았을 것까지는 필요로 하지 않는다(대판 1997.11.25, 97다31281).

③ 보통우편의 방법으로 발송되었다는 사실만으로는 그 우편물이 상당한 기간 내에 도달하였다고 추정할 수 없고, 송달의 효력을 주장하는 측에서 증거에 의하여 이를 입증하여야 한다(대판 2009.12.10, 2007두20140).

④ 의사표시자가 그 통지를 발송한 후 사망하거나 제한능력자가 되어도 의사표시의 효력에 영향을 미치지 아니한다(제111조 제2항).

⑤ 표의자가 과실없이 상대방을 알지 못하거나 상대방의 소재지를 알지 못하는 경우에는 의사표시는 민사소송법 공시송달의 규정에 의하여 송달할 수 있다(제113조).

07 대리

Answer

01 ③	02 ①	03 ⑤	04 ③	05 ⑤	06 ①	07 ⑤	08 ⑤	09 ⑤	10 ①
11 ③	12 ③	13 ⑤	14 ④	15 ③	16 ④	17 ③	18 ⑤	19 ④	20 ⑤
21 ②	22 ②	23 ④	24 ⑤						

01 ③ 재산상의 법률행위를 대리하는 것이므로, 법률행위가 아닌 불법행위는 대리가 허용되지 않는다.

① 신분행위(혼인, 입양)는 대리가 허용되지 않는다.

② 대리인이 사망하면 대리권이 소멸한다(제127조 참조).

④ 본인은 행위능력 또는 의사능력은 요하지 않지만, 법률효과를 귀속받는 자이므로 최소한 권리능력은 있어야 한다.

⑤ 대리행위의 하자의 유무는 대리인을 기준으로 판단한다(제116조 참조).

02 ① 민법상 조합의 경우 법인격이 없어 조합 자체가 본인이 될 수 없으므로, 이른바 조합대리에 있어서는 본인에 해당하는 모든 조합원을 위한 것임을 표시하여야 하나, 반드시 조합원 전원의 성명을 제시할 필요는 없고, 상대방이 알 수 있을 정도로 조합을 표시하는 것으로 충분하다(대판 2009.1.30, 2008다79340).

② 부동산의 소유자로부터 매매계약을 체결할 대리권을 수여받은 대리인은 특별한 사정이 없는 한 그 매매계약에서 약정한 바에 따라 중도금이나 잔금을 수령할 권한이 있으므로(대판 1994.2.8, 93다39379), 상대방이 대리인에게 매매대금을 지급한 경우 상대방의 대금지급의무는 소멸한다.

③ 원인된 법률관계가 종료된 경우 임의대리권은 소멸한다(제128조 참조).

④ 부동산의 소유자로부터 매매계약을 체결할 대리권을 수여받은 대리인은 특별한 다른 사정이 없는 한 그 매매계약에서 약정한 바에 따라 중도금이나 잔금을 수령할 수도 있다고 보아야 하고, 매매계약의 체결과 이행에 관하여 포괄적으로 대리권을 수여받은 대리인은 특별한 다른 사정이 없는 한 상대방에 대하여 약정된 매매대금지급기일을 연기하여 줄 권한도 가진다고 보아야 할 것이다(대판 1992.4.14, 91다43107).

⑤ 대여금의 영수권한만을 위임받은 대리인이 그 대여금 채무의 일부를 면제하기 위하여는 본인의 특별수권이 필요하다(대판 1981.6.23, 80다3221).

03 ㉠ (×) 어떠한 계약의 체결에 관한 대리권을 수여받은 대리인이 수권된 법률행위를 하게 되면 그것으로 대리권의 원인된 법률관계는 원칙적으로 목적을 달성하여 종료하는 것이고, 법률행위에 의하여 수여된 대리권은 그 원인된 법률관계의 종료에 의하여 소멸하는 것이므로(민법 제128조), 그 계약을 대리하여 체결하였던 대리인이 체결된 계약의 해제 등 일체의 처분권과 상대방의 의사를 수령할 권한까지 가지고 있다고 볼 수는 없다(대판 2008.6.12, 2008다11276).

㉡ (○) 본인의 허락 없이 대리인이 자기계약을 한 경우 유동적 무효이다(제124조 참조).

㉢ (×) 오피스텔의 분양업무는 그 성질상 분양을 위임받은 대리인이 광고를 내거나 그 직원 또는 주변의 부동산중개인을 동원하여 분양사실을 널리 알리고, 분양사무실을 찾아온 사람들에게 오피스텔의 분양가격, 교통 등 입지조건, 오피스텔의 용도, 관리방법 등 분양에 필요한 제반 사항을 설명하고 청약을 유인함으로써 분양계약을 성사시키는 것으로서 대리인의 능력에 따라 본인의 분양사업의 성공 여부가 결정되는 것이므로, 사무처리의 주체가 별로 중요하지 아니한 경우에 해당한다고 보기 어렵다(대판 1996.1.26, 94다30690).

㉣ (×) 수권행위가 철회되면 대리권은 소멸한다(제128조 참조).

04 ③ 미성년자도 대리인이 될 수 있으므로(제117조 참조), 본인 甲은 대리인 乙이 제한능력자라는 이유로 대리인 乙이 체결한 매매계약(= 대리행위)를 취소할 수 없다.

① 대리행위의 하자여부는 본인을 기준으로 판단할 것이 아니라 대리인 乙을 기준으로 판단하여야 한다(제116조 참조).

② 임의대리인은 원칙적으로 취소권자에 해당하지 않는다. 따라서 사안의 경우 乙이 아니라 본인 甲이 매매계약을 취소할 수 있다.

④ 위임계약은 언제든지 해지할 수 있다(제689조 제1항 참조).

⑤ 착오와 사기는 그 인정근거 및 요건이 서로 다른 별개의 제도이므로, 표의자는 어느 쪽이든 그 요건을 증명하여 의사표시를 취소할 수 있다(대판 1985.4.9, 85도167).

05 ⑤ 대리인이 본인을 대리하여 매매계약을 체결함에 있어서 매매대상 토지에 관한 저간의 사정을 잘 알고 그 배임행위에 가담하였다면, 대리행위의 하자 유무는 대리인을 표준으로 판단하여야 하므로, 설사 본인이 미리 그러한 사정을 몰랐거나 반사회성을 야기한 것이 아니라고 할지라도 그로 인하여 매매계약이 가지는 사회질서에 반한다는 장애사유가 부정되는 것은 아니므로(대판 1998.2.27, 97다45532), 대리인이 적극가담 하여 이루어진 이중매매는 무효이므로 丙 명의로 경료된 소유권이전등기는 무효이다.

① 수권행위의 하자유무는 본인 丙을 기준으로 하여 판단한다.
② 대리행위의 하자유무는 대리인 丁을 기준으로 하여 판단한다.
③ 대리행위의 효과는 본인 丙에게 귀속된다.
④ 무효인 법률행위는 계약의 당사자뿐만 아니라 누구든지 무효를 주장할 수 있으므로, 乙도 무효를 주장할 수 있다.

06 ① 복대리인은 본인이나 제3자에 대하여 대리인과 동일한 권리의무가 있다(제123조 제2항).
② 대리의 목적인 법률행위의 성질상 대리인 자신에 의한 처리가 필요하지 아니한 경우에는 본인이 복대리 금지의 의사를 명시하지 아니하는 한 복대리인의 선임에 관하여 묵시적인 승낙이 있는 것으로 보는 것이 타당하다(대판 1996.1.26, 94다30690).
③ 본인의 승낙이나 부득이한 사유에 의하여 임의대리인이 복대리인은 선임한 때에는 본인에 대하여 그 선임감독에 관한 책임이 있다(제121조 제1항).
④ 법정대리인이 그 자신의 이름으로 선임한 복대리인은 본인의 대리인이다(제123조 제1항 참조).
⑤ 복대리인 선임권이 없는 대리인에 의하여 선임된 복대리인의 권한도 기본대리권이 될 수 있을 뿐만 아니라, 그 행위자가 사자라고 하더라도 대리행위의 주체가 되는 대리인이 별도로 있고 그들에게 본인으로부터 기본대리권이 수여된 이상, 민법 제126조를 적용함에 있어서 기본대리권의 흠결 문제는 생기지 않는다(대판 1998.3.27, 97다48982).

07 ㉠ (○) 복대리인은 본인이나 제삼자에 대하여 대리인과 동일한 권리의무가 있다(제123조 제2항).
㉡ (○) 투자수익보장이 강행법규에 위반되어 무효인 이상 증권회사의 지점장에게 그와 같은 약정을 체결할 권한이 수여되었는지 여부에 불구하고 그 약정은 여전히 무효이므로 표현대리의 법리가 준용될 여지가 없다(대판 1996.8.23, 94다38199).
㉢ (○) 법정대리인인 친권자가 부동산을 매수하여 이를 그 자에게 증여하는 행위는 미성년자인 자에게 이익만을 주는 행위이므로 친권자와 자 사이의 이해상반행위에 속하지 아니하고, 또 자기계약이지만 유효하다(대판 1981.10.13, 81다649).
㉣ (○) 대리인이 그 권한 내에서 본인을 위한 것임을 표시한 의사표시는 직접 본인에 대하여 효력이 생긴다(제114조 제1항).

08 ⑤ 법정대리인은 그 책임으로 복대리인을 선임할 수 있다(제122조).
① 대리인이 수인인 때에는 각자가 본인을 대리한다(제119조 본문 참조).
② 대리행위의 효과는 원칙적으로 본인에게 귀속되므로, 대리행위의 하자로 인한 취소권 역시 본인에게 귀속된다.
③ 전등기명의인의 직접적인 처분행위에 의한 것이 아니라 제3자가 그 처분행위에 개입된 경우 현등기명의인이 그 제3자가 전등기명의인의 대리인이라고 주장하더라도 현소유명의인의 등기가 적법히 이루어진 것으로 추정된다 할 것이므로 위 등기가 원인무효임을 이유로 그 말소를 청구하는 전소유명의인으로서는 그 반대사실 즉, 그 제3자에게 전소유명의인을 대리할 권한이 없었다든지, 또는 제3자가 전소유명의인의 등기서류를 위조하였다는 등의 무효사실에 대한 입증책임을 진다(대판 1992.4.24, 91다26379).
④ 복대리인은 본인의 대리인이다(제123조 제1항 참조).

09 ⑤ 복대리인 선임권이 없는 대리인에 의하여 선임된 복대리인의 권한도 기본대리권이 될 수 있을 뿐만 아니라, 그 행위자가 사자라고 하더라도 대리행위의 주체가 되는 대리인이 별도로 있고 그들에게 본인으로부터 기본대리권이 수여된 이상, 민법 제126조를 적용함에 있어서 기본대리권의 흠결 문제는 생기지 않는다(대판 1998.3.27, 97다48982).

① 복대리인은 그 권한 내에서 본인을 대리한다(제123조 제1항).

② 복대리인은 본인이나 제3자에 대하여 대리인과 동일한 권리·의무가 있다(제123조 제2항).

③ 대리인이 복대리인을 선임하더라도 대리인의 대리권은 소멸하지 않는다.

④ 대리인이 사망하면 복대리인의 복대리권도 소멸한다.

10 ① 법정대리인은 언제든지 그 책임으로 복대리인을 선임할 수 있다(제122조 본문 참조).

② 법정대리인이 부득이한 사유로 인하여 복대리인을 선임한 경우 본인에 대하여 선임감독에 관한 책임이 있다(제122조 단서).

③ 임의대리인은 원칙적으로 복임권이 없다.

④ 임의대리인이 본인의 승낙 또는 부득이한 사유로 인하여 복대리인을 선임한 때에는 본인에게 대하여 그 선임감독에 관한 책임이 있다(제121조 제1항).

⑤ 대리의 목적인 법률행위의 성질상 대리인 자신에 의한 처리가 필요하지 아니한 경우에는 본인이 복대리금지의 의사를 명시하지 아니하는 한 복대리인의 선임에 관하여 묵시적인 승낙이 있는 것으로 본다(대판 2009.4.23, 2005다22701).

11 ③ 대리인이 대리권 소멸 후 복대리인을 선임하여 복대리인으로 하여금 상대방과 사이에 대리행위를 하도록 한 경우에도, 상대방이 대리권 소멸 사실을 알지 못하여 복대리인에게 적법한 대리권이 있는 것으로 믿었고 그와 같이 믿은 데 과실이 없다면 민법 제129조에 의한 표현대리가 성립할 수 있다(대판 1998.5.29, 97다55317).

① (원)대리권이 소멸하면 복대리권도 소멸한다.

② 복대리인은 대리인의 권한으로 대리인의 이름으로 선임되는 자이므로, 복대리인의 대리권은 (원)대리인의 대리권의 범위보다 넓을 수 없다.

④ 법정대리인은 그 책임으로 복대리인을 선임할 수 있다(제122조 본문).

⑤ 대리권이 법률행위에 의하여 부여된 경우에는 대리인은 본인의 승낙이 있거나 부득이한 사유가 있는 때가 아니면 복대리인을 선임하지 못한다(제120조).

12 ③ 본인의 특정후견의 개시는 복대리권의 소멸사유가 아니다. 본인이 사망하거나 대리인의 성년후견의 개시 등은 대리권의 소멸사유이고, 대리권이 소멸하면 복대리권도 소멸한다. 또한 복대리인의 사망 또는 복대리인의 파산 등은 복대리권의 소멸사유이다.

13 ⑤ 판례에 의하면 법정대리인에게는 적용이 없다고 한다.

14 ㉠ (×) 대리권소멸 후의 표현대리에 관한 민법 제129조는 법정대리인의 대리권소멸에 관하여도 적용이 있다(대판 1975.1.28, 74다1199).

ⓒ (×) 증권회사 또는 그 임·직원의 부당권유행위를 금지하는 증권거래법 제52조 제1호는 공정한 증권거래질서의 확보를 위하여 제정된 강행법규로서 이에 위배되는 주식거래에 관한 투자수익보장약정은 무효이고, 투자수익보장이 강행법규에 위반되어 무효인 이상 증권회사의 지점장에게 그와 같은 약정을 체결할 권한이 수여되었는지 여부에 불구하고 그 약정은 여전히 무효이므로 표현대리의 법리가 준용될 여지가 없다(대판 1996.8.23, 94다38199).

ⓔ (×) 표현대리행위가 성립하는 경우에 그 본인은 표현대리행위에 의하여 전적인 책임을 져야 하고, 상대방에게 과실이 있다고 하더라도 과실상계의 법리를 유추적용하여 본인의 책임을 경감할 수 없다(대판 1996.7.12, 95다49554).

ⓝ (○) 표현대리 제도는 대리권이 있는 것 같은 외관이 생긴 데 대해 본인이 민법 제125조, 제126조 및 제129조 소정의 원인을 주고 있는 경우에 그러한 외관을 신뢰한 선의 무과실의 제3자를 보호하기 위하여 그 무권대리 행위에 대하여 본인이 책임을 지게 하려는 것이고 이와 같은 문제는 무권대리인과 본인과의 관계, 무권대리인의 행위 당시의 여러가지 사정 등에 따라 결정되어야 할 것이므로 당사자가 표현대리를 주장함에는 무권대리인과 표현대리에 해당하는 무권대리 행위를 특정하여 주장하여야 한다(대판 1984.7.24, 83다카1819).

15 ③ 권한을 넘은 표현대리에 관한 민법 제126조의 규정에서 제3자라 함은 당해 표현대리행위의 직접 상대방이 된 자만을 지칭하는 것이고, 이는 위 규정을 배서와 같은 어음행위에 적용 또는 유추적용할 경우에 있어서노 마찬가지로 보아야 할 것이며, 약속어음의 배서행위의 직접 상대방은 그 배서에 의하여 어음을 양도받은 피배서인만을 가리키고 그 피배서인으로부터 다시 어음을 취득한 자는 민법 제126조 소정의 제3자에는 해당하지 아니한다(대판 1994.5.27, 93다21521).

16 ④ 대리인이 대리권 소멸 후 복대리인을 선임하여 복대리인으로 하여금 상대방과 사이에 대리행위를 하도록 한 경우에도, 상대방이 대리권 소멸 사실을 알지 못하여 복대리인에게 적법한 대리권이 있는 것으로 믿었고 그와 같이 믿은 데 과실이 없다면 민법 제129조에 의한 표현대리가 성립할 수 있다(대판 1998.5.29, 97다55317).

① 표현대리행위가 성립하는 경우에 본인은 표현대리행위에 기하여 전적인 책임을 져야 하는 것이고 상대방에게 과실이 있다고 하더라도 과실상계의 법리를 유추적용하여 본인의 책임을 감경할 수 없는 것이다(대판 1994.12.22, 94다24985).

② 유권대리에 관한 주장 가운데 무권대리에 속하는 표현대리의 주장이 포함되어 있다고 볼 수 없으며, 따로이 표현대리에 관한 주장이 없는 한 법원은 나아가 표현대리의 성립여부를 심리 판단할 필요가 없다(대판 1983.12.13, 83다카1489 전합).

③ 민법 제126조 소정의 권한을 넘는 표현대리 규정은 거래의 안전을 도모하여 거래상대방의 이익을 보호하려는 데에 그 취지가 있으므로 법정대리라고 하여 임의대리와는 달리 그 적용이 없다고 할 수 없다(대판 1997.6.27, 97다3828).

⑤ 기본적인 어떠한 대리권도 없는 자에 대하여 대리권한의 유월 또는 소멸 후의 표현대리관계는 성립할 여지가 없으므로(대판 1984.10.10, 84다카780), 수권행위가 무효인 경우 기본대리권이 없으므로 대리권 소멸 후의 표현대리가 성립하지 않는다.

17 ③ 대리인이 아니고 사실행위를 위한 사자라 하더라도 외견상 그에게 어떠한 권한이 있는 것의 표시 내지 행동이 있어 상대방이 그를 믿었고 또 그를 믿음에 있어 정당한 사유가 있다면 표현대리의 법리에 의하여 본인에게 책임이 있다(대판 1962.2.8, 4294민상192).

① 민법 제125조의 표현대리에 해당하기 위하여는 상대방은 선의 · 무과실이어야 하므로 상대방에게 과실이 있다면 제125조의 표현대리를 주장할 수 없다(대판 1997.3.25, 96다51271).

② 판례는 사실혼 관계에 있는 부부사이에서도 제126조의 표현대리의 성립가능성을 인정하고 있다(대판 1984.6.26, 81다524).

④ 권한을 넘은 표현대리에 있어서 대리인에 그 권한이 있다고 믿을 만한 정당한 이유가 있는가의 여부는 대리행위(매매계약) 당시를 기준으로 하여 판정하여야 하는 것이다(대판 1981.8.20, 80다3247).

⑤ 대리인이 대리권 소멸 후 직접 상대방과 사이에 대리행위를 하는 경우는 물론 대리인이 대리권 소멸 후 복대리인을 선임하여 복대리인으로 하여금 상대방과 사이에 대리행위를 하도록 한 경우에도, 상대방이 대리권 소멸 사실을 알지 못하여 복대리인에게 적법한 대리권이 있는 것으로 믿었고 그와 같이 믿은 데 과실이 없다면 민법 제129조에 의한 표현대리가 성립할 수 있다(대판 1998.5.29, 97다55317).

18 ⑤ 대리인 乙의 대리권이 소멸한 상태에서 즉 무권대리에서 상대방이 선의무과실로 대리인과 대리행위를 한 경우 표현대리가 성립하였으므로, 상대방 丙이 본인 甲에게 표현대리를 주장하였으므로 본인 甲에게 효력이 미친다.

①②③④ 대리행위 자체가 무효이므로 본인과 상대방 사이에 효력이 발생하지 않는다.

19 ④ 민법 제135조 제1항은 "타인의 대리인으로 계약을 한 자가 그 대리권을 증명하지 못하고 또 본인의 추인을 얻지 못한 때에는 상대방의 선택에 좇아 계약의 이행 또는 손해배상의 책임이 있다."고 규정하고 있다. 위 규정에 따른 무권대리인의 상대방에 대한 책임은 무과실책임으로서 대리권의 흠결에 관하여 대리인에게 과실 등의 귀책사유가 있어야만 인정되는 것이 아니고, 무권대리행위가 제3자의 기망이나 문서위조 등 위법행위로 야기되었다고 하더라도 책임은 부정되지 아니한다(대판 2014.2.27, 2013다213038).

①⑤ 무권대리행위의 추인은 무권대리인에 의하여 행하여진 불확정한 행위에 관하여 그 행위의 효과를 자기에게 직접 발생케 하는 것을 목적으로 하는 의사표시이며, 무권대리인 또는 상대방의 동의나 승락을 요하지 않는 단독행위로서 추인은 의사표시의 전부에 대하여 행하여져야 하고, 그 일부에 대하여 추인을 하거나 그 내용을 변경하여 추인을 하였을 경우에는 상대방의 동의를 얻지 못하는 한 무효이다(대판 1982.1.26, 81다카549).

② 무권대리행위에서 상대방의 최고권은 본인의 추인 또는 추인거절이 있기 전에만 행사할 수 있다. 즉 본인의 추인에 의하여 유효로 확정되거나, 본인의 추인거절에 의하여 무효로 확정된 경우에 최고권을 행사할 수 없고, 행사할 필요가 없다.

③ 무권대리행위의 추인에 특별한 방식이 요구되는 것이 아니므로 명시적인 방법만 아니라 묵시적인 방법으로도 할 수 있고, 그 추인은 무권대리인, 무권대리행위의 직접의 상대방 및 그 무권대리행위로 인한 권리 또는 법률관계의 승계인에 대하여도 할 수 있다(대판 1981.4.14, 80다2314).

20 ⑤ 민법 제135조 제1항은 "타인의 대리인으로 계약을 한 자가 그 대리권을 증명하지 못하고 또 본인의 추인을 얻지 못한 때에는 상대방의 선택에 좇아 계약의 이행 또는 손해배상의 책임이 있다."고 규정하고 있다. 위 규정에 따른 무권대리인의 상대방에 대한 책임은 무과실책임으로서 대리권의 흠결에 관하여 대리인에게 과실 등의 귀책사유가 있어야만 인정되는 것이 아니고, 무권대리행위가 제3자의 기망이나 문서위조 등 위법행위로 야기되었다고 하더라도 책임은 부정되지 아니한다(대판 2014.2.27, 2013다213038).

① 민법 제125조가 규정하는 대리권 수여의 표시에 의한 표현대리는 본인과 대리행위를 한 자 사이의 기본적인 법률관계의 성질이나 그 효력의 유무와는 관계없이 어떤 자가 본인을 대리하여 제3자와 법률행위를 함에 있어 본인이 그 자에게 대리권을 수여하였다는 표시를 제3자에게 한 경우에 성립한다(대판 2007.8.23, 2007다23425).

② 대리인이 대리권 소멸 후 복대리인을 선임하여 복대리인으로 하여금 상대방과 사이에 대리행위를 하도록 한 경우에도, 상대방이 대리권 소멸 사실을 알지 못하여 복대리인에게 적법한 대리권이 있는 것으로 믿었고 그와 같이 믿은 데 과실이 없다면 민법 제129조에 의한 표현대리가 성립할 수 있다(대판 1998.5.29, 97다55317).

③ 기본대리권이 등기신청행위라 할지라도 표현대리인이 그 권한을 유월하여 대물변제라는 사법행위를 한 경우에는 표현대리의 법리가 적용된다(대판 1978.3.28, 78다282).

④ 그 계약을 대리하여 체결하였던 대리인이 체결된 계약의 해제 등 일체의 처분권과 상대방의 의사를 수령할 권한까지 가지고 있다고 볼 수는 없다(대판 2008.6.12, 2008다11276).

21 ② 표현대리에 관한 민법 제126조의 규정에서 제3자라 함은 당해 표현대리행위의 직접 상대방이 된 자만을 지칭한다(대판 2002.12.10, 2001다58443).

① 표현대리행위가 성립하는 경우에 그 본인은 표현대리행위에 의하여 전적인 책임을 져야 하고, 상대방에게 과실이 있다고 하더라도 과실상계의 법리를 유추적용하여 본인의 책임을 경감할 수 없다(대판 1996.7.12, 95다49554).

③ 상대방이 철회권을 행사하면 무효로 확정되기에, 본인은 추인할 수 없다.

④ 악의의 상대방도 철회할 수 있다(제131조 참조).

⑤ 대리인이 대리권 소멸 후 복대리인을 선임하여 복대리인으로 하여금 상대방과 사이에 대리행위를 하도록 한 경우에도, 상대방이 대리권 소멸 사실을 알지 못하여 복대리인에게 적법한 대리권이 있는 것으로 믿었고 그와 같이 믿은 데 과실이 없다면 민법 제129조에 의한 표현대리가 성립할 수 있다(대판 1998.5.29, 97다55317).

22 ②① 무권대리행위의 추인은 무권대리인에 의하여 행하여진 불확정한 행위에 관하여 그 행위의 효과를 자기에게 직접 발생케 하는 것을 목적으로 하는 의사표시이며, 무권대리인 또는 상대방의 동의나 승락을 요하지 않는 단독행위로서 추인은 의사표시의 전부에 대하여 행하여져야 하고, 그 일부에 대하여 추인을 하거나 그 내용을 변경하여 추인을 하였을 경우에는 상대방의 동의를 얻지 못하는 한 무효이다(대판 1982.1.26, 81다카549).

③ 타인의 채무에 대한 보증행위는 그 성질상 아무런 반대급부 없이 오직 일방적으로 불이익만을 입는 것인 점에 비추어 볼 때, 남편이 처에게 타인의 채무를 보증함에 필요한 대리권을 수여한다는 것은 사회통념상 이례에 속하므로, 처가 특별한 수권 없이 남편을 대리하여 위와 같은 행위를 하였을 경우에 그것이 민법 제126조 소정의 표현대리가 되려면 처에게 일상가사 대리권이 있었다는 것만이 아니라 상대방이 처에게 남편이 그 행위에 관한 대리의 권한을 주었다고 믿었음을 정당화할 만한 객관적인 사정이 있어야 한다. 사안의 경우 처가 임의로 남편의 인감도장과 용도란에 아무런 기재 없이 대리방식으로 발급받은 인감증명서를 소지하고 남편을 대리하여 친정 오빠의 할부판매보증보험계약상의 채무를 연대보증한 경우, 남편의 표현대리 책임은 부정된다(대판 1998.7.10, 98다18988).

④ 상대방이 철회하면 무효로 확정되기에 본인은 추인할 수 없다.

⑤ 무권대리행위라는 사실을 알았던 악의의 상대방도 최고할 수 있다(제131조 참조).

23 ④ 다른 자의 대리인으로 계약을 맺은 자가 그 대리권을 증명하지 못하고 또 본인의 추인을 받지 못한 경우에는 그는 상대방의 선택에 따라 계약을 이행할 책임 또는 손해를 배상할 책임이 있다(제135조 제1항 참조).

① 계약당시 무권대리임을 상대방 丙이 알았더라도 상대방 丙은 본인 甲에게 추인 여부의 확답을 최고할 수 있다(제131조 참조).

② 무권대리행위의 추인에 특별한 방식이 요구되는 것이 아니므로 명시적인 방법만 아니라 묵시적인 방법으로도 할 수 있고, 그 추인은 무권대리인, 무권대리행위의 직접의 상대방 및 그 무권대리행위로 인한 권리 또는 법률 관계의 승계인에 대하여도 할 수 있으므로(대판 1981.4.14, 80다2314 참조), 본인 甲은 상대방 丙에 대하여 계약을 추인할 수 있고 또한 무권대리인 乙에 대해서도 추인할 수 있다.

③ 민법 제132조는 본인이 무권대리인에게 무권대리행위를 추인한 경우에 상대방이 이를 알지 못하는 동안에는 본인은 상대방에게 추인의 효과를 주장하지 못한다는 취지이므로 상대방은 그때까지 민법 제134조에 의한 철회를 할 수 있지만(대판 1981.4.14, 80다2314), 악의의 상대방은 철회하지 못한다.

⑤ 본인을 단독상속한 무권대리인이 본인의 지위에서 추인을 거절하는 것은 신의성실의 원칙에 반하여 허용될 수 없다(대판 1994.9.27, 94다20617).

24 ⑤ 무권대리행위의 추인에 특별한 방식이 요구되는 것이 아니므로 명시적인 방법만 아니라 묵시적인 방법으로도 할 수 있고, 그 추인은 무권대리인, 무권대리행위의 직접의 상대방 및 그 무권대리행위로 인한 권리 또는 법률 관계의 승계인에 대하여도 할 수 있다(대판 1981.4.14, 80다2314).

① 본인이 적법하게 추인하면 본인의 책임이 되기에, 상대방은 무권대리인을 상대로 책임을 물을 수 없다(제135조 참조).

② 민법 제132조는 본인이 무권대리인에게 무권대리행위를 추인한 경우에 상대방이 이를 알지 못하는 동안에는 본인은 상대방에게 추인의 효과를 주장하지 못한다는 취지이므로 상대방은 그때까지 민법 제134조에 의한 철회를 할 수 있고, 또 무권대리인에의 추인이 있었음을 주장할 수도 있다(대판 1981.4.14, 80다2314).

③ 민법 제135조 제1항은 "타인의 대리인으로 계약을 한 자가 그 대리권을 증명하지 못하고 또 본인의 추인을 얻지 못한 때에는 상대방의 선택에 좇아 계약의 이행 또는 손해배상의 책임이 있다."고 규정하고 있다. 위 규정에 따른 무권대리인의 상대방에 대한 책임은 무과실책임으로서 대리권의 흠결에 관하여 대리인에게 과실 등의 귀책사유가 있어야만 인정되는 것이 아니고, 무권대리행위가 제3자의 기망이나 문서위조 등 위법행위로 야기되었다고 하더라도 책임은 부정되지 아니한다(대판 2014.2.27, 2013다213038).

④ 무권대리인이 계약에서 정한 채무를 이행하지 않으면 상대방에게 채무불이행에 따른 손해를 배상할 책임을 진다. 위 계약에서 채무불이행에 대비하여 손해배상액의 예정에 관한 조항을 둔 때에는 특별한 사정이 없는 한 무권대리인은 조항에서 정한 바에 따라 산정한 손해액을 지급하여야 한다. 이 경우에도 손해배상액의 예정에 관한 민법 제398조가 적용됨은 물론이다(대판 2018.6.28, 2018다210775).

08 \ 무효와 취소

Answer

01 ①	02 ④	03 ④	04 ②	05 ②	06 ①	07 ③	08 ①	09 ⑤	10 ③
11 ①	12 ①	13 ②	14 ①	15 ④	16 ③				

01 ① 진의 아닌 의사표시에 의한 법률행위의 무효는 선의의 제3자에게 대항할 수 없다(제107조 참조).

02 ④ 통정허위표시인 법률행위는 무효인데, 이 경우는 선의의 제3자에게 대항할 수 없는 상대적 무효이다.

03 ㉠ 권리자가 무권리자의 처분을 추인하면 무권대리에 대해 본인이 추인을 한 경우와 당사자들 사이의 이익상황이 유사하므로, 무권대리의 추인에 관한 민법 제130조, 제133조 등을 무권리자의 추인에 유추 적용할 수 있다. 따라서 무권리자의 처분이 계약으로 이루어진 경우에 권리자가 이를 추인하면 원칙적으로 계약의 효과가 계약을 체결했을 때에 소급하여 권리자에게 귀속된다고 보아야 한다(대판 2017.6.8, 2017다3499).
㉡ 무효행위의 추인은 소급효가 없다(제139조 참조).
㉢ 무권대리행위의 추인은 소급효가 있다(제133조 참조).

04 ㉠ (○) 특별한 사정이 없는 한 국토이용관리법상의 토지거래허가를 받지 않아 유동적 무효 상태인 매매계약에 있어서도 당사자 사이의 매매계약은 매도인이 계약금의 배액을 상환하고 계약을 해제함으로써 적법하게 해제된다(대판 1997.6.27, 97다9369).

     ⓛ (×) 유동적 무효의 상태에 있는 거래계약의 당사자는 상대방이 그 거래계약의 효력이 완성되
도록 협력할 의무를 이행하지 아니하였음을 들어 일방적으로 유동적 무효의 상태에 있는 거
래계약 자체를 해제할 수 없다(대판 1999.6.17, 98다40459 전합).

     ⓒ (×) 허가받기 전의 매매계약이 유동적 무효라고 하여 매매계약에 관한 계약금을 교부한 상태
에 있는 계약당사자 일방이 언제든지 계약의 무효를 주장하여 부당이득으로써 계약금의 반환
을 구할 수 없다(대판 1993.6.22, 91다21435).

     ⓔ (○) 허가구역이 지정해제된 경우 그 계약은 유효로 확정된다(대판 1999.6.17, 98다40459).

05 ② 국토이용관리법상의 토지거래규제구역 내의 토지에 관하여 관할 관청의 토지거래허가 없이
매매계약이 체결됨에 따라 그 매수인이 그 계약을 효력 있는 것으로 완성시키기 위하여 매
도인에 대하여 그 매매계약에 관한 토지거래허가 신청절차에 협력할 의무의 이행을 청구하는
경우, 매도인의 토지거래계약허가 신청절차에 협력할 의무와 토지거래허가를 받으면 매매계
약 내용에 따라 매수인이 이행하여야 할 매매대금 지급의무나 이에 부수하여 매수인이 부담
하기로 특약한 양도소득세 상당 금원의 지급의무 사이에는 상호 이행상의 견련성이 있다고
할 수 없으므로, 매도인으로서는 그러한 의무이행의 제공이 있을 때까지 그 협력의무의 이행
을 거절할 수 있는 것은 아니다(대판 1996.10.25, 96다23825). 즉 협력의무와 매매대금지급의무
는 동시이행의 관계가 아니다.

   ① 매매계약을 체결한 경우에 있어 관할 관청으로부터 토지거래허가를 받기까지는 매매계약이
그 계약내용대로의 효력이 있을 수 없는 것이어서 매수인으로서도 그 계약내용에 따른 대금
지급의무가 있다고 할 수 없으며, 설사 계약상 매수인의 대금지급의무가 매도인의 소유권이
전등기의무에 선행하여 이행하기로 약정되어 있었다고 하더라도, 매수인에게 그 대금지급의
무가 없음은 마찬가지여서 매도인으로서는 그 대금지급이 없었음을 이유로 계약을 해제할 수
없다(대판 전합 1991.12.24, 90다12243).

   ③ 유동적 무효 상태에 있는 계약을 체결한 당사자는 쌍방이 그 계약이 효력이 있는 것으로 완성
될 수 있도록 서로 협력할 의무가 있다고 할 것이므로, 이 경우 이러한 매매계약을 체결할
당시 당사자 사이에 당사자 일방이 토지거래허가를 받기 위한 협력의무 자체를 이행하지 아
니하거나 허가 신청에 이르기 전에 매매계약을 일방적으로 철회하는 경우 상대방에게 일정한
손해액을 배상하기로 하는 약정을 유효하게 할 수 있다(대판 2007.11.30, 2007다30393).

   ④ 유동적 무효의 상태에 있는 거래계약의 당사자는 상대방이 그 거래계약의 효력이 완성되도록
협력할 의무를 이행하지 아니하였음을 들어 일방적으로 유동적 무효의 상태에 있는 거래계약
자체를 해제할 수 없다(대판 전합 1999.6.17, 98다40459).

   ⑤ 규제구역 내의 토지에 대하여 거래계약을 체결한 당사자 사이에 있어서는 계약이 효력 있는
것으로 완성될 수 있도록 서로 협력할 의무가 있으므로 계약의 쌍방 당사자는 공동으로 관할
관청의 허가를 신청할 의무가 있고 이러한 의무에 위배하여 허가신청절차에 협력하지 않는
당사자에 대하여 상대방은 협력의무의 이행을 소송으로써 구할 이익이 있다(대판 1993.1.12,
92다36830).

06 ① 취소한 법률행위는 처음부터 무효인 것으로 간주되므로 취소할 수 있는 법률행위가 일단 취소된 이상 그 후에는 취소할 수 있는 법률행위의 추인에 의하여 이미 취소되어 무효인 것으로 간주된 당초의 의사표시를 다시 확정적으로 유효하게 할 수는 없고, 다만 무효인 법률행위의 추인의 요건과 효력으로서 추인할 수는 있으나, 무효행위의 추인은 그 무효 원인이 소멸한 후에 하여야 그 효력이 있다(대판 1997.12.12, 95다38240).

07 ③ 구 국토의 계획 및 이용에 관한 법률에서 정한 토지거래계약 허가구역 내 토지에 관하여 허가를 배제하거나 잠탈하는 내용으로 매매계약이 체결된 경우에는, 강행법규인 구 국토계획법 제118조 제6항에 따라 계약은 체결된 때부터 확정적으로 무효이다. 계약체결 후 허가구역 지정이 해제되거나 허가구역 지정기간 만료 이후 재지정을 하지 아니한 경우라 하더라도 이미 확정적으로 무효로 된 계약이 유효로 되는 것이 아니다(대판 2019.1.31, 2017다228618).

① 무권대리행위의 추인은 다른 의사표시가 없는 때에는 계약시에 소급하여 그 효력이 생긴다(제133조 본문).

② 민법 제137조는 임의규정으로서 법률행위 자치의 원칙이 지배하는 영역에서 그 적용이 있다. 그리하여 법률행위의 일부가 강행법규인 효력규정에 위반되어 무효가 되는 경우 그 부분의 무효가 나머지 부분의 유효·무효에 영향을 미치는가의 여부를 판단함에 있어서는, 개별 법령이 일부 무효의 효력에 관한 규정을 두고 있는 경우에는 그에 따르고, 그러한 규정이 없다면 민법 제137조 본문에서 정한 바에 따라서 원칙적으로 법률행위의 전부가 무효가 된다. 그러나 같은 조 단서는 당사자가 위와 같은 무효를 알았더라면 그 무효의 부분이 없더라도 법률행위를 하였을 것이라고 인정되는 경우에는, 그 무효 부분을 제외한 나머지 부분이 여전히 효력을 가진다고 정한다. 이때 당사자의 의사는 법률행위의 일부가 무효임을 법률행위 당시에 알았다면 의욕하였을 가정적 효과의사를 가리키는 것으로서, 당해 효력규정을 둔 입법 취지 등을 고려할 때 법률행위 전부가 무효로 된다면 그 입법 취지에 반하는 결과가 되는 등의 경우에는 여기서 당사자의 가정적 의사는 다른 특별한 사정이 없는 한 무효의 부분이 없더라도 그 법률행위를 하였을 것으로 인정되어야 한다(대판 2013.4.26, 2011다9068).

④ 무권대표행위를 포함하여 무효행위의 추인은 무권대표행위 등이 있음을 알고 그 행위의 효과를 자기에게 귀속시키도록 하는 단독행위이다(대판 2021.4.8, 2020다284496).

⑤ 타인의 권리를 자기의 이름으로 처분하거나 또는 자기의 권리로 처분한 경우(처분권 없는 자의 처분행위)에 본인이 후일 그 처분행위를 인정하면 특별한 사유가 없는 한 그 처분행위의 효력이 본인에게 미친다(대판 1992.9.8, 92다15550).

08 ① 무효인 법률행위는 그 법률행위가 성립한 당초부터 당연히 효력이 발생하지 않는 것이므로, 무효인 법률행위에 따른 법률효과를 침해하는 것처럼 보이는 위법행위나 채무불이행이 있다고 하여도 법률효과의 침해에 따른 손해는 없는 것이므로 그 손해배상을 청구할 수는 없다(대판 2003.3.28, 2002다72125).

② 토지거래허가를 전제로 매매계약을 체결한 당사자는 그 계약이 효력이 있는 것으로 완성될 수 있도록 서로 협력할 의무가 있으므로 공동으로 관할관청의 허가를 신청할 의무가 있고, 따라서 일방 당사자가 그러한 의무에 위배하여 허가신청절차에 협력하지 않을 경우 상대방은 그 협력의무의 이행을 소송으로써 구할 수 있다(대판 2010.2.11, 2008다88795).

③ 법률행위의 일부분이 무효인 때에는 그 전부를 무효로 한다(제137조 본문).

④ 매매계약이 약정된 매매대금의 과다로 말미암아 민법 제104조에서 정하는 '불공정한 법률행위'에 해당하여 무효인 경우에도 무효행위의 전환에 관한 민법 제138조가 적용될 수 있다(대판 2010.7.15, 2009다50308).

⑤ 무효행위의 추인은 무효행위 등이 있음을 알고 그 행위의 효과를 자기에게 귀속시키도록 하는 단독행위로서 그 의사표시의 방법에 관하여 일정한 방식이 요구되는 것이 아니므로 명시적이든 묵시적이든 묻지 않는다(대판 2013.4.26, 2012다99617).

09 ㉜ 기한이 도래한 때로부터 법률행위의 효력이 발생 또는 소멸하게 된다(제152조).

㉛ 이때의 취소는 철회에 해당하며, 소급효를 인정할 수 없다(제8조).

㉠ 실종선고가 취소되면 실종선고로 생긴 법률관계는 소급적으로 무효가 된다(제29조).

㉡ 취소를 하면 법률행위는 소급적으로 무효가 된다.

㉢ 소급효가 있다. 다만, 제3자의 권리를 해하지 못한다(제133조).

㉣ 소급효가 있다. 다만, 선의의 제3자에게 대항하지 못한다(제141조).

㉤ 소멸시효는 그 기산일에 소급하여 효력이 생긴다(제167조).

㉥ 상계적상시에 소급하여 대등액에서 소멸한다(제493조 제2항).

㉦ 해제를 하면 각 당사자는 원상회복의 의무를 진다. 다만, 제3자의 권리를 해하지 못한다(제548조 제1항).

㉧ 상속개시시에 소급한다. 다만, 제3자의 권리를 해하지 못한다(제1015조).

10 ③ 집합채권의 양도가 양도금지특약을 위반하여 무효인 경우 채무자는 일부 개별 채권을 특정하여 추인하는 것이 가능하다(대판 2009.10.29, 2009다47685).

① 취소한 법률행위는 처음부터 무효인 것으로 간주되므로 취소할 수 있는 법률행위가 일단 취소된 이상 그 후에는 취소할 수 있는 법률행위의 추인에 의하여 이미 취소되어 무효인 것으로 간주된 당초의 의사표시를 다시 확정적으로 유효하게 할 수는 없고, 다만 무효인 법률행위의 추인의 요건과 효력으로서 추인할 수는 있다(대판 1997.12.12, 95다38240).

② 토지거래허가구역 내 토지에 관한 매매계약이 처음부터 허가를 배제하거나 잠탈할 목적으로 이루어진 경우에는 확정적으로 무효이다(대판 전합 2011.7.21, 2010두23644).

④ 무권리자가 타인의 권리를 자기의 이름으로 또는 자기의 권리로 처분한 경우에, 권리자는 후일 이를 추인함으로써 그 처분행위를 인정할 수 있고, 특별한 사정이 없는 한 이로써 권리자 본인에게 위 처분행위의 효력이 발생함은 사적 자치의 원칙에 비추어 당연하고, 이 경우 추인은 명시적으로뿐만 아니라 묵시적인 방법으로도 가능하며 그 의사표시는 무권대리인이나 그 상대방 어느 쪽에 하여도 무방하다(대판 2001.11.9, 2001다44291).

⑤ 추인은 취소권을 가지는 자가 취소원인이 종료한 후에 취소할 수 있는 행위임을 알고서 추인의 의사표시를 하거나 법정추인사유에 해당하는 행위를 행할 때에만 법률행위의 효력을 유효로 확정시키는 효력이 발생한다(대판 1997.5.30, 97다2986).

11 ① 취소할 수 있는 법률행위는 취소권을 행사하지 않으면 유효이다. 다만 후에 취소권을 행사하면 소급하여 무효이다.

② 취소할 수 있는 법률행위의 상대방이 확정한 경우에는 그 취소는 그 상대방에 대한 의사표시로 하여야 한다(제142조).

③ 취소된 법률행위는 처음부터 무효인 것으로 본다. 다만, 제한능력자는 그 행위로 인하여 받은 이익이 현존하는 한도에서 상환할 책임이 있다(제141조).

④ 무효인 법률행위는 당사자가 무효임을 알고 추인할 경우 새로운 법률행위를 한 것으로 간주할 뿐이고 소급효가 없는 것이므로 무효인 가등기를 유효한 등기로 전용키로 한 약정은 그때부터 유효하고 이로써 위 가등기가 소급하여 유효한 등기로 전환될 수 없다(대판 1992.5.12, 91다26546).

⑤ 무효인 법률행위는 그 법률행위가 성립한 당초부터 당연히 효력이 발생하지 않는 것이므로, 무효인 법률행위에 따른 법률효과를 침해하는 것처럼 보이는 위법행위나 채무불이행이 있다고 하여도 법률효과의 침해에 따른 손해는 없는 것이므로 그 손해배상을 청구할 수는 없다(대판 2003.3.28, 2002다72125).

12 ① 취소권은 추인할 수 있는 날로부터 3년 내에 행사하여야 한다(제146조 참조).

② 취소의 의사표시란 반드시 명시적이어야 하는 것은 아니고, 취소자가 그 착오를 이유로 자신의 법률행위의 효력을 처음부터 배제하려고 한다는 의사가 드러나면 족한 것이며, 취소원인의 진술 없이도 취소의 의사표시는 유효한 것이다(대판 2005.5.27, 2004다43824).

③ 취소할 수 있는 법률행위의 상대방이 확정한 경우에는 그 취소는 상대방에 대한 의사표시로 하여야 한다(제142조).

④ 근로계약의 무효 또는 취소를 주장할 수 있다 하더라도 근로계약에 따라 그동안 행하여진 근로자의 노무 제공의 효과를 소급하여 부정하는 것은 타당하지 않으므로 이미 제공된 근로자의 노무를 기초로 형성된 취소 이전의 법률관계까지 효력을 잃는다고 보아서는 아니 되고, 취소의 의사표시 이후 장래에 관하여만 근로계약의 효력이 소멸된다고 보아야 한다(대판 2017.12.22, 2013다25194).

⑤ 매도인이 매수인의 중도금 지급채무불이행을 이유로 매매계약을 적법하게 해제한 후라도 매수인으로서는 상대방이 한 계약해제의 효과로서 발생하는 손해배상책임을 지거나 매매계약에 따른 계약금의 반환을 받을 수 없는 불이익을 면하기 위하여 착오를 이유로 한 취소권을 행사하여 위 매매계약 전체를 무효로 돌리게 할 수 있다(대판 1991.8.27, 91다11308).

13 ② 선량한 풍속 기타 사회질서에 위반한 사항을 내용으로 하는 법률행위의 무효는 이를 주장할 이익이 있는 자는 누구든지 무효를 주장할 수 있다(대판 2016.3.24, 2015다11281).

① 매매계약이 약정된 매매대금의 과다로 말미암아 민법 제104조에서 정하는 '불공정한 법률행위'에 해당하여 무효인 경우에도 무효행위의 전환에 관한 민법 제138조가 적용될 수 있다(대판 2010.7.15, 2009다50308).

③ 취소한 법률행위는 처음부터 무효인 것으로 간주되므로 취소할 수 있는 법률행위가 일단 취소된 이상 그 후에는 취소할 수 있는 법률행위의 추인에 의하여 이미 취소되어 무효인 것으로 간주된 당초의 의사표시를 다시 확정적으로 유효하게 할 수는 없고, 다만 무효인 법률행위의 추인의 요건과 효력으로서 추인할 수는 있다(대판 1997.12.12, 95다38240).

④ 법률행위의 일부분이 무효인 경우 원칙적으로 전부가 무효이다(제137조 참조).

⑤ 乙의 기망행위로 丙과 매매계약을 체결한 경우, 매매계약은 丙과 하였기에 甲은 丙을 상대로 취소의 의사표시를 하여야 한다.

14 ① 제한능력자도 법정대리인의 동의 없이 단독으로 취소할 수 있다(제140조 참조).

15 ④ 취소권자의 상대방이 취득한 권리의 일부를 제3자에게 양도하는 것은 법정추인사유에 해당하지 않는다. 이에 비하여 취소권자가 취득한 권리의 전부 또는 일부를 제3자에게 양도하는 것은 법정추인사유에 해당한다.

① 취소권자가 상대방에게 이행을 청구하는 경우 법정추인에 해당한다.

② 경개(구채무를 소멸시키고 신채무를 성립시키는 계약)도 법정추인사유에 해당한다.

③ 담보의 제공도 법정추인사유에 해당한다.

⑤ 전부 또는 일부의 이행 역시 법정추인사유에 해당한다.

16 ③ 무효인 법률행위는 당사자가 무효임을 알고 추인할 경우 새로운 법률행위를 한 것으로 간주할 뿐이고 소급효가 없는 것이므로 무효인 가등기를 유효한 등기로 전용키로 한 약정은 그때부터 유효하고 이로써 위 가등기가 소급하여 유효한 등기로 전환될 수 없다(대판 1992.5.12, 91다26546).

① 법률행위의 일부분이 무효인 때에는 그 전부를 무효로 한다(제137조 본문).

② 민법 제137조는 임의규정으로서 의사자치의 원칙이 지배하는 영역에서 적용된다고 할 것이므로(대판 2008.9.11, 2008다32501), 당사자의 합의로 그 적용을 배제할 수 있다.

④ 취소할 수 있는 법률행위의 상대방이 확정한 경우에는 그 취소는 그 상대방에 대한 의사표시로 하여야 한다(제142조).

⑤ 법정대리인이 취소할 수 있는 법률행위를 추인한 후에는 취소하지 못한다(제143조 제1항 참조).

09 법률행위의 부관

Answer

01 ④ 02 ⑤ 03 ① 04 ⑤ 05 ④ 06 ③ 07 ④ 08 ① 09 ⑤ 10 ⑤

01 ④ 조건이 법률행위의 당시에 이미 성취할 수 없는 것인 경우에는 그 조건이 해제조건이면 조건 없는 법률행위로 하고 정지조건이면 그 법률행위는 무효로 한다(제151조 제3항).

① 기한의 이익은 이를 포기할 수 있다. 그러나 상대방의 이익을 해하지 못한다(제153조 제2항).

② 정지조건 있는 법률행위는 조건이 성취한 때로부터 그 효력이 생긴다(제147조 제1항).

③ 조건의 성취가 미정한 권리의무는 일반규정에 의하여 처분, 상속, 보존 또는 담보로 할 수 있다(제149조).

⑤ 어느 법률행위에 어떤 조건이 붙어 있었는지 아닌지는 사실인정의 문제로서 그 조건의 존재를 주장하는 자가 이를 증명하여야 한다(대판 2011.8.25, 2008다47367).

02 ⑤ 조건의 성취로 인하여 불이익을 받을 당사자가 신의성실에 반하여 조건의 성취를 방해한 경우, 조건이 성취된 것으로 의제되는 시점은 이러한 신의성실에 반하는 행위가 없었더라면 조건이 성취되었으리라고 추산되는 시점이다(대판 1998.12.22, 98다42356).

① 조건은 법률행위의 효력의 발생 또는 소멸을 장래의 불확실한 사실의 성부에 의존케 하는 법률행위의 부관으로서 당해 법률행위를 구성하는 의사표시의 일체적인 내용을 이루는 것이므로, 의사표시의 일반원칙에 따라 조건을 붙이고자 하는 의사 즉 조건의사와 그 표시가 필요하며, 조건의사가 있더라도 그것이 외부에 표시되지 않으면 법률행위의 동기에 불과할 뿐이고 그것만으로는 법률행위의 부관으로서의 조건이 되는 것은 아니다(대판 2003.5.13, 2003다10797).

② 어떠한 법률행위가 조건의 성취시 법률행위의 효력이 발생하는 소위 정지조건부 법률행위에 해당한다는 사실은 그 법률행위로 인한 법률효과의 발생을 저지하는 사유로서 그 법률효과의 발생을 다투려는 자에게 주장입증책임이 있다(대판 1993.9.28, 93다20832).

③ 일반적으로 기한이익 상실의 특약이 채권자를 위하여 둔 것인 점에 비추어 명백히 정지조건부 기한이익 상실의 특약이라고 볼 만한 특별한 사정이 없는 이상 형성권적 기한이익 상실의 특약으로 추정하는 것이 타당하다(대판 2002.9.4, 2002다28340).

④ 주채무지의 항변포기는 보증인에게 효력이 없으므로(제433조 제2항), 주채무자가 시효이익을 포기하더라도 보증인에게는 미치지 않는다.

03 ① 저당권설정행위 등과 같은 물권행위에도 조건을 붙일 수 있다.

② 조건은 법률행위의 당사자가 그 의사표시에 의하여 그 법률행위와 동시에 그 법률행위의 내용으로서 부가시켜 그 법률행위의 효력을 제한하는 법률행위의 부관이므로(대판 2011.8.25, 2008다47367), 당사자가 임의로 부가하여야 조건이다.

③ 방해는 고의에 의한 경우만이 아니라 과실에 의한 경우에도 신의성실에 반하여 조건의 성취를 방해한 때에 해당한다고 할 것이다(대판 1998.12.22, 98다42356).

④ 부첩관계인 부부생활의 종료를 해제조건으로 하는 증여계약은 그 조건만이 무효인 것이 아니라 증여계약 자체가 무효이다(대판 1966.6.21, 66다530).

⑤ 정지조건이든 해제조건이든 조건이 성취한 때부터 효력이 생기고, 효력을 잃으므로 조건은 원칙적으로 소급효가 없다(제147조 제1항, 제2항 참조).

04 ⑤ 조건이 선량한 풍속 기타 사회질서에 위반한 것인 때에는 그 법률행위는 무효로 한다(제151조 제1항).

① 기한은 채무자의 이익을 위한 것으로 추정한다(제153조 제1항).

② 채무자가 담보를 손상, 감소 또는 멸실하게 한 때에는 채무자는 기한의 이익을 주장하지 못한다(제388조 참조).

③ 조건 있는 법률행위의 당사자는 조건의 성부가 미정한 동안에 조건의 성취로 인하여 생길 상대방의 이익을 해하지 못한다(제148조).

④ '시험에 합격하면 자동차를 사준다'는 법률행위는 정지조건부 법률행위에 해당한다.

05 ④ 기한의 효력은 기한 도래시부터 생기며 당사자가 특약을 하더라도 소급효가 없다(제152조 참조).
① 기성조건이 해제조건이면 무효로 한다(제151조 제2항 참조).
② 불능조건이 정지조건이면 무효로 한다(제151조 제3항 참조).
③ 불법조건이 붙어 있는 법률행위는 조건만 무효가 되는 것이 아니라 법률행위 전부가 무효이다(제151조 제1항 참조).
⑤ 조건은 법률행위의 당사자가 그 의사표시에 의하여 그 법률행위와 동시에 그 법률행위의 내용으로서 부가시켜 그 법률행위의 효력을 제한하는 법률행위의 부관이므로, 구체적인 사실관계가 어느 법률행위에 붙은 조건의 성취에 해당하는지 여부는 의사표시의 해석에 속하는 경우도 있다고 할 수 있지만, 어느 법률행위에 어떤 조건이 붙어 있었는지 아닌지는 사실인정의 문제로서 그 조건의 존재를 주장하는 자가 이를 증명하여야 한다(대판 2011.8.25, 2008다47367).

06 ③ 기한의 이익이 양당사자에게 있는 경우라도, 상대방의 손해를 배상하고 미리 기한 전이라도 포기할 수 있다.
① 기한은 항상 소급효가 없다.
② 미리 지급한 중간 퇴직금은 기한의 이익을 포기한 것으로 볼 수 있다.
④ 상계의 의사표시에는 조건 또는 기한을 붙이지 못한다(제493조 제1항).
⑤ 기한은 채무자의 이익을 위한 것으로 추정한다(제153조 제1항).

07 ④ 3년 안에 甲이 사망하는 것은 장래 발생이 불확실한 것이므로 조건에 해당한다.
① 고의에 의한 경우만이 아니라 과실에 의한 경우에도 신의성실에 반하여 조건의 성취를 방해한 때에 해당한다고 할 것이므로, 조건이 성취한 것으로 주장할 수 있다(대판 1998.12.22, 98다42356).
② 정지조건부 법률행위는 조건이 성취한 때로부터 효력이 생기는 것이 원칙이지만, 당사자가 조건성취의 효력을 그 성취 전에 소급하게 할 의사를 표시한 때에는 예외적으로 소급효가 있다(제147조 제3항 참조).
③ 불법조건이 붙은 법률행위는 조건뿐만 아니라 나머지 법률행위도 전부무효이다(제151조 제1항 참조).
⑤ 조건의 성취가 미정인 권리의무는 일반규정에 의하여 처분·상속·보존 또는 담보로 할 수 있다(제149조).

08 ① 소정의 기간 내에 이행이 없으면 계약은 당연히 해제된 것으로 한다는 뜻을 포함하고 있는 이행청구는 이행청구와 동시에 그 기간 내에 이행이 없는 것을 정지조건으로 하여 미리 해제의 의사를 표시한 것으로 볼 수 있다(대판 1992.12.22, 92다28549).
② 동산의 매매계약을 체결하면서, 매도인이 대금을 모두 지급받기 전에 목적물을 매수인에게 인도하지만 대금이 모두 지급될 때까지는 목적물의 소유권은 매도인에게 유보되며 대금이 모두 지급된 때에 그 소유권이 매수인에게 이전된다는 내용의 이른바 소유권유보의 특약을 한 경우, 목적물의 소유권을 이전한다는 당사자 사이의 물권적 합의는 매매계약을 체결하고 목적물을 인도한 때 이미 성립하지만 대금이 모두 지급되는 것을 정지조건으로 한다(대판 1999.9.7, 99다30534).

③ 부첩관계인 부부생활의 종료를 해제조건으로 하는 증여계약은 그 조건만이 무효인 것이 아니라 증여계약 자체가 무효이다(대판 1966.6.21, 66다530).

④ 당사자가 불확정한 사실이 발생한 때를 이행기한으로 정한 경우에 있어서 그 사실이 발생한 때는 물론 그 사실의 발생이 불가능하게 된 때에도 이행기한은 도래한 것으로 보아야한다(대판 1989.6.27, 88다카10579).

⑤ 기한이익 상실의 특약이 채권자를 위하여 둔 것인 점에 비추어 명백히 정지조건부 기한이익 상실의 특약이라고 볼 만한 특별한 사정이 없는 이상 형성권적 기한이익 상실의 특약으로 추정하는 것이 타당하다(대판 2002.9.4, 2002다28340).

09 ⑤ 기한의 이익은 이를 포기할 수 있다. 그러나 상대방의 이익을 해하지 못한다(제153조 제2항). 따라서 채무자도 채권자의 손해를 배상하고 기한도래 전이라도 변제하여 기한의 이익을 포기할 수 있다.

① 기한은 채무자의 이익을 위한 것으로 추정한다(제153조 제1항).

② 기한이익 상실특약에 있어서 그것이 정지조건부 기한이익 상실특약인지 형성권적 기한이익 상실특약인지 당사자의 의사가 불분명한 경우, 명백히 정지조건부 기한이익 상실의 특약이라고 볼 만한 특별한 사정이 없는 이상 형성권적 기한이익 상실특약으로 추정한다(대판 2002.9.4, 2002다28340).

③ 정지조건부 기한이익 상실의 특약이 있는 경우에는 그 특약에 정한 기한이익 상실의 사유가 발생함과 동시에 기한의 이익을 상실하게 하는 채권자의 의사표시가 없더라도 이행기 도래의 효과가 발생하고, 채무자는 특별한 사정이 없는 한 그때부터 이행지체의 상태에 놓이게 된다(대판 1989.9.29, 88다카14663).

④ 주채무자의 항변포기는 보증인에게 효력이 없다(제433조). 따라서 주채무자가 기한의 이익을 포기하더라도 보증인에게는 효력이 미치지 않는다.

10 ⑤ 형성권적 기한이익 상실의 특약이 있는 경우에는 그 기한이익 상실사유가 발생하더라도 채권자의 의사행위를 기다려 비로소 이행기 도래의 효과가 발생한다(대판 1997.8.29, 97다12990).

① 기한은 채무자의 이익을 위한 것으로 추정하므로(제153조 제1항), 기한의 이익이 채권자에게 있다는 점은 채권자가 증명하여야 한다.

② 기한의 이익은 이를 포기할 수 있다. 그러나 상대방의 이익을 해하지 못한다(제153조 제2항).

③ 당사자가 불확정한 사실이 발생한 때를 이행기한으로 정한 경우에 있어서 그 사실이 발생한 때는 물론 그 사실의 발생이 불가능하게 된 때에도 이행기한은 도래한 것으로 보아야 한다(대판 2002.3.29, 2001다41766).

④ 조건에 관한 제148조가 준용되기에, 기한부 법률행위의 당사자는 기한의 도래로 인하여 생길 상대방의 이익을 해하지 못한다(제154조, 제148조).

10 기 간

01   ② 주, 월 또는 연의 처음으로부터 기간을 기산하지 아니하는 때에는 최후의 주, 월 또는 연에서 그 기산일에 해당한 날의 전일로 기간이 만료한다(제160조 제2항).
① 연령계산에는 출생일을 산입한다(제158조).
③ 기간의 말일이 토요일 또는 공휴일에 해당한 때에는 기간은 그 익일로 만료한다(제161조).
④ 기간을 시, 분, 초로 정한 때에는 즉시로부터 기산한다(제156조).
⑤ 기간을 주, 월 또는 연으로 정한 때에는 역에 의하여 계산한다(제160조 제1항).

02   ② 기간에 관한 규정은 임의규정이다.
⑤ 기간의 초일이 공휴일이라 하더라도 기간은 초일부터 기산한다(대판 1982.2.23, 81누204).

03   ㉢ '2021년 6월 10일 오전 10시 정각부터 1주일 전(前)'의 만료점은 2021년 6월 2일 24시이다.
㉡ '2021년 5월 4일 오후 2시 정각부터 1개월간'의 만료점은 2021년 6월 4일 24시이다.
㉠ '2020년 6월 2일 오전 0시 정각부터 4일간'의 만료점은 2021년 6월 5일 24시이다.

04   ③ 정년이 60세라고 하는 것은 특별한 사정이 없으면 만60세가 만료되는 날을 의미하는 것이 아니라 도달하는 날을 말한다(대판 1973.6.12, 71다2669 참조).
① 기간이 오전 영시로부터 시작하는 때에는 초일을 산입한다(제157조 단서).
② 기간을 시, 분, 초로 정한 때에는 즉시로부터 기산한다(제156조).
④ 나이는 출생일을 산입하여 만(滿) 나이로 계산하고, 연수(年數)로 표시한다. 다만 1세에 이르지 아니한 경우에는 월수(月數)로 표시할 수 있다(제158조).
⑤ 기간의 말일이 토요일 또는 공휴일에 해당하는 때에는 기간은 그 익일로 만료한다(제161조).

05   ④ 2023년 5월 21일 14시부터 7일간의 만료점은 5월 28일이지만, 해당일인 일요일이므로 다음날 5월 29일 24시에 만료한다.

06   ② 19세가 되면 성년이 되므로 2028년 12월 31일 24시부터(2029년 1월 1일 0시부터) 성년이 된다.

07   ① 연령 계산은 출생일을 포함시켜 기산하므로 1997년 6월 3일부터 19년 후에 성년이 되므로 2016년 6월 2일 24시에 성년이 된다. 따라서 2016년 6월 3일 0시에 성년이 된다.

11 소멸시효

01 ⑤ 구상권은 채권에 속하므로 소멸시효의 대상이 된다. 물상보증인의 채무자에 대한 구상권은 그들 사이의 물상보증위탁계약의 법적 성질과 관계없이 민법에 의하여 인정된 별개의 독립한 권리이고, 그 소멸시효에 있어서는 민법상 일반채권에 관한 규정이 적용된다(대판 2001.4.24, 2001다6237). 점유권, 유치권은 소멸시효에 걸리지 않으며, 주위토지통행권은 소유권에 파생하는 상린권의 일종이므로 소멸시효에 걸리지 않으며, 소유권에 기한 물권적 청구권의 일종인 소유권에 기한 방해제거청구권 역시 소멸시효에 걸리지 않는다.

02 ㉢ 부동산 매수인이 부동산을 인도받아 스스로 계속 점유하는 경우의 소유권이전등기청구권은 소멸시효에 걸리지 않는다.
ⓒ 공유물분할청구권은 소멸시효에 걸리지 않는다.
㉣ 소유권에 기한 물권적 청구권은 소멸시효에 걸리지 않는다.
㉤ 저당권(담보물권)은 피담보채권과 운명을 같이 하기에 독립하여 소멸시효에 걸리지 않는다.
◎ 환매권은 형성권이기에 제척기간의 대상이지, 소멸시효의 대상이 아니다.
㉦ 매매예약완결권은 형성권이기에 제척기간의 대상이다. 소멸시효에 걸리지 않는다.
㉠ 근로자의 임금청구권은 3년의 소멸시효에 걸린다.
ⓛ 판결에 의하여 확정된 채권은 10년의 소멸시효에 걸린다.
ⓢ 지상권은 20년의 소멸시효에 걸린다.
㉧ 할부금채권은 3년, 10년 등의 소멸시효에 걸린다.

03 ⓛ 부동산의 매수인이 매매목적물을 인도받아 사용·수익하고 있는 경우에는 그 매수인의 이전등기청구권은 소멸시효에 걸리지 아니하나, 매수인이 그 목적물의 점유를 상실하여 더 이상 사용·수익하고 있는 상태가 아니라면 그 점유상실 시점으로부터 매수인의 이전등기청구권에 관한 소멸시효는 진행하므로(대판 1992.7.24, 91다40924), 매수인이 점유를 상실한 날로부터 10년이 경과하였으므로 매수인의 소유권이전등기청구권은 시효로 인하여 소멸한다.
㉠ 부동산 매수인이 그 목적물을 인도받아서 이를 사용·수익하고 있는 경우에는 그 매수인을 권리 위에 잠자는 것으로 볼 수도 없고, 그 매수인의 등기청구권은 다른 채권과는 달리 소멸시효에 걸리지 않는다고 해석함이 타당하다(대판 전합 1976.11.6, 76다148).
ⓒ 부동산의 매수인이 그 부동산을 인도받은 이상 이를 사용·수익하다가 그 부동산에 대한 보다 적극적인 권리 행사의 일환으로 다른 사람에게 그 부동산을 처분하고 그 점유를 승계하여 준 경우에도 이전등기청구권의 소멸시효는 진행되지 않는다고 보아야 한다(대판 전합 1999.3.18, 98다32175).

04 ④ 매도인의 매수인에 대한 매매대금채권의 시효기간은 10년이다.
   ① 노역인, 연예인의 임금 및 그에 공급한 물건의 대금채권은 1년의 시효기간이다(제164조 참조).
   ② 의복, 침구, 장구 기타 동산의 사용료의 채권은 1년의 시효기간이다(제164조 참조).
   ③ 학생 및 수업자의 교육, 의식 및 유숙에 관한 교주, 숙주, 교사의 채권은 1년의 시효기간이다
   (제164조 참조).
   ⑤ 생산자 및 상인이 판매한 생산물 및 상품의 대가채권은 3년의 시효기간이다(제163조 참조).

05 ② 민법 제163조 제1호에서 3년의 단기소멸시효에 걸리는 것으로 규정한 '1년 이내의 기간으로
   정한 채권'이란 1년 이내의 정기로 지급되는 채권을 말하는 것으로서, 1개월 단위로 지급되는
   집합건물의 관리비채권은 이에 해당한다고 할 것이다(대판 2007.2.22, 2005다65821).
   ① 소멸시효의 이익은 미리 포기하지 못한다(제184조 제1항).
   ③ 부작위를 목적으로 하는 채권의 소멸시효는 위반행위를 한 때로부터 진행한다(제166조 제2항).
   ④ 근저당권설정 약정에 의한 근저당권설정등기청구권이 그 피담보채권이 될 채권과 별개로 소
   멸시효에 걸린다(대판 2004.2.13, 2002다7213).
   ⑤ 본래의 소멸시효 기산일과 당사자가 주장하는 기산일이 서로 다른 경우에는 변론주의의 원칙
   상 법원은 당사자가 주장하는 기산일을 기준으로 소멸시효를 계산하여야 한다(대판 1995.8.25,
   94다35886).

06 ② 부동산에 대한 매매대금 채권이 소유권이전등기청구권과 동시이행의 관계에 있다고 할지라
   도 매도인은 매매대금의 지급기일 이후 언제라도 그 대금의 지급을 청구할 수 있는 것이며,
   다만 매수인은 매도인으로부터 그 이전등기에 관한 이행의 제공을 받기까지 그 지급을 거절
   할 수 있는 데 지나지 아니하므로 매매대금 청구권은 그 지급기일 이후 시효의 진행에 걸린다
   (대판 1991.3.22, 90다9797).
   ① 매도인에 대한 하자담보에 기한 손해배상청구권에 대하여는 민법 제582조의 제척기간이 적용
   되고, 이는 법률관계의 조속한 안정을 도모하고자 하는 데에 취지가 있다. 그런데 하자담보에
   기한 매수인의 손해배상청구권은 권리의 내용·성질 및 취지에 비추어 민법 제162조 제1항의
   채권 소멸시효의 규정이 적용되고, 민법 제582조의 제척기간 규정으로 인하여 소멸시효 규정
   의 적용이 배제된다고 볼 수 없다(대판 2011.10.13, 2011다10266).
   ③ 비록 대항요건을 갖추지 못하여 채무자에게 대항하지 못한다고 하더라도 채권의 양수인이 채
   무자를 상대로 재판상 청구를 하였다면 이는 소멸시효 중단사유인 재판상 청구에 해당한다고
   보아야 한다(대판 2018.6.15, 2018다10920).
   ④ 비법인사단이 총유물에 관한 매매계약을 체결하는 행위는 총유물 그 자체의 처분이 따르는
   채무부담행위로서 총유물의 처분행위에 해당하나, 그 매매계약에 의하여 부담하고 있는 채무
   의 존재를 인식하고 있다는 뜻을 표시하는 데 불과한 소멸시효 중단사유로서의 승인은 총유
   물 그 자체의 관리·처분이 따르는 행위가 아니어서 총유물의 관리·처분행위라고 볼 수 없
   다(대판 2009.11.26, 2009다64383).
   ⑤ 소멸시효 이익의 포기는 상대적 효과가 있을 뿐이어서 다른 사람에게는 영향을 미치지 아니
   함이 원칙이나, 소멸시효 이익의 포기 당시에는 권리의 소멸에 의하여 직접 이익을 받을 수

있는 이해관계를 맺은 적이 없다가 나중에 시효이익을 이미 포기한 자와의 법률관계를 통하여 비로소 시효이익을 원용할 이해관계를 형성한 자는 이미 이루어진 시효이익 포기의 효력을 부정할 수 없다(대판 2015.6.11, 2015다200227).

07 ② 본래의 소멸시효 기산일과 당사자가 주장하는 기산일이 서로 다른 경우에는 변론주의의 원칙상 법원은 당사자가 주장하는 기산일을 기준으로 소멸시효를 계산하여야 하는데, 이는 당사자가 본래의 기산일보다 뒤의 날짜를 기산일로 하여 주장하는 경우는 물론이고 특별한 사정이 없는 한 그 반대의 경우에 있어서도 마찬가지이다(대판 1995.8.25, 94다35886).

① 정지조건부 권리는 권리를 행사할 수 있는 때, 즉 조건 성취시부터 소멸시효가 진행한다.

③ 공동불법행위자의 다른 공동불법행위자에 대한 구상권의 소멸시효는 그 구상권이 발생한 시점, 즉 구상권자가 공동면책행위를 한 때로부터 기산하여야 한다(대판 1996.3.26, 96다3791).

④ 매도인에 대한 하자담보에 기한 손해배상청구권에 대하여는 민법 제582조의 제척기간이 적용되고, 이는 법률관계의 조속한 안정을 도모하고자 하는 데에 취지가 있다. 그런데 하자담보에 기한 매수인의 손해배상청구권은 권리의 내용·성질 및 취지에 비추어 민법 제162조 제1항의 채권 소멸시효의 규정이 적용되고, 민법 제582조의 제척기간 규정으로 인하여 소멸시효 규정의 적용이 배제된다고 볼 수 없으며, 이때 다른 특별한 사정이 없는 한 무엇보다도 매수인이 매매 목적물을 인도받은 때부터 소멸시효가 진행한다고 해석함이 타당하다(대판 2011.10.13, 2011다10266).

⑤ 선택채권은 선택권을 행사할 수 있는 때부터 소멸시효가 진행한다(대판 1963.8.22, 63다323).

08 ③ 소유권이전등기 말소등기의무의 이행불능으로 인한 전보배상청구권의 소멸시효는 말소등기의무가 이행불능 상태에 돌아간 때로부터 진행된다(대판 2005.9.15, 2005다29474).

① 불확정기한부 권리는 객관적으로 기한이 도래한 때부터 소멸시효가 진행한다.

② 동시이행의 항변권이 붙어 있는 채권은 이행기가 도래하면 소멸시효가 진행한다.

④ 선택채권은 선택채권을 행사할 수 있는 때로부터 소멸시효가 진행한다.

⑤ 부작위를 목적으로 하는 채권은 위반행위를 한 때부터 소멸시효가 진행한다.

09 ⑤ 천재 기타 사변으로 인하여 소멸시효를 중단할 수 없을 때에는 그 사유가 종료한 때로부터 1월 내에는 시효가 완성하지 아니한다(제182조).

10 ② 응소행위로 인한 시효중단의 효력은 피고가 현실적으로 권리를 행사하여 응소한 때에 발생한다(대판 2012.1.12, 2011다78606).

① 민법 제174조가 시효중단 사유로 규정하고 있는 최고를 여러 번 거듭하다가 재판상 청구 등을 한 경우에 시효중단의 효력은 항상 최초의 최고시에 발생하는 것이 아니라 재판상 청구 등을 한 시점을 기준으로 하여 이로부터 소급하여 6월 이내에 한 최고시에 발생하고, 민법 제170조의 해석상 재판상의 청구는 그 소송이 취하된 경우에는 그로부터 6월 내에 다시 재판상의 청구를 하지 않는 한 시효중단의 효력이 없고 다만 재판 외의 최고의 효력만을 갖게 된다. 이러한 법리는 그 소가 각하된 경우에도 마찬가지로 적용된다(대판 2019.3.14, 2018두56435).

③ 시효가 중단된 때에는 중단까지에 경과한 시효기간은 이를 산입하지 아니하고 중단사유가 종료한 때로부터 새로이 진행한다(제178조 제1항).

④ 시효중단의 효력있는 승인에는 상대방의 권리에 관한 처분의 능력이나 권한있음을 요하지 아니한다(제177조).

⑤ 부진정연대채무에 있어 채무자 1인에 대한 이행의 청구는 타 채무자에 대하여 그 효력이 미치지 않는다(대판 1997.9.12, 95다42027).

11 ③ 물상보증인에 대한 임의경매의 신청은 피담보채권의 만족을 위한 강력한 권리실행수단으로서, 채무자 본인에 대한 압류와 대비하여 소멸시효의 중단사유로서 차이를 인정할 만한 실질적인 이유가 없기 때문에, 중단행위의 당사자나 그 승계인 이외의 시효의 이익을 받는 채무자에게도 시효중단의 효력이 미치도록 하되, 다만 채무자가 시효의 중단으로 인하여 예측하지 못한 불이익을 입게 되는 것을 막아주기 위하여 채무자에게 압류사실이 통지되어야만 시효중단의 효력이 미치게 함으로써, 채권자와 채무자간에 이익을 조화시키려는 것이, 민법 제169조에 규정된 시효중단의 상대적 효력에 대한 예외를 인정한 민법 제176조의 취지라고 해석되는 만큼, 압류사실을 채무자가 알 수 있도록 경매개시결정이나 경매기일통지서가 우편송달(발송송달)이나 공시송달의 방법이 아닌 교부송달의 방법으로 채무자에게 송달되어야만 압류사실이 통지된 것으로 볼 수 있는 것이다(대판 1990.1.12, 89다카4946).

① 시효의 중단은 당사자 및 그 승계인간에만 효력이 있다(제169조).

② 민법 제168조에서 가압류를 시효중단사유로 정하고 있는 것은 가압류에 의하여 채권자가 권리를 행사하였다고 할 수 있기 때문인바, 가압류에 의한 집행보전의 효력이 존속하는 동안은 가압류채권자에 의한 권리행사가 계속되고 있다고 보아야 하므로 가압류에 의한 시효중단의 효력은 가압류의 집행보전의 효력이 존속하는 동안은 계속된다(대판 2006.7.27, 2006다32781).

④ 재산을 관리하는 아버지, 어머니 또는 후견인에 대한 제한능력자의 권리는 그가 능력자가 되거나 후임 법정대리인이 취임한 때부터 6개월 내에는 소멸시효가 완성되지 아니한다(제180조 제1항).

⑤ 부부 중 한 쪽이 다른 쪽에 대하여 가지는 권리는 혼인관계가 종료된 때부터 6개월 내에는 소멸시효가 완성되지 아니한다(제180조 제2항).

12 ㉠ (○) 민법 제170조의 해석상, 재판상의 청구는 그 소송이 취하된 경우에는 그로부터 6월내에 다시 재판상의 청구를 하지 않는 한 시효중단의 효력이 없고 다만 재판외의 최고의 효력만 있다(대판 1987.12.22, 87다카2337).

㉡ (×) 비록 대항요건을 갖추지 못하여 채무자에게 대항하지 못한다고 하더라도 채권의 양수인이 채무자를 상대로 재판상 청구를 하였다면 이는 소멸시효 중단사유인 재판상 청구에 해당한다고 보아야 한다(대판 2018.6.15, 2018다10920).

㉢ (×) 재판상 청구로 인하여 중단한 시효는 재판이 확정된 때로부터 새로이 진행하므로(제178조 제2항), 2024.4.20.부터 진행한다.

13 ③ 채무승인은 처분능력이나 권한이 있음을 요하지 아니하므로(제177조 참조), 법원에서 선임한 재산관리인은 부재자를 대리하여 소멸시효를 중단시키는 채무를 승인할 수 있다.

① 시효의 중단은 당사자 및 그 승계인 간에만 효력이 있다(제169조).

② 파산절차참가는 채권자기 이를 취소하거나 그 청구가 각하된 때에는 시효중단의 효력이 없다 (제171조).

④ 천재 기타 사변으로 인하여 소멸시효를 중단할 수 없을 때에는 그 사유가 종료한 때로부터 1월 내에는 시효가 완성하지 아니한다(제182조).

⑤ 부부 중 한쪽이 다른 쪽에 대하여 가지는 권리는 혼인관계가 종료한 때부터 6개월 내에는 소멸시효가 완성되지 아니한다(제180조 제2항).

14 ③ 비록 대항요건을 갖추지 못하여 채무자에게 대항하지 못한다고 하더라도 채권의 양수인이 채무자를 상대로 재판상 청구를 하였다면 이는 소멸시효 중단사유인 재판상 청구에 해당한다고 보아야 한다(대판 2018.6.15, 2018다10920).

① 지급명령에 대하여 이의신청이 없거나, 이의신청을 취하하거나, 각하결정이 확정된 때에는 지급명령은 확정판결과 같은 효력이 있다(민사소송법 제474조). 따라서 민법 제165조가 적용되므로 소멸시효의 기간은 10년으로 연장된다.

② 채권자가 동일한 목적을 달성하기 위하여 복수의 채권을 갖고 있는 경우, 채권자로서는 그 선택에 따라 권리를 행사할 수 있되, 그중 어느 하나의 청구를 한 것만으로는 다른 채권 그 자체를 행사한 것으로 볼 수는 없으므로, 특별한 사정이 없는 한 다른 채권에 대한 소멸시효 중단의 효력은 없다(대판 2020.3.26, 2018다221867).

④ 최고를 여러 번 거듭하다가 재판상청구 등을 한 경우에 시효중단의 효력은 항상 최초의 최고시에 발생하는 것이 아니라 재판상청구 등을 한 시점을 기준으로 하여 이로부터 소급하여 6월 이내에 한 최고시에 발생한다(대판 1983.7.12, 83다카437).

⑤ 동일 당사자간의 계속적인 금전거래로 인하여 수개의 금전채무가 있는 경우에 채무의 일부 변제는 채무의 일부로서 변제한 이상 그 채무전부에 관하여 시효중단의 효력을 발생하는 것으로 보아야하고 동일당사자간에 계속적인 거래관계로 인하여 수개의 금전채무가 있는 경우에 채무자가 전채무액을 변제하기에 부족한 금액을 채무의 일부로 변제한 때에는 특별한 사정이 없는 한 기존의 수개의 채무전부에 대하여 승인을 하고 변제한 것으로 보는 것이 상당하다(대판 1980.5.13, 78다1790).

15 ① 물상보증인이 그 피담보채무의 부존재 또는 소멸을 이유로 제기한 저당권설정등기 말소등기 절차이행청구소송에서 채권자 겸 저당권자가 청구기각의 판결을 구하고 피담보채권의 존재를 주장하였다고 하더라도, 이로써 직접 채무자에 대하여 재판상 청구를 한 것으로 볼 수는 없는 것이므로 피담보채권의 소멸시효에 관하여 규정한 민법 제168조 제1호 소정의 '청구'에 해당하지 아니한다(대판 2004.1.16, 2003다30890). 따라서 피담보채권의 소멸시효는 중단되지 않는다.

② 비법인사단의 사원총회가 그 총유물에 관한 매매계약의 체결을 승인하는 결의를 하였다면, 통상 그러한 결의에는 그 매매계약의 체결에 따라 발생하는 채무의 부담과 이행을 승인하는 결의까지 포함되었다고 봄이 상당하므로, 비법인사단의 대표자가 그 채무에 대하여 소멸시효 중단의 효력이 있는 승인을 하거나 그 채무를 이행할 경우에는 특별한 사정이 없는 한 별도로 그에 대한 사원총회의 결의를 거칠 필요는 없다고 보아야 한다(대판 2009.11.26, 2009다64383).

③ 물상보증인에 대한 임의경매의 신청은 피담보채권의 만족을 위한 강력한 권리실행 수단으로서, 채무자 본인에 대한 압류와 대비하여 소멸시효의 중단사유로서 차이를 인정할 만한 실질적인 이유가 없기 때문에, 중단행위의 당사자나 그 승계인 이외의 시효의 이익을 받는 채무자에게도 시효중단의 효력이 미치도록 하되, 다만 채무자가 시효의 중단으로 인하여 예측하지 못한 불이익을 입게 되는 것을 막아주기 위하여 채무자에게 압류사실이 통지되어야만 시효중단의 효력이 미치게 함으로써, 채권자와 채무자 간에 이익을 조화시키려는 것이 민법 제169조에 규정된 시효중단의 상대적 효력에 대한 예외를 인정한 민법 제176조의 취지라고 해석되는만큼, 압류사실을 채무자가 알 수 있도록 경매개시결정이나 경매기일통지서가 우편송달(발송송달)이나 공시송달의 방법이 아닌 교부송달의 방법으로 채무자에게 송달되어야만 압류사실이 통지된 것으로 볼 수 있는 것이다(대판 1990.1.12, 89다카4946).

④ 채권담보의 목적으로 매매예약의 형식을 빌어 소유권이전청구권 보전을 위한 가등기가 경료된 부동산을 양수하여 소유권이전등기를 마친 제3자는 당해 가등기담보권의 피담보채권의 소멸에 의하여 직접 이익을 받는 자이므로, 그 가등기담보권에 의하여 담보된 채권의 채무자가 아니더라도 그 피담보채권에 관한 소멸시효를 원용할 수 있고, 이와 같은 직접 수익자의 소멸시효 원용권은 채무자의 소멸시효 원용권에 기초한 것이 아닌 독자적인 것으로서 채무자를 대위하여서만 시효이익을 원용할 수 있는 것은 아니며, 가사 채무자가 이미 그 가등기에 기한 본등기를 경료하여 시효이익을 포기한 것으로 볼 수 있다고 하더라도 그 시효이익의 포기는 상대적 효과가 있음에 지나지 아니하므로 채무자 이외의 이해관계자에 해당하는 담보부동산의 양수인으로서는 여전히 독자적으로 소멸시효를 원용할 수 있다(대판 1995.7.11, 95다12446).

⑤ 가압류는 강제집행을 보전하기 위한 것으로서 경매절차에서 부동산이 매각되면 그 부동산에 대한 집행보전의 목적을 다하여 효력을 잃고 말소되며, 가압류채권자에게는 집행법원이 그 지위에 상응하는 배당을 하고 배당액을 공탁함으로써 가압류채권자가 장차 채무자에 대하여 권리행사를 하여 집행권원을 얻었을 때 배당액을 지급받을 수 있도록 하면 족한 것이다. 따라서 이러한 경우 가압류에 의한 시효중단은 경매절차에서 부동산이 매각되어 가압류등기가 말소되기 전에 배당절차가 진행되어 가압류채권자에 대한 배당표가 확정되는 등의 특별한 사정이 없는 한, 채권자가 가압류집행에 의하여 권리행사를 계속하고 있다고 볼 수 있는 가압류등기가 말소된 때 그중단사유가 종료되어, 그때부터 새로 소멸시효가 진행한다고 봄이 타당하다(대판 2013.11.14, 2013다18622).

16 ④ 소멸시효의 중단사유로서의 승인은 소멸시효의 진행이 개시된 이후에만 가능하다. 따라서 그 이전에 승인을 하더라도 시효가 중단되지는 않는다(대판 2001.11.9, 2001다52568).

① 소멸시효의 중단사유로서 채무자에 의한 채무승인이 있었다는 사실은 이를 주장하는 채권자 측에서 입증하여야 한다(대판 2015.4.9, 2014다85216).

② 소멸시효 중단사유로서의 채무의 승인은 그 표시의 방법은 아무런 형식을 요구하지 아니하고, 또 그 표시가 반드시 명시적일 것을 요하지 않고 묵시적인 방법으로도 가능하다(대판 2005.2.17, 2004다59959).

③ 승인으로 인한 시효중단의 효력은 그 승인의 통지가 상대방에게 도달하는 때에 발생한다(대판 1995.9.29, 95다30178).

⑤ 시효중단의 효력은 당사자 및 그 승계인 간에만 미치는바, 여기서 당사자라 함은 중단행위에 관여한 당사자를 가리키고 시효의 대상인 권리 또는 청구권의 당사자는 아니며, 승계인이라 함은 '시효중단에 관여한 당사자로부터 중단의 효과를 받는 권리를 그 중단효과 발생 이후에 승계한 자'를 뜻하고, 포괄승계인은 물론 특정승계인도 이에 포함된다(대판 1997.4.25, 96다46484).

17 ④ 물상보증인이 그 피담보채무의 부존재 또는 소멸을 이유로 제기한 저당권설정등기 말소등기 절차이행청구소송에서 채권자 겸 저당권자가 청구기각의 판결을 구하고 피담보채권의 존재를 주장하였다고 하더라도 이로써 직접 채무자에 대하여 재판상 청구를 한 것으로 볼 수는 없는 것이므로 피담보채권의 소멸시효에 관하여 규정한 민법 제168조 제1호 소정의 청구에 해당하지 아니한다(대판 2004.1.16, 2003다30890).

① 채권의 소멸시효가 완성된 후에 채무자가 그 기한의 유예를 요청하였다면 그때에 소멸시효의 이익을 포기한 것으로 보아야 한다(대판 1965.12.28, 65다2133). 따라서 그때부터 시효가 새로이 진행한다.

② 민법 제168조에서 가압류를 시효중단사유로 정하고 있는 것은 가압류에 의하여 채권자가 권리를 행사하였다고 할 수 있기 때문인데, 가압류에 의한 집행보전의 효력이 존속하는 동안은 가압류채권자에 의한 권리행사가 계속되고 있다고 보아야 할 것이므로, 가압류에 의한 시효중단의 효력은 가압류의 집행보전의 효력이 존속하는 동안은 계속된다(대판 2000.4.25, 2000다11102).

③ 시효의 중단은 당사자 및 그 승계인 간에만 효력이 있다(제169조).

⑤ 소유권이전등기를 명한 확정판결의 피고가 재심의 소를 제기하여 토지에 대한 소유권이 여전히 자신에게 있다고 주장한 것은 상대방의 시효취득과 양립할 수 없는 자신의 권리를 명확히 표명한 것이므로, 이는 시효의 중단사유가 되는 재판상의 청구에 준하는 것이라고 볼 것이다(대판 1998.6.12, 96다26961).

18 ③ 민법 제168조 제1호, 제170조 제1항에서 시효중단사유의 하나로 규정하고 있는 재판상의 청구라 함은, 통상적으로는 권리자가 원고로서 시효를 주장하는 자를 피고로 하여 소송물인 권리를 소의 형식으로 주장하는 경우를 가리키지만, 이와 반대로 시효를 주장하는 자가 원고가 되어 소를 제기한 데 대하여 피고로서 응소하여 그 소송에서 적극적으로 권리를 주장하고 그 것이 받아들여진 경우도 이에 포함되고, 위와 같은 응소행위로 인한 시효중단의 효력은 피고가 현실적으로 권리를 행사하여 응소한 때에 발생한다(대판 2010.8.26, 2008다42416).

① 재판상 청구가 아닌 최고는 최고를 한 후 6월 내에 재판상의 청구, 파산절차 참가, 화해를 위한 소환, 임의출석, 압류 또는 가압류, 가처분을 하지 아니하면 시효중단의 효력이 없다(대판 1983.7.12, 83다카437).

② 재판상 청구로 인한 시효중단은 소를 제기한 때에 발생한다(민사소송법 제265조 참조).

④ 채권양도 후 대항요건이 구비되기 전의 양도인은 채무자에 대한 관계에서는 여전히 채권자의 지위에 있으므로 채무자를 상대로 시효중단의 효력이 있는 재판상의 청구를 할 수 있고, 이 경우 양도인이 제기한 소송 중에 채무자가 채권양도의 효력을 인정하는 등의 사정으로 인하여 양도인의 청구가 기각됨으로써 민법 제170조 제1항에 의하여 시효중단의 효과가 소멸된다고 하더라도, 양도인의 청구가 당초부터 무권리자에 의한 청구로 되는 것은 아니므로, 양수인이 그로부

터 6월 내에 채무자를 상대로 재판상의 청구 등을 하였다면, 민법 제169조 및 제170조 제2항에 의하여 양도인의 최초의 재판상 청구로 인하여 시효가 중단된다(대판 2009.2.12, 2008두20109).

⑤ 채권자의 신청에 의한 경매개시결정에 따라 연대채무자 1인의 소유 부동산이 압류된 경우, 이로써 위 채무자에 대한 채권의 소멸시효는 중단되지만, 압류에 의한 시효중단의 효력은 다른 연대채무자에게 미치지 아니한다(대판 2001.8.21, 2001다22840).

19 ⑤ 민법 제163조 제1호 규정의 1년 이내의 기간으로 정한 채권이라 함은 1년 이내의 정기에 지급되는 채권을 의미하는 것이고 변제기가 1년 내의 채권이라는 의미가 아니다(대판 1980.2.12, 79다2169).

① 주채무자의 항변포기는 보증인에게 효력이 없으므로(제433조 제2항), 주채무자가 시효이익을 포기하더라도 보증인에게는 효력이 미치지 않으므로 보증인은 시효이익을 포기할 수 있다.

② 시효중단의 효력 있는 승인에는 상대방의 권리에 관한 처분의 능력이나 권한 있음을 요하지 아니한다(제177조).

③ 소멸시효의 기산일은 채무의 소멸이라고 하는 법률효과 발생의 요건에 해당하는 소멸시효 기간 계산의 시발점으로서 소멸시효 항변의 법률요건을 구성하는 구체적인 사실에 해당하므로 이는 변론주의의 적용 대상이고, 따라서 본래의 소멸시효 기산일과 당사자가 주장하는 기산일이 서로 다른 경우에는 변론주의의 원칙상 법원은 당사자가 주장하는 기산일을 기준으로 소멸시효를 계산하여야 한다(대판 1995.8.25, 94다35886).

④ 어떤 권리의 소멸시효기간이 얼마나 되는지에 관한 주장은 단순한 법률상의 주장에 불과하므로 변론주의의 적용대상이 되지 않고 법원이 직권으로 판단할 수 있다(대판 2013.2.15, 2012다68217).

20 ㉠ 소멸시효를 원용할 수 있는 사람은 권리의 소멸에 의하여 직접 이익을 받는 자에 한정되는바, 사해행위취소소송의 상대방이 된 사해행위의 수익자는, 사해행위가 취소되면 사해행위에 의하여 얻은 이익을 상실하고 사해행위취소권을 행사하는 채권자의 채권이 소멸하면 그와 같은 이익의 상실을 면하는 지위에 있으므로, 그 채권의 소멸에 의하여 직접 이익을 받는 자에 해당하는 것으로 보아야 한다(대판 2007.11.29, 2007다54849).

㉢ 유치권이 성립된 부동산의 매수인은 피담보채권의 소멸시효가 완성되면 시효로 인하여 채무가 소멸되는 결과 직접적인 이익을 받는 자에 해당하므로 소멸시효의 완성을 원용할 수 있는 지위에 있다(대판 2009.9.24, 2009다39530).

㉡ 소멸시효가 완성된 경우 채무자에 대한 일반채권자는 채권자의 지위에서 독자적으로 소멸시효의 주장을 할 수는 없다(대판 2017.7.11, 2014다32458).

㉣ 소멸시효가 완성된 경우 이를 주장할 수 있는 사람은 시효로 채무가 소멸되는 결과 직접적인 이익을 받는 사람에 한정된다. 후순위 담보권자는 선순위 담보권의 피담보채권이 소멸하면 담보권의 순위가 상승하고 이에 따라 피담보채권에 대한 배당액이 증가할 수 있지만, 이러한 배당액 증가에 대한 기대는 담보권의 순위 상승에 따른 반사적 이익에 지나지 않는다. 후순위 담보권자는 선순위 담보권의 피담보채권 소멸로 직접 이익을 받는 자에 해당하지 않아 선순위 담보권의 피담보채권에 관한 소멸시효가 완성되었다고 주장할 수 없다고 보아야 한다(대판 2021.2.25, 2016다232597).

21 ④ 소멸시효가 완성된 경우 이를 주장할 수 있는 사람은 시효로 채무가 소멸되는 결과 직접적인 이익을 받는 사람에 한정된다. 후순위 담보권자는 선순위 담보권의 피담보채권이 소멸하면 담보권의 순위가 상승하고 이에 따라 피담보채권에 대한 배당액이 증가할 수 있지만, 이러한 배당액 증가에 대한 기대는 담보권의 순위 상승에 따른 반사적 이익에 지나지 않는다. 후순위 담보권자는 선순위 담보권의 피담보채권 소멸로 직접 이익을 받는 자에 해당하지 않아 선순위 담보권의 피담보채권에 관한 소멸시효가 완성되었다고 주장할 수 없다고 보아야 한다(대판 2021.2.25, 2016다232597).

① 보증인도 주채무의 시효소멸을 주장할 수 있다(대판 2012.7.12, 2010다51192 참조).

② 채권담보의 목적으로 매매예약의 형식을 빌어 소유권이전청구권 보전을 위한 가등기가 경료된 부동산을 양수하여 소유권이전등기를 마친 제3자는 당해 가등기담보권의 피담보채권의 소멸에 의하여 직접 이익을 받는 자이므로, 그 가등기담보권에 의하여 담보된 채권의 채무자가 아니더라도 그 피담보채권에 관한 소멸시효를 원용할 수 있다(대판 1995.7.11, 95다12446).

③ 유치권이 성립된 부동산의 매수인은 피담보채권의 소멸시효가 완성되면 시효로 인하여 채무가 소멸되는 결과 직접적인 이익을 받는 자에 해당하므로 소멸시효의 완성을 원용할 수 있는 지위에 있다(대판 2009.9.24, 2009다39530).

⑤ 사해행위취소소송의 상대방이 된 사해행위의 수익자는, 사해행위가 취소되면 사해행위에 의하여 얻은 이익을 상실하고 사해행위취소권을 행사하는 채권자의 채권이 소멸하면 그와 같은 이익의 상실을 면하는 지위에 있으므로, 그 채권의 소멸에 의하여 직접 이익을 받는 자에 해당하는 것으로 보아야 한다(대판 2007.11.29, 2007다54849).

22 ③ 어느 연대채무자에 대한 이행청구는 다른 연대채무자에게도 효력이 있으므로(제416조), 연대채무자 중 1인에 대한 이행청구는 다른 연대채무자에 대해서도 시효중단의 효력이 있다.

① 소멸시효는 배제, 연장, 가중할 수 없지만, 단축 또는 경감할 수 있다(제184조 참조).

② 민사소송절차에서 변론주의 원칙은 권리의 발생·변경·소멸이라는 법률효과 판단의 요건이 되는 주요사실에 관한 주장·증명에 적용된다. 따라서 권리를 소멸시키는 소멸시효 항변은 변론주의 원칙에 따라 당사자의 주장이 있어야만 법원의 판단대상이 된다. 그러나 이 경우 어떤 시효기간이 적용되는지에 관한 주장은 권리의 소멸이라는 법률효과를 발생시키는 요건을 구성하는 사실에 관한 주장이 아니라 단순히 법률의 해석이나 적용에 관한 의견을 표명한 것이다. 이러한 주장에는 변론주의가 적용되지 않으므로 법원이 당사자의 주장에 구속되지 않고 직권으로 판단할 수 있다(대판 2017.3.22, 2016다25824).

④ 재판상의 청구는 소송의 각하, 기각 또는 취하의 경우에는 시효중단의 효력이 없다(제170조 제1항).

⑤ 보증채무는 주채무와는 별개의 독립한 채무이므로 보증채무와 주채무의 소멸시효기간은 채무의 성질에 따라 각각 별개로 정해진다. 그리고 주채무자에 대한 확정판결에 의하여 민법 제163조 각 호의 단기소멸시효에 해당하는 주채무의 소멸시효기간이 10년으로 연장된 상태에서 주채무를 보증한 경우, 특별한 사정이 없는 한 보증채무에 대하여는 민법 제163조 각 호의 단기소멸시효가 적용될 여지가 없고, 성질에 따라 보증인에 대한 채권이 민사채권인 경우에는 10년, 상사채권인 경우에는 5년의 소멸시효기간이 적용된다(대판 2014.6.12, 2011다76105).

23 ③ 유치권이 성립된 부동산의 매수인은 피담보채권의 소멸시효가 완성되면 시효로 인하여 채무가 소멸되는 결과 직접적인 이익을 받는 자에 해당하므로 소멸시효의 완성을 원용할 수 있는 지위에 있다(대판 2009.9.24, 2009다39530).

① 소유권은 항구성으로 인하여 소멸시효에 걸리지 않는다.

② 채권자가 동일한 목적을 달성하기 위하여 복수의 채권을 가지고 있더라도 선택에 따라 어느 하나의 채권만을 행사하는 것이 명백한 경우라면 채무자의 소멸시효완성의 항변은 채권자가 행사하는 당해 채권에 대한 항변으로 봄이 타당하다(대판 2013.2.15, 2012다68217).

④ 타인의 채무를 담보하기 위하여 자기의 물건에 담보권을 설정한 물상보증인은 채권자에 대하여 물적 유한책임을 지고 있어 그 피담보채권의 소멸에 의하여 직접 이익을 받는 관계에 있으므로 소멸시효의 완성을 주장할 수 있다(대판 2004.1.16, 2003다20890).

⑤ 채무불이행으로 인한 손해배상청구권에 대한 소멸시효 항변이 불법행위로 인한 손해배상청구권에 대한 소멸시효 항변을 포함한 것으로 볼 수는 없다(대판 1998.5.29, 96다51110).

24 ① 매매예약완결권, 미성년자의 법률행위에 대한 취소권은 형성권으로서 제척기간의 대상이 된다. 소유권에 기한 물권적 청구권은 소멸시효의 대상이 아니며, 저당권설정등기청구권, 점유취득시효완성을 원인으로 하는 소유권이전등기청구권은 채권으로서 소멸시효의 대상이다.

25 ④ 제척기간은 불변기간이 아니어서 그 기간을 지난 후에는 당사자가 책임질 수 없는 사유로 그 기간을 준수하지 못하였더라도 추후에 보완될 수 없다(대결 2003.8.11, 2003스32).

① 제척기간은 소급효가 없다.

② 제척기간에는 중단이 없다.

③ 점유보호청구권의 행사기간은 제척기간이기도 하지만, 반드시 그 기간내에 소를 제기하여야 하는 출소기간에 해당한다.

⑤ 채권양도의 통지는 양도인이 채권이 양도되었다는 사실을 채무자에게 알리는 것에 그치는 행위이므로, 그것만으로 제척기간 준수에 필요한 권리의 재판외 행사에 해당한다고 할 수 없다(대판 전합 2012.3.22, 2010다28840).

01 총 론

01 ④ 점유권, 소유권은 소멸시효에 걸리지 않지만, 지상권 또는 지역권은 20년간 행사하지 않으면 시효로 인하여 소멸한다.

① 일물일권주의의 원칙상 물건의 일부는 물권의 객체가 될 수 없다.

② 권원 없이 타인의 토지에 심은 수목은 토지에 부합하므로, 물권의 객체가 될 수 없다.

③ 일반적으로 일단의 증감 변동하는 동산을 하나의 물건으로 보아 이를 채권담보의 목적으로 삼으려는 이른바 집합물에 대한 양도담보설정계약체결도 가능하며 이 경우 그 목적 동산이 담보설정자의 다른 물건과 구별될 수 있도록 그 종류, 장소 또는 수량지정 등의 방법에 의하여 특정되어 있으면 그 전부를 하나의 재산권으로 보아 이에 유효한 담보권의 설정이 된 것으로 볼 수 있다(대판 1990.12.26, 88다카20224).

⑤ 소유권에 기한 물상청구권을 소유권과 분리하여 이를 소유권 없는 전소유자에게 유보하여 행사시킬 수는 없는 것이므로 소유권을 상실한 전소유자는 제3자인 불법점유자에 대하여 소유권에 기한 물권적 청구권에 의한 방해배제를 구할 수 없다(대판 1980.9.9, 80다7).

02 ② 일반적으로 일단의 증감 변동하는 동산을 하나의 물건으로 보아 이를 채권담보의 목적으로 삼으려는 이른바 집합물에 대한 양도담보설정계약체결도 가능하며 이 경우 그 목적 동산이 담보설정자의 다른 물건과 구별될 수 있도록 그 종류, 장소 또는 수량지정 등의 방법에 의하여 특정되어 있으면 그 전부를 하나의 재산권으로 보아 이에 유효한 담보권의 설정이 된 것으로 볼 수 있다(대판 1990.12.26, 88다카20224).

① 지상권도 저당권의 객체가 될 수 있다(제371조 제1항 참조).

③ 저당권의 객체는 부동산이고, 질권의 객체는 동산이므로 하나의 물건에 저당권과 질권은 동시에 성립할 수 없다.

④ 지상공간의 일부만을 대상으로 하는 구분지상권은 원칙적으로 허용된다(제289조의 2 참조).

⑤ 어떤 토지가 지적공부에 1필지의 토지로 등록되면 토지의 소재, 지번, 지목, 지적 및 경계는 다른 특별한 사정이 없는 한 이 등록으로써 특정되고 소유권의 범위는 현실의 경계와 관계없이 공부의 경계에 의하여 확정되는 것이 원칙이지만, 지적도를 작성하면서 기점을 잘못 선택하는 등 기술적인 착오로 말미암아 지적도의 경계선이 진실한 경계선과 다르게 작성되었다는 등과 같은 특별한 사정이 있는 경우에는 토지의 경계는 실제의 경계에 의하여야 한다(대판 2016.5.24, 2012다87898).

03 ④ 도시공원법상 근린공원으로 지정된 공원은 일반 주민들이 다른 사람의 공동 사용을 방해하지 않는 한 자유로이 이용할 수 있지만, 그러한 사정만으로 인근 주민들이 누구에게나 주장할 수 있는 공원이용권이라는 배타적인 권리를 취득하였다고는 할 수 없다(대결 1995.5.23, 94마2218).
① 지상권도 본권(本權)에 속한다.
② 온천에 관한 권리를 관습법상의 물권이라고 볼 수 없다(대판 1970.5.26, 69다1239).
③ 관습법상의 사도통행권의 인정은 물권법정주의에 위배된다(대판 2002.2.26, 2001다64165).
⑤ 미등기 무허가건물의 양수인이라 할지라도 그 소유권이전등기를 경료받지 않는 한 그 건물에 대한 소유권을 취득할 수 없고, 그러한 상태의 건물 양수인에게 소유권에 준하는 관습상의 물권이 있다고 볼 수도 없다(대판 2007.6.15, 2007다11347).

04 ③ 성장을 계속하는 어류일지라도 특정 양만장 내의 뱀장어 등 어류 전부에 대한 양도담보계약은 그 담보목적물이 특정되었으므로 유효하게 성립하였다고 할 것이다(대판 1990.12.26, 88다카20224).
① 민법 제185조의 '법률'은 형식적 의미의 법률만을 의미하고 실질적 의미의 법률은 포함하지 않으므로 규약이나 지방자치단체의 조례는 제185조의 '법률'에는 포함하지 않는다.
② 온천에 관한 권리를 관습법상의 물권이라고 볼 수 없고 또한 온천수는 민법 제235조, 제236조 소정의 공용수 또는 생활상 필요한 용수에 해당하지 아니한다(대판 1970.5.26, 69다1239).
④ 물건에 대한 배타적인 사용·수익권은 소유권의 핵심적 권능이므로, 소유자가 제3자와의 채권관계에서 소유물에 대한 사용·수익의 권능을 포기하거나 사용·수익권의 행사에 제한을 설정하는 것을 넘어 이를 대세적, 영구적으로 포기하는 것은 법률에 의하지 않고 새로운 물권을 창설하는 것과 다를 바 없어 허용되지 않는다(대판 2013.8.22, 2012다54133).
⑤ 소유권에 기한 물권적 청구권은 소멸시효에 걸리지 않는다.

05 ㉠ (○) 매수인이 목적 부동산을 인도받아 계속 점유하는 경우에는 그 소유권이전등기청구권의 소멸시효가 진행하지 않는다(대판 전합 1999.3.18, 98다32175).
㉡ (○) 부동산의 매수인이 그 부동산을 인도받은 이상 이를 사용·수익하다가 그 부동산에 대한 보다 적극적인 권리 행사의 일환으로 다른 사람에게 그 부동산을 처분하고 그 점유를 승계하여 준 경우에도 그 이전등기청구권의 행사 여부에 관하여 그가 그 부동산을 스스로 계속 사용·수익만 하고 있는 경우와 특별히 다를 바 없으므로 위 두 어느 경우에나 이전등기청구권의 소멸시효는 진행되지 않는다고 보아야 한다(대판 전합 1999.3.18, 98다32175).

ⓒ (○) 부동산의 매매로 인한 소유권이전등기청구권은 물권의 이전을 목적으로 하는 매매의 효과로서 매도인이 부담하는 재산권이전의무의 한 내용을 이루는 것이고, 매도인이 물권행위의 성립요건을 갖추도록 의무를 부담하는 경우에 발생하는 채권적 청구권으로 그 이행과정에 신뢰관계가 따르므로, 소유권이전등기청구권을 매수인으로부터 양도받은 양수인은 매도인이 그 양도에 대하여 동의하지 않고 있다면 매도인에 대하여 채권양도를 원인으로 하여 소유권이전등기절차의 이행을 청구할 수 없고, 따라서 매매로 인한 소유권이전등기청구권은 특별한 사정이 없는 이상 그 권리의 성질상 양도가 제한되고 그 양도에 채무자의 승낙이나 동의를 요한다(대판 2001.10.9, 2000다51216).

06 ② 부동산등기법 제3조에서 말하는 청구권이란 동법 제2조에 규정된 물권 또는 부동산임차권의 변동을 목적으로 하는 청구권을 말하는 것이라 할 것이므로 부동산등기법상의 가등기는 위와 같은 청구권을 보전하기 위해서만 가능하고 이같은 청구권이 아닌 물권적 청구권을 보존하기 위해서는 할 수 없다(대판 1982.11.23, 81다카1110).

① 소유권에 기한 물상청구권을 소유권과 분리하여 이를 소유권 없는 전소유자에게 유보하여 행사시킬 수는 없는 것이다(대판 1980.9.9, 80다7).

③ 미등기 무허가건물의 양수인이라 할지라도 그 소유권이전등기를 경료받지 않는 한 그 건물에 대한 소유권을 취득할 수 없고, 그러한 상태의 건물 양수인에게 소유권에 준하는 관습상의 물권이 있다고 볼 수도 없으므로, 건물을 신축하여 그 소유권을 원시취득한 자로부터 그 건물을 매수하였으나 아직 소유권이전등기를 갖추지 못한 자는 그 건물의 불법점거자에 대하여 직접 자신의 소유권 등에 기하여 명도를 청구할 수는 없다(대판 2007.6.15, 2007다11347).

④ 건물철거는 그 소유권의 종국적 처분에 해당하는 사실행위이므로 원칙으로는 그 소유자에게만 그 철거처분권이 있으나 미등기건물을 그 소유권의 원시취득자로부터 양도받아 점유중에 있는 자는 비록 소유권취득등기를 하지 못하였다고 하더라도 그 권리의 범위내에서는 점유중인 건물을 법률상 또는 사실상 처분할 수 있는 지위에 있으므로 그 건물의 존재로 불법점유를 당하고 있는 토지소유자는 위와 같은 건물점유자에게 그 철거를 구할 수 있다(대판 1989.2.14, 87다카3073).

⑤ 소유권에 기한 물권적 청구권은 소멸시효의 걸리지 않는다.

07 ④ 소유자는 소유권을 방해하는 자에 대하여 방해의 제거를 청구할 수 있고 소유권을 방해할 염려 있는 행위를 하는 자에 대하여 그 예방이나 손해배상의 담보를 청구할 수 있다(제214조).

① 지상권을 설정한 토지소유권자는 그 토지에 대한 불법점유자에 대하여 물권적 청구권을 행사할 수 있다(제213조 참조).

② 소유권에 기한 소유물반환청구권은 현재 침해를 하고 있는 상태이어야 하므로, 점유를 상실하여 현실적으로 점유하고 있지 아니한 불법점유자에 대하여 소유자는 그 소유물의 인도를 청구할 수 없다.

③ 소유권을 양도함에 있어 소유권에 의하여 발생되는 물상청구권을 소유권과 분리, 소유권 없는 전소유자에게 유보하여 제3자에 대하여 이를 행사케 한다는 것은 소유권의 절대적 권리인 점에 비추어 허용될 수 없는 것이라 할 것으로서, 이는 양도인인 전소유자가 그 목적물을 양

수인에게 인도할 의무있고 그 의무이행이 매매대금 잔액의 지급과 동시이행관계에 있다거나 그 소유권의 양도가 소송계속 중에 있었다 하여 다를 리 없고 일단 소유권을 상실한 전소유자는 제3자인 불법점유자에 대하여 물권적 청구권에 의한 방해배제를 청구할 수 없다(대판 1969.5.27, 68다725 전합).

⑤ 지역권자는 독점적인 점유할 권리가 없으므로 점유침탈을 이유로 한 반환청구권은 인정되지 않는다(제301조 참조).

08 ② 피담보채권의 시효소멸에 저당권의 소멸은 저당권말소등기를 하지 않더라도 저당권은 소멸한다.

① 지상권설정계약(법률행위)에 따른 지상권의 취득은 등기를 하여야 지상권을 취득한다.

③ 토지보상법상 '협의취득'의 성격은 사법상 매매계약이므로 그 이행으로 인한 사업시행자의 소유권 취득도 승계취득이므로(대판 2018.12.13, 2016두51719), 등기하여야 소유권을 취득한다.

④ 공유물분할의 소송절차 또는 조정절차에서 공유자 사이에 공유토지에 관한 현물분할의 협의가 성립하여 그 합의사항을 조서에 기재함으로써 조정이 성립하였다고 하더라도, 그와 같은 사정만으로 재판에 의한 공유물분할의 경우와 마찬가지로 그 즉시 공유관계가 소멸하고 각 공유자에게 그 협의에 따른 새로운 법률관계가 창설되는 것은 아니고, 공유자들이 협의한 바에 따라 토지의 분필절차를 마친 후 각 단독소유로 하기로 한 부분에 관하여 다른 공유자의 공유지분을 이전받아 등기를 마침으로써 비로소 그 부분에 대한 대세적 권리로서의 소유권을 취득하게 된다고 보아야 한다(대판 전합 2013.11.21, 2011두1917).

⑤ 매매 등 법률행위를 원인으로 한 소유권이전등기절차 이행의 소에서의 원고 승소판결은 부동산물권취득이라는 형성적 효력이 없어 민법 제187조 소정의 판결에 해당하지 않으므로 승소판결에 따른 소유권이전등기 경료시까지는 부동산의 소유권을 취득한다고 볼 수 없다(대판 1982.10.12, 82다129).

09 ㉠ 사인증여는 법률행위에 의한 물권의 취득이므로 등기를 요한다.

㉡ 합유지분 포기가 적법하다면 그 포기된 합유지분은 나머지 잔존 합유지분권자들에게 균분으로 귀속하게 되지만 그와 같은 물권변동은 합유지분권의 포기라고 하는 법률행위에 의한 것이므로 등기하여야 효력이 있다(대판 1997.9.9, 96다16896).

㉢ 판결에 의한 부동산물권취득은 등기할 필요가 없으나 이때의 판결이란 판결 자체에 의하여 부동산 물권취득의 형식적 효력이 생하는 경우를 말하는 것이고 당사자 사이에 이루어진 어떠한 법률행위를 원인으로 하여 부동산 소유권이전등기절차의 이행을 명하는 것과 같은 내용의 판결은 이에 포함되지 아니한다(대판 1970.6.30, 70다568).

㉣ 점유취득시효는 법률의 규정에 해당하지만 등기하여야 소유권을 취득한다(제245조 제1항 참조).

10 ⑤ 임야소유권 이전등기에 관한 특별조치법(법률 제2111호)에 의한 소유권보존등기가 경료된 임야에 관하여서는 그 임야를 사정받은 사람이 따로 있는 것으로 밝혀진 경우라도 그 등기는 동법 소정의 적법한 절차에 따라 마쳐진 것으로서 실체적 권리관계에 부합하는 등기로 추정된다 할 것이므로 위 특별조치법에 의하여 경료된 소유권보존등기의 말소를 소구하려는 자는 그 소유권보존등기 명의자가 임야대장의 명의변경을 함에 있어 첨부한 원인증서인 위 특별조치법 제5조 소정의 보증서와 확인서가 허위 내지 위조되었다던가 그 밖에 다른 어떤 사유로 인하여 그 소유권보존등기가 위 특별조치법에 따라 적법하게 이루어진 것이 아니라는 주장과 입증을 하여야 한다(대판 전합 1987.10.13, 86다카2928).

① 중간생략등기의 합의가 있었다 하더라도 이러한 합의는 중간등기를 생략하여도 당사자 사이에 이의가 없겠고 또 그 등기의 효력에 영향을 미치지 않겠다는 의미가 있을 뿐이지 그러한 합의가 있었다 하여 중간매수인의 소유권이전등기청구권이 소멸된다거나 첫 매도인의 그 매수인에 대한 소유권이전등기의무가 소멸되는 것은 아니라 할 것이다(대판 1991.12.13, 91다18316).

② 가등기는 원래 순위를 확보하는 데에 그 목적이 있으나, 순위 보전의 대상이 되는 물권변동의 청구권은 그 성질상 양도될 수 있는 재산권일 뿐만 아니라 가등기로 인하여 그 권리가 공시되어 결과적으로 공시방법까지 마련된 셈이므로, 이를 양도한 경우에는 양도인과 양수인의 공동신청으로 그 가등기상의 권리의 이전등기를 가등기에 대한 부기등기의 형식으로 경료할 수 있다고 보아야 한다(대판 전합 1998.11.19, 98다24105).

③ 부동산의 매수인이 목적물을 인노받아 계속 점유하는 경우에는 매도인에 대한 소유권이전등기청구권은 소멸시효가 진행되지 않고, 이러한 법리는 3자간 등기명의신탁에 의한 등기가 유효기간의 경과로 무효로 된 경우에도 마찬가지로 적용된다. 따라서 그 경우 목적 부동산을 인도받아 점유하고 있는 명의신탁자의 매도인에 대한 소유권이전등기청구권 역시 소멸시효가 진행되지 않는다(대판 2013.12.12, 2013다26647).

④ 소유권이전청구권 보전을 위한 가등기가 있다 하여, 소유권이전등기를 청구할 어떤 법률관계가 있다고 추정되지 아니한다(대판 1979.5.22, 79다239).

11 ㉡ (○) 최초 매도인과 중간 매수인, 중간 매수인과 최종 매수인 사이에 순차로 매매계약이 체결되고 이들 간에 중간생략등기의 합의가 있은 후에 최초 매도인과 중간 매수인 간에 매매대금을 인상하는 약정이 체결된 경우, 최초 매도인은 인상된 매매대금이 지급되지 않았음을 이유로 최종 매수인 명의로의 소유권이전등기의무의 이행을 거절할 수 있다(대판 2005.4.29, 2003다66431).

㉢ (○) 토지거래허가구역 내의 토지가 관할 관청의 허가 없이 전전매매되고 그 당사자들 사이에 최초의 매도인으로부터 최종 매수인 앞으로 직접 소유권이전등기를 경료하기로 하는 중간생략등기의 합의가 있는 경우, (중략) 설사 최종 매수인이 자신과 최초 매도인을 매매 당사자로 하는 토지거래허가를 받아 최종 매수인 앞으로 소유권이전등기를 경료하더라도 그러한 소유권이전등기는 적법한 토지거래허가 없이 경료된 등기로서 무효이다(대판 1996.6.28, 96다3982).

㉠ (×) 중간생략등기의 합의가 있었다 하더라도 이러한 합의는 중간등기를 생략하여도 당사자 사이에 이의가 없겠고 또 그 등기의 효력에 영향을 미치지 않겠다는 의미가 있을 뿐이지 그러한 합의가 있었다 하여 중간매수인의 소유권이전등기청구권이 소멸된다거나 첫 매도인의 그 매수인에 대한 소유권이전등기의무가 소멸되는 것은 아니라 할 것이다(대판 1991.12.13, 91다18316).

12 ㉠ (×) 중간생략등기의 합의가 있었다 하더라도 이러한 합의는 중간등기를 생략하여도 당사자 사이에 이의가 없겠고 또 그 등기의 효력에 영향을 미치지 않겠다는 의미가 있을 뿐이지 그러한 합의가 있었다 하여 중간매수인의 소유권이전등기청구권이 소멸된다거나 첫 매도인의 그 매수인에 대한 소유권이전등기의무가 소멸되는 것은 아니라 할 것이다(대판 1991.12.13, 91다18316).

㉡ (×) 매매로 인한 소유권이전등기청구권은 특별한 사정이 없는 이상 그 권리의 성질상 양도가 제한되고 그 양도에 채무자의 승낙이나 동의를 요한다고 할 것이므로 통상의 채권양도와 달리 양도인의 채무자에 대한 통지만으로는 채무자에 대한 대항력이 생기지 않으며 반드시 채무자의 동의나 승낙을 받아야 대항력이 생긴다(대판 2005.3.10, 2004다67653·67660).

㉢ (×) 관계당사자들의 합의 없이 경료된 중간생략등기라 할지라도 그것이 실체적 권리관계에 부합하면 유효한 등기라 할 것이다(대판 1970.2.24, 69다967).

㉣ (○) 최초 매도인과 중간 매수인, 중간 매수인과 최종 매수인 사이에 순차로 매매계약이 체결되고 이들 간에 중간생략등기의 합의가 있은 후에 최초 매도인과 중간 매수인 간에 매매대금을 인상하는 약정이 체결된 경우, 최초 매도인은 인상된 매매대금이 지급되지 않았음을 이유로 최종 매수인 명의로의 소유권이전등기의무의 이행을 거절할 수 있다(대판 2005.4.29, 2003다66431).

13 ㉠ 신축된 건물의 소유권은 이를 건축한 사람이 원시취득하는 것이므로, 건물 소유권보존등기의 명의자가 이를 신축한 것이 아니라면 그 등기의 권리 추정력은 깨어지고, 등기 명의자가 스스로 적법하게 그 소유권을 취득한 사실을 입증하여야 한다(대판 1996.7.30, 95다30734).

㉡ 소유권지분이전등기가 경료되어 있는 경우, 일단 등기명의자는 공유지분 비율에 의한 적법한 공유자로 추정되는 것이나, 등기부상 등기명의자의 공유지분의 분자 합계가 분모를 초과하는 경우에는 등기부의 기재 자체에 의하여 그 등기가 불실함이 명백하므로 그 중 어느 공유지분에 관한 등기가 무효인지를 가려보기 전에는 등기명의자는 등기부상 공유지분의 비율로 공유한다고 추정할 수 없을 뿐만 아니라, 공유지분의 분모를 분자 합계로 수정한 공유지분의 비율로 공유한다고 추정할 수도 없다(대판 1997.9.5, 96다33709).

㉢ 부동산 소유권 보존등기가 경료되어 있는 이상 그 보존등기 명의자에게 소유권이 있음이 추정된다 하더라도 그 보존등기 명의자가 보존등기하기 이전의 소유자로부터 부동산을 양수한 것이라고 주장하고 전 소유자는 양도사실을 부인하는 경우에는 그 보존등기의 추정력은 깨어지고 그 보존등기 명의자 측에서 그 양수사실을 입증할 책임이 있다(대판 1982.9.14, 82다카707).

14 ② 동일한 부동산에 관하여 등기명의인이 다른 소유권보존등기가 중복되어 경료된 경우에 먼저 된 소유권보존등기가 원인이 무효인 등기가 아닌 한, 뒤에 된 소유권보존등기는 1부동산1용지주의를 채택하고 있는 우리 부동산등기법 아래서는 무효라고 해석하여야 한다(대판 1992.10.27, 92다16522).

① 등기는 물권의 효력발생요건이고, 그 존속요건은 아니므로 물권에 관한 등기가 원인없이 말소된 경우에도 그 물권의 효력에는 아무런 변동이 없다(대판 1988.12.27, 87다카2431).

③ 매매계약이 합의해제된 경우에도 매수인에게 이전되었던 소유권은 당연히 매도인에게 복귀하는 것이므로 합의해제에 따른 매도인의 원상회복청구권은 소유권에 기한 물권적 청구권이라고 할 것이고 이는 소멸시효의 대상이 되지 아니한다(대판 1982.7.27, 80다2968).

④ 소유자의 대리인으로부터 토지를 적법하게 매수한 이상 설사 매수인의 소유권이전등기가 위조된 서류에 의하여 경료되었다 하더라도 그 등기는 유효한 것이다.

⑤ 무효등기의 유용에 관한 합의 내지 추인은 묵시적으로도 이루어질 수 있다(대판 2007.1.11, 2006다50055).

15 ③ 가등기는 본등기 순위보전의 효력만이 있고, 후일 본등기가 마쳐진 때에는 본등기의 순위가 가등기한 때로 소급함으로써 가등기 후 본등기 전에 이루어진 중간처분이 본등기보다 후 순위로 되어 실효될 뿐이고, 본등기에 의한 물권변동의 효력이 가등기한 때로 소급하여 발생하는 것은 아니다(대판 1981.5.26, 80다3117).

① 가등기는 원래 순위를 확보하는 데에 그 목적이 있으나, 순위 보전의 대상이 되는 물권변동의 청구권은 그 성질상 양도될 수 있는 재산권일 뿐만 아니라 가등기로 인하여 그 권리가 공시되어 결과적으로 공시방법까지 마련된 셈이므로, 이를 양도한 경우에는 양도인과 양수인의 공동신청으로 그 가등기상의 권리의 이전등기를 가등기에 대한 부기등기의 형식으로 경료할 수 있다고 보아야 한다(대판 전합 1998.11.19, 98다24105).

② 등기는 물권의 효력 발생 요건이고 존속 요건은 아니어서 등기가 원인 없이 말소된 경우에는 그 물권의 효력에 아무런 영향이 없고, 그 회복등기가 마쳐지기 전이라도 말소된 등기의 등기명의인은 적법한 권리자로 추정된다(대판 2010.2.11, 2009다68408).

④ 소유권이전등기의 원인으로 주장된 계약서가 진정하지 않은 것으로 증명된 이상 그 등기의 적법추정은 복멸되는 것이고 계속 다른 적법한 등기원인이 있을 것으로 추정할 수는 없다(대판 1998.9.22, 98다29568).

⑤ 동일 부동산에 관하여 등기명의인을 달리하여 중복된 소유권보존등기가 경료된 경우에는 먼저 된 소유권보존등기가 원인무효가 되지 아니하는 한 나중 된 소유권보존등기는 1부동산1용지주의를 채택하고 있는 현행 부동산등기법 아래에서는 무효이다(대판 전합 2001.2.15, 99다66915).

16 ⑤ 가등기는 부동산등기법 제6조 제2항의 규정에 의하여 그 본등기시에 본등기의 순위를 가등기의 순위에 의하도록 하는 순위보전적 효력만이 있을 뿐이고, 가등기만으로는 아무런 실체법상 효력을 갖지 아니하고 그 본등기를 명하는 판결이 확정된 경우라도 본등기를 경료하기까지는 마찬가지이므로, 중복된 소유권보존등기가 무효이더라도 가등기권리자는 그 말소를 청구할 권리가 없다(대판2001.3.23, 2000다51285).

① 소유권이전청구권 보전을 위한 가등기가 있다 하여, 소유권이전등기를 청구할 어떤 법률관계가 있다고 추정되지 아니한다(대판 1979.5.22, 79다239).

② 가등기는 원래 순위를 확보하는 데에 그 목적이 있으나, 순위 보전의 대상이 되는 물권변동의 청구권은 그 성질상 양도될 수 있는 재산권일 뿐만 아니라 가등기로 인하여 그 권리가 공시되어 결과적으로 공시방법까지 마련된 셈이므로, 이를 양도한 경우에는 양도인과 양수인의 공동신청으로 그 가등기상의 권리의 이전등기를 가등기에 대한 부기등기의 형식으로 경료할 수 있다고 보아야 한다(대판 1998.11.19, 98다24105 전합).

③ 가등기는 본등기 순위보전의 효력만이 있고, 후일 본등기가 마쳐진 때에는 본등기의 순위가 가등기한 때로 소급함으로써 가등기 후 본등기 전에 이루어진 중간처분이 본등기보다 후순위로 되어 실효될 뿐이고, 본등기에 의한 물권변동의 효력이 가등기한 때로 소급하여 발생하는 것은 아니다(대판 1981.5.26, 80다3117).

④ 가등기권자는 가등기의무자인 전소유자를 상대로 본등기청구권을 행사할 것이고 제3자를 상대로 할 것이 아니다(대결 1962.12.24, 4296민재항675).

17 ④ 점유자의 무과실을 추정되지 않으므로(제197조 제1항), 선의취득자의 점유취득이 과실에 의한 것임은 선의취득자 스스로 무과실을 증명하여야 한다.

① 동산이라하더라도 등기·등록에 의하여 공시되는 동산은 선의취득의 대상이 되지 않는다(대판 1966.1.25, 65다2137 참조).

② 동산의 선의취득은 양도인이 무권리자라고 하는 점을 제외하고는 아무런 흠이 없는 거래행위이어야 성립한다(대판 1995.6.29, 94다22071).

③ 양도인이 소유자로부터 보관을 위탁받은 동산을 제3자에게 보관시킨 경우에 양도인이 그 제3자에 대한 반환청구권을 양수인에게 양도하고 지명채권 양도의 대항요건을 갖추었을 때에는 동산의 선의취득에 필요한 점유의 취득 요건을 충족한다(대판 1999.1.26, 97다48906).

⑤ 양수인이 도품 또는 유실물을 경매나 공개시장에서 또는 동종류의 물건을 판매하는 상인에게서 선의로 매수한 때에는 피해자 또는 유실자는 양수인이 지급한 대가를 변상하고 그 물건의 반환을 청구할 수 있다(제251조).

18 ② 유치권은 법정담보물권이기는 하나 채권자의 이익보호를 위한 채권담보의 수단에 불과하므로 이를 포기하는 특약은 유효하고, 유치권을 사전에 포기한 경우 다른 법정요건이 모두 충족되더라도 유치권이 발생하지 않는 것과 마찬가지로 유치권을 사후에 포기한 경우 곧바로 유치권은 소멸한다고 보아야 하며, 채권자가 유치권의 소멸 후에 그 목적물을 계속하여 점유한다고 하여 여기에 적법한 유치의 의사나 효력이 있다고 인정할 수 없고 다른 법률상 권원이 없는 한 무단점유에 지나지 않는다(대결 2011.5.13, 2010마1544).

① 어떠한 물건에 대한 소유권과 다른 물권이 동일한 사람에게 귀속한 경우 그 제한물권은 혼동에 의하여 소멸하는 것이 원칙이지만, 본인 또는 제3자의 이익을 위하여 그 제한물권을 존속시킬 필요가 있다고 인정되는 경우에는 민법 제191조 제1항 단서의 해석에 의하여 혼동으로 소멸하지 않으므로(대판 1998.7.10, 98다18643), 乙의 저당권은 혼동으로 소멸하지 않는다.

③ 점유권은 혼동으로 소멸하지 아니한다(제191조 제3항).

④ 지역권은 20년간 행사하지 않으면 시효로 인하여 소멸한다(제162조 제2항 참조).

⑤ 후순위 저당권이 존재하는 주택을 대항력을 갖춘 임차인이 경매절차에서 매수한 경우, 후순위 저당권은 경매로 인하여 소멸하므로, 임차권은 혼동으로 소멸한다.

19 ① 저당권의 실행으로 부동산이 경매된 경우에 그 부동산에 부합된 물건은 그것이 부합될 당시에 누구의 소유이었는지를 가릴 것 없이 그 부동산을 낙찰받은 사람이 소유권을 취득하지만, 그 부동산의 상용에 공하여진 물건일지라도 그 물건이 부동산의 소유자가 아닌 다른 사람의 소유인 때에는 이를 종물이라고 할 수 없으므로 부동산에 대한 저당권의 효력에 미칠 수 없어 부동산의 낙찰자가 당연히 그 소유권을 취득하는 것은 아니며, 나아가 부동산의 낙찰자가 그 물건을 선의취득하였다고 할 수 있으려면 그 물건이 경매의 목적물로 되었고 낙찰자가 선의이며 과실 없이 그 물건을 점유하는 등으로 선의취득의 요건을 구비하여야 한다(대판 2008.5.8, 2007다36933).

② 선의취득에 필요한 점유의 취득은 현실적 인도가 있어야 하고, 점유개정에 의한 점유취득만으로써는 그 요건을 충족할 수 없다(대판 1964.5.5, 63다775).

③ 동산질권도 선의취득할 수 있다(제343조 참조).

④ 선의취득자가 임의로 이와 같은 선의취득 효과를 거부하고 종전 소유자에게 동산을 반환받아 갈 것을 요구할 수 없다(대판 1998.6.12, 98다6800).

⑤ 민법 제250조, 제251조 소정의 도품, 유실물이란 원권리자로부터 점유를 수탁한 사람이 적극적으로 제3자에게 부정 처분한 경우와 같은 위탁물 횡령의 경우는 포함되지 아니하고 또한 점유보조자 내지 소지기관의 횡령처럼 형사법상 절도죄가 되는 경우도 형사법과 민사법의 경우를 동일시 해야 하는 것은 아닐 뿐만 아니라 진정한 권리자와 선의의 거래 상대방간의 이익 형량의 필요성에 있어서 위탁물 횡령의 경우와 다를 바 없으므로 이 역시 민법 제250조의 도품·유실물에 해당되지 않는다(대판 1991.3.22., 91다70).

20 ③ 동산의 선의취득은 양도인이 무권리자라고 하는 점을 제외하고는 아무런 흠이 없는 거래행위이어야 성립하므로(대판 1995.6.29, 94다22071), 매매계약이 취소되면 선의취득 할 수 없다.

① 토지로부터 분리된 수목은 동산에 해당하므로 선의취득의 대상이 될 수 있다.

② 서울특별시가 무허가 건물을 자진철거 하는 시민들을 위하여 건립하는 연립주택의 입주권은 수분양자로서의 지위에 불과한 것이므로 선의취득의 대상이 될 수 없다(대판 1980.9.9, 79다2233).

④ 동산의 선의취득에 필요한 점유의 취득은 현실적 인도가 있어야 하고 점유개정에 의한 점유취득만으로서는 그 요건을 충족할 수 없다(대판 1978.1.17, 77다1872).

⑤ 선의취득의 대상인 동산이 도품이나 유실물인 때에는 피해자 또는 유실자는 도난 또는 유실한 날로부터 2년 내에 그 물건의 반환을 청구할 수 있다(제250조 참조).

02 점유권

01 ①   02 ⑤   03 ①   04 ⑤   05 ⑤   06 ②   07 ③   08 ④

01 ① 악의의 점유자는 수취한 과실을 반환하여야 하며 소비하였거나 과실로 인하여 훼손 또는 수취하지 못한 경우에는 그 과실의 대가를 보상하여야 하므로(제201조 제2항 참조), 악의의 점유자가 과실 없이 수취하지 못한 과실의 대가는 보상할 필요가 없다.
② 제198조
③ 제200조
④ 제197조 제2항
⑤ 제203조

02 ⑤ 부동산의 매매에 있어 부동산등기부상 명의인과 매도인이 동일인인 경우에는 등기부상 매도인 명의를 의심할 만한 특별한 사정이 없는 한 그 부동산을 매수한 자는 과실 없는 점유자라고 할 것이다(대판 1992.2.14, 91다1172).
① 간접점유자도 직접점유자의 점유가 방해를 받은 경우 점유배제청구권을 행사할 수 있다(제207조 제1항 참조).
② 취득시효의 요건인 점유는 직접점유뿐만 아니라 간접점유도 포함된다(대판 1998.2.24, 96다8888).
③ 민법 제197조 제1항에 따라 물건의 점유자는 소유의 의사로 점유한 것으로 추정된다. 점유자가 취득시효를 주장하는 경우 스스로 소유의 의사를 증명할 책임은 없고, 오히려 취득시효의 성립을 부정하는 사람에게 그 점유자의 점유가 소유의 의사가 없음을 주장하여 증명할 책임이 있다(대판 2022.5.12, 2019다249428).
④ 선의의 점유자라도 본권에 관한 소에 패소한 때에는 그 소가 제기된 때로부터 악의의 점유자로 본다(제197조 제2항).

03 ① 자주점유의 추정은 국가나 지방자치단체가 점유하는 도로의 경우에도 적용된다(대판 1997.3.14, 96다55211).
② 점유의 승계가 있는 경우 전 점유자의 점유가 타주점유라 하여도 점유자의 승계인이 자기의 점유만을 주장하는 경우에는 현 점유자의 점유는 자주점유로 추정된다(대판 2002.2.26, 99다72743).
③ 점유자가 스스로 매매 또는 증여와 같이 자주점유의 권원을 주장하였으나 이것이 인정되지 않는 경우에도, 원래 자주점유의 권원에 관한 입증책임이 점유자에게 있지 아니한 이상 그 주장의 점유권원이 인정되지 않는다는 사유만으로 자주점유의 추정이 번복된다거나 또는 점유권원의 성질상 타주점유라고 볼 수 없다(대판 2002.2.26, 99다72743).
④ 점유자의 점유가 소유의 의사 있는 자주점유인지 아니면 소유의 의사 없는 타주점유인지 여부는 점유자의 내심의 의사에 의하여 결정되는 것이 아니라 점유 취득의 원인이 된 권원의 성질이나 점유와 관계가 있는 모든 사정에 의하여 외형적·객관적으로 결정되어야 한다(대판 전합 2000.3.16, 97다37661).

⑤ 민법 제197조 제1항이 규정하고 있는 점유자에게 추정되는 소유의 의사는 사실상 소유할 의사가 있는 것으로 충분한 것이지 반드시 등기를 수반하여야 하는 것은 아니므로 등기를 수반하지 아니한 점유임이 밝혀졌다고 하여 이 사실만 가지고 바로 점유권원의 성질상 소유의 의사가 결여된 타주점유라고 할 수 없다(대판 전합 2000.3.16, 97다37661).

04 ⑤ 점유자의 점유가 소유의 의사 있는 자주점유인지 아니면 소유의 의사 없는 타주점유인지의 여부는 점유자의 내심의 의사에 의하여 결정되는 것이 아니라 점유 취득의 원인이 된 권원의 성질이나 점유와 관계가 있는 모든 사정에 의하여 외형적·객관적으로 결정되어야 한다(대판 전합 1997.8.21, 95다28625).

① 점유매개자(직접점유자)의 점유는 타주점유에 해당한다.

② 부동산을 매수하여 이를 점유한 자는 그 매매가 무효라는 사정을 알고 있었다는 등의 특별한 사유가 없는 한 그 점유의 시초에 소유의 의사로 점유한 것이라고 할 것이며, 후에 그 매도인에게 처분권이 없었다는 사실을 알게 되었다고 하더라도 위와 같은 점유의 성질은 변하지 아니한다(대판 1981.6.9, 80다469).

③ 등기명의가 신탁되었다면 특별한 사정이 없는 한 명의수탁자의 부동산에 관한 점유는 그 권원의 성질상 자주점유라고 할 수 없고, 다시 명의수탁자로부터 상속에 의하여 점유를 승계한 자의 점유도 상속 전과 그 성질 내지 태양을 달리하는 것이 아니어서, 특별한 사정이 없는 한 그 점유가 자주점유로는 될 수 없다(대판 1996.6.11, 96다7403).

④ 공유 부동산은 공유자 한 사람이 전부를 점유하고 있다고 하여도, 다른 특별한 사정이 없는 한 권원의 성질상 다른 공유자의 지분비율의 범위 내에서는 타주점유라고 볼 수밖에 없다(대판 2010.2.25, 2009다98386).

05 ⑤ 소유의 의사가 없는 점유자는 선의인 경우에도 손해의 전부를 배상하여야 한다(제202조 단서).

① 건물의 소유명의자가 아닌 자는 실제 건물을 점유하고 있다 하더라도 그 부지를 점유하는 자로 볼 수 없다(대판 2009.9.10, 2009다28462).

② 미등기건물을 양수하여 건물에 관한 사실상의 처분권을 보유하게 됨으로써 그 양수인이 건물 부지 역시 아울러 점유하고 있다고 볼 수 있는 경우에는 미등기건물에 관한 사실상의 처분권자도 건물 부지의 점유·사용에 따른 부당이득반환의무를 부담한다(대판 2022.9.29, 2018다243133).

③ 간접점유를 인정하기 위해서는 간접점유자와 직접점유를 하는 자 사이에 일정한 법률관계, 즉 점유매개관계가 필요하다(대판 2012.2.23, 2011다61424).

④ 계약명의신탁에서 명의신탁자는 부동산의 소유자가 명의신탁약정을 알았는지 여부와 관계없이 부동산의 소유권을 갖지 못할 뿐만 아니라 매매계약의 당사자도 아니어서 소유자를 상대로 소유권이전등기청구를 할 수 없고, 이는 명의신탁자도 잘 알고 있다고 보아야 한다. 명의신탁자가 명의신탁약정에 따라 부동산을 점유한다면 명의신탁자에게 점유할 다른 권원이 인정되는 등의 특별한 사정이 없는 한 명의신탁자는 소유권 취득의 원인이 되는 법률요건이 없이 그와 같은 사실을 잘 알면서 타인의 부동산을 점유한 것이다. 이러한 명의신탁자는 타인의 소유권을 배척하고 점유할 의사를 가지지 않았다고 할 것이므로 소유의 의사로 점유한다는 추정은 깨어진다(대판 2022.5.12, 2019다249428).

06 ② 점유자의 비용상환청구권은 자주점유이든 타주점유이든 선의의 점유, 악의의 점유를 묻지 않고 인정된다. 즉 타주 점유자도 악의 점유자도 비용상환청구권이 인정된다.

① 지상권자에게도 과실수취권이 인정된다.

③ 악의의 점유자라도 과실(過失)없이 과실(果實)을 수취하지 못한 경우에는 그 대가를 보상할 필요가 없다(제201조 제2항 참조).

④ 점유물이 점유자의 책임 있는 사유로 멸실된 경우, 선의의 타주점유자는 손해의 전부를 배상하여야 한다(제202조 참조).

⑤ 점유자가 점유를 개량하기 위하여 지출한 금액 기타 유익비에 관하여는 그 가액의 증가가 현존한 경우에 한하여 회복자의 선택에 좇아 그 지출금액이나 증가액의 상환을 청구할 수 있다(제203조 제1항 본문).

▌점유자와 회복자의 관계

1. 점유자의 과실수취권
   ① 선의의 점유자는 점유물의 과실을 취득할 권리가 있으므로(제201조 제1항), 과실을 취득할 수 있는 범위에서 부당이득은 성립되지 않는다.
   ② 악의의 점유자는 수취한 과실을 점유회복자에 반환하여야 하며, 이미 소비하였거나 과실로 인하여 훼손되거나 수취하지 못한 경우에는 그 과실의 대가를 보상하여야 한다(제201조 제2항).

2. 점유물의 멸실훼손에 대한 책임(제202조)
   ① 선의점유이면서 자주점유자는 회복자에 대해 현존이익의 범위 내에서 배상책임을 진다.
   ② 악의점유자와 선의점유이면서 타주점유인 경우에는 손해액 전부를 배상하여야 한다.

3. 점유자의 비용상환청구권(제203조)
   ① 점유자는 선의·악의, 소유의 의사를 불문하고 필요비의 상환을 청구할 수 있다. 그러나 점유자가 과실을 수취한 경우에는 통상의 필요비는 인정되지 않는다.
   ② 점유물을 개량하기 위하여 지출한 금액 기타 유익비에 관하여 그 가액의 증가가 현존한 경우에 '회복자의 선택'에 좇아 그 지출금액이나 증가액의 상환을 청구할 수 있다.

07 ③ 민법 제201조 제1항은 "선의의 점유자는 점유물의 과실을 취득한다."라고 규정하고 있는바, 여기서 선의의 점유자라 함은 과실수취권을 포함하는 권원이 있다고 오신한 점유자를 말하고, 다만 그와 같은 오신을 함에는 오신할 만한 정당한 근거가 있어야 한다(대판 2000.3.10, 99다63350).

① 민법 제201조 제1항에 의하면 선의의 점유자는 점유물의 과실을 취득한다고 규정하고 있고, 토지를 점유경작하므로 얻는 이득은 그 토지로 인한 과실에 준하는 것이니, 비록 법률상 원인 없이 타인의 토지를 점유 경작함으로써 타인에게 손해를 입혔다고 할지라도 선의의 점유자는 그 점유 경작으로 인한 이득을 그 타인에게 반환할 의무는 없다(대판 1981.9.22, 81다233).

② 민법 제203조 제2항에 의한 점유자의 회복자에 대한 유익비상환청구권은 점유자가 계약관계 등 적법하게 점유할 권리를 가지지 않아 소유자의 소유물반환청구에 응하여야 할 의무가 있는 경우에 성립되는 것으로서, 이 경우 점유자는 그 비용을 지출할 당시의 소유자가 누구이었는지 관계없이 점유회복 당시의 소유자 즉 회복자에 대하여 비용상환청구권을 행사할 수 있는 것이나, 점유자가 유익비를 지출할 당시 계약관계 등 적법한 점유의 권원을 가진 경우에 그 지출비용의 상환에 관하여는 그 계약관계를 규율하는 법조항이나 법리 등이 적용되는 것이어서, 점유자는 그 계약관계 등의 상대방에 대하여 해당 법조항이나 법리에 따른 비용상환청구권을 행사할 수 있을 뿐 계약관계 등의 상대방이 아닌 점유회복 당시의 소유자에 대하여 민법 제203조 제2항에 따른 지출비용의 상환을 구할 수는 없다(대판 2003.7.25, 2001다64752).

④ 피고가 본건 토지의 선의의 점유자로 그 과실을 취득할 권리가 있어 경작한 농작물의 소유권을 취득할 수 있다 하더라도 법령의 부지로 상속인이 될 수 없는 사람을 상속인이라고 생각하여 본건 토지를 점유하였다면 피고에게 과실이 있다고 아니할 수 없고 따라서 피고의 본건 토지의 점유는 진정한 소유자에 대하여 불법행위를 구성하는 것이라 아니할 수 없는 것이고 피고에게는 그 불법행위로 인한 손해배상의 책임이 있는 것이며 선의의 점유자도 과실취득권이 있다하여 불법행위로 인한 손해배상책임이 배제되는 것은 아니다(대판 1966.7.19, 66다994).

⑤ 소유의 의사가 없는 점유자는 선의인 경우에도 손해의 전부를 배상하여야 한다(제202조 단서).

08 ④ 점유자가 점유의 침탈을 당한 경우, 침탈자의 **특별승계인**이 악의인 때에는 그 승계인에게 점유물반환청구권을 행사할 수 있다(제204조 제2항 참조).

① 점유물방해제거청구권의 행사기간 1년은 재판 외에서 권리행사하는 것으로 족한 기간이 아니라 반드시 그 기간 내에 소를 제기하여야 하는 이른바 출소기간으로 해석함이 상당하다(대판 2002.4.26, 2001다8097 참조).

② 점유보조자는 점유자가 아니므로 점유보호청구권이 인정되지 않는다.

③ 직접점유자가 임의로 점유를 타에 양도한 경우에는 점유이전이 간접점유자의 의사에 반한다 하더라도 간접점유자의 점유가 침탈된 경우에 해당하지 않는다(대판 1993.3.9, 92다5300).

⑤ 공사로 인하여 점유의 방해를 받은 경우에는 공사착수 후 1년을 경과하거나 그 공사가 완성한 때에는 방해의 제거를 청구하지 못한다(제205조 제3항).

03 소유권

01 ①	02 ①	03 ②	04 ③	05 ①	06 ⑤	07 ①	08 ②	09 ②	10 ②
11 ②	12 ⑤	13 ③	14 ④	15 ③	16 ⑤	17 ②	18 ④	19 ⑤	

01 ① 경계에 설치된 담이 공유인 경우에는 그 분할을 청구하지 못한다(제268조 제3항 참조).

② 인접하여 토지를 소유한 자는 공동비용으로 통상의 경계표나 담을 설치할 수 있다(제237조 제1항).

③ 경계표의 측량비용은 토지의 면적에 비례하여 부담한다(제237조 제2항 단서).

④ 인접지의 수목가지가 경계를 넘은 때에는 그 소유자에 대하여 가지의 제거를 청구할 수 있다(제240조 제1항).

⑤ 건물을 축조함에는 특별한 관습이 없으면 경계로부터 반미터 이상의 거리를 두어야 한다(제242조 제1항).

02 ① 분할로 인하여 공로에 통하지 못하는 토지가 있는 때에는 그 토지소유자는 공로에 출입하기 위하여 다른 분할자의 토지를 통행할 수 있다. 이 경우에는 보상의 의무가 없다(제220조 제1항).

② 농·공업의 경영에 이용하는 수로 기타 공작물의 소유자나 몽리자의 특별승계인은 그 용수에 관한 전 소유자나 몽리자의 권리의무를 승계한다(제233조).

③ 인접지의 수목뿌리가 경계를 넘은 때에는 임의로 제거할 수 있다(제240조 제3항).

④ 토지소유자는 그 소유지의 물을 소통하기 위하여 이웃 토지소유자가 시설한 공작물을 사용할 수 있고, 공작물을 사용하는 자는 그 이익을 받은 비율로 공작물의 설치와 보존의 비용을 분담하여야 한다(제227조).

⑤ 인접하여 토지를 소유하는 자는 공동비용으로 통상의 경계표나 담을 설치할 수 있고, 설치비용은 쌍방이 절반하여 부담한다(제237조 제1항·제2항).

03 ② 동산뿐만 아니라 부동산(건물의 증축부분)도 부합물이 될 수 있다.

① 동산과 동산의 부합도 인정된다(제257조 참조).

③ 부합은 소유자가 다른 경우에 소유권 귀속에 관한 규정이므로, 동일인 소유에 속하는 부동산과 동산은 부합이 인정되지 않는다.

④ 어떠한 동산을 부동산에 부합된 것으로 인정하기 위해서는 그 동산을 훼손하거나 과다한 비용을 지출하지 않고서는 분리할 수 없을 정도로 부착·합체되었는지 여부와 그 물리적 구조, 용도와 기능면에서 기존 부동산과는 독립한 경제적 효용을 가지고 거래상 별개의 소유권의 객체가 될 수 있는지 여부 등을 종합하여 판단하여야 한다(대판 2017.7.18, 2016다38290).

⑤ 부동산의 소유자는 그 부동산에 부합한 물건의 소유권을 취득한다. 그러나 타인의 권원에 의하여 부속된 것은 그러하지 아니하다(제256조).

04 ③ 양도담보권의 목적인 주된 동산에 다른 동산이 부합되어 부합된 동산에 관한 권리자가 권리를 상실하는 손해를 입은 경우 주된 동산이 담보물로서 가치가 증가된 데 따른 실질적 이익은 주된 동산에 관한 양도담보권설정자에게 귀속되는 것이므로, 이 경우 부합으로 인하여 권리를 상실하는 자는 양도담보권설정자를 상대로 민법 제261조에 따라 보상을 청구할 수 있을 뿐 양도담보권자를 상대로 보상을 청구할 수는 없다(대판 2016.4.28, 2012다19659).

① 동산과 동산이 부합하여 훼손하지 아니하면 분리할 수 없거나 그 분리에 과다한 비용을 요할 경우에는 그 합성물의 소유권은 주된 동산의 소유자에게 속한다(제257조 본문 참조).

② 부합물에 관한 소유권 귀속의 예외를 규정한 민법 제256조 단서의 규정은 타인이 그 권원에 의하여 부속시킨 물건이라 할지라도 그 부속된 물건이 분리하여 경제적 가치가 있는 경우에 한하여 부속시킨 타인의 권리에 영향이 없다는 취지이지 분리하여도 경제적 가치가 없는 경우에는 원래의 부동산 소유자의 소유에 귀속된다(대판 2007.7.27, 2006다39290).

④ 타인의 동산에 가공한 때에는 그 물건의 소유권은 원재료의 소유자에게 속한다. 그러나 가공으로 인한 가액의 증가가 원재료의 가액보다 현저히 다액인 때에는 가공자의 소유로 한다(제259조 제1항).

⑤ 건물의 증축 부분이 기존건물에 부합하여 기존건물과 분리하여서는 별개의 독립물로서의 효용을 갖지 못하는 이상 기존건물에 대한 근저당권은 민법 제358조에 의하여 부합된 증축 부분에도 효력이 미치는 것이므로 기존건물에 대한 경매절차에서 경매목적물로 평가되지 아니하였다고 할지라도 경락인은 부합된 증축 부분의 소유권을 취득한다(대판 2002.10.25, 2000다63110).

05 ① 저당권은 물건의 점유를 수반하지 않기에 시효취득의 대상이 되지 않는다.

② 계속되고 표현된 지역권도 취득시효할 수 있다(제294조 참조).

③ 재산상속인은 상속 개시된 때부터 피상속인의 재산에 관한 포괄적 권리의무를 승계하는 것이므로, 부동산의 지상권자로 등기된 자가 그 부동산을 지상권자로서 평온 · 공연하게 선의이며 과실 없이 점유하다가 지상권취득시효완성 전에 사망하여 그 지상권설정등기와 점유권이 재산상속인에게 이전된 경우에는 피상속인과 상속인의 등기 및 점유기간을 합산하여 10년이 넘을 때 지상권의 등기부취득시효기간이 완성된다(대판 1989.3.28, 87다카2587). 즉, 지상권도 취득시효할 수 있다.

④ 국유재산 중 일반재산도 취득시효할 수 있다(대판 2010.11.25, 2010다58957).

⑤ 시효로 인한 부동산 소유권의 취득은 원시취득으로서 취득시효의 요건을 갖추면 곧 등기청구권을 취득하는 것이고, 또 타인의 소유권을 승계취득하는 것이 아니어서 시효취득의 대상이 반드시 타인의 소유물이어야 하거나 그 타인이 특정되어 있어야만 하는 것은 아니므로, 성명불상자의 소유물에 대하여 시효취득을 인정할 수 있다(대판 1992.2.25, 91다9312).

06 ⑤ 원소유자가 취득시효의 완성 이후 그 등기가 있기 전에 그 토지를 제3자에게 처분하거나 제한물권의 설정, 토지의 현상 변경 등 소유자로서의 권리를 행사하였다 하여 시효취득자에 대한 관계에서 불법행위가 성립하는 것이 아님은 물론 위 처분행위를 통하여 그 토지의 소유권이나 제한물권 등을 취득한 제3자에 대하여 취득시효의 완성 및 그 권리취득의 소급효를 들어 대항할 수도 없다 할 것이니, 이 경우 시효취득자로서는 원소유자의 적법한 권리행사로 인한 현상의 변경이나 제한물권의 설정 등이 이루어진 그 토지의 사실상 혹은 법률상 현상 그대로의 상태에서 등기에 의하여 그 소유권을 취득하게 된다(대판 2006.5.12, 2005다75910).

① 원래 잡종재산이던 것이 행정재산으로 된 경우 잡종재산일 당시에 취득시효가 완성되었다고 하더라도 행정재산으로 된 이상 이를 원인으로 하는 소유권이전등기를 청구할 수 없다(대판 1997.11.14, 96다10782).

② 점유자가 스스로 매매나 증여와 같이 자주점유의 권원을 주장하였는데, 이것이 인정되지 않는다는 사유만으로는 자주점유의 추정이 깨진다고 볼 수 없다(대판 2017.12.22, 2017다360 · 377).

③ 취득시효를 주장하는 자는 점유기간 중에 소유자의 변동이 없는 토지에 관하여는 취득시효의 기산점을 임의로 선택할 수 있다(대판 전합 1994.3.22, 93다46360).

④ 부동산의 소유자가 취득시효의 완성 사실을 알 수 있는 경우에 부동산 소유자가 부동산을 제3자에게 처분하여 소유권이전등기를 넘겨줌으로써 취득시효 완성을 원인으로 한 소유권이전등기의무가 이행불능에 빠지게 되어 취득시효 완성을 주장하는 자가 손해를 입었다면 불법행위를 구성한다 할 것이다(대판 1998.4.10, 97다56495).

07 ① 시효이익의 포기는 달리 특별한 사정이 없는 한 시효취득자가 취득시효 완성 당시의 진정한 소유자에 대하여 하여야 그 효력이 발생하는 것이지 원인무효인 등기의 등기부상 소유명의자에게 그와 같은 의사를 표시하였다고 하여 그 효력이 발생하는 것은 아니다(대판 2011.7.14, 2011다23200).

② 토지에 대한 취득시효 완성으로 인한 소유권이전등기청구권은 그 토지에 대한 점유가 계속되는 한 시효로 소멸하지 아니하고, 그 후 점유를 상실하였다고 하더라도 이를 시효이익의 포기로 볼 수 있는 경우가 아닌 한 이미 취득한 소유권이전등기청구권은 바로 소멸되는 것은 아니다(대판 1996.3.8, 95다34866).

③ 전 점유자의 점유를 승계한 자는 그 점유 자체와 하자만을 승계할 뿐 그 점유로 인한 법률효과까지 승계하는 것은 아니어서 취득시효의 완성으로 인하여 부동산의 소유명의자에 대한 소유권이전등기청구권을 시효취득하는 자는 시효완성 당시의 점유자에 한하므로, 그로부터 부동산의 점유를 승계한 현 점유자로서는 자신의 전 점유자에 대한 소유권이전등기청구권을 보전하기 위하여 시효완성 당시의 전 점유자가 소유명의자에 대하여 가지는 소유권이전등기청구권을 대위행사할 수 있을 뿐이지, 전 점유자의 취득시효 완성의 효과를 주장하여 직접 자기에게 소유권이전등기를 청구할 권리는 없다(대판 1995.11.28, 95다22078).

④ 부동산에 대한 취득시효가 완성되면 점유자는 소유명의자에 대하여 취득시효완성을 원인으로 한 소유권이전등기절차의 이행을 청구할 수 있고 소유명의자는 이에 응할 의무가 있으므로 점유자가 그 명의로 소유권이전등기를 경료하지 아니하여 아직 소유권을 취득하지 못하였다고 하더라도 소유명의자는 점유자에 대하여 점유로 인한 부당이득반환청구를 할 수 없다(대판 1993.5.25, 92다51280).

⑤ 乙이 甲소유의 대지 일부를 소유의 의사로 평온, 공연하게 20년간 점유하였다면 乙은 甲에게 소유권이전등기절차의 이행을 청구할 수 있고 甲은 이에 응할 의무가 있으므로 乙이 위 대지에 관하여 소유권이전등기를 경료하지 못한 상태에 있다고 해서 甲이 乙에 대하여 그 대지에 대한 불법점유임을 이유로 그 지상건물의 철거와 대지의 인도를 청구할 수는 없다(대판 1988.5.10, 87다카1979).

08 ㉢ (○) 부동산에 관한 점유취득시효기간이 경과하였다고 하더라도 그 점유자가 자신의 명의로 등기하지 아니하고 있는 사이에 먼저 제3자 명의로 소유권이전등기가 경료되어 버리면, 특별한 사정이 없는 한, 그 제3자에 대하여는 시효취득을 주장할 수 없으나, 그 제3자가 취득시효기간만료 당시의 등기명의인으로부터 신탁 또는 명의신탁받은 경우라면 종전 등기명의인으로서는 언제든지 이를 해지하고 소유권이전등기를 청구할 수 있고, 점유시효취득자로서는 종전 등기명의인을 대위하여 이러한 권리를 행사할 수 있으므로, 그러한 제3자가 소유자로서의 권리를 행사하는 경우 점유자로서는 취득시효완성을 이유로 이를 저지할 수 있다(대판 1995.9.5, 95다24586).

㉠ (×) 민법 제245조 제1항의 취득시효기간의 완성만으로는 소유권취득의 효력이 바로 생기는 것이 아니라, 다만 이를 원인으로 하여 소유권취득을 위한 등기청구권이 발생할 뿐이고, 미등기 부동산의 경우라고 하여 취득시효기간의 완성만으로 등기 없이도 점유자가 소유권을 취득한다고 볼 수 없다(대판 2006.9.28, 2006다22074).

㉡ (×) 부동산에 대한 취득시효가 완성되면 점유자는 소유명의자에 대하여 취득시효완성을 원인으로 한 소유권이전등기절차의 이행을 청구할 수 있고 소유명의자는 이에 응할 의무가 있으므로 점유자가 그 명의로 소유권이전등기를 경료하지 아니하여 아직 소유권을 취득하지 못하였다고 하더라도 소유명의자는 점유자에 대하여 점유로 인한 부당이득반환청구를 할 수 없다(대판 1993.5.25, 92다51280).

09 ② 취득시효 완성을 이유로 한 소유권취득의 효력은 점유를 개시한 때에 소급한다(제247조 제1항).

① 집합건물의 공용부분은 취득시효에 의한 소유권 취득의 대상이 될 수 없다(대판 2013.12.12, 2011다78200).

③ 점유자가 점유 개시 당시에 소유권 취득의 원인이 될 수 있는 법률행위 기타 법률요건이 없이 그와 같은 법률요건이 없다는 사실을 잘 알면서 타인 소유의 부동산을 무단점유한 것임이 입증된 경우에는, 특별한 사정이 없는 한 점유자는 타인의 소유권을 배척하고 점유할 의사를 갖고 있지 않다고 보아야 할 것이므로 이로써 소유의 의사가 있는 점유라는 추정은 깨진다(대판 2007.12.27, 2007다42112).

④ 취득시효를 주장하는 자는 소유자의 변동이 없는 토지에 관하여는 취득시효의 기산점을 임의로 선택할 수 있다(대판 1993.11.26, 93다30013).

⑤ 시효이익의 포기는 달리 특별한 사정이 없는 한 시효취득자가 취득시효완성 당시의 진정한 소유자에 대하여 하여야 그 효력이 발생하는 것이지 원인무효인 등기의 등기부상 소유명의자에게 그와 같은 의사를 표시하였다고 하여 그 효력이 발생하는 것은 아니라 할 것이다(대판 1994.12.23, 94다40734).

10 ② 원래 잡종재산이던 것이 행정재산으로 된 경우 잡종재산일 당시에 취득시효가 완성되었다고 하더라도 행정재산으로 된 이상 이를 원인으로 하는 소유권이전등기를 청구할 수 없다(대판 1997.11.14, 96다10782).

① 집합건물의 공용부분은 취득시효에 의한 소유권 취득의 대상이 될 수 없다(대판 2013.12.12, 2011다78200·78217).

③ 점유자가 스스로 매매 또는 증여와 같은 자주점유의 권원을 주장하였으나 이것이 인정되지 않는 경우에도, 원래 자주점유의 권원에 관한 입증책임이 점유자에게 있지 아니한 이상 그 주장의 점유권원이 인정되지 않는다는 사유만으로 자주점유의 추정이 번복된다거나 또는 점유권원의 성질상 타주점유라고 볼 수는 없다(대판 2008.7.10, 2007다12364).

④ 취득시효에 의한 소유권 취득의 효력은 점유를 개시한 때에 소급한다(제247조 제1항).

⑤ 취득시효 이익의 포기와 같은 상대방 있는 단독행위는 그 의사표시로 인하여 권리에 직접적인 영향을 받는 상대방에게 도달하는 때에 효력이 발생한다. 취득시효완성으로 인한 권리변동의 당사자는 시효취득자와 취득시효완성 당시의 진정한 소유자이고, 실체관계와 부합하지 않는 원인무효인 등기의 등기부상 소유명의자는 권리변동의 당사자가 될 수 없으므로, 결국 시효이익의 포기는 달리 특별한 사정이 없는 한 시효취득자가 취득시효완성 당시의 진정한 소유자에 대하여 하여야 그 효력이 발생하는 것이지 원인무효인 등기의 등기부상 소유명의자에게 그와 같은 의사를 표시하였다고 하여 그 효력이 발생하는 것은 아니다(대판 2011.7.14, 2011다23200).

11 ㉠ (×) 등기부취득시효의 요건으로서의 소유자로 등기한 자라 함은 적법·유효한 등기를 마친 자일 필요는 없고, 무효의 등기를 마친 자라도 상관없다(대판 1998.1.20, 96다48527).

㉣ (×) 무효인 이중보존등기에 터 잡은 등기부취득시효는 인정되지 않는다(대판 전합 1996.10.17, 96다12511).

㉡ (○) 점유의 승계도 인정되듯이 등기의 승계도 인정된다. 즉, 등기부취득시효에서 등기는 10년간 반드시 그의 명의로 등기되어 있어야 하는 것은 아니고 앞사람의 등기까지 아울러 그 기간 동안 부동산의 소유자로 등기되어 있으면 된다(대판 전합 1989.12.26, 87다카2176).

12 ⑤ 공유물분할청구의 소는 형성의 소로서 법원은 공유물분할을 청구하는 원고가 구하는 방법에 구애받지 않고 재량에 따라 합리적 방법으로 분할을 명할 수 있다(대판 2015.7.23, 2014다88888).

① 부동산의 1/7 지분 소유권자가 타공유자의 동의없이 그 부동산을 타에 임대하여 임대차보증금을 수령하였다면, 이로 인한 수익 중 자신의 지분을 초과하는 부분에 대하여는 법률상 원인 없이 취득한 부당이득이 되어 이를 반환할 의무가 있고, 또한 위 무단임대행위는 다른 공유지분권자의 사용, 수익을 침해한 불법행위가 성립되어 그 손해를 배상할 의무가 있다. 여기서 반환 또는 배상해야 할 범위는 위 부동산의 임대차로 인한 차임 상당액이라 할 것으로서 타공유자는 그 임대보증금 자체에 대한 지분비율 상당액의 반환 또는 배상을 구할 수는 없다(대판 1991.9.24, 91다23639).

② 공유물 무단 점유자에 대한 차임 상당 부당이득반환청구권은 특별한 사정이 없는 한 각 공유자에게 지분 비율만큼 귀속된다(대판 2021.12.16, 2021다257255).

③ 공유물의 소수지분권자인 피고가 다른 공유자와 협의하지 않고 공유물의 전부 또는 일부를 독점적으로 점유하는 경우 다른 소수지분권자인 원고가 피고를 상대로 공유물의 인도를 청구할 수는 없다(대판 전합 2020.5.21, 2018다287522).

④ 구분소유적 공유관계는 부동산의 위치와 면적을 특정하여 2인 이상이 구분소유하기로 하는 약정이 있어야만 적법하게 성립할 수 있으므로, 구분소유적 공유관계를 주장하여 특정 토지 부분을 취득했다고 주장하는 사람은 구분소유약정의 대상이 되는 해당 토지의 위치뿐만 아니라 면적까지도 주장·증명해야 한다(대판 2019.7.10, 2017다253522).

13 ③ 공유물에 끼친 불법행위를 이유로 하는 손해배상청구권은 특별한 사유가 없는 한 각 공유자가 지분에 대응하는 비율의 한도 내에서만 이를 행사할 수 있다(대판 1970.4.14, 70다171).

① 공유자는 그 지분의 비율로 공유물의 관리비용 기타 의무를 부담한다(제266조 제1항).

② 공유자가 그 지분을 포기하거나 상속인 없이 사망한 때에는 그 지분은 다른 공유자에게 각 지분의 비율로 귀속한다(제267조).

④ 다수 지분권자라 하여 나대지에 새로이 건물을 건축한다든지 하는 것은 '관리'의 범위를 넘어서 처분행위에 해당하므로, 전원의 동의가 있어야 한다(대판 2001.11.27, 2000다33638).

⑤ 부동산의 공유자의 1인은 당해 부동산에 관하여 제3자 명의로 원인무효의 소유권이전등기가 경료되어 있는 경우 공유물에 관한 보존행위로서 제3자에 대하여 그 등기 전부의 말소를 구할 수 있으나(대판 1993.5.11, 92다52870), 공유자가 다른 공유자의 지분권을 대외적으로 주장하는 것을 공유물의 멸실·훼손을 방지하고 공유물의 현상을 유지하는 사실적·법률적 행위인 공유물의 보존행위에 속한다고 할 수 없다(대판 2009.2.26, 2006다72802).

14 ㉠ (×) ㉡ (○) 공유물의 소수지분권자가 다른 공유자와 협의 없이 공유물의 전부 또는 일부를 독점적으로 점유·사용하고 있는 경우 다른 소수지분권자는 공유물의 보존행위로서 그 인도를 청구할 수는 없고, 다만 자신의 지분권에 기초하여 공유물에 대한 방해 상태를 제거하거나 공동 점유를 방해하는 행위의 금지 등을 청구할 수 있다고 보아야 한다(대판 전합 2020.5.21, 2018다287522).

㉢ (○) 소수지분권자는 독점 점유하는 다른 소수지분권자에게 자신의 지분비율에 따른 사용·수익을 하지 못한 데에 대한 부당이득은 청구할 수 있다.

15 ③ 그 과반수 지분의 공유자로부터 다시 그 특정 부분의 사용·수익을 허락받은 제3자의 점유는 다수지분권자의 공유물관리권에 터잡은 적법한 점유이므로 그 제3자는 소수지분권자에 대하여도 그 점유로 인하여 법률상 원인 없이 이득을 얻고 있다고는 볼 수 없다(대판 2002.5.14, 2002다9738).

① 공유물의 소수지분권자가 다른 공유자와 협의 없이 공유물의 전부 또는 일부를 독점적으로 점유·사용하고 있는 경우 다른 소수지분권자는 공유물의 보존행위로서 그 인도를 청구할 수는 없고, 다만 자신의 지분권에 기초하여 공유물에 대한 방해 상태를 제거하거나 공동 점유를 방해하는 행위의 금지 등을 청구할 수 있다(대판 2020.10.15, 2019다245822).

② 공유물을 제3자가 불법점유하고 있는 경우에 소수지분권자라고 하더라도 공유물의 보존행위로서 명도청구를 할 수 있다(대판 1966.4.19, 66다283).

④ 공유물의 사용·수익·관리에 관한 공유자 사이의 특약은 유효하며 그 특정승계인에 대하여도 승계되지만, 그 특약이 지분권자로서의 사용·수익권을 사실상 포기하는 등으로 공유지분권의 본질적 부분을 침해하는 경우에는 특정승계인이 그러한 사실을 알고도 공유지분권을 취득하였다는 등의 특별한 사정이 없다면 특정승계인에게 당연히 승계된다고 볼 수 없다(대판 2013.3.14, 2011다58701).

⑤ 공유자는 자신의 지분을 다른 공유자의 동의 없이 자유롭게 처분할 수 있다(제263조 참조).

16 ⑤ 공유물분할은 협의분할을 원칙으로 하고 협의가 성립되지 아니한 때에는 재판상 분할을 청구할 수 있으므로 공유자 사이에 이미 분할에 관한 협의가 성립된 경우에는 일부 공유자가 분할에 따른 이전등기에 협조하지 않거나 분할에 관하여 다툼이 있더라도 그 분할된 부분에 대한 소유권이전등기를 청구하든가 소유권확인을 구함은 별문제이나 또다시 소로써 그 분할을 청구하거나 이미 제기한 공유물분할의 소를 유지함은 허용되지 않는다(대판 1995.1.12, 94다30348).

① 공유지분의 처분은 다른 공유자의 동의 없이도 언제든지 자유롭게 할 수 있다(제263조 참조).

② 공유자는 공유물의 분할을 청구할 수 있다. 그러나 5년 내의 기간으로 분할하지 아니할 것을 약정할 수 있다(제268조 제1항).

③ 공유물을 공유자 중의 1인의 단독소유 또는 수인의 공유로 하되 현물을 소유하게 되는 공유자로 하여금 다른 공유자에 대하여 그 지분의 적정하고도 합리적인 가격을 배상시키는 방법에 의한 분할도 현물분할의 하나로 허용된다(대판 2023.6.29, 2020다260025).

④ 甲, 乙의 공유인 부동산 중 甲의 지분위에 설정된 근저당권 등 담보물권은 특단의 합의가 없는 한 공유물분할이 된 뒤에도 종전의 지분비율대로 공유물 전부의 위에 그대로 존속하고 근저당권설정자인 甲 앞으로 분할된 부분에 당연히 집중되는 것은 아니다(대판 1989.8.8, 88다카24868).

17 ② 공유물의 소수지분권자가 다른 공유자와 협의 없이 공유물의 전부 또는 일부를 독점적으로 점유·사용하고 있는 경우 다른 소수지분권자는 공유물의 보존행위로서 그 인도를 청구할 수는 없고, 다만 자신의 지분권에 기초하여 공유물에 대한 방해 상태를 제거하거나 공동 점유를 방해하는 행위의 금지 등을 청구할 수 있다(대판 2020.10.15, 2019다245822).

① 공유지분의 포기는 법률행위로서 상대방 있는 단독행위에 해당하므로, 부동산 공유자의 공유지분 포기의 의사표시가 다른 공유자에게 도달하더라도 이로써 곧바로 공유지분 포기에 따른 물권변동의 효력이 발생하는 것은 아니고, 다른 공유자는 자신에게 귀속될 공유지분에 관하여 소유권이전등기청구권을 취득하며, 이후 민법 제186조에 의하여 등기를 하여야 공유지분 포기에 따른 물권변동의 효력이 발생한다(대판 2016.10.27, 2015다52978).

③ 공유물의 관리에 관한 사항은 공유자의 지분의 과반수로써 결정한다(제265조 본문). 따라서 과반수 지분권자는 공유물에 관리에 관한 사항을 단독으로 결정할 수 있다.

④ 공유자는 그 지분의 비율로 공유물의 관리비용 기타 의무를 부담한다(제266조).

⑤ 공유자는 공유물의 분할을 청구할 수 있다(제268조 제1항 본문 참조).

18 ④ 합유물에 관하여 경료된 원인 무효의 소유권이전등기의 말소를 구하는 소송은 합유물에 관한 보존행위로서 합유자 각자가 할 수 있다(대판 1997.9.9, 96다16896).

① 각 공유자는 그 지분권을 다른 공유자의 동의가 없는 경우라도 양도 기타의 처분을 할 수 있는 것이며 공유자끼리 그 지분을 교환하는 것도 그것이 지분권의 처분에 해당하는 이상 다른 공유자의 동의를 요하는 것이 아니다(대판 1972.5.23, 71다2760).

② 공유지분의 포기는 법률행위로서 상대방 있는 단독행위에 해당하므로, 부동산 공유자의 공유지분 포기의 의사표시가 다른 공유자에게 도달하더라도 이로써 곧바로 공유지분 포기에 따른 물권변동의 효력이 발생하는 것은 아니고, 다른 공유자는 자신에게 귀속될 공유지분에 관하여 소유권이전등기청구권을 취득하며, 이후 민법 제186조에 의하여 등기를 하여야 공유지분 포기에 따른 물권변동의 효력이 발생한다(대판 2016.10.27, 2015다52978).

③ 합유자는 전원의 동의없이 합유물에 대한 지분을 처분하지 못한다(제273조 제1항).

⑤ 종중이 그 소유의 이 사건 토지의 매매를 중개한 중개업자에게 중개수수료를 지급하기로 하는 약정을 체결하는 것은 총유물 그 자체의 관리·처분이 따르지 아니하는 단순한 채무부담행위에 불과하여 이를 총유물의 관리·처분행위라고 할 수 없다(대판 2012.4.12, 2011다107900).

19 ⑤ 공유물분할의 소송절차 또는 조정절차에서 공유자 사이에 공유토지에 관한 현물분할의 협의가 성립하여 그 합의사항을 조서에 기재함으로써 조정이 성립하였다고 하더라도, 그와 같은 사정만으로 재판에 의한 공유물분할의 경우와 마찬가지로 그 즉시 공유관계가 소멸하고 각 공유자에게 그 협의에 따른 새로운 법률관계가 창설되는 것은 아니고, 공유자들이 협의한 바에 따라 토지의 분필절차를 마친 후 각 단독소유로 하기로 한 부분에 관하여 다른 공유자의 공유지분을 이전받아 등기를 마침으로써 비로소 그 부분에 대한 대세적 권리로서의 소유권을 취득하게 된다고 보아야 한다(대판 전합 2013.11.21, 2011두1917).

① 공유물분할의 효과는 원칙적으로 소급하지 않는다.

② 재판에 의한 공유물을 분할하는 경우에 현물분할에 의함이 원칙이다(제269조 제2항 참조).

③ 공유물분할청구권은 공유관계에서 수반되는 형성권이므로 공유관계가 존속하는 한 그 분할청구권만이 독립하여 시효소멸될 수 없다(대판 1981.3.24. 80다1888·1889).

④ 공유토지를 현물분할하는 경우에 반드시 공유지분의 비율대로 토지면적을 분할해야 하는 것은 아니고 토지의 형상이나 위치, 이용상황이나 경제적 가치 등 제반 사정을 고려하여 경제적 가치가 지분비율에 상응하도록 분할할 수 있다(대판 1993.1.19. 92다30603).

04 지상권

01 ① 지상권의 설정은 처분행위이지만, 지상권설정계약은 처분행위가 아니라 의무부담행위이므로 처분권 없는 자도 지상권설정계약은 할 수 있다.

② 장사법 시행일인 2001. 1. 13. 이전에 타인의 토지에 분묘를 설치한 다음 20년간 평온·공연하게 분묘의 기지를 점유함으로써 분묘기지권을 시효로 취득하였더라도, 분묘기지권자는 토지소유자가 분묘기지에 관한 지료를 청구하면 그 청구한 날부터의 지료를 지급할 의무가 있다고 보아야 한다(대판 전합 2021.4.29, 2017다228007).

③ 원소유자로부터 대지와 건물이 한 사람에게 매도되었으나 대지에 관하여만 그 소유권이전등기가 경료되고 건물의 소유 명의가 매도인 명의로 남아 있게 되어 형식적으로 대지와 건물이 그 소유 명의자를 달리하게 된 경우에 있어서는, 그 대지의 점유·사용 문제는 매매계약 당사자 사이의 계약에 따라 해결할 수 있는 것이므로 양자 사이에 관습에 의한 법정지상권을 인정할 필요는 없다(대판 1998.4.24, 98다4798).

④ 대지에 관한 관습상의 법정지상권을 취득한 피고가 동 대지소유자와 사이에 위 대지에 관하여 임대차계약을 체결한 경우에는 특별한 사정이 없는 한 위 관습상의 법정지상권을 포기하였다고 볼 것이다(대판 1981.7.7, 80다2243).

⑤ 근저당권 등 담보권 설정의 당사자들이 그 목적이 된 토지 위에 차후 용익권이 설정되거나 건물 또는 공작물이 축조·설치되는 등으로써 그 목적물의 담보가치가 저감하는 것을 막는 것을 주요한 목적으로 하여 채권자 앞으로 아울러 지상권을 설정하였다면, 그 피담보채권이 변제 등으로 만족을 얻어 소멸한 경우는 물론이고 시효소멸한 경우에도 그 지상권은 피담보채권에 부종하여 소멸한다(대판 2011.4.14, 2011다6342).

02 ④ 원래 채권을 담보하기 위하여 나대지상에 가등기가 경료되었고, 그 뒤 대지소유자가 그 지상에 건물을 신축하였는데, 그 후 그 가등기에 기한 본등기가 경료되어 대지와 건물의 소유자가 달라진 경우에 관습상 법정지상권을 인정하면 애초에 대지에 채권담보를 위하여 가등기를 경료한 사람의 이익을 크게 해하게 되기 때문에 특별한 사정이 없는 한 건물을 위한 관습상 법정지상권이 성립한다고 할 수 없다(대판 1994.11.22, 94다5458).

① 민법 제283조 제2항 소정의 지상물매수청구권은 지상권이 존속기간의 만료로 인하여 소멸하는 때에 지상권자에게 갱신청구권이 있어 그 갱신청구를 하였으나 지상권설정자가 계약갱신을 원하지 아니할 경우 행사할 수 있는 권리이므로, 지상권자의 지료연체를 이유로 토지소유자가 그 지상권소멸청구를 하여 이에 터잡아 지상권이 소멸된 경우에는 매수청구권이 인정되지 않는다(대판 1993.6.29, 93다10781).

② 금융기관이 대출금 채권의 담보를 위하여 토지에 저당권과 함께 지료 없는 지상권을 설정하면서 채무자 등의 사용·수익권을 배제하지 않은 경우, 위 지상권은 근저당목적물의 담보가치를 확보하는 데 목적이 있으므로, 그 위에 도로개설·옹벽축조 등의 행위를 한 무단점유자에 대하여 지상권 자체의 침해를 이유로 한 임료 상당 손해배상을 구할 수 없다(대판 2008.1.17, 2006다586).

③ 지상권자는 지상권을 유보한 채 지상물 소유권만을 양도할 수도 있고 지상물 소유권을 유보한 채 지상권만을 양도할 수도 있다(대판 2006.6.15, 2006다6126·2133).

⑤ 법정지상권을 가진 건물소유자로부터 건물을 양수하면서 지상권까지 양도받기로 한 사람에 대하여 대지소유자가 소유권에 기하여 건물철거 및 대지의 인도를 구하는 것은 지상권의 부담을 용인하고 그 설정등기절차를 이행할 의무있는 자가 그 권리자를 상대로 한 청구라 할 것이어서 신의성실의 원칙상 허용될 수 없다(대판 1988.9.27, 87다카279).

03 ⑤ 금융기관이 대출금 채권의 담보를 위하여 토지에 저당권과 함께 지료 없는 지상권을 설정하면서 채무자 등의 사용·수익권을 배제하지 않은 경우, 위 지상권은 근저당목적물의 담보가치를 확보하는 데 목적이 있으므로, 그 위에 도로개설·옹벽축조 등의 행위를 한 무단점유자에 대하여 지상권 자체의 침해를 이유로 한 임료 상당 손해배상을 구할 수 없다(대판 2008.1.17, 2006다586).

① 지상권은 용익물권으로서 담보물권이 아니므로 피담보채무라는 것이 존재할 수 없다. 근저당권 등 담보권 설정의 당사자들이 담보로 제공된 토지에 추후 용익권이 설정되거나 건물 또는 공작물이 축조·설치되는 등으로 토지의 담보가치가 줄어드는 것을 막기 위하여 담보권과 아울러 설정하는 지상권을 이른바 담보지상권이라고 하는데, 이는 당사자의 약정에 따라 담보권의 존속과 지상권의 존속이 서로 연계되어 있을 뿐이고, 이러한 경우에도 지상권의 피담보채무가 존재하는 것은 아니다(대판 2017.10.31, 2015다65042).

②③ 근저당권 등 담보권 설정의 당사자들이 그 목적이 된 토지 위에 차후 용익권이 설정되거나 건물 또는 공작물이 축조·설치되는 등으로써 그 목적물의 담보가치가 저감하는 것을 막는 것을 주요한 목적으로 하여 채권자 앞으로 아울러 지상권을 설정하였다면, 그 피담보채권이 변제 등으로 만족을 얻어 소멸한 경우는 물론이고 시효소멸한 경우에도 그 지상권은 피담보채권에 부종하여 소멸한다(대판 2011.4.14, 2011다6342).

④ 토지에 관하여 저당권을 취득함과 아울러 그 저당권의 담보가치를 확보하기 위하여 지상권을 취득하는 경우, 특별한 사정이 없는 한 당해 지상권은 저당권이 실행될 때까지 제3자가 용익권을 취득하거나 목적 토지의 담보가치를 하락시키는 침해행위를 하는 것을 배제함으로써 저당 부동산의 담보가치를 확보하는 데에 그 목적이 있다고 할 것이므로, 그와 같은 경우 제3자가 비록 토지소유자로부터 신축중인 지상 건물에 관한 건축주 명의를 변경받았다 하더라도, 그 지상권자에게 대항할 수 있는 권원이 없는 한 지상권자로서는 제3자에 대하여 목적 토지 위에 건물을 축조하는 것을 중지하도록 요구할 수 있다(대결 2004.3.29, 2003마1753).

04 ⑤ 타인 소유의 토지에 분묘를 설치한 경우에 20년간 평온, 공연하게 분묘의 기지를 점유하면 지상권과 유사한 관습상의 물권인 분묘기지권을 시효로 취득한다는 점은 오랜 세월 동안 지속되어 온 관습 또는 관행으로서 법적 규범으로 승인되어 왔고, 이러한 법적 규범이 장사법 시행일인 2001. 1. 13. 이전에 설치된 분묘에 관하여 현재까지 유지되고 있다고 보아야 한다 (대판 전합 2017.1.19, 2013다17292).

① 지상권의 양도는 토지소유자의 동의를 요하지 아니한다(제282조 참조).

② 지료의 지급은 지상권의 성립요소가 아니므로 지료합의가 없더라도 지상권은 유효하게 성립한다.

③ 수목의 소유를 목적으로 하는 지상권의 최단존속기간은 30년이다.

④ 구분지상권은 제3자가 토지를 사용·수익할 권리를 가진 때에도 그 권리자 및 그 권리를 목적으로 하는 권리를 가진 자의 전원의 승낙이 있으면 이를 설정할 수 있다(제289조의2 제2항).

05 ③ 수목의 소유를 목적으로 하는 지상권이 존속기간의 만료로 소멸하고 수목이 현존하는 경우에는 지상권자는 지상권설정자에게 지상권계약갱신을 청구할 수 있고 갱신청구가 거절된 경우 지상물매수청구권을 행사할 수 있다.

① 근저당권 등 담보권 설정의 당사자들이 그 목적이 된 토지 위에 차후 용익권이 설정되거나 건물 또는 공작물이 축조·설치되는 등으로써 그 목적물의 담보가치가 저감하는 것을 막는 것을 주요한 목적으로 하여 채권자 앞으로 아울러 지상권을 설정하였다면, 그 피담보채권이 변제 등으로 만족을 얻어 소멸한 경우는 물론이고 시효소멸한 경우에도 그 지상권은 피담보채권에 부종하여 소멸한다(대판 2011.4.14, 2011다6342).

② 기존 건물의 사용을 목적으로 지상권이 설정된 경우, 지상권의 최단 존속기간에 관한 민법 제280조 제1항 제1호가 적용되지 않으므로(대판 1996.3.22, 95다49318), 30년 미만으로 정할 수 있다.

④ 지상권양도금지특약은 지상권자에게 불리한 약정으로 무효이므로, 지상권을 양수한 자는 지상권으로 지상권설정자에게 대항할 수 있다.

⑤ 지상권자의 지료 지급 연체가 토지소유권의 양도 전후에 걸쳐 이루어진 경우 토지양수인에 대한 연체기간이 2년이 되지 않는다면 양수인은 지상권소멸청구를 할 수 없다(대판 2001.3.13, 99다17142).

06 ㉠ (×) 자기 소유 토지에 분묘를 설치한 사람이 그 토지를 양도하면서 분묘를 이장하겠다는 특약을 하지 않음으로써 분묘기지권을 취득한 경우, 특별한 사정이 없는 한 분묘기지권자는 분묘기지권이 성립한 때부터 토지 소유자에게 그 분묘의 기지에 대한 토지사용의 대가로서 지료를 지급할 의무가 있다(대판 2021.9.16, 2017다271834).

㉢ (×) 미등기건물을 그 대지와 함께 매도하였다면 비록 매수인에게 그 대지에 관하여만 소유권이전등기가 경료되고 건물에 관하여는 등기가 경료되지 아니하여 형식적으로 대지와 건물이 그 소유 명의자를 달리하게 되었다 하더라도 매도인에게 관습상의 법정지상권을 인정할 이유가 없다(대판 전합 2002.6.20, 2002다9660).

㉣ (×) 대지상의 건물만을 매수하면서 대지에 관한 임대차계약을 체결하였다면 위 건물매수로 인하여 취득하게 될 습관상의 법정지상권을 포기하였다고 볼 것이다(대판 1991.5.14, 91다1912).

ⓒ (○) 지상권자가 그 권리의 목적이 된 토지의 특정한 소유자에 대하여 2년분 이상의 지료를 지불
하지 아니한 경우에 그 특정의 소유자는 선택에 따라 지상권의 소멸을 청구할 수 있으나, 지상권
자의 지료 지급 연체가 토지소유권의 양도 전후에 걸쳐 이루어진 경우 토지양수인에 대한 연체
기간이 2년이 되지 않는다면 양수인은 지상권소멸청구를 할 수 없다(대판 2001.3.13, 99다17142).

07 ㉠ (×) 건물이 없는 토지에 관하여 저당권이 설정될 당시 근저당권자가 토지소유자에 의한 건물
의 건축에 동의하였다고 하더라도 그러한 사정은 주관적 사항이고 공시할 수도 없는 것이어
서 토지를 낙찰받는 제3자로서는 알 수 없는 것이므로 그와 같은 사정을 들어 법정지상권의
성립을 인정한다면 토지 소유권을 취득하려는 제3자의 법적 안정성을 해하는 등 법률관계가
매우 불명확하게 되므로 법정지상권이 성립되지 않는다(대판 2003.9.5, 2003다26051).

ⓛ (×) 동일인의 소유에 속하는 토지 및 그 지상 건물에 관하여 공동저당권이 설정된 후 그 지상
건물이 철거되고 새로 건물이 신축되어 두 건물 사이의 동일성이 부정되는 결과 공동저당권자가
신축건물의 교환가치를 취득할 수 없게 되었다면, 공동저당권자의 불측의 손해를 방지하기 위하
여, 특별한 사정이 없는 한 저당물의 경매로 인하여 토지와 그 신축건물이 다른 소유자에 속하게
되더라도 그 신축건물을 위한 법정지상권은 성립하지 않는다(대판 2010.1.14, 2009다66150).

ⓒ (○) 대지소유자가 그 지상건물을 타인과 함께 공유하면서 그 단독소유의 대지만을 건물철거
의 조건 없이 타에 매도한 경우에는 건물공유자들은 각기 건물을 위하여 대지 전부에 대하여
관습에 의한 법정지상권을 취득한다(대판 1977.7.26, 76다388).

08 ④ 민법 제366조 단서의 규정에 의하여 법정지상권의 경우 그 지료는 당사자의 협의나 법원에
의하여 결정하도록 되어 있는데, 당사자 사이에 지료에 관한 협의가 있었다거나 법원에 의하
여 지료가 결정되었다는 아무런 입증이 없고 법정지상권에 관한 지료가 결정된 바 없다면,
법정지상권자가 지료를 지급하지 않았다고 하더라도 지료 지급을 지체한 것으로는 볼 수 없
으므로 법정지상권자가 2년 이상의 지료를 지급하지 아니하였음을 이유로 하는 토지소유자의
지상권 소멸청구는 이유가 없다(대판 1996.4.26, 95다52864).

① 건물 소유를 위하여 법정지상권을 취득한 사람으로부터 경매에 의하여 그 건물의 소유권을 이전
받은 매수인은 매수 후 건물을 철거한다는 등의 매각조건하에서 경매되는 경우 등 특별한 사정
이 없는 한 건물의 매수취득과 함께 위 지상권도 당연히 취득한다(대판 2013.9.12, 2013다43345).

② 법정지상권을 가진 건물소유자로부터 건물을 양수하면서 지상권까지 양도받기로 한 사람에
대하여 대지소유자가 소유권에 기하여 건물철거 및 대지의 인도를 구하는 것은 지상권의 부
담을 용인하고 그 설정등기절차를 이행할 의무있는 자가 그 권리자를 상대로 한 청구라 할
것이어서 신의성실의 원칙상 허용될 수 없다(대판 1988.9.27, 87다카279).

③ 민법 제366조 소정의 법정지상권이나 관습상의 법정지상권이 성립한 후에 건물을 개축 또는
증축하는 경우는 물론 건물이 멸실되거나 철거된 후에 신축하는 경우에도 법정지상권은 성립
한다(대판 1997.1.21, 96다40080).

⑤ 법률행위에 의한 물권변동은 등기를 요하므로, 법정지상권을 취득한 丙이 건물을 丁에게 양
도한 경우, 丁이 토지소유자에게 지상권을 주장하기 위해서는 등기를 하여야 한다(대판 1988.
9.27, 87다카279).

09 ① 강제경매의 목적이 된 토지 또는 그 지상 건물의 소유권이 강제경매로 인하여 그 절차상의 매수인에게 이전된 경우에 건물의 소유를 위한 관습상 법정지상권이 성립하는가 하는 문제에 있어서는 그 매수인이 소유권을 취득하는 매각대금의 완납시가 아니라 그 압류의 효력이 발생하는 때를 기준으로 하여 토지와 그 지상 건물이 동일인에 속하였는지가 판단되어야 한다 (대판 전합 2012.10.18, 2010다52140).

② 건물 소유자가 토지 소유자와 사이에 건물의 소유를 목적으로 하는 토지 임대차계약을 체결한 경우에는 관습상의 법정지상권을 포기한 것으로 봄이 상당하다(대판 1992.10.27, 92다3984).

③ 관습상의 지상권은 법률행위로 인한 물권의 취득이 아니고 관습법에 의한 부동산물권의 취득 이므로 등기를 필요로 하지 아니하고 지상권취득의 효력이 발생하고 이 관습상의 법정지상권 은 물권으로서의 효력에 의하여 이를 취득할 당시의 토지소유자나 이로부터 소유권을 전득한 제3자에게 대하여도 등기 없이 위 지상권을 주장할 수 있다(대판 1988.9.27, 87다카279).

④ 관습법상 법정지상권이 성립한 후에는 건물을 개축 또는 증축하는 경우는 물론 건물이 멸실 되거나 철거된 후에 신축하는 경우에도 법정지상권은 성립하나, 다만 그 법정지상권의 범위 는 구건물을 기준으로 하여 그 유지 또는 사용을 위하여 일반적으로 필요한 범위 내의 대지 부분에 한정되는 것이다(대판 2000.1.18, 98다58696).

⑤ 토지 또는 건물이 동일한 소유자에게 속하였다가 건물 또는 토지가 매매 기타 원인으로 인하 여 양자의 소유자가 다르게 된 때에 그 건물을 철거하기로 하는 합의가 있었다는 등 특별한 사정이 없는 한 건물소유자는 토지소유자에 대하여 그 건물을 위한 관습상의 지상권을 취득 하게 되고, 건물을 철거하기로 하는 합의가 있었다는 등의 특별한 사정의 존재에 관한 주장입 증책임은 그러한 사정의 존재를 주장하는 쪽에 있다(대판 1988.9.27, 87다카279).

05 \ 지역권

Answer

01 ③   02 ①   03 ③   04 ④   05 ③   06 ⑤

01 ③ 지역권은 요역지와 분리하여 양도하거나 다른 권리의 목적(저당권설정 등)으로 하지 못한다 (제292조 제2항).

02 ① 지역권의 존속기간에 대하여 민법은 규정하고 있지 않다.

② 지역권에서 요역지와 승역지는 서로 인접할 것을 요하지 않는다.

③ 공유자의 1인이 지역권을 취득한 때에는 다른 공유자도 이를 취득한다(제295조 제1항).

④ 지역권설정등기는 승역지 등기부의 을구에 기재한다(부동산등기법 제71조 참조).

⑤ 지역권에도 소유권에 기한 물권적 청구권 제214조가 준용되므로, 지역권에 기한 방해배제청 구권 또는 방해예방청구권이 인정된다(제301조 참조).

PART

02

03 ③ 요역지가 수인의 공유인 경우에 그 1인에 의한 지역권소멸시효의 중단 또는 정지는 다른 공유
자를 위하여 효력이 있다(제296조).

① 통행지역권은 요역지의 소유자가 승역지 위에 도로를 설치하여 승역지를 사용하는 객관적 상
태가 민법 제245조에 규정된 기간 계속된 경우에 한하여 그 시효취득을 인정할 수 있다(대판
2001.4.13, 2001다8493).

② 공유자의 1인이 지역권을 취득한 때에는 다른 공유자도 이를 취득한다(제295조 제1항).

④ 점유로 인한 지역권취득기간의 중단은 지역권을 행사하는 모든 공유자에 대한 사유가 아니면
그 효력이 없다(제295조 제2항).

⑤ 통행지역권을 취득시효한 경우에도 주위토지통행권의 경우와 마찬가지로 요역지 소유자는
승역지에 대한 도로 설치 및 사용에 의하여 승역지 소유자가 입은 손해를 보상하여야 한다(대
판 2015.3.20, 2012다17479).

04 ④ 지역권은 점유를 요건으로 하지 않으므로, 지역권에 기한 승역지의 반환청구권은 인정되지
않는다(제301조 참조).

① 지역권은 어느 토지의 편익을 위하여 타인의 토지를 이용하는 용익물권이다(제291조 참조).

② 요역지와 승역지는 서로 인접할 필요가 없다.

③ 요역지가 수인의 공유인 경우에 그 1인에 의한 지역권 소멸시효의 중단 또는 정지는 다른 공
유자를 위하여 효력이 있다(제296조).

⑤ 지역권은 계속되고 표현된 것에 한하여 시효취득할 수 있다(제294조 참조).

05 ③ 지역권은 요역지소유권에 부종하여 이전하지만, 다른 약정이 있는 때에는 그 약정에 의하므
로 무효는 아니다(제292조 참조).

① 지역권은 20년간 행사하지 않으면 소멸시효가 완성한다(제162조 제2항 참조).

② 지역권은 요역지와 분리하여 양도하거나 다른 권리의 목적으로 하지 못한다(제292조 제2항).

④ 공유자의 1인이 지역권을 취득한 때에는 다른 공유자도 이를 취득한다(제295조 제1항).

⑤ 위요지 통행권이나 통행지역권은 모두 인접한 토지의 상호이용의 조절에 기한 권리로서 토지
의 소유자 또는 지상권자, 전세권자 등 토지사용권을 가진 자에게 인정되는 권리라 할 것이므
로, 위와 같은 권리자가 아닌 토지의 불법점유자는 토지소유권의 상린관계로서 위요지 통행
권의 주장이나 통행지역권의 시효취득 주장을 할 수 없다(대판 1976.10.29, 76다1694).

06 ⑤ 토지공유자의 1인은 지분에 관하여 그 토지를 위한 지역권 또는 그 토지가 부담하는 지역권을
소멸하게 하지 못한다(제293조 제1항).

① 요역지는 반드시 독립된 1필의 토지이어야 한다. 토지의 일부는 요역지가 될 수 없다.

② 지역권은 요역지소유권에 부종하여 이전한다(제292조 제1항 참조).

③ 지역권의 존속기간을 영구무한으로 약정할 수 있다.

④ 지역권자에게는 반환청구권이 인정되지 않는다.

06 전세권

Answer
01 ③ 02 ③ 03 ④ 04 ③ 05 ③ 06 ② 07 ⑤ 08 ⑤

01 ③ 전세금의 지급은 전세권 성립의 요소이다(대판 1995.2.10, 94다18508).
  ① 건물의 일부에 대하여 전세권이 설정되어 있는 경우 그 전세권자는 민법 제303조 제1항, 제 318조의 규정에 의하여 그 건물 전부에 대하여 후순위 권리자 기타 채권자보다 전세금의 우선 변제를 받을 권리가 있고, 전세권설정자가 전세금의 반환을 지체한 때에는 전세권의 목적물의 경매를 청구할 수 있다 할 것이나, 전세권의 목적물이 아닌 나머지 건물부분에 대하여는 우선변제권은 별론으로 하고 경매신청권은 없다(대결 1992.3.10, 91마256).
  ② 전세권이 용익물권적 성격과 담보물권적 성격을 겸비하고 있다는 점 및 목적물의 인도는 전세의 성립요건이 아닌 점 등에 비추어 볼 때, 당사자가 주로 채권담보의 목적으로 전세권을 설정하였고, 그 설정과 동시에 목적물을 인도하지 아니한 경우라 하더라도, 장차 전세권자가 목적물을 사용·수익하는 것을 완전히 배제하는 것이 아니라면, 그 전세권의 효력을 부인할 수는 없다(대판 1995.2.10, 94다18508).
  ④ 전세권자는 전세권을 타인에게 양도 또는 담보로 제공할 수 있고 그 존속기간 내에서 그 목적물을 타인에게 전전세 또는 임대할 수 있다. 그러나 설정행위로 이를 금지한 때에는 그러하지 아니하다(제306조).
  ⑤ 전세권이 소멸한 때에는 전세권설정자는 전세권자로부터 그 목적물의 인도 및 전세권설정등기의 말소등기에 필요한 서류의 교부를 받는 동시에 전세금을 반환하여야 한다(제317조).

02 ③ 지상권을 가지는 건물소유자가 그 건물에 전세권을 설정하였으나 그가 2년 이상의 지료를 지급하지 아니하였음을 이유로 지상권설정자, 즉 토지소유자의 청구로 인하여 지상권이 소멸하는 것은 전세권설정자가 전세권자의 동의 없이는 할 수 없는 위 민법 제304조 제2항상의 '지상권 또는 임차권을 소멸하게 하는 행위'에 해당하지 아니한다(대판 2010.8.19, 2010다43801).
  ① 타인의 토지에 있는 건물에 전세권을 설정한 때에는 전세권의 효력은 그 건물의 소유를 목적으로 한 지상권 또는 임차권에 미친다(제304조 제1항).
  ② 전세권설정자가 건물의 존립을 위한 토지사용권을 가지지 못하여 그가 토지소유자의 건물철거 등 청구에 대항할 수 없는 경우에 민법 제304조 등을 들어 전세권자 또는 대항력 있는 임차권자가 토지소유자의 권리행사에 대항할 수 없다(대판 2010.8.19, 2010다43801).
  ④ 대지와 건물이 동일한 소유자에 속한 경우에 건물에 전세권을 설정한 때에는 그 대지소유권의 특별승계인은 전세권설정자에 대하여 지상권을 설정한 것으로 본다(제305조 제1항 본문).
  ⑤ 건물에 대한 전세권의 존속기간을 1년 미만으로 정한 때에는 이를 1년으로 한다(제312조 제2항).

03 ④ 전세권이 성립한 후 목적물의 소유권이 이전되는 경우에 있어서, (중략) 전세권은 전세권자와 목적물의 소유권을 취득한 신 소유자 사이에서 계속 동일한 내용으로 존속하게 된다고 보아야 할 것이고, 따라서 목적물의 신 소유자는 구 소유자와 전세권자 사이에 성립한 전세권의 내용에 따른 권리의무의 직접적인 당사자가 되어 전세권이 소멸하는 때에 전세권자에 대하여 전세권설정자의 지위에서 전세금반환의무를 부담하게 되고, 구 소유자는 전세권설정자의 지위를 상실하여 전세금반환의무를 면하게 된다(대판 2000.6.9, 99다15122).

① 전세권설정등기를 마친 민법상의 전세권은 그 성질상 용익물권적 성격과 담보물권적 성격을 겸비한 것으로서, 전세권의 존속기간이 만료되면 전세권의 용익물권적 권능은 전세권설정등기의 말소 없이도 당연히 소멸한다(대판 2005.3.25, 2003다35659).

② 전세권이 존속하는 동안은 전세권을 존속시키기로 하면서 전세금반환채권만을 전세권과 분리하여 확정적으로 양도하는 것은 허용되지 아니한다(대판 2018.7.20, 2014다83937).

③ 토지임차인의 건물 기타 공작물의 매수청구권에 관한 민법 제643조의 규정은 성질상 토지의 전세권에도 유추적용될 수 있다(대판 2007.9.21, 2005다41740).

⑤ 대지와 건물이 동일한 소유자에 속한 경우에 건물에 전세권을 설정한 때에는 그 대지소유권의 특별승계인은 전세권설정자에 대하여 지상권을 설정한 것으로 본다(제305조 본문).

04 ③ 임대차보증금은 임대차계약이 종료된 후 임차인이 목적물을 인도할 때까지 발생하는 차임과 그 밖의 채무를 담보한다(대판 2005.9.28, 2005다8323 · 8330 참조). 임대인과 임차인이 위와 같이 임대차보증금반환채권을 담보할 목적으로 전세권을 설정하기 위해 전세권설정계약을 체결하였다면, 임대차보증금에서 연체차임 등을 공제하고 남은 돈을 전세금으로 하는 것이 임대인과 임차인의 합치된 의사라고 볼 수 있다(대판 2021.12.30, 2020다257999).

① 당사자가 주로 채권담보의 목적으로 전세권을 설정하였고, 그 설정과 동시에 목적물을 인도하지 아니한 경우라 하더라도, 장차 전세권자가 목적물을 사용 · 수익하는 것을 완전히 배제하는 것이 아니라면, 그 전세권의 효력을 부인할 수는 없다(대판 1995.2.10, 94다18508).

② 전세금의 지급은 전세권 성립의 요소가 되는 것이지만 그렇다고 하여 전세금의 지급이 반드시 현실적으로 수수되어야만 하는 것은 아니고 기존의 채권으로 전세금의 지급에 갈음할 수도 있다(대판 1995.2.10, 94다18508).

④ 임대차계약에 따른 임차보증금반환채권을 담보할 목적으로 전세권설정등기를 마친 경우 임대차계약에 따른 연체차임 공제는 전세권설정계약과 양립할 수 없으므로, 전세권설정자는 선의의 제3자에 대해서는 연체차임 공제 주장으로 대항할 수 없다(대판 2021.12.30, 2020다257999).

⑤ 전세권의 존속기간이 만료하면 전세권의 용익물권적 권능이 소멸하기 때문에 그 전세권에 대한 저당권자는 더 이상 전세권 자체에 대하여 저당권을 실행할 수 없다(대판 2008.3.13, 2006다293372).

05 ③ 전세권의 설정은 갱신할 수 있지만, 그 기간은 갱신한 날로부터 10년을 넘지 못한다(제312조 제3항).

① 토지전세권을 처음 설정할 때 10년을 넘지 못한다. 당사자의 약정기간이 10년을 넘는 때에는 이를 10년으로 단축한다(제312조 제1항).

② 토지전세권은 최단존속기간의 제한이 없다. 즉 건물의 전세권의 존속기간은 1년 미만으로 정한 때에는 이를 1년으로 한다(제312조 제2항).

④ 토지임차인의 건물 기타 공작물의 매수청구권에 관한 민법 제643조의 규정은 성질상 토지의 전세권에도 유추 적용될 수 있다(대판 2007.9.21, 2005다41740).

⑤ 전세권의 법정갱신은 건물전세권에만 인정되고, 토지전세권에는 인정되지 않는다(제312조의 제4항 참조).

06 ㉠ (○) 전세권설정등기를 마친 민법상의 전세권은 그 성질상 용익물권적 성격과 담보물권적 성격을 겸비한 것으로서, 전세권의 존속기간이 만료되면 전세권의 용익물권적 권능은 전세권설정등기의 말소 없이도 당연히 소멸한다(대판 2005.3.25, 2003다35659).

㉡ (×) 전세금의 지급은 전세권 성립의 요소가 되는 것이지만 그렇다고 하여 전세금의 지급이 반드시 현실적으로 수수되어야만 하는 것은 아니고 기존의 채권으로 전세금의 지급에 갈음할 수도 있다(대판 1995.2.10, 94다18508).

㉢ (○) 전세권 존속기간이 시작되기 전에 마친 전세권설정등기도 특별한 사정이 없는 한 유효한 것으로 추정된다(대결 2018.1.25, 2017마1093).

㉣ (×) 당사자가 주로 채권담보의 목적으로 전세권을 설정하였고, 그 설정과 동시에 목적물을 인도하지 아니한 경우라 하더라도, 장차 전세권자가 목적물을 사용·수익하는 것을 완전히 배제하는 것이 아니라면, 그 전세권의 효력을 부인할 수는 없다(대판 1995.2.10, 94다18508).

07 ⑤ 전세권저당권이 설정된 경우에도 전세권이 기간만료로 소멸되면 전세권설정자는 전세금반환채권에 대한 제3자의 압류 등이 없는 한 전세권자에 대하여만 전세금반환의무를 부담한다(대판 1999.9.17, 98다31301).

① 토지전세권의 최단존속기간은 민법에 규정이 없으므로 토지전세권의 존속기간을 6개월로 정할 수 있다.

② 전세권자는 전세권을 타인에게 양도 또는 담보로 제공할 수 있고 그 존속기간 내에서 그 목적물을 타인에게 전전세 또는 임대할 수 있다. 그러나 설정행위로 이를 금지한 때에는 그러하지 아니하다(제306조).

③ 전세권이 존속하는 동안은 전세권을 존속시키기로 하면서 전세금반환채권만을 전세권과 분리하여 확정적으로 양도하는 것은 허용되지 않는다(대판 2002.8.23, 2001다69122).

④ 전세권에 대하여 저당권이 설정된 경우 그 저당권의 목적물은 물권인 전세권 자체이지 전세금반환채권은 그 목적물이 아니고, 전세권의 존속기간이 만료되면 전세권은 소멸하므로 더 이상 전세권 자체에 대하여 저당권을 실행할 수 없다(대판 1999.9.17, 98다31301).

08 ⑤ 지상권을 가지는 건물소유자가 그 건물에 전세권을 설정하였으나 그가 2년 이상의 지료를 지급하지 아니하였음을 이유로 지상권설정자, 즉 토지소유자의 청구로 지상권이 소멸하는 것은 전세권설정자가 전세권자의 동의 없이는 할 수 없는 위 민법 제304조 제2항상의 "지상권 또는 임차권을 소멸하게 하는 행위"에 해당하지 아니하므로(대판 2010.8.19. 2010다43801), 지상권설정자 乙은 저당권자 丙의 동의가 없어도 지상권자 甲에게 지상권소멸을 청구할 수 있다.

① 목적물의 인도는 전세권의 성립요건이 아닌 점 등에 비추어 볼 때, 당사자가 주로 채권담보의 목적으로 전세권을 설정하였고, 그 설정과 동시에 목적물을 인도하지 아니한 경우라 하더라도, 장차 전세권자가 목적물을 사용·수익하는 것을 완전히 배제하는 것이 아니라면 그 전세권의 효력을 부인할 수는 없다(대판 2021.12.30, 2018다268538).

② 전세권의 존속기간을 약정하지 아니한 때에는 각 당사자는 언제든지 상대방에 대하여 전세권의 소멸을 통고할 수 있고 상대방이 이 통고를 받은 날로부터 6월이 경과하면 전세권은 소멸한다(제313조).

③ 전세금의 지급은 전세권 성립의 요소가 되는 것이지만 그렇다고 하여 전세금의 지급이 반드시 현실적으로 수수되어야만 하는 것은 아니고 기존의 채권으로 전세금의 지급에 갈음할 수도 있다(대판 1995.2.10, 94다18508).

④ 전세권자는 전세권을 타인에게 양도 또는 담보로 제공할 수 있고 그 존속기간 내에서 그 목적물을 타인에게 전전세 또는 임대할 수 있다(제306조 본문).

07 유치권

Answer

01 ④	02 ①	03 ③	04 ④	05 ①	06 ②	07 ③	08 ①

01 ④ 담보물권 모두에 공통되는 특성은 부종성, 수반성, 불가분성이다.

┃ 담보물권의 특성

1. 부종성
   피담보채권이 존재하면 담보물권도 존재하고, 피담보채권이 소멸하면 담보물권도 소멸하는 성질을 의미한다.

2. 수반성
   피담보채권이 이전되면 담보물권도 이전되는 성질을 의미한다.

3. 물상대위성
   담보물권의 목적물의 멸실·훼손·공용징수 등으로 인하여 그에 갈음하는 금전 기타 물건이 목적물의 소유자에게 귀속되는 경우, 담보물권이 그 목적물에 갈음하는 것에 관하여 존속하는 성질을 의미한다. 질권과 저당권에서만 인정되고, 유치권에는 인정되지 않는다.

4. 불가분성
   담보물권자는 피담보채권의 전부를 변제받을 때까지 목적물의 전부에 대해 그 권리를 행사할 수 있는 성질을 의미한다.

5. 유치적 효력
   목적물을 점유할 수 있는 것을 의미한다. 저당권에는 유치적 효력이 인정되지 않는다.
6. 우선변제적 효력
   담보목적물로부터 후순위 권리자보다 우선적으로 변제받을 수 있는 성질을 의미한다. 질권과 저당권에서만 인정되고, 유치권에는 우선적 효력이 인정되지 않는다.

02 ① 유치권은 법정담보물권이기는 하나 채권자의 이익보호를 위한 채권담보의 수단에 불과하므로 이를 포기하는 특약은 유효하다(대판 2016.5.12, 2014다52087).
   ② 유치권의 불가분성은 그 목적물이 분할 가능하거나 수 개의 물건인 경우에도 적용된다(대판 2022.6.16, 2018다301350).
   ③ 유치권 소멸청구는 민법 제327조에 규정된 채무자뿐만 아니라 유치물의 소유자도 할 수 있다(대판 2021.7.29, 2019다216077).
   ④ 유치권은 타물권인 점에 비추어 볼 때 수급인의 재료와 노력으로 건축되었고 독립한 건물에 해당되는 기성부분은 수급인의 소유라 할 것이므로 수급인은 공사대금을 지급받을 때까지 이에 대하여 유치권을 가질 수 없다(대판 1993.3.26, 91다14116).
   ⑤ 매도인이 부동산을 점유하고 있고 소유권을 이전받은 매수인에게서 매매대금 일부를 지급받지 못하고 있다고 하여 매매대금채권을 피담보채권으로 매수인이나 그에게서 부동산 소유권을 취득한 제3자를 상대로 유치권을 주장할 수 없다(대결 2012.1.12, 2011마2380).

03 ③ 유치권 배제 특약이 있는 경우 다른 법정요건이 모두 충족되더라도 유치권은 발생하지 않는데, 특약에 따른 효력은 특약의 상대방뿐 아니라 그 밖의 사람도 주장할 수 있다(대판 2018.1.24, 2016다234043).
   ① 유치권은 목적물을 유치함으로써 채무자의 변제를 간접적으로 강제하는 것을 본체적 효력으로 하는 권리인 점 등에 비추어, 그 직접점유자가 채무자인 경우에는 유치권의 요건으로서의 점유에 해당하지 않는다고 할 것이다(대판 2008.4.11, 2007다27236).
   ② 불법행위로 인한 점유의 경우 유치권은 성립하지 않는다(제320조 제2항 참조).
   ④ 유치권 배제 특약에도 조건을 붙일 수 있다(대판 2018.1.24, 2016다234043).
   ⑤ 유치권의 행사는 채권의 소멸시효의 진행에 영향을 미치지 아니한다(제326조).

04 ④ 채권이 변제기에 도달하더라도 법원이 유익비상환청구권에 대하여 상당한 상환기간을 허여한 경우(변제기를 유예)에는 유치권은 소멸한다.
   ① 유치권 소멸청구는 민법 제327조에 규정된 채무자뿐만 아니라 유치물의 소유자도 할 수 있다. 민법 제327조에 따라 채무자나 소유자가 제공하는 담보가 상당한지는 담보 가치가 채권 담보로서 상당한지, 유치물에 의한 담보력을 저하시키지 않는지를 종합하여 판단해야 한다. 따라서 유치물 가액이 피담보채권액보다 많을 경우에는 피담보채권액에 해당하는 담보를 제공하면 되고, 유치물 가액이 피담보채권액보다 적을 경우에는 유치물 가액에 해당하는 담보를 제공하면 된다(대판 2021.7.29, 2019다216077).

② 甲 회사가 점유회수의 소를 제기하여 승소판결을 받아 점유를 회복하면 점유를 상실하지 않았던 것으로 되어 유치권이 되살아나지만, 甲 회사가 상가에 대한 점유를 회복하였는지를 심리하지 아니한 채 점유회수의 소를 제기하여 점유를 회복할 수 있다는 사정만으로 甲 회사의 유치권이 되살아나지 않는다(대판 2012.2.9, 2011다72189).

③ 유치권은 독립적 물권이므로 유치물의 소유권이 양도된 경우 제3자를 상대로 유치권을 행사할 수 있다.

⑤ 유치권은 타물권인 점에 비추어 볼 때 수급인의 재료와 노력으로 건축되었고 독립한 건물에 해당되는 기성부분은 수급인의 소유라 할 것이므로 수급인은 공사대금을 지급받을 때까지 이에 대하여 유치권을 가질 수 없다(대판 1993.3.26, 91다14116).

05 ① 유치권의 성립요건이자 존속요건인 유치권자의 점유는 직접점유이든 간접점유이든 관계가 없으나, 다만 유치권은 목적물을 유치함으로써 채무자의 변제를 간접적으로 강제하는 것을 본체적 효력으로 하는 권리인 점 등에 비추어, 그 직접점유자가 채무자인 경우에는 유치권의 요건으로서의 점유에 해당하지 않는다고 할 것이다(대판 2008.4.11, 2007다27236).

② 매도인이 부동산을 점유하고 있고 소유권을 이전받은 매수인에게서 매매대금 일부를 지급받지 못하고 있다고 하여 매매대금채권을 피담보채권으로 매수인이나 그에게서 부동산 소유권을 취득한 제3자를 상대로 유치권을 주장할 수 없다(대결 2012.1.12, 2011마2380).

③ 유치권에도 불가분성이 인정되므로(제322조), 유치권자가 피담보채권의 일부를 변제받았더라도 유치물 전부에 대하여 유치권을 행사할 수 있다.

④ 임대인과 임차인 사이에 건물명도시 권리금을 반환하기로 하는 약정이 있었다 하더라도 그와 같은 권리금반환청구권은 건물에 관하여 생긴 채권이라 할 수 없으므로 그와 같은 채권을 가지고 건물에 대한 유치권을 행사할 수 없다(대판 1994.10.14, 93다62119).

⑤ 유치권은 법정담보물권이기는 하나 채권자의 이익보호를 위한 채권담보의 수단에 불과하므로 이를 포기하는 특약은 유효하고, 유치권을 사전에 포기한 경우 다른 법정요건이 모두 충족되더라도 유치권이 발생하지 않는 것과 마찬가지로 유치권을 사후에 포기한 경우 곧바로 유치권은 소멸한다. 그리고 유치권 포기로 인한 유치권의 소멸은 유치권 포기의 의사표시의 상대방뿐 아니라 그 이외의 사람도 주장할 수 있다(대판 2016.5.12, 2014다52087).

06 ② 임차인의 보증금반환채권과 매도인의 매매대금채권에 대해서는 유치권를 행사할 수 없다.

07 ③ 피고의 점유침탈로 원고가 이 사건 상가에 대한 점유를 상실한 이상 원고의 유치권은 소멸하고, 원고가 점유회수의 소를 제기하여 승소판결을 받아 점유를 회복하면 점유를 상실하지 않았던 것으로 되어 유치권이 되살아나지만, 점유회수의 소를 제기하여 점유를 회복할 수 있다는 사정만으로는 유치권은 인정되지 않는다(대판 2012.2.9, 2011다72189 참조).

① 점유가 불법행위로 인한 경우에는 유치권은 인정되지 않는다(제320조 제2항 참조).

② 유치권자가 채무자의 승낙 없이 유치물을 사용, 대여 또는 담보제공한 경우에는 채무자는 유치권의 소멸을 청구할 수 있다(제324조 제3항 참조).

④ 유치권은 목적물을 유치함으로써 채무자의 변제를 간접적으로 강제하는 것을 본체적 효력으로 하는 권리인 점 등에 비추어, 그 직접점유자가 채무자인 경우에는 유치권의 요건으로서의 점유에 해당하지 않는다고 할 것이다(대판 2008.4.11, 2007다27236).

⑤ 민법 제367조에 의한 우선상환은 제3취득자가 경매절차에서 배당받는 방법으로 민법 제203조 제1항, 제2항에서 규정한 비용에 관하여 경매절차의 매각대금에서 우선변제받을 수 있다는 것이지 이를 근거로 제3취득자가 직접 저당권설정자, 저당권자 또는 경매절차 매수인 등에 대하여 비용상환을 청구할 수 있는 권리가 인정될 수 없다. 따라서 제3취득자는 민법 제367조에 의한 비용상환청구권을 피담보채권으로 주장하면서 유치권을 행사할 수 없다(대판 2023.7.13, 2022다265093).

08 ① 채권자가 채무자의 직접점유를 통하여 간접점유하는 경우에는 유치권은 성립하지 않는다.

② 유치권자도 채권의 변제를 받기 위하여 유치물을 경매할 수 있지만, 우선변제권은 인정되지 않는다.

③ 유치권은 타물권(他物權)이므로, 자기물건에 대해서는 유치권을 행사할 수 없다. 따라서 수급인이 자신의 노력과 재료를 들여 신축한 건물은 도급인 소유가 아니라 수급인의 소유이므로 유치권을 행사할 수 없다.

④ 유치권이 성립된 부동산의 매수인은 피담보채권의 소멸시효가 완성되면 시효로 인하여 채무가 소멸되는 결과 직접적인 이익을 받는 자에 해당하므로 소멸시효의 완성을 원용할 수 있는 지위에 있다고 할 것이나, 매수인은 유치권자에게 채무자의 채무와는 별개의 독립된 채무를 부담하는 것이 아니라 단지 채무자의 채무를 변제할 책임을 부담하는 점 등에 비추어 보면, 유치권의 피담보채권의 소멸시효기간이 확정판결 등에 의하여 10년으로 연장된 경우 매수인은 그 채권의 소멸시효기간이 연장된 효과를 부정하고 종전의 단기소멸시효기간을 원용할 수는 없다(대판 2009.9.24, 2009다39530).

⑤ 공사대금채권에 기하여 유치권을 행사하는 자가 스스로 보존에 필요한 범위 내에서 유치물인 주택에 거주하며 사용하는 경우에는 보존에 필요한 사용이므로 소유자의 동의가 없더라도 소유자는 유치권의 소멸을 청구할 수 없다.

08 질권

01 ② 질권은 양도할 수 없는 물건을 목적으로 하지 못한다(제331조).

① 점유개정에 의한 동산질권은 성립하지 않는다(제332조).

③ 질권자는 질물의 과실을 수취하여 다른 채권보다 먼저 그 채권의 변제에 충당할 수 있다(제343조, 제323조).

④ 질권자는 피담보채권의 변제를 받을 때까지 질물을 유치할 수 있다(제335조).

⑤ 질권자가 질물을 유치하더라도 피담보채권의 시효는 진행한다.

02 ① 동산질권자는 채권의 담보로 채무자 또는 제3자가 제공한 동산을 점유하고 그 동산에 대하여 다른 채권자보다 자기채권의 우선변제를 받을 권리가 있다(제329조).

② 질권은 양도할 수 없는 물건을 목적으로 하지 못한다(제331조).

③ 질권은 원본, 이자, 위약금, 질권실행의 비용, 질물보존의 비용 및 채무불이행 또는 질물이 하자로 인한 손해배상의 채권을 담보한다(제334조).

④ 질권자는 채권의 변제를 받을 때까지 질물을 유치할 수 있다. 그러나 자기보다 우선권이 있는 채권자에게 대항하지 못한다(제335조).

⑤ 수개의 채권을 담보하기 위하여 동일한 동산에 수개의 질권을 설정한 때에는 그 순위는 설정의 선후에 의한다(제333조).

03 ① 질물보다 먼저 다른 재산에 관하여 배당을 실시하는 경우 그 매각대금으로부터 변제를 받을 수 있다(제340조 제2항).

② 질권자는 채권 전부의 변제를 받을 때까지 질물 전부에 대하여 그 권리를 행사할 수 있다(제343조, 제321조).

③ 질권은 질물의 멸실, 훼손 또는 공용징수로 인하여 질권설정자가 받을 금전 기타 물건에 대해서도 이를 행사할 수 있다. 이 경우에는 그 지급 또는 인도 전에 압류하여야 한다(제342조).

④ 정당한 이유 있는 때에는 질권자는 감정인의 평가에 의하여 질물로 직접 변제에 충당할 것을 법원에 청구할 수 있다. 이 경우에는 질권자는 미리 채무자 및 질권설정자에게 통지하여야 한다(제338조).

⑤ 질권자는 그 권리의 범위 내에서 자기의 책임으로 질물을 전질할 수 있다(제336조 본문).

04 ① 사전구상권은 수탁보증인에게 인정되는 권리이다(제442조 참조) 타인의 채무를 담보하기 위하여 질권을 설정한 자(= 물상보증인)에게는 사전구상권이 인정되지 않는다.

② 선의취득에 관한 민법 제249조는 동산질권에도 준용된다(제343조).

③ 질권은 양도할 수 없는 물건을 목적으로 하지 못한다(제331조).

④ 민법 제347조는 채권을 질권의 목적으로 하는 경우에 채권증서가 있는 때에는 질권의 설정은 그 증서를 질권자에게 교부함으로써 효력이 생긴다고 규정하고 있다. 여기에서 말하는 '채권증서'는 채권의 존재를 증명하기 위하여 채권자에게 제공된 문서로서 특정한 이름이나 형식을 따라야 하는 것은 아니지만, 장차 변제 등으로 채권이 소멸하는 경우에는 민법 제475조에 따라 채무자가 채권자에게 그 반환을 청구할 수 있는 것이어야 한다. 이에 비추어 임대차계약서와 같이 계약 당사자 쌍방의 권리의무관계의 내용을 정한 서면은 그 계약에 의한 권리의 존속을 표상하기 위한 것이라고 할 수는 없으므로 위 채권증서에 해당하지 않는다(대판 2013.8.22, 2013다32574).

⑤ 질권의 목적인 채권의 양도행위는 민법 제352조 소정의 질권자의 이익을 해하는 변경에 해당되지 않으므로 질권자의 동의를 요하지 아니한다(대판 2005.12.22, 2003다55059).

05 ④ 채권의 목적물이 금전 이외의 물건인 때에는 질권자는 그 변제를 받는 물건에 대하여 질권을 행사할 수 있다(제353조 제4항).

① 부동산의 사용을 목적으로 하는 권리는 질권의 목적이 될 수 없다(제345조 참조).

② 질권자는 질권의 목적이 된 채권을 직접 청구할 수 있다(제353조 제1항).

③ 지명채권을 목적으로 한 질권은 제3채무자에게 질권설정의 사실을 통지하여야 대항할 수 있는 것이지, 성립요건은 아니다(제349조 참조).

⑤ 지시채권을 질권의 목적으로 한 질권의 설정은 증서에 배서하여 질권자에게 교부함으로써 그 효력이 생긴다(제350조).

06 ㉡㉣ (○) 타인에 대한 채무의 담보로 제3채무자에 대한 채권에 대하여 권리질권을 설정한 경우 질권설정자는 질권자의 동의 없이 질권의 목적된 권리를 소멸하게 하거나 질권자의 이익을 해하는 변경을 할 수 없다(민법 제352조). 이는 질권자가 질권의 목적인 채권의 교환가치에 대하여 가지는 배타적 지배권능을 보호하기 위한 것이다. 따라서 질권설정자가 제3채무자에게 질권설정의 사실을 통지하거나 제3채무자가 이를 승낙한 때에는 제3채무자가 질권자의 동의 없이 질권의 목적인 채무를 변제하더라도 이로써 질권자에게 대항할 수 없고, 질권자는 민법 제353조 제2항에 따라 여전히 제3채무자에 대하여 직접 채무의 변제를 청구할 수 있다. 제3채무자가 질권자의 동의 없이 질권설정자와 상계합의를 함으로써 질권의 목적인 채무를 소멸하게 한 경우에도 마찬가지로 질권자에게 대항할 수 없고, 질권자는 여전히 제3채무자에 대하여 직접 채무의 변제를 청구할 수 있다(대판 2018.12.27, 2016다265689).

㉠ (×) 민법 제347조는 채권을 질권의 목적으로 하는 경우에 채권증서가 있는 때에는 질권의 설정은 그 증서를 질권자에게 교부함으로써 효력이 생긴다고 규정하고 있다. 여기에서 말하는 '채권증서'는 채권의 존재를 증명하기 위하여 채권자에게 제공된 문서로서 특정한 이름이나 형식을 따라야 하는 것은 아니지만, 장차 변제 등으로 채권이 소멸하는 경우에는 민법 제475조에 따라 채무자가 채권자에게 그 반환을 청구할 수 있는 것이어야 한다. 이에 비추어 임대

차계약서와 같이 계약 당사자 쌍방의 권리의무관계의 내용을 정한 서면은 그 계약에 의한 권리의 존속을 표상하기 위한 것이라고 할 수는 없으므로 위 채권증서에 해당하지 않는다(대판 2013.8.22, 2013다32574).

ⓒ (×) 저당권으로 담보한 채권을 질권의 목적으로 한 때에는 그 저당권등기에 질권의 부기등기를 하여야 그 효력이 저당권에 미친다(제348조).

07 ④ 원칙적으로 수탁보증인의 사전구상권에 관한 민법 제442조는 물상보증인에게 적용되지 아니하고 물상보증인은 사전구상권을 행사할 수 없다(대판 2009.7.23, 2009다19802).

① 동산질권도 선의취득의 대상이 될 수 있다(제343조 참조).

② 저당권으로 담보할 채권을 질권의 목적으로 한 때에는 그 저당권등기에 질권의 부기등기를 하여야 그 효력이 저당권에 미친다(제348조).

③ 근질권이 설정된 금전채권에 대하여 제3자의 압류로 강제집행절차가 개시된 경우 근질권의 피담보채권은 근질권자가 위와 같은 강제집행이 개시된 사실을 알게 된 때에 확정된다고 봄이 타당하다(대판 2009.10.15, 2009다43621).

⑤ 질권자는 민법 제342조 단서에 의한 압류를 하지 않더라도 당연히 그 물상대위권의 효력이 미친다(대판 1987.5.26, 86다카1058).

09 저당권

Answer

01 ①	02 ④	03 ②	04 ④	05 ②	06 ⑤	07 ③	08 ②	09 ②	10 ①
11 ①									

01 ① 지상권은 저당권의 목적으로 할 수 있다(제371조 제1항 참조).

② 등록된 자동차도 저당권의 목적물이 될 수 있다(자동차 등 특정동산 저당법 제5조 참조).

③ 저당권자는 그 채권의 변제를 받기 위하여 저당물의 경매를 청구할 수 있다(제363조 제1항).

④ 저당물의 소유권을 취득한 제3자도 경매인이 될 수 있다(제363조 제2항).

⑤ 담보물을 권한 없이 멸실·훼손하거나 담보가치를 감소시키는 행위는 위법한 행위로서 불법행위를 구성한다(대판 1998.11.10, 98다34126).

02 ④ 저당물의 제3취득자가 그 부동산의 보존, 개량을 위하여 필요비 또는 유익비를 지출한 때에는 제203조 제1항, 제2항의 규정에 의하여 저당물의 경매대가에서 우선상환을 받을 수 있다(제367조).

① 채권담보의 목적으로 채무자 소유의 부동산을 담보로 제공하여 저당권을 설정하는 경우에는 담보물권의 부종성의 법리에 비추어 원칙적으로 채권과 저당권이 그 주체를 달리할 수 없는 것이지만, 채권자 아닌 제3자의 명의로 저당권등기를 하는 데 대하여 채권자와 채무자 및 제3자 사이에 합의가 있었고, 나아가 제3자에게 그 채권이 실질적으로 귀속되었다고 볼 수 있는 특별한 사정이 있거나, 거래경위에 비추어 제3자의 저당권등기가 한낱 명의에 그치는 것이 아니라 그 제3자도 채무자로부터 유효하게 채권을 변제받을 수 있고 채무자도 채권자나 저당권 명의자인 제3자 중 누구에게든 채무를 유효하게 변제할 수 있는 관계 즉 묵시적으로 채권자와 제3자가 불가분적 채권자의 관계에 있다고 볼 수 있는 경우에는, 그 제3자 명의의 저당권등기도 유효하다(대판 2000.12.12, 2000다49879).

② 존속기간이나 결산기의 정함이 없는 때에는 근저당권의 피담보채무의 확정방법에 관한 다른 약정이 있으면 그에 따르되 이러한 약정이 없는 경우라면 근저당권설정자가 근저당권자를 상대로 언제든지 해지의 의사표시를 함으로써 피담보채무를 확정시킬 수 있다(대판 2002.5.24, 2002다7176).

③ 실질관계의 소멸로 무효로 된 등기의 유용은 그 등기를 유용하기로 하는 합의가 이루어지기 전에 등기상 이해관계가 있는 제3자가 생기지 않은 경우에 한하여 허용된다(대판 1989.10.27, 87다카425).

⑤ 민법 제359조 전문은 "저당권의 효력은 저당부동산에 대한 압류가 있은 후에 저당권설정자가 그 부동산으로부터 수취한 과실 또는 수취할 수 있는 과실에 미친다."라고 규정하고 있는데, 위 규정상 '과실'에는 천연과실뿐만 아니라 법정과실도 포함되므로, 저당부동산에 대한 압류가 있으면 압류 이후의 저당권설정자의 저당부동산에 관한 차임채권 등에도 저당권의 효력이 미친다(대판 2016.7.27, 2015다230020).

03 ② 저당권의 효력은 저당부동산에 대한 압류가 있은 후에 저당권설정자가 그 부동산으로부터 수취한 과실 또는 수취할 수 있는 과실에 미친다. 그러나 저당권자가 그 부동산에 대한 소유권, 지상권 또는 전세권을 취득한 제3자에 대하여는 압류한 사실을 통지한 후가 아니면 이로써 대항하지 못한다(제359조).

① 저당권의 효력은 저당부동산에 부합된 물건과 종물에 미치므로(제358조), 저당권 설정 후에 부합된 물건에도 저당권의 효력이 미친다.

③ 근저당권이 설정된 후에 그 부동산의 소유권이 제3자에게 이전된 경우에는 현재의 소유자가 자신의 소유권에 기하여 피담보채무의 소멸을 원인으로 그 근저당권설정등기의 말소를 청구할 수 있음은 물론이지만, 근저당권설정자인 종전의 소유자도 근저당권설정계약의 당사자로서 근저당권소멸에 따른 원상회복으로 근저당권자에게 근저당권설정등기의 말소를 구할 수 있는 계약상 권리가 있으므로 이러한 계약상 권리에 터잡아 근저당권자에게 피담보채무의 소멸을 이유로 하여 그 근저당권설정등기의 말소를 청구할 수 있다고 봄이 상당하고, 목적물의 소유권을 상실하였다는 이유만으로 그러한 권리를 행사할 수 없다고 볼 것은 아니다(대판 전합 1994.1.25., 93다16338).

④ 저당지상의 건물에 대한 일괄경매청구권은 저당권설정자가 건물을 축조한 경우뿐만 아니라 저당권설정자로부터 저당토지에 대한 용익권을 설정받은 자가 그 토지에 건물을 축조한 경우라도 그 후 저당권설정자가 그 건물의 소유권을 취득한 경우에는 저당권자는 토지와 함께 그 건물에 대하여 경매를 청구할 수 있다(대판 2003.4.11, 2003다3850).

⑤ 후순위 근저당권자가 경매를 신청한 경우 선순위 근저당권의 피담보채권은 그 근저당권이 소멸하는 시기, 즉 경락인이 경락대금을 완납한 때에 확정된다고 보아야 한다(대판 1999.9.21, 99다26085).

04 ㉡ (○) 저당지상의 건물에 대한 일괄경매청구권은 저당권설정자가 건물을 축조한 경우뿐만 아니라 저당권설정자로부터 저당토지에 대한 용익권을 설정받은 자가 그 토지에 건물을 축조한 경우라도 그 후 저당권설정자가 그 건물의 소유권을 취득한 경우에는 저당권자는 토지와 함께 그 건물에 대하여 경매를 청구할 수 있다(대판 2003.4.11, 2003다3850).

㉢ (○) 토지소유자가 저당권을 설정해 준 후 그 지상에 건물을 축조하여 소유권이전등기를 마침과 동시에 이를 제3자에게 매도한 경우 토지의 저당권자는 건물에 대하여 경매를 청구할 수 없다(대결 1999.4.20, 99마146).

㉠ (×) 토지를 목적으로 저당권을 설정한 후 그 설정자가 그 토지에 건물을 축조한 때에는 저당권자는 토지와 함께 그 건물에 대하여도 경매를 청구할 수 있다. 그러나 그 건물의 경매대가에 대하여는 우선변제를 받을 권리가 없다(제365조).

05 ② 경매법원이 기존건물의 종물이라거나 부합된 부속건물이라고 볼 수 없는 건물에 대하여 경매신청된 기존건물의 부합물이나 종물로 보고서 경매를 같이 진행하여 경락허가를 하였다 하더라도 그 독립된 건물에 대한 경락은 당연무효이고 따라서 그 경락인은 위 독립된 건물에 대한 소유권을 취득할 수 없다(대판 1988.2.23, 87다카600).

① 저당부동산에 대한 압류가 있으면 압류 이후의 저당권설정자의 저당부동산에 관한 차임채권 등에도 저당권의 효력이 미친다(대판 2016.7.27, 2015다230020).

③ 구분건물의 전유부분만에 관하여 설정된 저당권의 효력은 대지사용권의 분리처분이 가능하도록 규약으로 정하는 등의 특별한 사정이 없는 한 그 전유부분의 소유자가 사후에라도 대지사용권을 취득함으로써 전유부분과 대지권이 동일소유자의 소유에 속하게 되었다면 그 대지사용권에까지 미친다(대판 2001.2.9, 2000다62179).

④ 건물의 증축 부분이 기존건물에 부합하여 기존건물과 분리하여서는 별개의 독립물로서의 효용을 갖지 못하는 이상 기존건물에 대한 근저당권은 민법 제358조에 의하여 부합된 증축 부분에도 효력이 미치는 것이므로 기존건물에 대한 경매절차에서 경매목적물로 평가되지 아니하였다고 할지라도 경락인은 부합된 증축 부분의 소유권을 취득한다(대판 2002.10.25, 2000다63110).

⑤ 건물에 대한 저당권의 효력은 그 건물의 소유를 목적으로 하는 지상권에도 미친다(대판 1992.7.14, 92다527).

06 ⑤ 저당지상의 건물에 대한 일괄경매청구권은 저당권설정자가 건물을 축조한 경우뿐만 아니라 저당권설정자로부터 저당토지에 대한 용익권을 설정받은 자가 그 토지에 건물을 축조한 경우라도 그 후 저당권설정자가 그 건물의 소유권을 취득한 경우에는 저당권자는 토지와 함께 그 건물에 대하여 경매를 청구할 수 있다(대판 2003.4.11, 2003다3850).

① 근저당권은 피담보채무의 최고액만을 정하고 채무의 확정을 장래에 보류하여 설정하는 저당권이다(민법 제357조 제1항 본문 참조). 근저당권을 설정한 후에 근저당설정자와 근저당권자의 합의로 채무의 범위 또는 채무자를 추가하거나 교체하는 등으로 피담보채무를 변경할 수 있다. 이러한 경우 위와 같이 변경된 채무가 근저당권에 의하여 담보된다. 후순위저당권자 등 이해관계인은 근저당권의 채권최고액에 해당하는 담보가치가 근저당권에 의하여 이미 파악되어 있는 것을 알고 이해관계를 맺었기 때문에 이러한 변경으로 예측하지 못한 손해를 입었다고 볼 수 없으므로, 피담보채무의 범위 또는 채무자를 변경할 때 이해관계인의 승낙을 받을 필요가 없다(대판 2021.12.16, 2021다255648).

② 저당권으로 담보된 채권에 질권을 설정한 경우 원칙적으로는 저당권이 피담보채권과 함께 질권의 목적이 된다(대판 2020.4.29, 2016다235411).

③ 담보가 없는 채권에 질권을 설정한 다음 그 채권을 담보하기 위하여 저당권이 설정된 경우 원칙적으로는 저당권도 질권의 목적이 된다(대판 2020.4.29, 2016다235411).

④ 저당부동산의 제3취득자는 저당권설정자의 의사에 반하여 피담보채무를 변제하고 저당권의 소멸을 청구할 수는 있다.

07 ㉠ (○) 토지를 목적으로 저당권을 설정한 후 그 설정자가 그 토지에 건물을 축조한 때에는 저당권자는 토지와 함께 건물을 축조한 때에는 저당권자는 토지와 함께 그 건물에 대하여도 경매를 청구할 수 있다. 그러나 그 건물의 경매대가에 대하여는 우선변제를 받을 권리가 없다(제365조).

㉢ (○) 저당지상의 건물에 대한 일괄경매청구권은 저당권설정자가 건물을 축조한 경우뿐만 아니라 저당권설정자로부터 저당토지에 대한 용익권을 설정받은 자가 그 토지에 건물을 축조한 경우라도 그 후 저당권설정자가 그 건물의 소유권을 취득한 경우에는 저당권자는 토지와 함께 그 건물에 대하여 경매를 청구할 수 있다(대판 2003.4.11, 2003다3850).

㉡ (×) 저당권설정자가 건물을 축조한 후 제3자에게 매도하여 현재 저당권설정자 소유의 건물이 아니라면 저당권자의 일괄경매청구권은 인정되지 않는다(대판 1999.4.20, 99마146 참조).

08 ② 부동산에 관하여 근저당권설정등기가 경료되었다가 그 등기가 위조된 관계서류에 기하여 아무런 원인 없이 말소되었다는 사정만으로는 곧바로 근저당권이 소멸하는 것은 아니라고 할 것이지만, 부동산이 경매절차에서 경락되면 그 부동산에 존재하였던 저당권은 당연히 소멸하는 것이므로, 근저당권설정등기가 원인 없이 말소된 이후에 근저당목적물인 부동산에 관하여 다른 근저당권자 등 권리자의 신청에 따라 경매절차가 진행되어 경락허가결정이 확정되고 경락인이 경락대금을 완납하였다면, 원인 없이 말소된 근저당권은 소멸한다(대판 1998.1.23, 97다43406).

① 구분지상권을 목적으로 저당권을 설정할 수 있다(제371조 제1항 참조).

③ 실질관계의 소멸로 무효로 된 등기의 유용은 그 등기를 유용하기로 하는 합의가 이루어지기 전에 등기상 이해관계가 있는 제3자가 생기지 않은 경우에는 허용된다(대판 2002.12.6, 2001다 2846).

④ 민법 제359조 전문은 "저당권의 효력은 저당부동산에 대한 압류가 있은 후에 저당권설정자가 그 부동산으로부터 수취한 과실 또는 수취할 수 있는 과실에 미친다."라고 규정하고 있는데, 위 규정상 '과실'에는 천연과실뿐만 아니라 법정과실도 포함되므로, 저당부동산에 대한 압류가 있으면 압류 이후의 저당권설정자의 저당부동산에 관한 차임채권 등에도 저당권의 효력이 미친다(대판 2016.7.27, 2015다230020).

⑤ 부동산등기법 제143조에 의하여 일정한 금액을 목적으로 하지 아니한 채권을 금전으로 평가하여 그 평가액을 등기한 경우에는 채권자는 제3자에 대한 관계에 있어서 그 등기된 평가액의 한도에서만 저당권의 효력을 주장할 수 있다(대결 1980.9.18, 80마75).

09 ② 공동근저당권자가 목적 부동산 중 일부 부동산에 대하여 제3자가 신청한 경매절차에 소극적으로 참가하여 우선배당을 받은 경우, 해당 부동산에 관한 근저당권의 피담보채권은 그 근저당권이 소멸하는 시기, 즉 매수인이 매각대금을 지급한 때에 확정되지만, 나머지 목적 부동산에 관한 근저당권의 피담보채권은 기본거래가 종료하거나 채무자나 물상보증인에 대하여 파산이 선고되는 등의 다른 확정사유가 발생하지 아니하는 한 확정되지 아니한다(대판 2017. 9.21, 2015다50637).

① 채무자의 채무액이 근저당 채권최고액을 초과하는 경우에 채무자 겸 근저당권설정자가 그 채무의 일부인 채권최고액과 지연손해금 및 집행비용 만을 변제하였다면 채권전액의 변제가 있을 때까지 근저당권의 효력은 잔존채무에 미치는 것이므로 위 채무일부의 변제로써 위 근저당권의 말소를 청구할 수 없다(대판 1981.11.10, 80다2712).

③ 공동근저당권자가 스스로 근저당권을 실행하거나 타인에 의하여 개시된 경매 등의 환가절차를 통하여 공동담보의 목적 부동산 중 일부에 대한 환가대금 등으로부터 다른 권리자에 우선하여 피담보채권의 일부에 대하여 배당받은 경우에, 그와 같이 우선변제받은 금액에 관하여는 공동담보의 나머지 목적 부동산에 대한 경매 등의 환가절차에서 다시 공동근저당권자로서 우선변제권을 행사할 수 없다(대판 전합 2017.12.21, 2013다16992).

④ 근저당권의 채권최고액에는 지연손해금은 1년에 한하지 않고 채권최고액의 범위에서 전액 담보된다.

⑤ 근저당권자의 경매신청 등의 사유로 인하여 근저당권의 피담보채권이 확정되었을 경우, 확정 이후에 새로운 거래관계에서 발생한 원본채권은 그 근저당권에 의하여 담보되지 아니하지만, 확정 전에 발생한 원본채권에 관하여 확정 후에 발생하는 이자나 지연손해금 채권은 채권최고액의 범위 내에서 근저당권에 의하여 여전히 담보되는 것이다(대판 2007.4.26, 2005다38300).

10 ① 공동저당권이 설정되어 있는 수개의 부동산 중 일부는 채무자 소유이고 일부는 물상보증인의 소유인 경우 위 각 부동산의 경매대가를 동시에 배당하는 때에는, 물상보증인이 민법 제481조, 제482조의 규정에 의한 변제자대위에 의하여 채무자 소유 부동산에 대하여 담보권을 행사할 수 있는 지위에 있는 점 등을 고려할 때, "동일한 채권의 담보로 수개의 부동산에 저당권을 설정한 경우에 그 부동산의 경매대가를 동시에 배당하는 때에는 각 부동산의 경매대가에 비례하여 그 채권의 분담을 정한다"고 규정하고 있는 민법 제368조 제1항은 적용되지 아니한다고 봄이 상당하다. 따라서 이러한 경우 경매법원으로서는 채무자 소유 부동산의 경매대가에서 공동저당권자에게 우선적으로 배당을 하고, 부족분이 있는 경우에 한하여 물상보증인 소유 부동산의 경매대가에서 추가로 배당을 하여야 하므로(대판 2010.4.15, 2008다41475), 사안의 경우 채권자 甲은 채무자 乙 소유 부동산 X부동산의 경매대가 6,000만원 중에서 5,000만원을 우선적으로 전부 배당받을 수 있으므로, 물상보증인 丙 소유의 Y부동산의 경매대가 4,000만원 중에서는 배당받을 금액은 없다.

11 ㉠ (○) 후순위 근저당권자가 경매를 신청한 경우 선순위 근저당권의 피담보채권은 그 근저당권이 소멸하는 시기, 즉 경락인이 경락대금을 완납한 때에 확정된다고 보아야 한다(대판 1999.9.21, 99다26085).

ㄴ (×) 저당권자의 경매신청 등의 사유로 인하여 근저당권의 피담보채권이 확정되었을 경우, 확정 이후에 새로운 거래관계에서 발생한 원본채권은 그 근저당권에 의하여 담보되지 아니하지만, 확정 전에 발생한 원본채권에 관하여 확정 후에 발생하는 이자나 지연손해금 채권은 채권최고액의 범위 내에서 근저당권에 의하여 여전히 담보되는 것이다(대판 2007.4.26, 2005다38300).

ㄷ (×) 근저당권의 채권최고액은 근저당권자가 목적물로부터 우선변제를 받을 수 있는 한도액을 의미하므로, 甲은 2억 5천만원의 한도에서 배당받는다.

01 총론

01 ⑤ 계약의 해제는 손해배상청구에 영향을 미치지 아니하므로(제551조), 이행불능을 이유로 계약을 해제한 경우, 채권자는 손해배상을 청구할 수 있다.

① 원시적 · 객관적 전부불능인 경우에는 무효이다.

② 채무자의 책임 있는 사유로 계약이 후발적으로 불능이 된 경우, 채권자는 최고 없이 계약을 해제할 수 있다(제546조 참조).

③ 이행불능으로 인한 손해가 발생한 경우에 채권자는 그 손해배상을 청구할 수 있다(제390조 참조).

④ 채권자의 수령지체 중에 당사자쌍방의 책임 없는 사유로 이행할 수 없게 된 경우, 채무자는 상대방의 이행을 청구할 수 있다(제538조 제1항 단서 참조).

02 ② 민사채권의 법정이율은 연 5분이지만, 상사채권의 법정이율은 연 6분이다.

③ 금전채무불이행책임의 경우, 그 손해에 대하여 채권자의 증명은 요하지 아니한다.

④ 금전채무의 이행지체로 인하여 발생하는 지연손해금은 3년간의 단기소멸시효에 걸리지 않는다.

⑤ 금전채권의 경우에도 특정물채권이 될 수도 있다.

03 ⑤ 채권의 목적으로 선택할 수 개의 행위 중에 처음부터 불능한 것이나 또는 후에 이행불능하게 된 것이 있으면 채권의 목적은 잔존한 것에 존재한다(제385조 제1항).

① 채권의 목적이 수개의 행위 중에서 선택에 좇아 확정될 경우에 다른 법률의 규정이나 당사자의 약정이 없으면 선택권은 채무자에게 있다(제380조).

② 선택권행사의 기간이 있는 경우에 선택권자가 그 기간 내에 선택권을 행사하지 아니하는 때에는 상대방은 상당한 기간을 정하여 그 선택을 최고할 수 있고 선택권자가 그 기간 내에 선택하지 아니하면 선택권은 상대방에게 있다(제381조 제1항).

③ 선택권을 제3자도 행사할 수 있다(제383조 제1항 참조).

④ 선택채권의 소멸시효는 선택권을 행사할 수 있는 때로부터 진행한다.

04 ④ 금전채무 불이행의 경우에는 채권자는 손해의 발생과 손해액을 증명할 필요는 없다(제397조 제2항).

05 ④ 손해배상액의 예정은 이행의 청구나 계약의 해제에 영향을 미치지 아니하므로(제398조 제3항), 지연손해배상액을 예정한 경우, 채권자는 예정배상액의 청구와 함께 본래의 급부이행을 청구할 수 있다.
① 해제는 손해배상청구권에 영향을 미치지 아니한다(제551조 참조).
② 채무불이행에 관하여 채권자에게 과실이 있는 때에는 법원은 손해배상의 책임 및 그 금액을 정함에 이를 참작하여야 한다(제396조). 민법상의 과실상계제도는 채권자가 신의칙상 요구되는 주의를 다하지 아니한 경우 공평의 원칙에 따라 손해의 발생에 관한 채권자의 그와 같은 부주의를 참작하게 하려는 것이므로 단순한 부주의라도 그로 말미암아 손해가 발생하거나 확대된 원인을 이루었다면 피해자에게 과실이 있는 것으로 보아 과실상계를 할 수 있고, 피해자에게 과실이 인정되면 법원은 손해배상의 책임 및 그 금액을 정함에 있어서 이를 참작하여야 하며, 배상의무자가 피해자의 과실에 관하여 주장하지 않는 경우에도 소송자료에 의하여 과실이 인정되는 경우에는 이를 법원이 직권으로 심리 · 판단하여야 한다(대판 1996.10.25, 96다30113).
③ 채권의 목적인 물건 또는 권리가 가분적인 것이라는 등의 특별한 사정이 있는 경우는 별론으로 하고 그 밖의 경우에는 성질상 채무자가 채권의 목적인 물건 또는 권리의 가액의 일부를 손해배상 한 것만으로는 채권자를 대위할 수 없다(대판 2007.10.12, 2006다42566). 즉 손해배상자의 대위 즉 민법 제399조는 가액전부를 배상한 경우에 적용되고, 일부의 배상이 있는 때에는 손해배상자의 대위는 발생하지 않는다.
⑤ 금전채무불이행의 경우 채무자는 과실 없음을 항변하지 못한다(제397조 제2항 참조).

06 ③ 채권의 목적이 수개의 행위 중에서 선택에 좇아 확정될 경우에 다른 법률의 규정이나 당사자의 약정이 없으면 선택권은 채무자에게 있다(제380조).
① 선택의 의사표시는 상대방의 동의가 없으면 철회하지 못한다(제382조 제2항).
② 선택의 효력은 그 채권이 발생한 때에 소급한다(제386조).
④ 제383조
⑤ 선택권도 일종의 형성권으로서, 조건이나 기한을 붙일 수 없다.

07 ① 이행지체에 의한 전보배상 청구에 있어서는 다른 특별한 사정이 없는 한, 채권자는 채무자에게 상당한 기간을 정하여 그 본래의 의무 이행을 최고하고 그 이행이 없는 경우에 그 본래 의무의 이행에 대신하는 전보배상을 청구할 수 있고, 그 전보배상에 있어서의 손해액 산정의 표준 시기는 원칙적으로 최고하였던 '상당한 기간'이 경과한 당시의 시가에 의하여야 한다(대판 1997.12.26, 97다24542).
② 채무이행시기가 확정기한으로 되어 있는 경우에는 기한이 도래한 때로부터 지체책임이 있으나, 불확정기한으로 되어 있는 경우에는 채무자가 기한이 도래함을 안 때로부터 지체책임이 발생한다고 할 것인바, 이 사건 중도금 지급기일을 '1층 골조공사 완료시'로 정한 것은 중도금 지급의무의 이행기를 장래 도래할 시기가 확정되지 아니한 때, 즉 불확정기한으로 이행기를

정한 경우에 해당한다고 할 것이므로, 중도금 지급의무의 이행지체의 책임을 지우기 위해서는 1층 골조공사가 완료된 것만으로는 부족하고 채무자인 원고가 그 완료 사실을 알아야 한다고 할 것이다(대판 2005.10.7, 2005다38546).

③ 금전채무의 지연손해금채무는 금전채무의 이행지체로 인한 손해배상채무로서 이행기의 정함이 없는 채무에 해당한다(대판 2022.4.14, 2020다268760).

④ 민법 제576조에서 정하는 매도인의 담보책임에 기한 손해배상채무는 이행의 기한이 없는 채무로서 이행청구를 받은 때부터 지체책임이 있다(대판 2022.4.14, 2020다268760).

⑤ 채무에 이행기의 정함이 없는 경우에는 채무자가 이행의 청구를 받은 다음 날부터 이행지체의 책임을 지는 것이나, 한편 지명채권이 양도된 경우 채무자에 대한 대항요건이 갖추어질 때까지 채권양수인은 채무자에게 대항할 수 없으므로, 이행기의 정함이 없는 채권을 양수한 채권양수인이 채무자를 상대로 그 이행을 구하는 소를 제기하고 소송 계속 중 채무자에 대한 채권양도통지가 이루어진 경우에는 특별한 사정이 없는 한 채무자는 채권양도통지가 도달된 다음 날부터 이행지체의 책임을 진다(대판 2014.4.10, 2012다29557).

08 ㉠ (○) 부당이득반환의무는 일반적으로 기한의 정함이 없는 채무로서, 수익자는 이행청구를 받은 다음 날부터 이행지체로 인한 지연손해금을 배상할 책임이 있다(대판 전합 2018.7.19, 2017다242409).

㉡ (○) 채무이행의 불확정한 기한이 있는 경우에는 채무자는 기한이 도래함을 안 때로부터 지체책임이 있다(제387조 제1항 단서).

㉢ (×) 쌍무계약에서 쌍방의 채무가 동시이행관계에 있는 경우 일방의 채무의 이행기가 도래하더라도 상대방 채무의 이행제공이 있을 때까지는 그 채무를 이행하지 않아도 이행지체의 책임을 지지 않는 것이며, 이와 같은 효과는 이행지체의 책임이 없다고 주장하는 자가 반드시 동시이행의 항변권을 행사하여야만 발생하는 것은 아니므로, 동시이행관계에 있는 쌍무계약상 자기채무의 이행을 제공하는 경우 그 채무를 이행함에 있어 상대방의 행위를 필요로 할 때에는 언제든지 현실로 이행을 할 수 있는 준비를 완료하고 그 뜻을 상대방에게 통지하여 그 수령을 최고하여야만 상대방으로 하여금 이행지체에 빠지게 할 수 있는 것이다(대판 2001.7.10, 2001다3764).

09 ㉠ (○) 채무이행의 확정한 기한이 있는 경우에는 채무자는 기한이 도래한 때로부터 지체책임이 있다. 채무이행의 불확정한 기한이 있는 경우에는 채무자는 기한이 도래함을 안 때로부터 지체책임이 있다(제387조 제1항).

㉡ (○) 기한의 정함이 없는 경우에는 그 이행의 청구를 받은 다음날로부터 이행지체의 책임을 진다(대판 1988.11.8, 88다3253).

㉢ (○) 불법행위에서 위법행위 시점과 손해발생 시점 사이에 시간적 간격이 있는 경우에 불법행위로 인한 손해배상청구권의 지연손해금은 손해발생 시점을 기산일로 하여 발생한다(대판 2011.7.28, 2010다76368).

ⓒ (×) 불법행위로 인한 손해배상채무에 대하여는 별도의 이행 최고가 없더라도 채무성립과 동시에 지연손해금이 발생하는 것이 원칙이다. 다만 불법행위시와 변론종결시 사이에 장기간의 세월이 경과함으로써 위자료 산정의 기준되는 변론종결시의 국민소득수준이나 통화가치 등의 사정이 불법행위시에 비하여 상당한 정도로 변동한 결과 그에 따라 이를 반영하는 위자료 액수 또한 현저한 증액이 불가피한 경우에는, 예외적으로 불법행위로 인한 위자료 배상채무의 지연손해금은 위자료 산정의 기준시인 사실심 변론종결 당일부터 발생한다고 보아야 한다(대판 2012.3.29, 2011다38325).

10 ④ 건물 신축공사에 있어 준공 후에도 건물에 다수의 하자와 미시공 부분이 있어 수급인이 약정기한 내에 그 하자와 미시공 부분에 대한 공사를 완료하지 못할 경우 미지급 공사비 등을 포기하고 이를 도급인의 손해배상금으로 충당한다는 내용의 합의각서를 작성한 경우, 위 약정은 민법 제398조에 정한 채무불이행에 관한 손해배상액을 예정한 경우에 해당한다(대판 2008.7.24, 2007다69186).

① 사용자가 근로계약의 불이행에 대하여 위약금 또는 손해배상을 예정하는 계약을 체결하는 것은 강행규정인 근로기준법 제24조에 위반되어 무효이다(대판 1996.12.6, 95다24944).

② 당사자 사이의 채무불이행에 관하여 손해배상액을 예정한 경우에 채권자는 통상의 손해뿐만 아니라 특별한 사정으로 인한 손해에 관하여도 예정된 배상액만을 청구할 수 있고, 특약이 없는 한 예정액을 초과한 배상액을 청구할 수는 없다(대판 1988.9.27, 86다카2375).

③ 계약 당시 당사자 사이에 손해배상액을 예정하는 내용의 약정이 있는 경우에는 그것은 계약상의 채무불이행으로 인한 손해액에 관한 것이고, 이를 그 계약과 관련된 불법행위상의 손해까지 예정한 것이라고는 볼 수 없다(대판 1999.1.15, 98다48033).

⑤ 금전채무에 관하여 이행지체에 대비한 지연손해금 비율을 따로 약정한 경우에 이는 일종의 손해배상액의 예정으로서 민법 제398조에 의한 감액의 대상이 된다(대판 2000.7.8, 99다38637).

11 ③ 손해배상 예정액이 부당하게 과다한 경우에는 법원은 당사자의 주장이 없더라도 직권으로 이를 감액할 수 있다(대판 2002.12.24, 2000다54536).

① 계약 당시 손해배상액을 예정한 경우에는 다른 특약이 없는 한 채무불이행으로 인하여 입은 통상손해는 물론 특별손해까지도 예정액에 포함되고, 채권자의 손해가 예정액을 초과한다 하더라도 초과부분을 따로 청구할 수 없다(대판 1993.4.23, 92다41719).

② 계약 당시 당사자 사이에 손해배상액을 예정하는 내용의 약정이 있는 경우에는 그것은 계약상의 채무불이행으로 인한 손해액에 관한 것이고, 이를 그 계약과 관련된 불법행위상의 손해까지 예정한 것이라고는 볼 수 없다(대판 1999.1.15, 98다48033).

④ 채무불이행으로 인한 손해배상액이 예정되어 있는 경우에는 채권자는 채무불이행 사실만 증명하면 손해의 발생 및 그 액을 증명하지 아니하고 예정배상액을 청구할 수 있다(대판 2007.12.27, 2006다9408).

⑤ 손해배상액을 예정한 경우에는 과실상계를 적용할 성질의 것이 아니다(대판 1972.3.31, 72다108).

12 ③ 채권자대위권 행사의 효과는 채무자에게 귀속되는 것이므로 채권자대위소송의 제기로 인한 소멸시효 중단의 효과 역시 채무자에게 생긴다(대판 2011.10.13, 2010다80930).

① 채권자대위권은 채무자의 동의가 없더라도 행사할 수 있다.

② 금전채권과 같이 변제의 수령을 요하는 경우에는 채무자가 수령하지 않는다면 대위권행사의 목적을 달성할 수 없으므로, 채권자는 제3채무자에 대해 직접 자기에게 인도할 것을 청구할 수 있고(대판 1962.1.11, 4294민상195), 이러한 경우 채권자는 채무자에 대한 채권과 상계적상에 있는 때에는 상계할 수 있다.

④ 채무자가 채권자대위권행사의 통지를 받은 후에는 그 권리를 처분하여도 이로써 채권자에게 대항하지 못한다(제405조 제2항).

⑤ 채권자대위권은 채무자가 제3채무자에 대한 권리를 행사하지 아니하는경우에 한하여 채권자가 자기의 채권을 보전하기 위하여 행사할 수 있는 것이기 때문에 채권자가 대위권을 행사할 당시 이미 채무자가 그 권리를 재판상 행사하였을 때에는 설사 패소의 확정판결을 받았더라도 채권자는 채무자를 대위하여 채무자의 권리를 행사할 당사자적격이 없다(대판 1993.3.26, 92다32876).

⑤ 채권자는 자기의 채무자에 대한 부동산의 소유권이전등기청구권 등 특정채권을 보전하기 위하여 채무자가 방치하고 있는 그 부동산에 관한 특정권리를 대위하여 행사할 수 있고 그 경우에는 채무자의 무자력을 요건으로 하지 아니하는 것이다(대판 1992.10.27, 91다483).

13 ③ 조합원이 조합을 탈퇴할 권리는 그 성질상 조합계약의 해지권으로서 그의 일반재산을 구성하는 재산권의 일종이라 할 것이고 채권자대위가 허용되지 않는 일신전속적 권리라고는 할 수 없다(대결 2007.11.30, 2005마1130).

① 채권자는 피담보채권의 기한이 도래하기 전에도 보전행위는 할 수 있으므로(제404조 제2항 참조), 피담보채권의 변제기가 도래하기 전에도 시효중단을 위한 이행을 청구할 수 있다.

② 임대인의 동의없는 임차권의 양도는 당사자 사이에서는 유효하다 하더라도 다른 특약이 없는 한 임대인에게는 대항할 수 없는 것이고 임대인에 대항할 수 없는 임차권의 양수인으로서는 임대인의 권한을 대위행사할 수 없다(대판 1985.2.8, 84다카188).

④ 채권자가 채무자를 대위하여 채무자의 제3채무자에 대한 권리를 행사하고 채무자에게 통지를 하거나 채무자가 채권자의 대위권 행사사실을 안 후에는 채무자는 그 권리에 대한 처분권을 상실하여 그 권리의 양도나 포기 등 처분행위를 할 수 없고 채무자의 처분행위에 기하여 취득한 권리로서는 채권자에게 대항할 수 없으나, 채무자의 변제수령은 처분행위라 할 수 없고 같은 이치에서 채무자가 그 명의로 소유권이전등기를 경료하는 것 역시 처분행위라고 할 수 없으므로 소유권이전등기청구권의 대위행사 후에도 채무자는 그 명의로 소유권이전등기를 경료하는 데 아무런 지장이 없다(대판 1991.4.12, 90다9407).

⑤ 자기의 금전채권을 보전하기 위하여 채무자의 금전채권을 대위행사하는 대위채권자는 제3채무자로 하여금 직접 대위채권자 자신에게 지급의무를 이행하도록 청구할 수 있고 제3채무자로부터 변제를 수령할 수도 있으나, 이로 인하여 채무자의 제3채무자에 대한 피대위채권이 대위채권자에게 이전되거나 귀속되는 것이 아니므로, 대위채권자의 제3채무자에 대한 추심권능 내지 변제수령권능은 자체로서 독립적으로 처분하여 환가할 수 있는 것이 아니어서 압류

할 수 없는 성질의 것이고, 따라서 추심권능 내지 변제수령권능에 대한 압류명령 등은 무효이다. 그리고 채권자대위소송에서 제3채무자로 하여금 직접 대위채권자에게 금전의 지급을 명하는 판결이 확정되었더라도 판결에 기초하여 금전을 지급받는 것 역시 대위채권자의 제3채무자에 대한 추심권능 내지 변제수령권능에 속하므로, 채권자대위소송에서 확정된 판결에 따라 대위채권자가 제3채무자로부터 지급받을 채권에 대한 압류명령 등도 무효이다(대판 2016.8.29, 2015다236547).

14 ㉡ (○) 사해행위취소소송에서 채무자의 악의의 점에 대하여는 취소를 주장하는 채권자에게 증명책임이 있으나 수익자 또는 전득자가 악의라는 점에 관하여는 증명책임이 채권자에게 있는 것이 아니고 수익자 또는 전득자 자신에게 선의라는 사실을 증명할 책임이 있다(대판 2015.6.11, 2014다237192).

ㄷ (○) 상속의 포기는 민법 제406조 제1항에서 정하는 "재산권에 관한 법률행위"에 해당하지 아니하여 사해행위취소의 대상이 되지 못한다(대판 2011.6.9, 2011다29307).

㉣ (○) 신축건물의 도급인이 민법 제666조가 정한 수급인의 저당권설정청구권의 행사에 따라 공사대금채무의 담보로 그 건물에 저당권을 설정하는 행위는 특별한 사정이 없는 한 사해행위에 해당하지 아니한다(대판 2018.11.29, 2015다19827).

㉠ (×) 채권자취소의 소는 채권자가 취소원인을 안 날로부터 1년, 법률행위가 있는 날로부터 5년 내에 제기하여야 한다(제406조 제1항).

㉢ (×) 채권자의 채권이 사해행위 이전에 성립되어 있는 이상 그 채권이 양도된 경우에도 그 양수인이 채권자취소권을 행사할 수 있고, 이 경우 채권양도의 대항요건을 사해행위 이후에 갖추었더라도 채권양수인이 채권자취소권을 행사하는 데 아무런 장애사유가 될 수 없다 할 것이다(대판 2006.6.29, 2004다5822).

15 ㉣ (○) 채권자대위권의 행사에 있어서 채무자가 채권자대위권을 행사한 점을 알게 된 이후에는 채무자가 그 권리를 처분하여도 이로써 채권자에게 대항할 수 없다(대판 1996.4.12, 95다54167).

㉠ (×) 채권자대위권의 행사기간에 대하여는 민법의 규정이 없다. 설문은 채권자취소의 소이다. 즉, 채권자취소의 소는 채권자가 취소원인을 안 날로부터 1년, 법률행위가 있는 날로부터 5년 내에 제기하여야 한다(제406조 제2항).

㉡ (×) 채무자의 법률행위가 통정허위표시인 경우에도 채권자취소권의 대상이 된다(대판 1998.2.27, 97다50985).

ㄷ (×) 채권자가 채권자대위권을 행사하여 제3자에 대하여 하는 청구에 있어서, 제3채무자는 채무자가 채권자에 대하여 가지는 항변으로 대항할 수 없고, 채권의 소멸시효가 완성된 경우 이를 원용할 수 있는 자는 원칙적으로는 시효이익을 직접 받는 자뿐이고, 채권자대위소송의 제3채무자는 이를 행사할 수 없다(대판 1998.12.8, 97다31472).

16 ㉡ (○) 채권자취소의 소에 있어 상대방은 채무자가 아니라 그 수익자나 전득자가 되어야 한다(대판 1988.2.23, 87다카1586).

○ (×) 채권자취소권은 상대방에 대한 의사표시의 방법으로는 행사할 수 없고, 반드시 재판상 행사하여야 한다.

○ (×) 채권자의 사해행위취소 및 원상회복청구가 인정되면, 수익자 또는 전득자는 원상회복으로서 사해행위의 목적물을 채무자에게 반환할 의무를 지게 되고, 원물반환이 불가능하거나 현저히 곤란한 경우에는 원상회복의무의 이행으로서 사해행위 목적물의 가액 상당을 배상하여야 하므로(대판 1998.5.15, 97다58316), 원상회복의 원칙은 원물반환이다.

17 ○ (×) 채권자취소의 소에 있어 상대방은 채무자가 아니라 그 수익자나 전득자가 되어야 하므로(대판 1988.2.23, 87다카1586), 乙(채무자)을 상대로 소를 제기할 수 없다.

○ (×) 이행기가 도래하기 이전의 채권이라도 사해행위로부터 보호할 필요성이 있음을 이유로 이행기의 도래를 요건으로 하지 않는다. 따라서 사해행위 이전에 성립한 채권이면, 사해행위 당시 아직 피보전채권의 이행기가 도래하지 않아도 채권자취소권을 행사할 수 있다(대판 2011.12.8, 2011다55542 참조).

② (×) 채권자취소의 소는 채권자가 취소원인을 안 날로부터 1년, 법률행위 있는 날로부터 5년 내에 제기하여야 하는데(제406조 제2항), 여기서 '법률행위가 있는 날'이란 사해행위에 해당하는 법률행위가 실제로 이루어진 날을 의미하므로, 소유권이전등기가 된 날로부터 5년 내에 행사하여야 하는 것은 아니다.

② (○) 소멸시효를 원용할 수 있는 사람은 권리의 소멸에 의하여 직접 이익을 받는 자에 한정되는바, 사해행위취소소송의 상대방이 된 사해행위의 수익자는 사해행위가 취소되면 사해행위에 의하여 얻은 이익을 상실하고 사해행위취소권을 행사하는 채권자의 채권이 소멸하면 그와 같은 이익의 상실을 면하는 지위에 있으므로, 그 채권의 소멸에 의하여 직접 이익을 받는 자에 해당하는 것으로 보아야 한다(대판 2007.11.29, 2007다54849).

18 ③ 채권자취소권을 특정물에 대한 소유권이전등기청구권을 보전하기 위하여 행사하는 것은 허용되지 않으므로, 부동산의 제1양수인은 자신의 소유권이전등기청구권 보전을 위하여 양도인과 제3자 사이에서 이루어진 이중양도행위에 대하여 채권자취소권을 행사할 수 없다(대판 1999.4.27, 98다56690).

① 채권자취소권은 반드시 재판상 행사하여야 한다.

② 사해행위취소소송에서 수익자의 악의는 추정되므로 해당 법률행위 당시에 채권자를 해함을 알지 못하였다는 점은 수익자가 증명하여야 한다(대판 2018.4.10, 2016다272311).

④ 채권자가 채권자취소권을 행사하려면 사해행위로 인하여 이익을 받은 자나 전득한 자를 상대로 그 법률행위의 취소를 청구하는 소송을 제기하여야 되는 것으로서 채무자를 상대로 그 소송을 제기할 수는 없다(대판 2004.8.30, 2004다21923).

⑤ 사해행위취소소송의 상대방이 된 사해행위의 수익자는, 사해행위가 취소되면 사해행위에 의하여 얻은 이익을 상실하고 사해행위취소권을 행사하는 채권자의 채권이 소멸하면 그와 같은 이익의 상실을 면하는 지위에 있으므로, 그 채권의 소멸에 의하여 직접 이익을 받는 자에 해당하는 것으로 보아야 하므로(대판 2007.11.29, 2007다54849), 수익자 丙은 시효완성을 이유로 채권자 甲에게 대항할 수 있다.

19 ⑤ 채무자의 부탁으로 보증인이 된 자의 구상권은 면책된 날 이후의 법정이자 및 피할 수 없는 비용 기타 손해배상을 포함한다(제441조 제2항, 제425조 제2항).

① 보증은 장래의 채무에 대하여도 할 수 있다(제428조 제2항).

② 주채무자에 대한 시효의 중단은 보증인에 대하여 그 효력이 있다(제440조).

③ 보증인은 그 보증채무에 관한 위약금 기타 손해배상액을 예정할 수 있다(제429조 제2항).

④ 민법 제428조의2 제1항 전문은 "보증은 그 의사가 보증인의 기명날인 또는 서명이 있는 서면으로 표시되어야 효력이 발생한다."라고 규정하고 있는데, '보증인의 서명'은 원칙적으로 보증인이 직접 자신의 이름을 쓰는 것을 의미하므로 타인이 보증인의 이름을 대신 쓰는 것은 이에 해당하지 않지만, '보증인의 기명날인'은 타인이 이를 대행하는 방법으로 하여도 무방하다(대판 2019.3.14, 2018다282473).

20 ① 보증채무는 주채무와의 별개의 독립한 채무이므로 보증채무와 주채무의 소멸시효기간은 채무의 성질에 따라 각각 별개로 정해진다(대판 2014.6.12, 2011다76105).

② 보증은 불확정한 다수의 채무에 대해서도 할 수 있다(제428조의3 제1항 본문 참조).

③ 주채권과 보증인에 대한 채권의 귀속주체를 달리하는 것은, 주채무자의 항변권으로 채권자에게 대항할 수 있는 보증인의 권리가 침해되는 등 보증채무의 부종성에 반하고, 주채권을 가지지 않는 자에게 보증채권만을 인정할 실익도 없기 때문에 주채권과 분리하여 보증채권만을 양도하기로 하는 약정은 그 효력이 없다(대판 2002.9.10, 2002다21509).

④ 보증채무는 주채무에 대한 부종성 또는 수반성이 있어서 주채무자에 대한 채권이 이전되면 당사자 사이에 별도의 특약이 없는 한 보증인에 대한 채권도 함께 이전하고, 이 경우 채권양도의 대항요건도 주채권의 이전에 관하여 구비하면 족하고, 별도로 보증채권에 관하여 대항요건을 갖출 필요는 없다(대판 2002.9.10, 2002다21509).

⑤ 보증인은 주채무자의 채권에 의한 상계로 채권자에게 대항할 수 있다(제434조).

21 ⑤ 주채무자의 의사에 반하여 보증인이 된 자가 변제 기타 자기의 출재로 주채무를 소멸하게 한 때에는 주채무자는 현존이익의 한도에서 배상하여야 한다(제444조 제2항).

① 보증계약이 성립한 후에 보증인이 알지도 못하는 사이에 주채무의 목적이나 형태가 변경되었다면, 그 변경으로 인하여 주채무의 실질적 동일성이 상실된 경우에는 당초의 주채무는 경개로 인하여 소멸하였다고 보아야 할 것이므로 보증채무도 당연히 소멸한다(대판 2000.1.21, 97다1013).

② 보증은 그 의사가 보증인의 기명날인 또는 서명이 있는 서면으로 표시되어야 효력이 발생한다(제428조의2 제1항 참조).

③ 주채무자의 항변포기는 보증인에게 효력이 없으므로(제433조 제2항), 주채무자가 항변을 포기하더라도 보증인은 주채무자의 항변으로 채권자에게 대항할 수 있다.

④ 보증채무에 대한 소멸시효가 중단되는 등의 사유로 완성되지 아니하였다고 하더라도, 주채무에 대한 소멸시효가 완성된 경우에는 시효완성 사실로써 주채무가 당연히 소멸되므로 보증채무의 부종성에 따라 보증채무 역시 당연히 소멸된다(대판 2012.7.12, 2010다51192).

22 ⑤ 시효이익의 포기는 다른 연대채무자에게 효력이 없다(제423조).

▌절대적 효력이 있는 사유

1. 변제	2. 대물변제	3. 공탁	4. 이행의 청구
5. 경개	6. 상계	7. 면제	8. 채권자지체

23 ② 어느 연대채무자가 채권자에 대하여 채권이 있는 경우에 그 채무자가 상계한 때에는 채권은 모든 연대채무자의 이익을 위하여 소멸하므로(제418조 제1항), 어느 연대채무자 甲이 6백만원으로 상계한 경우 甲, 乙, 丙은 丁에 대하여 300만원의 연대채무를 부담한다.

① 甲이 6백만원에 대해 丁의 채무와 상계한 경우, 남은 3백만원에 대해 여전히 甲, 乙, 丙은 연대채무를 부담한다.

③④⑤ 상계할 채권이 있는 연대채무자가 상계하지 아니한 때에는 그 채무자의 부담부분에 한하여 다른 연대채무자가 상계할 수 있다(제418조 제2항). 따라서 乙 또는 丙도 300만원(부담부분)에 대해 상계할 수 있다.

24 ② 민법 제450조에 의한 채권양도통지는 양도인이 직접하지 아니하고 사자를 통하여 하거나 대리인으로 하여금 하게 하여도 무방하고, 채권의 양수인도 양도인으로부터 채권양도통지 권한을 위임받아 대리인으로서 그 통지를 할 수 있다(대판 2004.2.13, 2003다43490).

① 매매대금채권도 그 성질상 양도할 수 있다.

③ 양도인인 양도통지만을 한 때에는 채무자는 그 통지를 받은 때까지 양도인에 대하여 생긴 사유로써 양수인에게 대항할 수 있다(제451조 제2항).

④ 채권양도의 통지는 양수인의 동의가 없으면 철회하지 못한다(제452조 제2항).

⑤ 양도금지특약을 위반하여 채권을 제3자에게 양도한 경우에 채권양수인이 양도금지특약이 있음을 알았거나 중대한 과실로 알지 못하였다면 채권 이전의 효과가 생기지 아니한다. 반대로 양수인이 중대한 과실 없이 양도금지특약의 존재를 알지 못하였다면 채권양도는 유효하게 되어 채무자는 양수인에게 양도금지특약을 가지고 채무 이행을 거절할 수 없다(대판 전합 2019.12.19, 2016다24684).

25 ㉡ (○) 당사자의 의사표시에 의한 채권의 양도금지는 채권 양수인인 제3자가 악의인 경우이거나 악의가 아니라도 그 제3자에게 채권양도 금지를 알지 못한 데에 중대한 과실이 있는 경우, 채무자가 위 채권양도 금지로써 그 제3자에 대하여 대항할 수 있다(대판 2000.4.25, 99다67482).

㉣ (○) 채권양도에 있어서 채무자가 양도인에게 이의를 보류하지 아니하고 승낙을 하였다는 사정이 없거나 또는 이의를 보류하지 아니하고 승낙을 하였더라도 양수인이 악의 또는 중과실의 경우에 해당하는 한, 채무자의 승낙 당시까지 양도인에 대하여 생긴 사유로써 양수인에게 대항할 수 있다(대판 1999.8.20, 99다18039).

㉠ (×) 채권이 이중으로 양도된 경우의 양수인 상호간의 우열은 통지 또는 승낙에 붙여진 확정일자의 선후에 의하여 결정할 것이 아니라 채권양도에 대한 채무자의 인식, 즉 확정일자 있는 양도통지가 채무자에게 도달한 일시 또는 확정일자 있는 승낙의 일시의 선후에 의하여 결정하여야 할 것이다(대판 전합 1994.4.26, 93다24223).

ⓒ (×) 민법 제450조에 의한 채권양도통지는 양도인이 직접 하지 아니하고 사자를 통하여 하거나 대리인으로 하여금 하게 하여도 무방하고, 채권의 양수인도 양도인으로부터 채권양도통지 권한을 위임받아 대리인으로서 그 통지를 할 수 있으므로(대판 2004.2.13, 2003다43490), 그 통지로써 채권양도를 채무자에게 대항할 수 있다.

26 ㉠ (×) 민법 제450조에 의한 채권양도통지는 양도인이 직접하지 아니하고 사자를 통하여 하거나 대리인으로 하여금 하게 하여도 무방하고, 채권의 양수인도 양도인으로부터 채권양도통지 권한을 위임받아 대리인으로서 그 통지를 할 수 있다(대판 2004.2.13, 2003다43490).

ⓛ (○) 양도금지특약을 위반하여 채권을 제3자에게 양도한 경우에 채권양수인이 양도금지특약이 있음을 알았거나 중대한 과실로 알지 못하였다면 채권 이전의 효과가 생기지 아니한다. 반대로 양수인이 중대한 과실 없이 양도금지특약의 존재를 알지 못하였다면 채권양도는 유효하게 되어 채무자는 양수인에게 양도금지특약을 가지고 채무 이행을 거절할 수 없으므로(대판 2019.12.19, 2016다24284), 경과실이 있는 채권의 양수인 丙은 채무자 乙에게 양수금의 지급을 청구할 수 있다.

ⓒ (○) 지명채권의 양도는 양도인이 채무자에게 통지하거나 채무자가 승낙하지 않으면 채무자에게 대항하지 못한다(민법 제450조 제1항). 채무자가 채권양도 통지를 받은 경우 채무자는 그때까지 양도인에 대하여 생긴 사유로써 양수인에게 대항할 수 있고(제451조 제2항), 당시 이미 상계할 수 있는 원인이 있었던 경우에는 아직 상계적상에 있지 않더라도 그 후에 상계적상에 이르면 채무자는 양수인에 대하여 상계로 대항할 수 있다(대판 2019.6.27, 2017다222962).

27 ② 인수인이 채무자와의 계약으로 채무를 인수한 경우에는 채권자의 승낙에 의하여 그 효력이 생긴다(제454조 제1항).

① 중첩적 채무인수는 채권자와 채무인수인과의 합의가 있는 이상 채무자의 의사에 반하여서도 이루어질 수 있다(대판 1988.11.22, 87다카1836).

③ 채무인수가 면책적인가 중첩적인가 하는 것은 채무인수계약에 나타난 당사자 의사의 해석에 관한 문제이고, 채무인수에 있어서 면책적 인수인지, 중첩적 인수인지가 분명하지 아니한 때에는 이를 중첩적으로 인수한 것으로 볼 것이다(대판 2002.9.24, 2002다36228).

④ 인수인은 전채무자의 항변할 수 있는 사유로 채권자에게 대항할 수 있다(제458조).

⑤ 전채무자에 대한 채무에 대한 보증이나 제3자가 제공한 담보는 채무인수로 인하여 소멸한다. 그러나 보증인이나 제3자가 채무인수에 동의한 경우에는 그러하지 아니하다(제459조).

28 ② 채권증서의 반환과 변제는 동시이행의 관계에 있지 않다(제475조). 즉 先(선) 변제 後(후) 채권증서의 반환이다.

① 이해관계 없는 제3자는 채무자의 의사에 반하여 변제하지 못한다(제469조 제2항).

③ 채권의 준점유자에 대한 변제는 변제자가 선의이며 과실 없는 때에 한하여 효력이 있다(제470조).

④ 채무의 변제로 타인의 물건의 인도한 경우 채권자가 변제로 받은 물건을 선의로 소비하거나 타인에게 양도한 때에는 그 변제는 효력이 있다(제465조 제1항 참조).

⑤ 영수증을 소지한 자에 대한 변제는 그 소지자가 변제를 받을 권한이 없는 경우에도 효력이 있다. 그러나 변제자가 그 권한 없음을 알았거나 알 수 있었을 경우에는 그러하지 아니하다(제471조).

29 ⑤ 이해관계 없는 제3자는 채무자의 의사에 반하여 변제하지 못하므로(제469조 제2항), 반대해석
　 상 이해관계 있는 제3자는 채무자의 의사에 반하여 변제할 수 있다.
　 ① 특정물의 인도가 채권의 목적인 때에는 채무자는 이행기의 현상대로 그 물건을 인도하여야
　　 한다(제462조).
　 ② 채무의 변제로 타인의 물건을 인도한 채무자는 다시 유효한 변제를 하지 아니하면 그 물건의
　　 반환을 청구하지 못한다(제463조).
　 ③ 채무자가 채권자의 승낙을 얻어 본래의 채무이행에 가름하여 다른 급여를 한 때에는 변제와
　　 같은 효력이 있다(제466조).
　 ④ 채무의 성질 또는 당사자의 의사표시로 변제장소를 정하지 아니한 때에는 특정물의 인도는
　　 채권성립당시에 그 물건이 있던 장소에서 하여야 한다(제467조 제1항).

30 ③ 제3취득자는 보증인에 대하여 채권자를 대위하지 못한다(제482조 제2항 제2호).
　 ① 채무의 변제로 타인의 물건을 인도한 채무자는 다시 유효한 변제를 하지 아니하면 그 물건의
　　 반환을 청구하지 못한다(제463조).
　 ② 채권의 준점유자에 대한 변제는 변제자가 선의이며 과실 없는 때에 한하여 효력이 있다(제470조).
　 ④ 채무자가 1개 또는 수개의 채무의 비용 및 이자를 지급할 경우에 변제자가 그 전부를 소멸하게
　　 하지 못한 급여를 한 때에는 비용, 이자, 원본의 순서로 변제에 충당하여야 한다(제479조 제1항).
　 ⑤ 채권의 일부에 대하여 대위변제가 있는 때에는 대위자는 그 변제한 가액에 비례하여 채권자
　　 와 함께 그 권리를 행사한다(제483조 제1항).

31 ⑤ 채권의 준점유자에 대한 변제는 변제자가 선의이며 과실 없는 때에 한하여 효력이 있다(제470조).
　 ① 채무의 변제는 제삼자도 할 수 있다. 그러나 채무의 성질 또는 당사자의 의사표시로 제삼자의
　　 변제를 허용하지 아니하는 때에는 그러하지 아니하다. 이해관계 없는 제삼자는 채무자의 의
　　 사에 반하여 변제하지 못한다(제469조).
　 ③ 당사자의 특별한 의사표시가 없으면 변제기 전이라도 채무자는 변제할 수 있다. 그러나 상대
　　 방의 손해는 배상하여야 한다(제468조).

32 ③ 당사자의 합의가 있을 때에만 비용, 이자, 원본의 순서와 다르게 충당할 수 있다.

> **제477조【법정변제충당】** 당사자가 변제에 충당할 채무를 지정하지 아니한 때에는 다음 각 호의
> 규정에 의한다.
> 1. 채무 중에 이행기가 도래한 것과 도래하지 아니한 것이 있으면 이행기가 도래한 채무의 변
> 　 제에 충당한다.
> 2. 채무 전부의 이행기가 도래하였거나 도래하지 아니한 때에는 채무자에게 변제이익이 많은
> 　 채무의 변제에 충당한다.
> 3. 채무자에게 변제이익이 같으면 이행기가 먼저 도래한 채무나 먼저 도래할 채무의 변제에
> 　 충당한다.
> 4. 전 2호의 사항이 같은 때에는 그 채무액에 비례하여 각 채무의 변제에 충당한다.

33 ① 각 채무의 이행지가 다른 경우에도 상계할 수 있다(제494조).

② 지급을 금지하는 명령을 받은 제3채무자는 그 후에 취득한 채권에 의한 상계로 그 명령을 신청한 채권자에게 대항하지 못한다(제498조).

③ 채권이 압류하지 못할 것인 때에는 그 채무자는 상계로 채권자에게 대항하지 못한다(제497조).

④ 소멸시효가 완성된 채권이 그 완성 전에 상계할 수 있었던 것이면 그 채권자는 상계할 수 있다(제495조).

⑤ 쌍방의 채무가 상계적상에 있었는데, 채무자가 그 수동채권에 관하여 상계 의사표시를 않고 그것이 변제 등의 사유로 소멸한 경우에는 이를 수동채권으로 하여 상계할 수 없다(대판 1979.8.28, 79다1077).

34 ⑤ 각 채무의 이행지가 다른 경우에도 상계할 수 있다(제494조 본문).

① 불법행위채권을 수동채권으로 하는 상계는 허용되지 않는다(제496조 참조).

② 항변권이 붙어 있는 채권을 자동채권으로 하여 타의 채무와의 상계를 허용한다면 상계자 일방의 의사표시에 의하여 상대방의 항변권 행사의 기회를 상실케 하는 결과가 되므로, 이와 같은 상계는 그 성질상 허용될 수 없다(대판 2002.8.23, 2002다25242).

③ 자동채권의 변제기가 도래하지 않은 경우에는 상계가 허용되지 않는다. 그러나 수동채권은 변제기가 도래하지 않은 경우에도 상계가 허용된다.

④ 압류금지채권을 수동채권으로 하는 상계는 허용되지 않는다(제497조 참조).

02 계약법 총론

Answer

01 ①	02 ①	03 ①	04 ③	05 ④	06 ③	07 ④	08 ⑤	09 ⑤	10 ②
11 ③	12 ②	13 ④	14 ①	15 ④	16 ③	17 ④			

01 ① 부당이득은 계약이 아니라 법률의 규정에 해당한다. 나머지는 민법에 규정이 있는 전형계약이다.

02 ① 계약이 의사의 불합치로 성립하지 아니한 경우 그로 인하여 손해를 입은 당사자가 상대방에게 부당이득반환청구 또는 불법행위로 인한 손해배상청구를 할 수 있는지는 별론으로 하고, 상대방이 계약이 성립되지 아니할 수 있다는 것을 알았거나 알 수 있었음을 이유로 민법 제535조를 유추적용하여 계약체결상의 과실로 인한 손해배상청구를 할 수는 없다(대판 2017.11.14, 2015다10929).

② 예금계약은 예금자가 예금의 의사를 표시하면서 금융기관에 돈을 제공하고 금융기관이 그 의사에 따라서 그 돈을 받아 확인을 하면 그로써 성립하며 금융기관의 직원이 그 받은 돈을 금융기관에 입금하지 아니하고 이를 횡령하였다고 하더라도 예금계약의 성립에는 아무 소장이 없다(대판 1984.8.14, 84도1139).

③ 당사자간에 동일한 내용의 청약이 상호 교차된 경우에는 양 청약이 상대방에게 도달한 때에 계약이 성립한다(제533조).

④ 매매계약 당사자 중 매도인이 매수인에게 매매계약을 합의해제할 것을 청약하였다고 할지라도, 매수인이 그 청약에 대하여 조건을 붙이거나 변경을 가하여 승낙한 때에는 민법 제534조의 규정에 비추어 보면 그 청약의 거절과 동시에 새로 청약한 것으로 보게 되는 것이고, 그로 인하여 종전의 매도인의 청약은 실효된다(대판 2002.4.12, 2000다17834).

⑤ 임대인이 임대차 목적물에 대한 소유권 기타 이를 임대할 권한이 없다고 하더라도 임대차계약은 유효하게 성립한다(대판 1996.9.6, 94다54641).

03 ① 청약의 의사표시가 상대방 乙에게 도달한 경우 효력을 발생하므로 철회하지 못한다(제527조 참조).

② 격지지간에 계약이 성립하는 시기는 승낙의 통지를 발송한 때이므로(제531조), 사안의 경우 발송날짜가 나와있지 않으므로 계약이 성립하는 시기는 알 수 없다. 다만 2020. 3. 10.에 성립하는 것은 아니다.

③ 승낙자가 청약에 대하여 조건을 붙이거나 변경을 가하여 승낙한 때에는 그 청약의 거절과 동시에 새로 청약한 것으로 보기에(제534조), 乙이 변경을 가한 승낙을 한 경우 새로운 청약이므로, 甲이 승낙하면 계약은 성립한다.

④ 연착된 승낙은 새로운 청약으로 볼 수 있으므로(530조), 甲이 승낙하면 계약은 성립한다.

⑤ 교차청약의 경우 양청약이 상대방에게 도달한 때에 계약이 성립하므로(제533조), 계약은 3. 6.에 성립한다.

04 ㉠ (×) 청약의 의사표시가 상대방 乙에게 2022. 9. 16. 도달되어 효력을 발생하였으므로, 청약자 甲이 2022. 9. 23. 청약을 철회하지 못한다(제527조 참조).

㉡ (×) 격지자간의 계약이 성립하는 시기는 승낙의 통지를 발송한 때이므로(제531조), 甲과 乙의 계약은 2022. 9. 20.에 성립한다.

㉢ (○) 승낙자가 청약에 대하여 조건을 붙이거나 변경을 가하여 승낙한 때에는 그 청약의 거절과 동시에 새로 청약한 것으로 본다.

05 ④ 채권자의 수령지체 중에 당사자 쌍방의 책임 없는 사유로 이행할 수 없게 된 때에는 채무자는 상대방의 이행을 청구할 수 있으므로(제538조 제1항 참조), 甲(채무자)은 상대방 乙에게 대금지급을 청구할 수 있다.

① 쌍무계약의 당사자 일방의 채무가 당사자 쌍방의 책임 없는 사유로 이행할 수 없게 된 때에는 채무자는 상대방의 이행을 청구하지 못하므로(제537조), 甲(채무자)는 乙에게 대금지급을 청구할 수 없다.

② 주택이 채무자의 과실로 소실(이행불능)된 경우에는 채권자 乙은 채무자 甲에게 이행불능에 따른 손해배상을 청구할 수 있다(제551조 참조).

③ 쌍무계약의 당사자 일방의 채무가 채권자의 책임 있는 사유로 이행할 수 없게 된 때에는 채무자는 상대방의 이행을 청구할 수 있으므로(제538조 제1항 참조), 채무자 甲은 상대방 乙에게 대금지급을 청구할 수 있다.

⑤ 쌍방 당사자 책임 없는 사유로 이행불능이 된 경우 채무자는 상대방에게 이행을 청구하지 못하므로, 채권자 乙은 채무자 甲에게 이미 지급한 대금을 부당이득을 이유로 반환을 청구할 수 있다.

06 ㉠ 민법 제571조에 의한 계약해제의 경우에도 매도인의 손해배상의무와 매수인의 대지인도의무는 발생원인이 다르다 하더라도 이행의 견련관계는 양 의무에도 그대로 존재하므로 양 의무 사이에는 동시이행관계가 있다고 인정함이 공평의 원칙에 합치한다(대판 1993.4.9, 92다25946).

㉡ 매매계약에서 대가적 의미가 있는 매도인의 소유권이전의무와 매수인의 대금지급의무는 다른 약정이 없는 한 동시이행의 관계에 있다. 설령 어느 의무가 선이행의무라고 하더라도 이행기가 지난 때에는 이행기가 지난 후에도 여전히 선이행하기로 약정하는 등의 특별한 사정이 없는 한 그 의무를 포함하여 매도인과 매수인 쌍방의 의무는 동시이행관계에 놓이게 된다(대판 2021.7.29, 2017다3222).

㉢ 근저당권 실행을 위한 경매가 무효로 되어 채권자(=근저당권자)가 채무자를 대위하여 낙찰자에 대한 소유권이전등기 말소청구권을 행사하는 경우, 낙찰자가 부담하는 소유권이전등기 말소의무는 채무자에 대한 것인 반면, 낙찰자의 배당금 반환청구권은 실제 배당금을 수령한 채권자(=근저당권자)에 대한 채권인바, 채권자(=근저당권자)가 낙찰자에 대하여 부담하는 배당금 반환채무와 낙찰자가 채무자에 대하여 부담하는 소유권이전등기 말소의무는 서로 이행의 상대방을 달리하는 것으로서, 채권자(=근저당권자)의 배당금 반환채무가 동시이행의 항변권이 부착된 채 채무자로부터 승계된 채무도 아니므로, 위 두 채무는 동시에 이행되어야 할 관계에 있지 아니하다(대판 2006.9.22, 2006다24049).

07 ④ 당사자 사이에 약정이 없는 이상 합의해지로 인하여 반환할 금전에 그 받은 날로부터의 이자를 가하여야 할 의무가 있는 것은 아니다(대판 2003.1.24, 2000다5336).

① 해지 또는 해제 의사표시는 상대방에게 도달하면 효력을 발생하므로 철회할 수 없다.

② 채무불이행을 이유로 해제하더라도 별도로 손해배상을 청구할 수 있다(제551조).

③ 해지나 해제의 권리가 당사자 1인에 대하여 소멸한 때에는 다른 당사자에 대하여도 소멸한다(제547조 제2항).

⑤ 매도인의 매매계약상의 소유권이전등기의무가 이행불능이 되어 이를 이유로 매매계약을 해제함에 있어서는 상대방의 잔대금지급의무가 매도인의 소유권이전등기의무와 동시이행관계에 있다고 하더라도 그 이행의 제공을 필요로 하는 것이 아니다(대판 2003.1.24, 2000다22850).

08 ⑤ 계약해제의 소급효가 제한되는 제3자는 일반적으로 그 해제된 계약으로부터 생긴 법률효과를 기초로 하여 해제 전에 새로운 이해관계를 가졌을 뿐만 아니라 등기, 인도 등으로 권리를 취득한 사람을 말하므로(대판 2021.8.19, 2018다244976), 소유권이전등기청구권(=채권)을 양도받은 양수인은 채권의 양수인에 불과하므로 제3자에 해당하지 않는다.

09 ⑤ 제3자를 위한 계약에 있어서 수익의 의사표시를 한 수익자는 낙약자에게 직접 그 이행을 청구할 수 있을 뿐만 아니라, 요약자가 계약을 해제한 경우에는 낙약자에게 자기가 입은 손해의 배상을 청구할 수 있다(대판 1994.8.12, 92다41559).
　① 제3자를 위한 계약의 당사자가 아닌 수익자는 계약의 해제권이나 해제를 원인으로 한 원상회복청구권이 있다고 볼 수 없다(대판 1994.8.12, 92다41559).
　② 제3자를 위한 계약의 체결 원인이 된 요약자와 제3자(수익자) 사이의 법률관계(이른바 대가관계)의 효력은 제3자를 위한 계약 자체는 물론 그에 기한 요약자와 낙약자 사이의 법률관계(이른바 기본관계)의 성립이나 효력에 영향을 미치지 아니하므로 낙약자는 요약자와 수익자 사이의 법률관계에 기한 항변으로 수익자에게 대항하지 못하고, 요약자도 대가관계의 부존재나 효력의 상실을 이유로 자신이 기본관계에 기하여 낙약자에게 부담하는 채무의 이행을 거부할 수 없다(대판 2003.12.11, 2003다49771).
　③ 채무자(낙약자)는 상당한 기간을 정하여 계약의 이익의 향수 여부의 확답을 제3자에게 최고할 수 있다. 채무자가 그 기간 내에 확답을 받지 못한 때에는 제3자가 계약의 이익을 받을 것을 거절한 것으로 본다(제540조).
　④ 제3자를 위한 유상 쌍무계약의 경우 요약자는 낙약자의 채무불이행을 이유로 제3자의 동의 없이 계약을 해제할 수 있다(대판 1970.2.24, 69다1410).

10 ㉠ (×) 제3자를 위한 계약에서 제3자는 계약성립 당시 구체적으로 특정될 필요는 없다.
　㉣ (×) 수익자는 계약의 당사자가 아니므로 낙약자가 채무를 불이행한 경우 계약을 해제할 수 없다.

11 ③ 낙약자는 제3자를 위한 계약에 기한 항변으로 수익자에게 대항할 수 있으므로(제542조), 매도인인 요약자가 목적물을 인도하지 않는 한 낙약자는 제3자에게 대금의 지급을 거절할 수 있다.
　① 제3자를 위한 계약의 당사자가 아닌 수익자는 계약의 해제권이나 해제를 원인으로 한 원상회복청구권이 있다고 볼 수 없다(대판 1994.8.12, 92다41559 참조).
　② 요역자와 낙약자의 기본관계가 취소 등에 의해서 적법하게 무효된 경우, 제3자의 권리도 소멸한다.
　④ 제3자의 권리가 생긴 후에는 당사자는 이를 변경 또는 소멸시키지 못한다(제541조 참조).
　⑤ 제3자를 위한 계약관계에서 낙약자와 요약자 사이의 법률관계(이른바 기본관계)를 이루는 계약이 무효이거나 해제된 경우, 그 계약관계의 청산은 계약의 당사자인 낙약자와 요약자 사이에 이루어져야 하므로, 특별한 사정이 없는 한 낙약자가 이미 제3자에게 급부한 것이 있더라도 낙약자는 계약해제 등에 기한 원상회복 또는 부당이득을 원인으로 제3자를 상대로 그 반환을 구할 수 없다(대판 2010.8.19, 2010다31860).

12 ② 매매계약이 무효인 때의 매도인의 매매대금 반환의무는 성질상 부당이득 반환의무로서 그 반환 범위에 관하여는 민법 제748조가 적용된다 할 것이고, 명문의 규정이 없는 이상 그에 관한 특칙인 민법 제548조 제2항이 당연히 유추적용 또는 준용된다고 할 수 없다(대판 1997.9.26, 96다54997).

① 계약해제의 효과로서 원상회복의무를 규정하는 민법 제548조 제1항 본문은 부당이득에 관한 특별규정의 성격을 가지는 것으로서, 그 이익 반환의 범위는 이익의 현존 여부나 청구인의 선의·악의를 불문하고 특단의 사유가 없는 한 받은 이익의 전부이다(대판 2014.3.13, 2013다34143).

③ 민법 제548조 제1항 단서에서 규정하는 제3자라 함은 그 해제된 계약으로부터 생긴 법률적 효과를 기초로 하여 새로운 이해관계를 가졌을 뿐 아니라 등기·인도 등으로 완전한 권리를 취득한 자를 지칭하는 것이고, 계약상의 채권을 양도받은 양수인은 특별한 사정이 없는 이상 이에 포함되지 않는다(대판 1996.4.12, 95다49882).

④ 과실상계는 본래 채무불이행 또는 불법행위로 인한 손해배상책임에 대하여 인정되는 것이고, 매매계약이 해제되어 소급적으로 효력을 잃은 결과 매매당사자에게 당해 계약에 기한 급부가 없었던 것과 동일한 재산상태를 회복시키기 위한 원상회복의무의 이행으로서 이미 지급한 매매대금 기타의 급부의 반환을 구하는 경우에는 적용되지 아니한다(대판 2014.3.13, 2013다34143).

⑤ 타인의 권리를 매매한 경우에 매수인이 행사하는 매매계약의 해제권은 일종의 법정해제권이라 할 것이며, 그 행사의 효과로서 발생하는 원상회복의무의 범위에 관하여는 달리 특별한 규정이 없으니 민법 제548조 제2항의 규정에 의함이 상당하다 할 것이다(대판 1974.3.26, 73다1442).

13 ④ 계약이 합의해제된 경우에는 그 해제시에 당사자 일방이 상대방에게 손해배상을 하기로 특약하거나 손해배상청구를 유보하는 의사표시를 하는 등 다른 사정이 없는 한 채무불이행으로 인한 손해배상을 청구할 수 없다(대판 1989.4.25, 86다카1147).

① 해제는 형성권에 속하므로 해제의 의사표시에는 조건이나 기한을 붙이지 못한다.

② 계약의 해제로 인한 원상회복청구권의 소멸시효는 해제시, 즉 원상회복청구권이 발생한 때부터 진행한다(대판 2009.12.24, 2009다63267).

③ 계약해제의 효과로서의 원상회복의무를 규정한 민법 제548조 제1항 본문은 부당이득에 관한 특별 규정의 성격을 가진 것이라 할 것이어서, 그 이익 반환의 범위는 이익의 현존 여부나 선의, 악의에 불문하고 특단의 사유가 없는 한 받은 이익의 전부이다(대판 1997.12.9, 96다47586).

⑤ 민법 제548조 제1항 단서에서 말하는 제3자란 일반적으로 그 해제된 계약으로부터 생긴 법률효과를 기초로 하여 해제 전에 새로운 이해관계를 가졌을 뿐 아니라 등기, 인도 등으로 완전한 권리를 취득한 자를 말하는 것인데, 해제된 매매계약에 의하여 채무자의 책임재산이 된 부동산을 가압류 집행한 가압류채권자도 원칙상 위 조항 단서에서 말하는 제3자에 포함되므로(대판 2005.1.14, 2003다33004), 매도인은 가압류채권자에 대하여 해제의 소급효로 대항할 수 없다.

14 ① 해제는 형성권이자 단독행위에 속하므로 상대방에 대한 의사표시로 하고, 해제의 의사표시는 상대방 있는 의사표시이므로 상대방에게 도달한 때부터 효력이 생긴다.

② 계약의 합의해제는 묵시적으로 이루어질 수도 있으나, 계약이 묵시적으로 합의해제되었다고 하려면 계약의 성립 후에 당사자 쌍방의 계약실현의사의 결여 또는 포기로 인하여 당사자 쌍방의 계약을 실현하지 아니할 의사가 일치되어야만 한다(대판 1998.8.21, 98다17602).

③ 해지나 해제의 권리가 당사자 1인에 대하여 소멸한 때에는 다른 당사자에 대하여도 소멸한다(제547조 제2항).

④ 채무자의 책임 있는 사유로 이행이 불능하게 된 때에는 채권자는 계약을 해제할 수 있다(제546조). 따라서 채무자에게 책임 없는 사유로 이행불능이 된 경우에는 해제할 수 없다.

⑤ 당사자 일방이 계약을 해지한 때에는 계약은 장래에 대하여 그 효력을 잃는다(제550조).

15 ④ 정기행위의 해제도 최고의 없이 해제할 수 있다. 그러나 해제권이 발생한다고 하여 곧바로 해제의 효과가 발생하는 것은 아니고 해제의 의사표시를 하여야 해제의 효과가 발생한다.

① 합의해지 또는 해지계약이라 함은 해지권의 유무에 불구하고 계약 당사자 쌍방이 합의에 의하여 계속적 계약의 효력을 해지시점 이후부터 장래를 향하여 소멸하게 하는 것을 내용으로 하는 새로운 계약으로서, 그 효력은 그 합의의 내용에 의하여 결정되고 여기에는 해제·해지에 관한 민법 제548조 제2항의 규정은 적용되지 아니하므로, 당사자 사이에 약정이 없는 이상 합의해지로 인하여 반환할 금전에 그 받은 날로부터의 이자를 가하여야 할 의무가 있는 것은 아니다(대판 2003.1.24, 2000다5336).

② 당사자의 일방 또는 쌍방이 수인인 경우에는 계약의 해지나 해제는 그 전원으로부터 또는 전원에 대하여 하여야 한다(제547조 제1항).

③ 매매계약의 해제로 인하여 양당사자가 부담하는 원상회복의무는 동시이행의 관계에 있다(제549조 참조).

⑤ 계약상의 채권을 양도받은 양수인은 본조 제1항 단서의 이른바 제3자에 포함되지 않는다(대판 1964.9.22, 64다596).

16 ③ 계약이 합의해제된 경우에는 그 해제시에 당사자 일방이 상대방에게 손해배상을 하기로 특약하거나 손해배상청구를 유보하는 의사표시를 하는 등 다른 사정이 없는 한 채무불이행으로 인한 손해배상을 청구할 수 없다(대판 1989.4.25, 86다카1147).

① 계약의 합의해제는 묵시적으로 이루어질 수도 있으나, 계약이 묵시적으로 합의해제되었다고 하려면 계약의 성립 후에 당사자 쌍방의 계약실현의사의 결여 또는 포기로 인하여 당사자 쌍방의 계약을 실현하지 아니할 의사가 일치되어야만 하고, 계약이 일부 이행된 경우에는 그 원상회복에 관하여도 의사가 일치되어야 할 것이다(대판 2011.4.28, 2010다98412).

② 계약이 합의해제되기 위하여는 일반적으로 계약이 성립하는 경우와 마찬가지로 계약의 청약과 승낙이라는 서로 대립하는 의사표시가 합치될 것을 그 요건으로 하는바, 이와 같은 합의가 성립하기 위하여는 쌍방 당사자의 표시행위에 나타난 의사의 내용이 객관적으로 일치하여야 하므로, 계약당사자의 일방이 계약해제에 따른 원상회복 및 손해배상의 범위에 관한 조건을 제시한 경우 그 조건에 관한 합의까지 이루어져야 합의해제가 성립된다(대판 1996.2.27, 95다43044).

④ 합의해제·해지의 요건과 효력은 그 합의의 내용에 의하여 결정되고 이에는 해제·해지에 관한 민법 제543조 이하의 규정은 적용되지 않는다(대판 1997.11.14, 97다6193).

⑤ 매매계약이 합의해제된 경우에도 매수인에게 이전되었던 소유권은 당연히 매도인에게 복귀하는 것이므로 합의해제에 따른 매도인의 원상회복청구권은 소유권에 기한 물권적 청구권이라고 할 것이고 이는 소멸시효의 대상이 되지 아니한다(대판 1982.7.27, 80다2968).

17 ㉠ (×) 이행지체의 경우 상당한 기간을 최고하고 그 기간 내에 이행하지 아니한 때에는 계약을 해제할 수 있다(제544조 참조).

㉢ (×) 해제의 효과는 제3자의 권리를 해하지 못하므로(제548조 제1항 단서), 丙은 소유권을 취득한다.

㉡ (○) 매매계약이 해제되면 그 계약의 이행으로 변동이 생겼던 물권은 당연히 그 계약이 없었던 원상태로 복귀한다(대판 1982.11.23, 81다카1110).

03 매 매

Answer

01 ②	02 ③	03 ⑤	04 ⑤	05 ④	06 ④	07 ④	08 ⑤	09 ①	10 ④
11 ⑤	12 ④	13 ③							

01 ② 상대방이 예약목적물인 부동산을 인도받은 경우라도 예약완결권은 제척기간의 경과로 인하여 소멸된다(대판 1992.7.28, 91다44766).

① 매매의 일방예약은 상대방이 매매를 완결할 의사를 표시하는 때에 매매의 효력이 생긴다(제564조 제1항).

③ 예약완결권은 재판상이든 재판외이든 그 기간 내에 행사하면 되는 것으로서, 예약완결권자가 예약완결권 행사의 의사표시를 담은 소장 부본을 상대방에게 송달함으로써 재판상 행사하는 경우에는 그 소장 부본이 상대방에게 도달한 때에 비로소 예약완결권 행사의 효력이 발생하여 예약완결권자와 상대방 사이에 매매의 효력이 생기므로, 예약완결권 행사의 의사표시가 담긴 소장 부본이 제척기간 내에 상대방에게 송달되어야만 예약완결권자가 제척기간 내에 적법하게 예약완결권을 행사하였다고 볼 수 있다(대판 2019.7.25, 2019다227817).

④ 매매예약이 성립한 이후 상대방의 매매예약 완결의 의사표시 전에 목적물이 멸실 기타의 사유로 이전할 수 없게 되어 예약 완결권의 행사가 이행불능이 된 경우에는 예약 완결권을 행사할 수 없고, 이행불능 이후에 상대방이 매매예약 완결의 의사표시를 하여도 매매의 효력이 생기지 아니한다(대판 2015.8.27, 2013다28247).

⑤ 매매예약완결권의 제척기간이 도과하였는지 여부는 소위 직권조사 사항으로서 이에 대한 당사자의 주장이 없더라도 법원이 당연히 직권으로 조사하여 재판에 고려하여야 한다(대판 2000.10.13, 99다18725).

02 ③ 당사자가 계약금의 일부만을 먼저 지급하고 잔액은 나중에 지급하기로 약정하거나 계약금 전부를 나중에 지급하기로 약정한 경우, 교부자가 계약금의 잔금이나 전부를 약정대로 지급하지 않으면 상대방은 계약금 지급의무의 이행을 청구하거나 채무불이행을 이유로 계약금약정을 해제할 수 있다(대판 2008.3.13, 2007다73611).

① 계약금계약은 종된 계약이므로, 주계약이 취소되면 계약금계약도 실효된다.

② 위약벌의 약정은 채무의 이행을 확보하기 위해서 정해지는 것으로서 손해배상의 예정과는 그 내용이 다르므로 손해배상의 예정에 관한 민법 제398조 제2항을 유추적용하여 그 액을 감액할 수는 없다(대판 2002.4.23, 2000다56976).

④ 매매 당사자 일방이 계약 당시 상대방에게 계약금을 교부한 경우 당사자 사이에 다른 약정이 없는 한 당사자 일방이 계약 이행에 착수할 때까지 계약금 교부자는 이를 포기하고 계약을 해제할 수 있고, 그 상대방은 계약금의 배액을 상환하고 계약을 해제할 수 있음이 계약 일반의 법리인 이상, 특별한 사정이 없는 한 국토이용관리법상의 토지거래허가를 받지 않아 유동적 무효 상태인 매매계약에 있어서도 당사자 사이의 매매계약은 매도인이 계약금의 배액을 상환하고 계약을 해제함으로써 적법하게 해제된다(대판 1997.6.27, 97다9369).

⑤ 해약금에 의한 해제의 경우에는 손해배상청구권을 행사할 수 없다(제565조 제2항 참조).

03 ⑤ 매매당사자 간에 계약금을 수수하고 계약해제권을 유보한 경우에 매도인이 계약금의 배액을 상환하고 계약을 해제하려면 계약해제의 의사표시 외에 계약금 배액의 이행의 제공이 있으면 족하고, 상대방이 이를 수령하지 아니한다 하여 이를 공탁할 필요는 없다(대판 1981.10.27, 80다2784).

① 계약금계약은 요물계약이다(대판 2008.3.13, 2007다73611).

②③ 채권계약에 있어서 당사자 사이에 교부된 계약금은 해약금으로서의 성질을 가지나, 그 계약금을 위약금으로 하기로 하는 특약이 없는 한, 당연히는 손해배상액의 예정으로서의 성질을 가진 것이라고 볼 수 없다(대판 1979.4.24, 79다217).

④ 국토의 계획 및 이용에 관한 법률에 정한 토지거래계약에 관한 허가구역으로 지정된 구역 안의 토지에 관하여 매매계약이 체결된 후 계약금만 수수한 상태에서 당사자가 토지거래허가신청을 하고 이에 따라 관할관청으로부터 그 허가를 받았다 하더라도, 그러한 사정만으로는 아직 이행의 착수가 있다고 볼 수 없어 매도인으로서는 민법 제565조에 의하여 계약금의 배액을 상환하여 매매계약을 해제할 수 있다(대판 2009.4.23, 2008다62427).

04 ⑤ 국토의 계획 및 이용에 관한 법률에 정한 토지거래계약에 관한 허가구역으로 지정된 구역 안의 토지에 관하여 매매계약이 체결된 후 계약금만 수수한 상태에서 당사자가 토지거래허가신청을 하고 이에 따라 관할관청으로부터 그 허가를 받았다 하더라도, 그러한 사정만으로는 아직 이행의 착수가 있다고 볼 수 없어 매도인으로서는 민법 제565조에 의하여 계약금의 배액을 상환하여 매매계약을 해제할 수 있다(대판 2009.4.23, 2008다62427).

① 계약금은 해약금으로 추정된다(제565조 참조).

② 계약금에 대하여 위약금의 약정이 있는 경우, 위약금은 손해배상액의 예정으로 추정된다(제398조 제3항).

③ 이행기의 약정이 있는 경우라 하더라도 당사자가 채무의 이행기 전에는 착수하지 아니하기로 하는 특약을 하는 등 특별한 사정이 없는 한 이행기 전에 이행에 착수할 수 있다(대판 2006.2.10, 2004다11599). 따라서 甲이 중도금을 지급한 경우, 계약금 배액을 상환하고 해제할 수 없다.

④ 매도인이 '계약금 일부만 지급된 경우 지급받은 금원의 배액을 상환하고 매매계약을 해제할 수 있다'고 주장한 사안에서, '실제 교부받은 계약금'의 배액만을 상환하여 매매계약을 해제할 수 있다면 이는 당사자가 일정한 금액을 계약금으로 정한 의사에 반하게 될 뿐 아니라, 교부받은 금원이 소액일 경우에는 사실상 계약을 자유로이 해제할 수 있어 계약의 구속력이 약화되는 결과가 되어 부당하기 때문에, 계약금 일부만 지급된 경우 수령자가 매매계약을 해제할 수 있다고 하더라도 해약금의 기준이 되는 금원은 '실제 교부받은 계약금'이 아니라 '약정 계약금'이라고 봄이 타당하므로, 매도인이 계약금의 일부로서 지급받은 금원의 배액을 상환하는 것으로는 매매계약을 해제할 수 없다(대판 2015.4.23, 2014다231378).

05 ④ 국토의 계획 및 이용에 관한 법률에 정한 토지거래계약에 관한 허가구역으로 지정된 구역 안의 토지에 관하여 매매계약이 체결된 후 계약금만 수수한 상태에서 당사자가 토지거래허가신청을 하고 이에 따라 관할관청으로부터 그 허가를 받았다 하더라도, 그러한 사정만으로는 아직 이행의 착수가 있다고 볼 수 없어 매도인으로서는 민법 제565조에 의하여 계약금의 배액을 상환하여 매매계약을 해제할 수 있다(대판 2009.4.23, 2008다62427).

① 계약금은 해약금으로 추정된다(제565조 참조).

② 해약금에 관한 규정은 유상계약에 준용되므로, 임대차에도 준용된다(제567조 참조).

③ 해약금에 의한 해제의 경우 이행의 착수 전이므로 원상회복의 문제는 발생하지 않는다.

⑤ 매도인이 매수인에 대하여 매매계약의 이행을 최고하고 매매잔대금의 지급을 구하는 소송을 제기한 것만으로는 이행에 착수하였다고 볼 수 없으므로(대판 2008.10.23, 2007다72274), 매수인은 계약금을 포기하고 계약을 해제할 수 있다.

06 ㉠ (○) 일부 타인 권리의 매매에서 선의의 매수인은 그 부분의 비율로 대금의 감액을 청구할 수 있다(제572조 제1항 참조).

㉡ (○) 일부 타인 권리 매매에서 잔존한 부분만이며 선의의 매수인이 이를 매수하지 아니하였을 때에는 선의의 매수인은 계약전부를 해제할 수 있다(제572조 제2항).

㉢ (○) 매매의 목적이 된 권리의 일부가 타인에게 속함으로 인하여 매도인이 그 권리를 취득하여 매수인에게 이전할 수 없게 된 경우, 선의의 매수인은 매도인에게 담보책임을 물어 그 부분의 비율로 대금의 감액을 청구할 수 있을 뿐만 아니라 이로써 전보되지 못하는 손해가 있는 경우에는 그 손해배상도 청구할 수 있다(대판 2002.12.6, 2000두2976).

㉣ (×) 매도인의 담보책임에 기한 매수인의 대금감액청구권은 매수인이 선의인 경우에는 사실을 안 날로부터, 악의인 경우에는 계약한 날로부터 1년 이내에 행사하여야 하며, 여기서 매수인이 사실을 안 날이라 함은 단순히 권리의 일부가 타인에게 속한 사실을 안 날이 아니라 그 때문에 매도인이 이를 취득하여 매수인에게 이전할 수 없게 되었음이 확실하게 된 사실을 안 날을 말한다(대판 1997.6.13, 96다15596).

07 ④ 민법 제578조에 의하면 법원 경매의 경우에도 권리의 하자로 인한 담보책임이 적용된다.
　① 매매의 목적이 된 권리가 타인에게 속한 경우에는 매도인은 그 권리를 취득하여 매수인에게 이전하면 되므로(제569조 참조), 타인의 권리의 매매도 원칙적으로 유효하다.
　② 매매의 목적물이 지상권, 지역권, 전세권, 질권 또는 유치권의 목적이 된 경우에 매수인이 이를 알지 못한 때에는 이로 인하여 계약의 목적을 달성할 수 없는 경우에 한하여 매수인은 계약을 해제할 수 있다(제575조 제1항 본문).
　③ 매매의 목적이 된 부동산에 설정된 저당권의 행사로 인하여 매수인이 취득한 소유권을 잃은 때에는 매수인은 민법 제576조 제1항의 규정에 의하여 매매계약을 해제할 수 있지만, 매수인이 매매목적물에 관한 근저당권의 피담보채무를 인수하는 것으로 매매대금의 지급에 갈음하기로 약정한 경우에는 특별한 사정이 없는 한, 매수인으로서는 매도인에 대하여 민법 제576조 제1항의 담보책임을 면제하여 주었거나 이를 포기한 것으로 봄이 상당하므로, 매수인이 매매목적물에 관한 근저당권의 피담보채무 중 일부만을 인수한 경우 매도인으로서는 자신이 부담하는 피담보채무를 모두 이행한 이상 매수인이 인수 부분을 이행하지 않음으로써 근저당권이 실행되어 매수인이 취득한 소유권을 잃게 되더라도 민법 제576조 소정의 담보책임을 부담하게 되는 것은 아니다(대판 2002.9.4, 2002다11151).
　⑤ 변제기에 도달하지 아니한 채권의 매도인이 채무자의 자력을 담보한 때에는 변제기의 자력을 담보한 것으로 추정한다(제579조 제2항).

08 ⑤ 종류물 매매의 매수인은 계약의 해제 또는 손해배상의 청구를 하지 아니하고 하자 없는 물건을 청구할 수 있으므로(제581조 제2항 참조), 하자 없는 물건을 청구한 경우 별도의 손해배상을 청구할 수 없다.
　① 특정물 매매의 경우 선의 그리고 무과실의 매수인에게만 해제권을 행사할 수 있다(제580조 참조).
　② 제579조 제1항
　③ 경락인이 강제경매절차를 통하여 부동산을 경락받아 대금을 완납하고 그 앞으로 소유권이전등기까지 마쳤으나, 그 후 강제경매절차의 기초가 된 채무자 명의의 소유권이전등기가 원인무효의 등기여서 경매 부동산에 대한 소유권을 취득하지 못하게 된 경우, 이와 같은 강제경매는 무효라고 할 것이므로 경락인은 경매채권자에게 경매대금 중 그가 배당받은 금액에 대하여 일반 부당이득의 법리에 따라 반환을 청구할 수 있고, 민법 제578조 제1항, 제2항에 따른 경매의 채무자나 채권자의 담보책임은 인정될 여지가 없다(대판 2004.6.24, 2003다59259).
　④ 착오로 인한 취소 제도와 매도인의 하자담보책임 제도는 취지가 서로 다르고, 요건과 효과도 구별된다. 따라서 매매계약 내용의 중요 부분에 착오가 있는 경우 매수인은 매도인의 하자담보책임이 성립하는지와 상관없이 착오를 이유로 매매계약을 취소할 수 있다(대판 2018.9.13, 2015다78703).

09 ① 부동산매매계약에 있어서 실제면적이 계약면적에 미달하는 경우에는 그 매매가 수량지정매매에 해당할 때에 한하여 민법 제574조, 제572조에 의한 대금감액청구권을 행사함은 별론으로 하고, 그 매매계약이 그 미달 부분만큼 일부 무효임을 들어 이와 별도로 일반 부당이득반환청구를 하거나 그 부분의 원시적 불능을 이유로 민법 제535조가 규정하는 계약체결상의 과실에 따른 책임의 이행을 구할 수 없다(대판 2002.4.9, 99다47396).

② 타인의 권리를 매매한 자가 권리이전을 할 수 없게 된 때에는 매도인은 선의의 매수인에게 이행불능 당시를 표준으로 한 이행이익 상당을 배상하여야 한다(대판 1979.4.24, 77다2290).

③ 매매계약 내용의 중요 부분에 착오가 있는 경우 매수인은 매도인의 하자담보책임이 성립하는지와 상관없이 착오를 이유로 매매계약을 취소할 수 있다(대판 2018.9.13, 2015다78703).

④ 민법 제581조, 제580조에 기한 매도인의 하자담보책임은 법이 특별히 인정한 무과실책임으로서 여기에 민법 제396조의 과실상계 규정이 준용될 수는 없다 하더라도, 담보책임이 민법의 지도이념인 공평의 원칙에 입각한 것인 이상 하자 발생 및 그 확대에 가공한 매수인의 잘못을 참작하여 손해배상의 범위를 정함이 상당하다(대판 1995.6.30, 94다23920).

⑤ 매매의 목적이 된 부동산에 설정된 저당권 또는 전세권의 행사로 인하여 매수인이 그 소유권을 취득할 수 없거나 취득한 소유권을 잃은 때에는 매수인은 계약을 해제할 수 있다(제576조 제1항).

10 ④ 대금감액청구권은 물건의 하자로 인한 담보책임이 아니라 권리의 하자로 인한 담보책임의 내용이다.

11 ⑤ 제576조(저당권, 전세권의 행사와 매도인의 담보책임)의 담보책임은 매수인의 선의·악의를 불문한다.

① 권리 전부가 타인에게 속하는 경우, 악의의 매수인도 계약을 해제할 수 있다(제570조).

② 권리 일부가 타인에게 속하는 경우, 악의의 매수인도 대금감액은 청구할 수 있다(제572조).

③ 수량부족·일부멸실의 경우의 담보책임(제574조)은 선의의 매수인에게만 인정된다.

④ 지상권 등 제한물권이 있는 경우의 담보책임(제575조)은 선의의 매수인에게만 인정된다.

12 ㉠ (○) 타인의 권리를 매매한 자가 권리이전을 할수 없게 된 때에는 매도인은 선의의 매수인에 대하여 불능 당시의 시가를 표준으로 그 계약이 완전히 이행된 것과 동일한 경제적 이익을 배상할 의무가 있다(대판 1967.5.18, 66다2618 전합).

㉡ (○) 수량부족 일부멸실의 경우 선의의 매수인만 대금감액을 청구할 수 있다(제574조 참조).

㉢ (×) 매매의 목적물이 지상권, 지역권, 전세권, 질권 또는 유치권의 목적이 된 경우에 매수인이 이를 알지 못한 때에는 이로 인하여 계약의 목적을 달성할 수 없는 경우에 한하여 매수인은 계약을 해제할 수 있다(제575조 제1항 본문).

㉣ (○) 건축을 목적으로 매매된 토지에 대하여 건축허가를 받을 수 없어 건축이 불가능한 경우, 위와 같은 법률적 제한 내지 장애 역시 매매목적물의 하자에 해당한다 할 것이나, 다만 위와 같은 하자의 존부는 매매계약 성립시를 기준으로 판단하여야 할 것이다(대판 2000.1.18, 98다18506).

13 ③ 매매계약 내용의 중요 부분에 착오가 있는 경우 매수인은 매도인의 하자담보책임이 성립하는
지와 상관없이 착오를 이유로 매매계약을 취소할 수 있다(대판 2018.9.13, 2015다78703).
① 매도인의 담보책임은 무과실책임으로서, 매도인이 급부하거나 급부한 물건 또는 권리등에 하
자가 있는 경우에 매도인의 귀책사유를 묻지 않고 일정한 책임을 매도인에게 부담시키는 제
도이다.
② 매수인이 하자 있는 것을 알았거나 과실로 인하여 알지 못한 때에는 매도인은 담보책임을 부
담하지 않는다(제580조 제1항 단서).
④ 물건의 하자에 대한 담보책임은 경매의 경우에는 적용하지 않는다(제580조 제2항 참조).
⑤ 매매의 목적물에 하자가 있는 때에는 제575조 제1항(제한물권 등이 있는 경우의 담보책임)의
규정이 준용되므로, 계약의 목적을 달성할 수 있는 경우에는 해제권이 인정되지 않는다(제580
조 제1항 참조).

04 임대차

Answer

01 ②	02 ④	03 ⑤	04 ⑤	05 ④	06 ③	07 ④	08 ③	09 ③

01 ② 임차인의 비용상환청구권에 관한 민법 제626조는 임의규정이므로 임차인의 비용상환청구포
기약정은 임차인에게 불리한 약정이더라도 유효이다.
①③④⑤ 지상물매수청구권(제643조), 차임감액청구권(제628조), 임차인의 해지통고(제635조),
임대인의 해지권(제640조) 등은 임차인에게 불리한 약정은 무효이다(제652조 참조).

02 ④ 적법한 전차인에게 인정되는 임대청구권(제644조)는 건물전차인이 아니라 토지전차인에게 인
정되는 권리이다.
① 임차인이 임대인의 동의를 얻어 임차물을 전대한 경우, 임대인과 임차인 사이의 종전 임대차
계약은 계속 유지되고(민법 제630조 제2항), 임차인과 전차인 사이에는 별개의 새로운 전대차
계약이 성립한다. 한편 임대인과 전차인 사이에는 직접적인 법률관계가 형성되지 않지만, 임
대인의 보호를 위하여 전차인이 임대인에 대하여 직접 의무를 부담한다(민법 제630조 제1항).
이 경우 전차인은 전대차계약으로 전대인에 대하여 부담하는 의무 이상으로 임대인에게 의무
를 지지 않고 동시에 임대차계약으로 임차인이 임대인에 대하여 부담하는 의무 이상으로 임
대인에게 의무를 지지 않는다(대판 2018.7.11, 2018다200518).

②③ 전차인은 전대차계약상의 차임지급시기 전에 전대인에게 차임을 지급한 사정을 들어 임대인에게 대항하지 못하지만, 차임지급시기 이후에 지급한 차임으로는 임대인에게 대항할 수 있고, 전대차계약상의 차임지급시기 전에 전대인에게 지급한 차임이라도, 임대인의 차임청구 전에 차임지급시기가 도래한 경우에는 그 지급으로 임대인에게 대항할 수 있다(대판 2018.7.11, 2018다200518).

⑤ 임대차계약이 해지의 통고로 인하여 종료된 경우에 그 임대물이 적법하게 전대되었을 때에는 임대인은 전차인에 대하여 그 사유를 통지하지 아니하면 해지로써 전차인에게 대항하지 못한다(제638조 제1항).

03 ⑤ "임차인이 임차건물을 증·개축하였을시는 임대인의 승낙 유무를 불구하고 그 부분이 무조건 임대인의 소유로 귀속된다."고 하는 약정은 임차인이 원상회복의무를 면하는 대신 투입비용의 변상이나 권리주장을 포기하는 내용이 포함되었다고 봄이 상당하다 할 것이고, 이러한 약정은 특별한 사정이 없는 한 유효하다(대판 1983.2.22, 80다589).

① 일시사용을 위한 임대차가 명백한 경우, 임차인에게 부속물매수청구권이 인정되지 않는다(제653조 참조).

② 임대차계약이 임차인의 채무불이행으로 인하여 해지된 경우에는 임차인은 민법 제646조에 의한 부속물매수청구권이 없다(대판 1990.1.23, 88다카7245).

③ 임차인이 부속물매수청구권을 적법하게 행사한 경우, 임차인은 임대인이 매도대금을 지급할 때까지 부속물의 인도를 거절할 수 있다(동시이행의 관계).

④ 민법 제646조가 규정하는 건물임차인의 매수청구권의 대상이 되는 부속물이라 함은 건물에 부속된 물건으로 임차인의 소유에 속하고, 건물의 구성부분이 되지 아니한 것으로서 건물의 사용에 객관적인 편익을 가져오게 하는 물건이라 할 것이므로, 부속된 물건이 오로지 임차인의 특수목적에 사용하기 위하여 부속된 것일 때는 이를 부속물매수청구권의 대상이 되는 물건이라 할 수 없다(대판 1993.2.26, 92다41627).

04 ⑤ 임차인의 차임연체액이 2기의 차임액에 달한 경우 임대인은 계약을 해지할 수 있다(제641조).

① 민법 제643조 소정의 지상물매수청구권은 지상물의 소유자에 한하여 행사할 수 있으므로(대판 1993.7.27, 93다6386), 이 경우 토지임차인은 그 지상 건물의 소유자가 아니므로 지상물매수청구권을 행사할 수 없다.

② 건물의 임차인이 그 건물의 소부분을 타인에게 사용하게 하는 경우에 임대인의 동의를 얻지 않더라도 임대인은 임대차계약을 해제할 수 없다(제632조 참조).

③ 임대차계약이 임차인의 채무불이행으로 인하여 해지된 경우에는 임차인은 민법 제646조에 의한 부속물매수청구권이 없다(대판 1990.1.23, 88다카7245).

④ 임차보증금을 피전부채권으로 하여 전부명령이 있은 경우에도 제3채무자인 임대인은 임차인에게 대항할 수 있는 사유로써 전부채권자에게 대항할 수 있는 것이므로, 건물임대차보증금의 반환채권에 대한 전부명령의 효력이 그 송달에 의하여 발생한다고 하여도 위 보증금반환채권은 임대인의 채권이 발생하는 것을 해제조건으로 하는 것이므로 임대인의 채권을 공제한 잔액에 관하여서만 전부명령이 유효하므로(대판 1987.6.9, 87다68), 송달 후 발생한 연체차임도 보증금에서 당연히 공제된다.

05 ④ 기간의 약정이 없는 토지임대차의 임대인이 임대차계약의 해지를 통고한 경우, 그 해지의 효력은 임차인이 통고를 받은 날로부터 6월이 경과하면 해지의 효력이 생긴다(제635조 제2항 참조).

① 당사자들이 자유로운 의사에 따라 임대차기간을 영구로 정한 약정은 이를 무효로 볼 만한 특별한 사정이 없는 한 계약자유의 원칙에 의하여 허용된다고 보아야 한다(대판 2023.6.1, 2023다209045).

② 임대인의 필요비상환의무는 특별한 사정이 없는 한 임차인의 차임지급의무와 서로 대응하는 관계에 있으므로, 임차인은 지출한 필요비 금액의 한도에서 차임의 지급을 거절할 수 있다(대판 2019.11.14, 2016다227694).

③ 임대인이 임차인의 의사에 반하여 보존행위를 하는 경우에 임차인이 이로 인하여 임차의 목적을 달성할 수 없는 때에는 계약을 해지할 수 있다(제625조).

⑤ 임대인의 동의 없이 임차인이 임차권을 양도한 경우 임대인은 임대차계약을 해지할 수 있다(제629조 제2항).

06 ③ 임차인이 임대인의 동의를 얻어 임차물을 전대한 때에는 전차인은 직접 임대인에 대하여 의무를 부담한다(제630조 제1항 본문).

① 임차인이 임대인의 동의 없이 토지를 전대한 때에는 그 전대차는 전차인에 대하여 효력이 있고, 다만 임대인은 임대차계약을 해지할 수 있다(제629조 참조).

② 임차인이 임대인의 동의를 얻어 임차물을 전대한 경우에는 임대인과 임차인의 합의로 계약을 종료한 때에도 전차인의 권리는 소멸하지 아니한다(제631조).

④ 임차인이 임대인의 동의를 얻어 임차물을 전대한 때에는 전차인은 직접 임대인에 대하여 의무를 부담한다. 이 경우에 전차인은 전대인에 대한 차임의 지급으로써 임대인에게 대항하지 못한다(제630조 제1항).

⑤ 건물 기타 공작물의 소유 또는 식목, 채염, 목축을 목적으로 한 토지임차인이 적법하게 그 토지를 전대한 경우에 임대차 및 전대차의 기간이 동시에 만료되고 건물, 수목 기타 지상시설이 현존한 때에는 전차인은 임대인에 대하여 전전대차와 동일한 조건으로 임대할 것을 청구할 수 있다(제645조).

07 ④ 임차인의 지상물매수청구권은 건물 기타 공작물의 소유 등을 목적으로 한 토지임대차의 기간이 만료되었음에도 그 지상시설 등이 현존하고, 또한 임대인이 계약의 갱신에 불응하는 경우에 임차인이 임대인에게 상당한 가액으로 그 지상시설의 매수를 청구할 수 있는 권리라는 점에서 보면, 위 매수청구권의 대상이 되는 건물은 그것이 토지의 임대목적에 반하여 축조되고, 임대인이 예상할 수 없을 정도의 고가의 것이라는 특별한 사정이 없는 한 임대차기간 중에 축조되었다고 하더라도 그 만료시에 그 가치가 잔존하고 있으면 그 범위에 포함되는 것이고, 반드시 임대차계약 당시의 기존건물이거나 임대인의 동의를 얻어 신축한 것에 한정된다고는 할 수 없다(대판 1993.11.12, 93다34589).

① 임대차기간의 약정이 없는 때에는 당사자는 언제든지 계약해지의 통고를 할 수 있다(제535조 제1항).

② 임차인이 임대인의 동의 없이 임차물을 전대한 때에는 임대인은 계약을 해지할 수 있다(제629조 제2항).

③ 임차물의 일부가 임차인의 과실 없이 멸실 기타 사유로 인하여 사용, 수익할 수 없는 때에는 임차인은 그 부분의 비율에 의한 차임의 감액을 청구할 수 있다(제627조 제1항).

⑤ 토지임대인이 변제기를 경과한 최후 2년의 차임채권에 의하여 그 지상에 있는 임차인 소유의 건물을 압류한 때에는 저당권과 동일한 효력이 있다(제649조).

08 ③ 지상물매수청구권은 이른바 형성권으로서 그 행사로 임대인·임차인 사이에 지상물에 관한 매매가 성립한다(대판 전합 1995.7.11, 94다34265).

① 특별한 사정이 없는 한 행정관청의 허가를 받은 적법한 건물이 아니더라도 임차인의 지상물매수청구권의 대상이 될 수 있다(대판 2013.11.28, 2013다48364).

② 임차인의 지상물매수청구권은 건물 기타 공작물의 소유 등을 목적으로 한 토지임대차의 기간이 만료되었음에도 그 지상시설 등이 현존하고, 또한 임대인이 계약의 갱신에 불응하는 경우에 임차인이 임대인에게 상당한 가액으로 그 지상시설의 매수를 청구할 수 있는 권리라는 점에서 보면, 위 매수청구권의 대상이 되는 건물은 그것이 토지의 임대목적에 반하여 축조되고, 임대인이 예상할 수 없을 정도의 고가의 것이라는 특별한 사정이 없는 한 임대차기간 중에 축조되었다고 하더라도 그 만료시에 그 가치가 잔존하고 있으면 그 범위에 포함되는 것이고, 반드시 임대차계약 당시의 기존건물이거나 임대인의 동의를 얻어 신축한 것에 한정된다고는 할 수 없다(대판 1993.11.12, 93다34589).

④ 임차인의 지상물매수청구권은 임대인이 임대차계약의 갱신을 원하지 않을 경우에만 인정되는 권리이다.

⑤ 민법 제643조 소정의 지상물매수청구권은 지상물의 소유자에 한하여 행사할 수 있으므로(대판 1993.7.27, 93다6386), 임차인이 건물을 양도하여 임대차종료시에 건물의 소유자가 아니라면 지상물매수청구권을 행사할 수 없다.

09 ③ 임대인이 임대물의 보존에 필요한 행위를 하는 때에는 임차인은 이를 거절하지 못한다(제624조).

① 차임은 동산, 건물이나 대지에 대하여는 매월 말에, 기타 토지에 대하여는 매년 말에 지급하여야 한다. 그러나 수확기 있는 것에 대하여는 그 수확 후 지체없이 지급하여야 한다(제633조).

② 임대인은 목적물을 임차인에게 인도하고 계약존속 중 그 사용, 수익에 필요한 상태를 유지하게 할 의무를 부담하므로(제623조), 임차인은 임대인에게 복구를 청구할 수 있다.

④ 임차인이 유익비를 지출한 경우에는 임대인은 임대차종료시에 그 가액의 증가가 현존한 때에 한하여 임차인의 지출한 금액이나 그 증가액을 상환하여야 한다(제626조 제2항).

⑤ 임대차기간이 만료되어 임대차가 종료된 경우 지상물이 현존한 경우 임차인은 임대인에게 계약의 갱신을 청구할 수 있다(제643조 참조).

05 도급

01 ② 수급인은 담보책임이 없음을 약정한 경우에도 알고 고지하지 아니한 사실에 대하여는 그 책임을 면하지 못한다(제672조).

① 도급계약에서 목적물의 인도를 요하지 아니하는 경우에는 그 일을 완성한 후 지체 없이 보수를 지급하여야 한다(제665조 제1항 참조).

③ 수급인이 일을 완성하기 전에는 도급인은 손해를 배상하고 계약을 해제할 수 있다(제673조).

④ 완성된 목적물에 하자가 있는 때에 그 하자가 중요하지 아니한 경우에 그 보수에 과다한 비용을 요할 때에는 그 하자의 보수를 청구할 수 없다(제667조 제1항 단서 참조).

⑤ 부동산공사의 수급인은 보수에 관한 채권을 담보하기 위하여 그 부동산을 목적으로 한 저당권의 설정을 청구할 수 있다(제666조).

02 ④ 제작물공급계약에서 보수의 지급시기에 관하여 당사자 사이의 특약이나 관습이 없으면 도급인은 완성된 목적물을 인도받음과 동시에 수급인에게 보수를 지급하는 것이 원칙이고, 이때 목적물의 인도는 완성된 목적물에 대한 단순한 점유의 이전만을 의미하는 것이 아니라 도급인이 목적물을 검사한 후 그 목적물이 계약내용대로 완성되었음을 명시적 또는 묵시적으로 시인하는 것까지 포함하는 의미이다(대판 2006.10.13, 2004다21862).

① 제작물공급계약은 그 제작의 측면에서는 도급의 성질이 있고 공급의 측면에서는 매매의 성질이 있어 대체로 매매와 도급의 성질을 함께 가지고 있으므로, 그 적용 법률은 계약에 의하여 제작 공급하여야 할 물건이 대체물인 경우에는 매매에 관한 규정이 적용되지만, 물건이 특정의 주문자의 수요를 만족시키기 위한 부대체물인 경우에는 당해 물건의 공급과 함께 그 제작이 계약의 주목적이 되어 도급의 성질을 띠게 된다(대판 2006.10.13, 2004다21862).

② 공사도급계약에 있어서 당사자 사이에 특약이 있거나 일의 성질상 수급인 자신이 하지 않으면 채무의 본지에 따른 이행이 될 수 없다는 등의 특별한 사정이 없는 한 반드시 수급인 자신이 직접 일을 완성하여야 하는 것은 아니고, 이행보조자 또는 이행대행자를 사용하더라도 공사도급계약에서 정한 대로 공사를 이행하는 한 계약을 불이행하였다고 볼 수 없다(대판 2002.4.12, 2001다82545).

③ 도급계약의 보수 일부를 선급하기로 하는 특약이 있는 경우, 수급인은 그 제공이 있을 때까지 일의 착수를 거절할 수 있고 이로 말미암아 일의 완성이 지연되더라도 채무불이행책임을 지지 않는다(대판 2016.12.15, 2014다14429).

⑤ 하자가 중요하지 아니한 경우에 그 보수에 과다한 비용을 요할 때에는 하자의 보수를 청구할 수 없다(제667조 제1항 단서).

03 ㉠ (×) 민법 제673조에서 도급인으로 하여금 자유로운 해제권을 행사할 수 있도록 하는 대신 수급인이 입은 손해를 배상하도록 규정하고 있는 것은 도급인의 일방적인 의사에 기한 도급계약 해제를 인정하는 대신, 도급인의 일방적인 계약해제로 인하여 수급인이 입게 될 손해, 즉 수급인이 이미 지출한 비용과 일을 완성하였더라면 얻었을 이익을 합한 금액을 전부 배상하게 하는 것이라 할 것이므로, 위 규정에 의하여 도급계약을 해제한 이상은 특별한 사정이 없는 한 도급인은 수급인에 대한 손해배상에 있어서 과실상계나 손해배상예정액 감액을 주장할 수는 없다(대판 2002.5.10, 2000다37296).

㉡ (○) 민법 제666조에서 정한 수급인의 저당권설정청구권은 공사대금채권을 담보하기 위하여 인정되는 채권적 청구권으로서 공사대금채권에 부수하여 인정되는 권리이므로, 당사자 사이에 공사대금채권만을 양도하고 저당권설정청구권은 이와 함께 양도하지 않기로 약정하였다는 등의 특별한 사정이 없는 한, 공사대금채권이 양도되는 경우 저당권설정청구권도 이에 수반하여 함께 이전된다고 봄이 타당하다. 따라서 신축건물의 수급인으로부터 공사대금채권을 양수받은 자의 저당권설정청구에 의하여 신축건물의 도급인이 그 건물에 저당권을 설정하는 행위 역시 다른 특별한 사정이 없는 한 사해행위에 해당하지 아니한다(대판 2018.11.29, 2015다19827).

㉢ (×) 도급인이 하자의 보수에 갈음하여 손해배상을 청구하는 경우에는 수급인이 그 손해배상청구에 관하여 채무이행을 제공할 때까지 그 손해배상의 액에 상응하는 보수의 액에 관하여만 자기의 채무이행을 거절할 수 있을 뿐, 그 나머지 액의 보수에 관하여는 지급을 거절할 수 없다(대판 1991.12.10, 91다33056).

㉣ (×) 하자가 중요한 경우의 그 손해배상의 액수 즉 하자보수비는 목적물의 완성시가 아니라 하자보수 청구시 또는 손해배상 청구시를 기준으로 산정한다(대판 1998.3.13, 95다30345).

04 ③ 도급인이 하자의 보수에 갈음하여 손해배상을 청구하는 경우에는 수급인이 그 손해배상청구에 관하여 채무이행을 제공할 때까지 그 손해배상의 액에 상응하는 보수의 액에 관하여만 자기의 채무이행을 거절할 수 있을 뿐, 그 나머지 액의 보수에 관하여는 지급을 거절할 수 없다(대판 1991.12.10, 91다33056).

① 공사도급계약에 있어서 당사자 사이에 특약이 있거나 일의 성질상 수급인 자신이 하지 않으면 채무의 본지에 따른 이행이 될 수 없다는 등의 특별한 사정이 없는 한 반드시 수급인 자신이 직접 일을 완성하여야 하는 것은 아니고, 이행보조자 또는 이행대행자를 사용하더라도 공사도급계약에서 정한 대로 공사를 이행하는 한 계약을 불이행하였다고 볼 수 없다(대판 2002.4.12, 2001다82545).

② 민법상 수급인의 하자담보책임에 관한 기간은 제척기간으로서 재판상 또는 재판외의 권리행사기간이며 재판상 청구를 위한 출소기간이 아니다(대판 2004.1.27, 2001다24891).

④ 민법 제666조에서 정한 수급인의 저당권설정청구권은 공사대금채권을 담보하기 위하여 인정되는 채권적 청구권으로서 공사대금채권에 부수하여 인정되는 권리이므로, 당사자 사이에 공사대금채권만을 양도하고 저당권설정청구권은 이와 함께 양도하지 않기로 약정하였다는 등의 특별한 사정이 없는 한, 공사대금채권이 양도되는 경우 저당권설정청구권도 이에 수반하여 함께 이전된다고 봄이 타당하다(대판 2018.11.29, 2015다19827).

⑤ 민법 제673조에서 도급인으로 하여금 자유로운 해제권을 행사할 수 있도록 하는 대신 수급인
이 입은 손해를 배상하도록 규정하고 있는 것은 도급인의 일방적인 의사에 기한 도급계약 해
제를 인정하는 대신, 도급인의 일방적인 계약해제로 인하여 수급인이 입게 될 손해, 즉 수급인
이 이미 지출한 비용과 일을 완성하였더라면 얻었을 이익을 합한 금액을 전부 배상하게 하는
것이라 할 것이므로, 위 규정에 의하여 도급계약을 해제한 이상은 특별한 사정이 없는 한 도
급인은 수급인에 대한 손해배상에 있어서 과실상계나 손해배상예정액 감액을 주장할 수는 없
다(대판 2002.5.10, 2000다37296).

05 ② 수급인의 하자담보책임은 법이 특별히 인정한 무과실책임이다(대판 2004.8.20, 2001다70337).
  ① 일반적으로 자기의 노력과 재료를 들여 건물을 건축한 사람은 그 건물의 소유권을 원시취득
  하는 것이고, 다만 도급계약에 있어서는 수급인이 자기의 노력과 재료를 들여 건물을 완성하
  더라도 도급인과 수급인 사이에 도급인 명의로 건축허가를 받아 소유권보존등기를 하기로 하
  는 등 완성된 건물의 소유권을 도급인에게 귀속시키기로 합의한 것으로 보여질 경우에는 그
  건물의 소유권은 도급인에게 원시적으로 귀속되므로(대판 1992.3.27, 91다34790), 도급인 甲이
  원시취득한다.
  ③ 도급받은 공사의 공사대금채권은 민법 제163조 제3호에 따라 3년의 단기소멸시효가 적용된다
  (대판 2016.10.27, 2014다211978).
  ④ 부동산공사의 수급인은 보수청구권을 담보하기 위하여 그 부동산을 목적으로 한 저당권의 설
  정을 청구할 수 있다(제666조 참조).
  ⑤ 완성된 건물의 하자로 인하여 계약의 목적을 달성하지 못하더라도 도급인은 도급계약을 해제
  할 수 없다(제668조 참조).

06 위 임

Answer

01 ②   02 ③   03 ⑤   04 ⑤   05 ②   06 ③

01 ② 위임계약은 각 당사자가 언제든지 해지할 수 있다(제689조 제1항).
  ① 위임인의 승낙을 받아 위임인이 지명한 제3자에게 위임사무를 처리하게 한 경우, 수임인은
  원칙적으로 책임이 없다.
  ③ 수임인은 특별한 약정이 없으면 위임인에 대하여 보수를 청구하지 못한다(제686조 제1항).
  ④ 당사자 일방이 부득이한 사유 없이 상대방의 불리한 시기에 계약을 해지한 때에는 그 손해를
  배상하여야 한다(제689조 제2항). 그러나 당사자 일방이 부득이한 사유에 의하여 상대방의 불
  리한 시기에 위임계약을 해지한 경우에는 손해를 배상할 필요가 없다.

⑤ 위임종료의 경우 급박한 사정이 있는 때에는 수임인, 그 상속인이나 법정대리인은 위임인, 그 상속인이나 법정대리인이 위임사무를 처리할 수 있을 때까지 그 사무의 처리를 계속하여야 한다(제691조 본문).

02 ③ 위임사무의 처리에 비용을 요하는 때에는 위임인은 수임인의 청구에 의하여 이를 선급하여야 한다(제687조).

① 수임인은 위임인의 청구가 있는 때에는 위임사무의 처리상황을 보고하고 위임이 종료한 때에는 지체 없이 그 전말을 보고하여야 한다(제683조).

② 수임인은 위임의 본지에 따라 선량한 관리자의 주의로써 위임사무를 처리하여야 한다(제681조).

④ 수임인은 위임인의 승낙이나 부득이한 사유 없이 제삼자로 하여금 자기에 갈음하여 위임사무를 처리하게 하지 못한다(제682조 제1항).

⑤ 민법 제684조 제1항에 의하면 수임인은 위임사무의 처리로 인하여 받은 금전 기타의 물건 및 그 수취한 과실이 있을 경우에는 이를 위임인에게 인도하여야 한다고 규정하고 있는바, 이때 인도 시기는 당사자 간에 특약이 있거나 위임의 본뜻에 반하는 경우 등과 같은 특별한 사정이 있지 않는 한 위임계약이 종료한 때이므로, 수임인이 반환할 금전의 범위도 위임종료시를 기준으로 정해진다(대판 2007.2.8, 2004다64432).

03 ⑤ 당사자 일방이 부득이한 사유 없이 상대방의 불리한 시기에 계약을 해지한 때에는 그 손해를 배상하여야 한다(제689조 제2항). 따라서 부득이한 사유에 의한 해지의 경우 손해배상의무가 없다.

04 ⑤ 수임인이 위임인의 지명에 의하여 복수임인을 선임한 경우 원칙적으로 수임인은 책임이 없다. 다만 지명한 복수임인이 부적임 또는 불성실함을 알고 위임인에게 대한 통지나 그 해임을 태만한 때에는 책임이 있다(제682조, 제121조 제2항).

① 수임인은 위임의 본지에 따라 선량한 관리자의 주의의무로써 위임사무를 처리하여야 한다(제681조).

② 민법 제684조 제1항에 의하면 수임인은 위임사무의 처리로 인하여 받은 금전 기타의 물건 및 그 수취한 과실이 있을 경우에는 이를 위임인에게 인도하여야 한다고 규정하고 있는바, 이때 인도 시기는 당사자간에 특약이 있거나 위임의 본뜻에 반하는 경우 등과 같은 특별한 사정이 있지 않는 한 위임계약이 종료한 때이므로, 수임인이 반환할 금전의 범위도 위임종료시를 기준으로 정해진다(대판 2007.2.8, 2004다64432).

③ 수임인의 성년후견개시의 심판은 위임의 종료사유이지만, 위임인의 성년후견개시의 심판은 위임 종료사유가 아니다(제690조 참조).

④ 위임계약은 각 당사자가 언제든지 해지할 수 있다(제689조 제1항).

05 ② 수임인은 특별한 약정이 없으면 위임인에 대하여 보수를 청구하지 못한다(제686조 제1항).

① 위임계약은 각 당사자가 언제든지 해지할 수 있다(제689조 제1항).

③ 당사자 일방이 부득이한 사유 없이 상대방의 불리한 시기에 계약을 해지한 때에는 그 손해를 배상하여야 한다(제689조 제2항).

④ 수임인은 위임인의 승낙이나 부득이한 사유 없이 제삼자로 하여금 자기에 갈음하여 위임사무를 처리하게 하지 못한다(제682조 제1항).

⑤ 수임인이 위임사무의 처리에 관하여 필요비를 지출한 때에는 위임인에 대하여 지출한 날 이후의 이자를 청구할 수 있다(제688조 제1항).

06 ③ 수임인은 위임사무의 처리로 인하여 받은 금전 기타의 물건 및 그 수취한 과실을 위임인에게 인도하여야 한다(제684조 제1항).

① 당사자 일방이 부득이한 사유 없이 상대방의 불리한 시기에 계약을 해지한 때에는 그 손해를 배상하여야 한다(제689조 제1항).

② 수임인의 성년후견개시의 심판은 위임종료사유이다(제690조).

④ 수임인이 위임인을 위하여 자기의 명의로 취득한 권리는 위임인에게 이전하여야 한다(제684조 제2항).

⑤ 위임사무의 처리에 비용을 요하는 때에는 위임인은 수임인의 청구에 의하여 이를 선급하여야 한다(제687조).

07 부당이득

Answer

01 ⑤   02 ⑤   03 ③   04 ①   05 ⑤

01 ⑤ 채무 없음을 알고 이를 변제한 때에는 그 반환을 청구하지 못한다(제742조). 변제자를 보호할 가치가 없기 때문에 수령자의 선의·악의를 불문하고 반환청구할 수 없다.

① 선의의 점유자는 과실을 수취하므로(제201조), 선의의 매수인은 과실을 반환할 필요가 없다.

②③ 제748조

④ 변제기에 있지 아니한 채무를 변제한 때에는 그 반환을 청구하지 못한다. 그러나 채무자가 착오로 인하여 변제한 때에는 채권자는 이로 인하여 얻은 이익을 반환하여야 한다(제743조).

02 ㉠ (○) 민법 제548조 제2항은 계약해제로 인한 원상회복의무의 이행으로서 반환하는 금전에는 받은 날로부터 이자를 가산하여야 한다고 정하였는데, 위 이자의 반환은 원상회복의무의 범위에 속하는 것으로 일종의 부당이득반환의 성질을 가진다(대판 2024.2.29, 2023다289720).

㉡ (○) 민법 제742조 소정의 비채변제에 관한 규정은 변제자가 채무 없음을 알면서도 변제를 한 경우에 적용되는 것이고, 채무 없음을 알지 못한 경우에는 그 과실 유무를 불문하고 적용되지 아니한다(대판 1998.11.13, 97다58453).

㉢ (○) 수익자가 취득한 것이 금전상의 이득인 때에는 그 금전은 이를 취득한 자가 소비하였는지 여부를 불문하고 현존하는 것으로 추정된다(대판 2022.10.14, 2018다244488).

03 ③ 계약상 급부가 계약의 상대방뿐만 아니라 제3자의 이익으로 된 경우에 급부를 한 계약당사자가 계약 상대방에 대하여 계약상의 반대급부를 청구할 수 있는 이외에 그 제3자에 대하여 직접 부당이득반환청구를 할 수 있다고 보면, 자기 책임하에 체결된 계약에 따른 위험부담을 제3자에게 전가시키는 것이 되어 계약법의 기본원리에 반하는 결과를 초래할 뿐만 아니라, 채권자인 계약당사자가 채무자인 계약 상대방의 일반채권자에 비하여 우대받는 결과가 되어 일반채권자의 이익을 해치게 되고, 수익자인 제3자가 계약 상대방에 대하여 가지는 항변권 등을 침해하게 되어 부당하므로, 위와 같은 경우 계약상 급부를 한 계약당사자는 이익의 귀속 주체인 제3자에 대하여 직접 부당이득반환을 청구할 수는 없다(대판 2010.6.24, 2010다9269).
① 채무 없음을 알고 이를 변제한 때에는 그 반환을 청구하지 못한다(제742조).
② 부당이득반환의무자가 민법 제748조 제2항에서 정한 악의의 수익자라는 점에 대하여는 이를 주장하는 측에서 입증책임을 진다고 할 것이다(대판 2013.3.14, 2011다103472).
④ 채무 없는 자가 착오로 인하여 변제한 경우에 그 변제가 도의관념에 적합한 때에는 그 반환을 청구하지 못한다(제744조).
⑤ 타인의 토지를 점유함으로 인한 부당이득반환채무는 이행의 기한이 없는 채무로서 이행청구를 받은 때로부터 지체책임이 있다(대판 2008.2.1, 2007다8914).

04 ① 채무자가 횡령한 금전으로 자신의 채권자에 대한 채무를 변제하는 경우 채권자가 그 변제를 수령함에 있어 악의 또는 중대한 과실이 있는 경우에는 채권자의 금전 취득은 피해자에 대한 관계에 있어서 법률상 원인을 결여한 것으로 봄이 상당하나, 채권자가 그 변제를 수령함에 있어 단순히 과실이 있는 경우에는 그 변제는 유효하고 채권자의 금전 취득이 피해자에 대한 관계에 있어서 법률상 원인을 결여한 것이라고 할 수 없다(대판 2003.6.13, 2003다8862).
② 제3자의 출재로 인하여 주채무가 소멸되면 제3자로서는 주채무자에 대하여 자신의 출재에 대한 구상권을 행사할 수 있어 그에게 손해가 있다고 보기도 어려우므로 제3자의 연대보증인에 대한 부당이득반환청구는 받아들일 수 없다(대판 1996.9.20, 96다22655).
③ 임차인이 임대차계약 관계가 소멸된 이후에도 임차건물 부분을 계속 점유하기는 하였으나 이를 본래의 임대차계약상의 목적에 따라 사용·수익하지 아니하여 실질적인 이득을 얻은 바 없는 경우에는, 그로 인하여 임대인에게 손해가 발생하였다 하더라도 임차인의 부당이득반환의무는 성립되지 아니한다(대판 1995.7.25, 95다14664).
④ 과반수 지분의 공유자는 공유자와 사이에 미리 공유물의 관리방법에 관하여 협의가 없었다 하더라도 공유물의 관리에 관한 사항을 단독으로 결정할 수 있으므로 과반수 지분의 공유자는 그 공유물의 관리방법으로서 그 공유토지의 특정된 한 부분을 배타적으로 사용·수익할 수 있으나, 그로 말미암아 지분은 있으되 그 특정 부분의 사용·수익을 전혀 하지 못하여 손해를 입고 있는 소수지분권자에 대하여 그 지분에 상응하는 임료 상당의 부당이득을 하고 있다 할 것이므로 이를 반환할 의무가 있다 할 것이나, 그 과반수 지분의 공유자로부터 다시 그 특정 부분의 사용·수익을 허락받은 제3자의 점유는 다수지분권자의 공유물관리권에 터잡은 적법한 점유이므로 그 제3자는 소수지분권자에 대하여도 그 점유로 인하여 법률상 원인 없이 이득을 얻고 있다고는 볼 수 없다(대판 2002.5.14, 2002다9738).

⑤ 지급자가 채무 없음을 알면서도 임의로 지급한 경우에는 민법 제742조 소정의 비채변제로서 수령자에게 그 반환을 구할 수 없으나, 지급자가 채무 없음을 알고 있었다고 하더라도 변제를 강제당한 경우나 변제거절로 인한 사실상의 손해를 피하기 위하여 부득이 변제하게 된 경우 등 그 변제가 자유로운 의사에 반하여 이루어진 것으로 볼 수 있는 사정이 있는 때에는 지급자가 그 반환청구권을 상실하지 않는다(대판 2004.1.27, 2003다46451).

05 ⑤ 불법의 원인으로 재산을 급여한 사람은 상대방 수령자가 그 '불법의 원인'에 가공하였다고 하더라도 상대방에게만 불법의 원인이 있거나 그의 불법성이 급여자의 불법성보다 현저히 크다고 평가되는 등으로 제반 사정에 비추어 급여자의 손해배상청구를 인정하지 아니하는 것이 오히려 사회상규에 명백히 반한다고 평가될 수 있는 특별한 사정이 없는 한 상대방의 불법행위를 이유로 그 재산의 급여로 말미암아 발생한 자신의 손해를 배상할 것을 주장할 수 없다(대판 2013.8.22, 2013다35412).

① 민법 제746조의 규정취지는 민법 제103조와 함께 사법의 기본이념으로 사회적 타당성이 없는 행위를 한 사람은 그 형식여하를 불문하고 스스로 한 불법행위의 무효를 주장하여 그 복구를 소구할 수 없다는 법의 이상을 표현한 것이고 부당이득반환청구만을 제한하는 규정이 아니므로 불법의 원인으로 급여를 한 사람이 그 원인행위가 무효라고 주장하고 그 결과 급여물의 소유권이 자기에게 있다는 주장으로 소유권에 기한 반환청구를 하는 것도 허용할 수 없는 것이니, 도박채무가 불법무효로 존재하지 않는다는 이유로 양도담보로 이전해 준 소유권이전등기의 말소를 청구하는 것은 허용되지 않는다(대판 1989.9.29, 89다카5994).

② 부당이득반환의무는 일반적으로 기한의 정함이 없는 채무로서, 수익자는 이행청구를 받은 다음 날부터 이행지체로 인한 지연손해금을 배상할 책임이 있다(대판 2023.11.2, 2023다238029).

③ 일반적으로 수익자가 법률상 원인 없이 이득한 재산을 처분함으로 인하여 원물반환이 불가능한 경우에 있어서 반환하여야 할 가액은 특별한 사정이 없는 한 그 처분 당시의 대가이나, 이 경우에 수익자가 그 법률상 원인 없는 이득을 얻기 위하여 지출한 비용은 수익자가 반환하여야 할 이득의 범위에서 공제되어야 한다(대판 1995.5.12, 94다25551).

④ 채무 없는 자가 착오로 인하여 변제한 경우에 그 변제가 도의관념에 적합한 때에는 그 반환을 청구하지 못한다(제744조).

08 | 불법행위

01 ② 공작물의 점유자에게 면책사유가 인정된다. 즉, 점유자는 손해의 방지에 필요한 주의를 게을리하지 않았다면 책임을 면한다(제758조 제1항).

① 공작물은 인공적 작업에 의하여 제작된 물건을 말한다. 판례는 전기 자체는 공작물이 아니라고 한다(대판 1993.6.29, 93다11913).

③ 점유자, 소유자 외에 '그 손해의 원인에 대한 책임 있는 자'가 있다면 배상을 한 점유자 또는 소유자가 그 책임 있는 자에게 대하여 구상권을 행사할 수 있다(제758조 제3항).

④ 공작물의 하자로 인하여 손해가 발생하여야 한다(인과관계의 존재).

⑤ 공작물 등의 설치 또는 하자로 인한 배상책임은 1차적으로 점유자(직접점유자)이고, 2차적으로 소유자(간접점유자)에게 있다.

02 ㉠ (×) 부작위로 인한 불법행위가 성립하려면 작위의무가 전제되어야 하지만, 작위의무가 객관적으로 인정되는 이상 의무자가 의무의 존재를 인식하지 못하였더라도 불법행위 성립에는 영향이 없다(대판 2012.4.26, 2010다8709).

㉡ (×) 공작물의 하자로 인해 어떠한 손해가 발생하였다고 하더라도, 손해가 공작물의 하자와 관련한 위험이 현실화되어 발생한 것이 아니라면 이는 '공작물의 설치 또는 보존상의 하자로 인하여 발생한 손해'라고 볼 수 없다(대판 2018.7.12, 2015다68348).

㉢ (○) 미성년자의 가해자에 대한 불법행위에 의한 손해배상청구권의 소멸시효는 성년이 될 때까지는 진행하지 않는다(대판 2010.2.11, 2009다79897 참조).

03 ⑤ 책임능력은 일반인에게는 갖추어져 있는 것이 보통이기 때문에 피해자가 가해자의 책임능력까지 입증할 필요는 없고, 가해자가 그 책임을 면하려면 자신이 책임무능력자라는 사실을 입증하여야 한다.

① 미성년자가 타인에게 손해를 가한 경우에 그 행위의 책임을 변식할 지능이 없는 때에는 배상의 책임이 없다(제753조). 따라서 반대해석상 미성년자도 책임을 변식할 지능이 있는 때에는 배상의 책임이 있다.

② 다른 자에게 손해를 가한 사람이 제753조(미성년자) 또는 제754조(심신상실자)에 따라 책임이 없는 경우에는 그를 감독할 법정의무가 있는 자가 그 손해를 배상할 책임이 있다. 다만, 감독의무를 게을리하지 아니한 경우에는 그러하지 아니하다(제755조 제1항).

③ 미성년자가 책임능력이 있어 그 스스로 불법행위책임을 지는 경우에도 그 손해가 당해 미성년자의 감독의무자의 의무위반과 상당인과관계가 있으면 감독의무자는 일반불법행위자로서 손해배상책임이 있고, 이 경우에 그러한 감독의무위반사실 및 손해발생과의 상당인과관계의 존재는 이를 주장하는 자가 입증하여야 한다(대판 전합 1994.2.8, 93다13605).

④ 심신상실 중에 타인에게 손해를 가한 자는 배상의 책임이 없다(제754조).

04 ④ 미성년자가 책임능력이 있어 스스로 불법행위책임을 지는 경우에도 그 손해가 미성년자의 감독의무자의 의무 위반과 상당인과관계가 있으면 감독의무자는 민법 제750조에 따라 일반불법행위자로서 손해배상책임이 있다. 이 경우 그러한 감독의무 위반사실과 손해 발생과의 상당인과관계는 이를 주장하는 자가 증명하여야 한다(대판 2022.4.14, 2020다240021).

① 불법행위에서 고의 또는 과실의 증명책임은 원칙적으로 피해자가 진다.

② 공동불법행위자 중 1인이 자기의 부담부분 이상을 변제하여 공동면책을 얻은 경우에 그는 다른 공동불법행위자에 대하여 그 부담부분의 비율에 따라 구상할 수 있다(제425조 참조).

③ 乙, 丙, 丁은 부진정연대채무관계에 있으므로 丙은 甲에게 300만원의 손해배상채무를 부담한다.

⑤ 피해자의 부주의를 이용하여 고의로 불법행위를 저지른 자가 바로 그 피해자의 부주의를 이유로 자신의 책임을 감하여 달라고 주장하는 것은 허용될 수 없다(대판 2000.9.29, 2000다13900).

05 ⓒ (○) 공동불법행위자는 채권자에 대한 관계에서는 부진정연대책임을 지되, 공동불법행위자들 내부관계에서는 일정한 부담 부분이 있고, 이 부담 부분은 공동불법행위자의 과실의 정도에 따라 정하여지는 것으로서 공동불법행위자 중 1인이 자기의 부담 부분 이상을 변제하여 공동의 면책을 얻게 하였을 때에는 다른 공동불법행위자에게 그 부담 부분의 비율에 따라 구상권을 행사할 수 있고, 공동불법행위자 중 1인에 대하여 구상의무를 부담하는 다른 공동불법행위자가 수인인 경우에는 특별한 사정이 없는 이상 그들의 구상권자에 대한 채무는 이를 부진정연대채무로 보아야 할 근거는 없으며, 오히려 다수 당사자 사이의 분할채무의 원칙이 적용되어 각자의 부담 부분에 따른 분할채무로 봄이 상당하다(대판 2002.9.27, 2002다15917).

ⓐ (×) 수인이 공동하여 타인에게 손해를 가하는 민법 제760조의 공동불법행위에 있어서 행위자 상호간의 공모는 물론 공동의 인식을 필요로 하지 아니한다(대판 2009.4.23, 2009다1313).

ⓑ (×) 부진정연대채무자 중 1인이 자신의 채권자에 대한 반대채권으로 상계를 한 경우에도 채권은 변제, 대물변제, 또는 공탁이 행하여진 경우와 동일하게 현실적으로 만족을 얻어 그 목적을 달성하는 것이므로, 그 상계로 인한 채무소멸의 효력은 소멸한 채무 전액에 관하여 다른 부진정연대채무자에 대하여도 미친다고 보아야 한다(대판 전합 2010.9.16, 2008다97218).

06 ③ 공작물의 소유자의 책임은 무과실책임이므로 1차적으로 공작물의 점유자의 책임이 면책된 경우 2차적인 공작물의 소유자는 과실이 없더라도 책임을 진다(제758조 제1항 참조).

① 공동불법행위자의 다른 공동불법행위자에 대한 구상권은 피해자의 다른 공동불법행위자에 대한 손해배상채권과는 그 발생 원인 및 성질을 달리하는 별개의 권리이고, 연대채무에 있어서 소멸시효의 절대적 효력에 관한 민법 제421조의 규정은 공동불법행위자 상호간의 부진정연대채무에 대하여는 그 적용이 없으므로, 공동불법행위자 중 1인의 손해배상채무가 시효로 소멸한 후에 다른 공동불법행위자 1인이 피해자에게 자기의 부담 부분을 넘는 손해를 배상하였을 경우에도, 그 공동불법행위자는 다른 공동불법행위자에게 구상권을 행사할 수 있다(대판 1997.12.23, 97다42830).

② 민법 제761조 제2항 소정의 "급박한 위난"에는 가해자의 고의나 과실에 의하여 조성된 위난은 포함되지 아니한다(대판 1981.3.24, 80다1592).

④ 피용자와 제3자가 공동불법행위로 피해자에게 손해를 가하여 그 손해배상채무를 부담하는 경우에 피용자와 제3자는 공동불법행위자로서 서로 부진정연대관계에 있고, 한편 사용자의 손해배상책임은 피용자의 배상책임에 대한 대체적 책임이어서 사용자도 제3자와 부진정연대관계에 있다고 보아야 할 것이므로, 사용자가 피용자와 제3자의 책임비율에 의하여 정해진 피용자의 부담부분을 초과하여 피해자에게 손해를 배상한 경우에는 사용자는 제3자에 대하여도 구상권을 행사할 수 있으며, 그 구상의 범위는 제3자의 부담부분에 국한된다고 보는 것이 타당하다(대판 1992.6.23, 91다33070 전합).

⑤ 불법행위로 인하여 건물이 훼손된 경우 그 손해는 수리가 가능하다면 그 수리비, 수리가 불가능하다면 그 교환가치(시가)가 통상의 손해이고, 사용 및 수리가 불가능한 경우 통상 불법행위로 인한 손해배상액의 기준이 되는 건물의 시가에는 건물의 철거비용은 포함되지 않는다(대판 1995.7.28, 94다19129).

07 ⑤ 공동불법행위자의 책임(제760조)은 부진정연대채무이므로, 채무를 면제할 의사표시를 했다고 하더라도 다른 채무자에 대해서는 그 효력이 미치지 않는다. 따라서 丁은 乙에게 5천만원의 한도가 아니라 전액 손해배상을 청구할 수 있다.

08 ① 민법 제760조 제3항은 교사자나 방조자는 공동행위자로 본다고 규정하여 교사자나 방조자에게 공동불법행위자로서 책임을 부담시키고 있는바, 방조라 함은 불법행위를 용이하게 하는 직접, 간접의 모든 행위를 가리키는 것으로서 작위에 의한 경우뿐만 아니라 작위의무 있는 자가 그것을 방지하여야 할 여러 조치를 취하지 아니하는 부작위로 인하여 불법행위자의 실행행위를 용이하게 하는 경우도 포함하고, 이러한 불법행위의 방조는 형법과 달리 손해의 전보를 목적으로 하여 과실을 원칙적으로 고의와 동일시하는 민법의 해석으로서는 과실에 의한 방조도 가능하다(대판 2007.6.14, 2005다32999).

② 고의 또는 과실로 인하여 심신상실을 초래한 때에는 타인에게 손해를 배상할 책임이 있다(제754조 단서).

③ 사용자는 근로계약에 수반되는 신의칙상의 부수적 의무로서 피용자가 노무를 제공하는 과정에서 생명, 신체, 건강을 해치는 일이 없도록 인적·물적 환경을 정비하는 등 필요한 조치를 강구하여야 할 보호의무를 부담하고, 이러한 보호의무를 위반함으로써 피용자가 손해를 입은 경우 이를 배상할 책임이 있다(대판 2001.7.27, 99다56734).

④ 채무가 고의의 불법행위로 인한 것인 때에는 그 채무자는 상계로 채권자에게 대항하지 못한다(제496조). 즉 불법행위채권을 수동채권으로 하는 상계는 허용되지 않는다.

⑤ 민법 제766조 제1항은 "불법행위로 인한 손해배상의 청구권은 피해자나 그 법정대리인이 그 손해 및 가해자를 안 날로부터 3년간 이를 행사하지 아니하면 시효로 인하여 소멸한다"고 규정하고 있는바, 여기서 불법행위의 피해자가 미성년자로 행위능력이 제한된 자인 경우에는 다른 특별한 사정이 없는 한 그 법정대리인이 손해 및 가해자를 알아야 위 조항의 소멸시효가 진행한다(대판 2001.7.27, 99다56734). 이런 의미에서 성년이 될 때까지는 소멸시효는 진행하지 않는다.

09 ② 민법 제760조 제3항은 교사자나 방조자는 공동행위자로 본다고 규정하여 교사자나 방조자에게 공동불법행위자로서 책임을 부담시키고 있는바, 방조라 함은 불법행위를 용이하게 하는 직접·간접의 모든 행위를 가리키는 것으로서 작위에 의한 경우뿐만 아니라 작위의무 있는 자가 그것을 방지하여야 할 제반 조치를 취하지 아니하는 부작위로 인하여 불법행위자의 실행행위를 용이하게 하는 경우도 포함하는 것이고, 이러한 불법행위의 방조는 형법과 달리 손해의 전보를 목적으로 하여 과실을 원칙적으로 고의와 동일시하는 민법의 해석으로서는 과실에 의한 방조도 가능하다고 할 것이며, 이 경우의 과실의 내용은 불법행위에 도움을 주지 않아야 할 주의의무가 있음을 전제로 하여 이 의무에 위반하는 것을 말하고, 방조자에게 공동불법행위자로서의 책임을 지우기 위하여는 방조행위와 피방조자의 불법행위 사이에 상당인과관계가 있어야 한다(대판 1998.12.23, 98다31264).

2025 제28회 시험대비 전면개정판

박문각 주택관리사 합격예상문제 1차 민 법

초판인쇄 | 2025. 2. 20.　**초판발행** | 2025. 2. 25.　**편저** | 설신재 외 박문각 주택관리연구소
발행인 | 박 용　**발행처** | (주)박문각출판　**등록** | 2015년 4월 29일 제2019-000137호
주소 | 06654 서울시 서초구 효령로 283 서경 B/D 4층　**팩스** | (02)584-2927
전화 | 교재 주문 (02)6466-7202, 동영상문의 (02)6466-7201

판 권
본 사
소 유

정가 32,000원

ISBN 979-11-7262-630-3　|　ISBN 979-11-7262-627-3(1차 세트)